宋元學案

四部備要

子部

中華書局據清道光道州何氏刻本校刊

桐鄉　陸費逵總勘
杭縣　高時顯　吳汝霖輯校
杭縣　丁輔之監造

九峯學案表

蔡沈（西山子，晦翁、平山、門人，延平、屏山、白水再傳，溪、城、山、山講傳，元武、龜、傳、氏、傳、夷、章，三水、二程、豫、四傳，涑水二程四傳）

子模

子杭

子權

陳光祖（別見西山蔡氏學案）

劉欽——子涇

何雲源——劉漢傳

黃千能（九峯同調）

劉實翁——子震

王充耘

黃鎮成

陳師凱（並九峯續傳）

宋元學案卷六十七

餘姚黄宗羲原本　後學慈谿馮雲濠校刊

男百家纂輯　鄞縣王梓材重校

鄞縣全祖望補定　道州何紹基重刊

九峯學案

祖望謹案蔡氏父子兄弟祖孫皆爲朱學干城而文正之皇極又自爲一家述九峯學案梓材案蔡氏自西山先生晦翁稱爲老友子若孫入學案者八人九峯二兄並見西山蔡氏學案謝山以九峯皇極自爲一家故别爲九峯學案

晦翁門人劉李再傳

文正蔡九峯先生沈

蔡沈字仲默建陽人西山先生季子也隱居九峯當世名卿物色求訪不就學者稱爲九峯先生先生自勝衣趨拜入則服膺父教出則師事文公文公晚年訓傳諸經略備獨書未及爲環眂門下生求可付者遂以屬先生洪範之數學者久失其傳西山獨心得之未及論著亦曰成吾書者沈也先生沈潛反覆者數十年然後克就其于書也考序文之誤訂諸儒之說以發明二帝三王羣聖賢用心之要洪

範洛誥泰誓諸篇往往有先儒所未及者

雲濠案陳直齋書錄解題載朱子書古經四卷序一卷宋志所著錄者稱有六卷

慶元初僞學之論興西山遠謫舂陵先生徒步數千里以從九疑之麓最楚粵窮僻處山川風物悲涼悽愴居者率不能堪先生父子相對獨以理義自怡悅浩然無湘纍之思楚囚之泣也西山不幸歿貶所復徒步護柩以歸有遺以金而義不可受者輒謝卻之曰吾寧隨所止而殯不忍累先人也先生年僅三十即屏去舉子業一以聖賢爲師其文長于論辯詩早慕太白晚入陶韋社中至其吟詠性情摹寫造化則又源流文公感興諸作非徒以詩自命而已明正統初追謚文正

書經集傳序

二帝三王之治本于道二帝三王之道本于心得其心則道與治可得而言矣何者精一執中堯舜禹相授之心法也建中建極商湯周武相傳之心法也曰德曰仁曰敬曰誠言雖殊而理則一無非所以明此心之妙用也至于言天則嚴其心之所自出言民則謹其心之所由施禮樂教化心之法也典章文物心之著也家齊國治而天下平心之推也心之德其盛矣乎二帝三王存此心者也夏桀商紂亡此心者也太甲成王困而存此心者也存則治亡則亂治亂之分顧

其心之存不存何如耳後世人主有志于二帝三王之治不可不求其道有志于二帝三王之道不可不求其心求心之要舍是書何以哉

洪範皇極序

體天地之撰者易之象紀天地之撰者範之數數者始于一象者成于二一者奇二者耦也奇者數之所以行耦者象之所以立故二而四四而八八者八卦之象也一而三三而九九者九疇之數也由是重之八而六十四六十四而四千九十六而象備矣九而八十一八十一而六千五百六十一而數周矣易更四聖而象已著範錫神禹而數不傳後之作者昧象數之原窒變通之妙或即象而爲數或反數而擬象洞極用書潛虛用圖非無作也而牽合傅會自然之數益晦蝕焉嗟夫天地之所以肇者數也人物之所以生者數也萬事之所以失得者亦數也數之體著于形數之用妙乎理非窮神知化獨立物表者曷足以與此哉然數之與象若異用也而本則一若殊途也而歸則同不明乎數不明乎象不足與語象不足與語數二者可以相有不可以相無也先君子曰洛書者數之原也余讀洪範而有感焉上稽天文下察地理中參人物古今之變窮義理之精微究興

亡之徵兆微顯闡幽彝倫敘秩真有天地萬物各得其所之妙歲月侵尋粗述所見辭雖未備而義則著矣其果有益于世教否乎皆所不敢知也雖然余所樂而玩者理也余所言而傳者數也若其所以數之妙則在乎人之自得焉爾

洛書

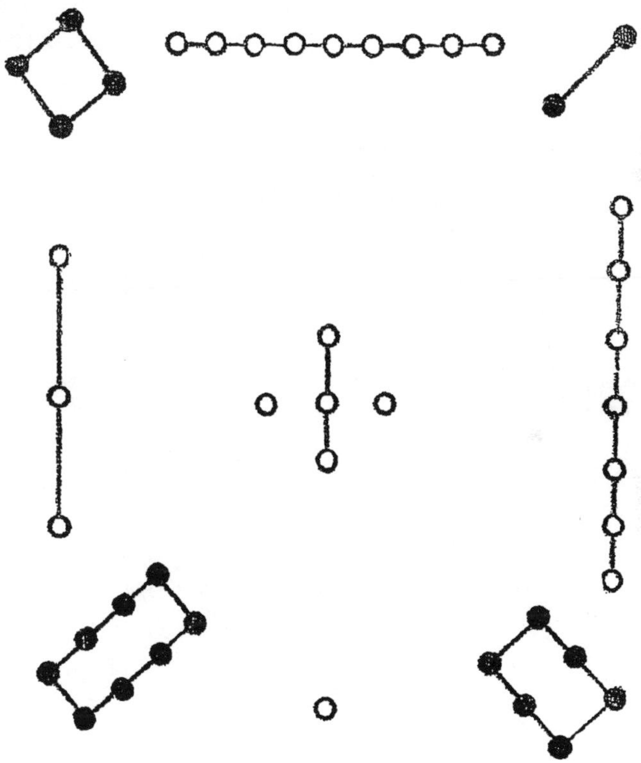

九九圓數圖

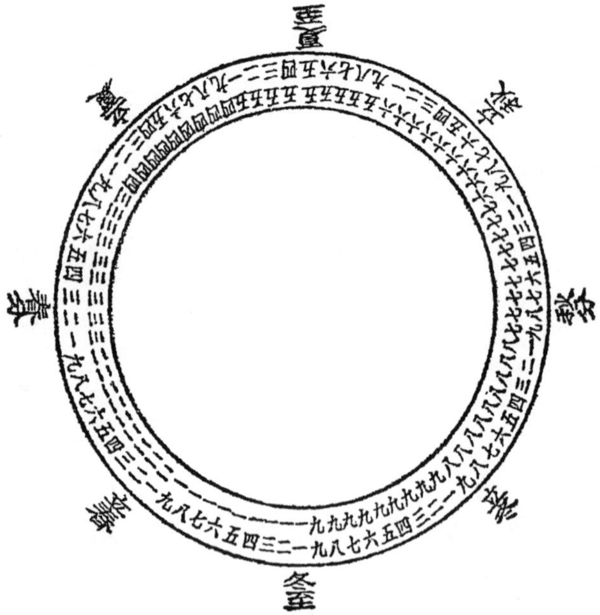

九九方數圖

九一	八一	七一	六一	五一	四一	三一	二一	一一
九二	八二	七二	六二	五二	四二	三二	二二	一二
九三	八三	七三	六三	五三	四三	三三	二三	一三
九四	八四	七四	六四	五四	四四	三四	二四	一四
九五	八五	七五	六五	五五	四五	三五	二五	一五
九六	八六	七六	六六	五六	四六	三六	二六	一六
九七	八七	七七	六七	五七	四七	三七	二七	一七
九八	八八	七八	六八	五八	四八	三八	二八	一八
九九	八九	七九	六九	五九	四九	三九	二九	一九

九九行數圖

一一 冬至	四一 穀雨	七一 處暑
一二	四二	七二
一三	四三	七三
一四 小寒	四四 立夏	七四 白露
一五	四五	七五
一六	四六	七六
一七 大寒	四七 小滿	七七 秋分
一八	四八	七八
一九	四九	七九
二一	五一	八一
二二 立春	五二 芒種	八二 寒露
二三	五三	八三
二四	五四	八四
二五 雨水	五五 夏至	八五 霜降
二六	五六	八六
二七	五七	八七

二八驚蟄	五八小暑	八八立冬
二九	五九	八九
三一	六一	九一
三二	六二	九二
三三春分	六三大暑	九三小雪
三四	六四	九四
三五	六五	九五
三六清明	六六立秋	九六大雪
三七	六七	九七
三八	六八	九八
三九	六九	九九冬至

九九積數圖

一	九	八十一	七百二十九
二	十八	百六十二	一千四百五十八
三	二十七	二百四十三	二千一百八十七
四	三十六	三百二十四	二千九百一十六
五	四十五	四百有五	三千六百四十五
六	五十四	四百八十六	四千三百七十四
七	六十三	五百六十七	五千一百有三
八	七十二	六百四十八	五千八百三十二
九	八十一	七百二十九	六千五百六十一

洪範皇極內篇

造化之爲造化者幽明屈伸而已天者明而伸者也地者幽而屈者也暑者明而伸者也寒者幽而屈者也晝者明而伸者也夜者幽而屈者也天地也寒暑也晝夜也幽明屈伸以成變化者也是故陽者吐氣陰者含氣吐氣者施含氣者化陽施陰化而人道立矣萬物繁矣陽薄陰則繞而爲風陰囚陽則奮而爲雷陽和陰則爲雨爲露陰和陽則爲霜爲雪陰陽不和則爲戾氣

沖漠無眹萬象具矣動靜無端後則先矣器根于道道著器矣一實萬分萬復一矣混兮闢兮其無窮矣是故數者計乎此者也疇者等乎此者也行者運乎此者也微而顯費而幽神應不測所以妙乎此者也

有理斯有氣有氣斯有形形生氣化而生生之理無窮焉天地絪緼萬物化醇男女構精萬物化生化生者塞化醇者隤覆土之陵積水之澤草木魚蟲孰形孰色無極之真二五之精妙合而凝化化生生莫測其神莫知其能

理之所始數之所起微乎微乎其小無形昭乎昭乎其大無垠微者昭之原小者大之根有先有後孰離孰分成性存存道義之門老氏

為虛釋氏為無形名失實陰陽多拘異端曲學烏乎不渝哉

有理斯有氣氣著而理隱有氣斯有形形著而氣隱人知形之數而不知氣之數人知氣之數而不知理之數知理之數則幾矣動靜可求其端陰陽可求其始天地可求其初萬物可求其紀鬼神知其所幽禮樂知其所著生知所來死知所去易曰窮神知化德之盛也智者君子所以成德之終始也是故欲知道不可以不知仁欲知仁不可以不知義欲知義不可以不知禮欲知禮不可以不知數數者禮之序也分于至微等于至著聖人之道知序則幾矣

人非無知也而真知為難人非無見也而真見為難義之質人所知也而犯義者多禮之文人所見也而越禮者衆以其知之非真知見之非真見爾真者精之極精則明明則誠誠則為其所為不為其所不為如水之寒火之熱亦性之而已矣

物窒而理虛暗窒而明虛萬物生于虛明而死于暗窒也萬事善于虛明而惡于暗窒也虛明則神神則聖聖者數之通也窒暗則惑惑則愚愚者數之塞也

陰陽五行其體而用用而體者邪渾渾淪淪而出入異門繩繩井井而形色俱泯合之而知其異析之而知其同微之而知其顯充之而

知其不可窮者其庶矣哉

陰陽相爲首尾者邪是故陽順而陰逆陽長而陰消陽進而陰退順者吉而逆者凶邪長者盛而消者衰邪進者利而退者鈍邪周流不窮道之體也得失相形事之紀也

陰陽非可一言盡也以清濁言則清陽而濁陰以動靜言則動陽而靜陰以升降言則升陽而降陰以奇耦言則奇陽而耦陰小大高卑左右前後向背進退順逆醜姸靡物不爾無時不然愈析愈微愈窮愈巡（音沿）陰陽之精互藏其營陰陽之氣循環迭至陰陽之質縱橫曲直莫或使之莫或禦之

變者化之漸化者變之成變化者陰陽之消長屈伸也非二則不能久非一則不能神

昔者天錫禹洪範九疇也初一曰五行次二曰敬用五事次三曰農用八政次四曰協用五紀次五曰建用皇極次六曰乂用三德次七曰明用稽疑次八曰念用庶徵次九曰嚮用五福威用六極

無形者理也有形者物也陰陽五行其物也歟所以陰陽五行其理也歟無形之中而具有形之實有形之實而體無形之妙故君子語上而不墮于虛無語下而不泥于形器中立而不倚旁行而不流樂

天知命而不憂
形氣之元極實先焉極無不中也氣或偏矣形又偏矣中無不善偏不善矣氣之善者十之五形之善者十之三三五之中又有至焉有不至焉純乎極者一而已矣漸偏則漸駁氣使然也形使然也氣有方形有體故中者少而偏者多也此天下善惡之所由出失得之所由分吉凶禍福之所由著歟
理其至妙矣乎氣之未行物之未生理無不具焉氣之既形物之既生理無不在焉渾然一體而不見其有餘物各賦命而不見其不足無形影可度也無聲臭可聞也主萬化妙萬物人知其神而不知其所以神
邵子曰性者道之形體也道妙而無形性則仁義禮智具而體著矣
程子曰天運而不已日往則月來寒往則暑來水流而不息物生而不窮皆與道爲體者也非性無以見道非不息亦無以見道是以君子盡性而自強不息焉
朱子曰太極者本然之妙也動靜者所乘之機也太極形而上之道也陰陽形而下之器也自形而下者觀之則動靜不同時陰陽不同位而太極無不在焉自形而上者觀之則沖漠無眹而動靜陰陽之

理已悉具于其中矣雖然推之于前而不見其始之合引之于後而不見其終之離也程子曰動靜無端陰陽無始非知道者孰能識之

張子曰鬼神者二氣之良能也神者氣之伸陽之動也鬼者氣之屈陰之靜也靜不能以不動動則萬物之所從生動不能以不靜靜則萬物之所由復一往一復其機蓋有不能自已者焉非一則不能成兩非兩則不能致一兩者可知而一者難知也兩者可見而一者難見也可知可見者體乎難知難見者微乎

仁義禮智信者義理之公也人之所固有視聽言動思者形器之私也我之所自生公者千萬人之所同私者一人之所獨是以君子貴同而賤獨

極建則大本立極明則大用著以之齊家而家無不齊以之治國而國無不治以之平天下而天下無不平若是者天地其合鬼神其依龜筮其從立百世之下等百世之上而莫能違也立百世之上俟百世之下而亦莫能違也

天地之位也四時之運也陰陽感而五行播矣五行陰陽也陰陽五行也

數始冥冥妙于無形非體非用非靜非動動實其機用因以隨動極

而靜清濁體正天施地生品彙咸亨各正性命小大以定斯數之令既明且神是曰聖人

人心至靈也虛明之頃事物之來是是非非無不明也少則昏矣久則怠矣又久則棄之矣無他形器之私溺之也人能超乎形器拔乎物欲達其初心則天下之理得矣

天下之理動者奇而靜者耦行者奇而止者耦得友者致一而生物者不二也

數者彝倫之敘也無敘則彝倫斁矣其如禮樂何哉

人心動靜性情具焉性者理之形體情者性之發動善其本然惡其過不及也存中莫善于敬進學莫善于知二者不可廢一也

人之一心實爲身主其體則有仁義禮智之性其用則有惻隱羞惡辭讓是非之情方其寂也渾然在中無所偏倚與天地同體雖鬼神不能窺其幽及其感也隨觸隨應範圍造化曲成萬物雖天地不能與其能天地之大人猶有憾故君子語大天下莫能載焉語小天下莫能破焉至小無內至大無外無內不可分也孰分之歟無外不可窮也孰窮之歟思之思之或顯其微度之度之莫或其遺匪神之爲而妙于斯

程子曰天地之常以其心普萬物而無心聖人之常以其情順萬事而無情常之時義大矣哉

禮義交際其萬化所入之門邪東北萬物之所出也出則育神西南萬物之所入也入則復命其出也順而生其入也拂而遂不觀其出無以知物之育不觀其入無以知物之復火之克金水之生木出入循環生克嗣續老彭得之以養身君子得之以養民聖人得之而天下和平

周子曰厥彰厥微匪靈弗瑩剛善剛惡柔亦如之中焉止矣二氣五行化生萬物五殊二實二本則一一實萬分萬一各正小大有定

明禮而後可與適道守禮而後可與治民達禮而後可與言數非禮之道老佛之道也非禮之治荒唐之說也非禮之數京房郭璞之技也君子所不由不爲不言也

至一而精至虛而靈有動有靜動直靜凝靜已而動動已而靜一靜一動爲屈爲伸爲鬼爲神人心至妙萬化之宗動靜之徼

天地之化不翕聚則不能發散仁智交際萬化之機軸也

氣之消息也以漸氣之息也形之生也氣之消也形之毀也潤萬物者莫澤乎水化萬物者莫疾乎火水火者未離乎氣者也

數運無形而著有形智者一之愚者二焉數之方生化育流行數之已定物正性命圓行方止爲物終始隨之而無其端迎之而無其原也渾之惟一析之無極惟其無極是以惟一

二氣之初理妙于無五運迭至理藏于智或爲之先大本其原或爲之後復往之閒大本太始復往而已二者不同一而已矣二氣之神陰精陽明消息變化有立有行立則形具行則氣著上下其儀先後其施一行一立爲闢爲翕何千萬年無終極焉 上卷

河圖體圓而用方聖人以之而畫卦洛書體方而用圓聖人以之而敘疇卦者陰陽之象也疇者五行之數象非耦不立數非奇不行奇耦之分象數之始也是故以數爲象則奇零而無用以象爲數則多耦而難通陰陽五行固非二體八卦九疇亦非二致理一用殊非深于造化者孰能識之

河圖非無奇也而用則存乎耦洛書非無耦也而用則存乎奇耦者陰陽之對待乎奇者五行之迭運乎對待者不能孤迭運者不能窮天地之形四時之成人物之生萬化之凝其妙矣乎象以耦爲用者也有應則吉數以奇爲用者也有對則凶上下相應之位也陰陽相求之理也中五特立而當時者獨感也是故天地定位山澤通氣木

感而金衰水寒而火囚理有相須而物不兩大也
數者動而之乎靜者也象者靜而之乎動者也動者用之所以行靜者體之所以立清濁未判用實先焉天地已位體斯立焉用既爲體體復爲用體用相仍此天地萬物所以化生而無窮也
流行者其陽乎成性者其陰乎陽者數之生也陰者數之成也陽以三至陰以倍乘生生不窮各以序升自然而然有不容已非智與仁曷克終始
言天下之靜者存乎正言天下之動者存乎時正者道之常也時者因之綱也是故君子立正以俟時
數者所以順性命之理也一爲水而腎其德智也二爲火而心其德禮也三爲木而肝其德仁也四爲金而肺其德義也五爲土而脾其德信也
一者九之祖也九者八十一之宗也圓之而天方之而地行之而四時天所以覆物也地所以載物也四時所以成物也散之無外卷之無內體諸造化而不可遺者乎
一數之周一歲之運也九數之重八節之分也一一陽之始也五五陰之萌也三三陽之中也七七陰之中也二二者陽之長四四者陽

之壯五則陽極矣六六者陰之長八八者陰之壯九則陰極矣一九首尾爲一者一歲首尾于冬至也蓋冬至二而餘則一也

一者數之始也九者數之終也一者不變而九者盡變也三五七者變而少者也二四六八者變而耦者也變之耦者不能以及乎奇變之少者不能以該乎物奇耦相參多寡相函其惟九數乎

順數則知物之所始逆數則知物之所終數與物非二體也始與終非二致也大而天地小而毫末明而禮樂幽而鬼神知數卽知物也知始卽知終也數與物無窮其誰始而誰終

數始于一參于三究于九成于八十一備于六千五百六十一八十一者數之小成也六千五百六十一者數之大成也天地之變化人事之始終古人之因革莫不于是著焉是故一九而九九九而八十一八十一而七百二十九二九十八十八而百六十二百六十二而一千四百五十八三九二十七二十七而二百四十三二百四十三而二千一百八十七四九三十六三十六而三百二十四三百二十四而二千九百一十六五九四十五四十五而四百有五四百有五而三千六百四十五六九五十四五十四而四百八十六四百八十六而四千三百七十四七九六十三六十三而五百六十七五百六

十七而五千一百有三八九七十二七十二而六百四十八六百四十八而五千八百三十二九九八十一八十一而七百二十九七百二十九而六千五百六十一列而次之自一而九自九而一一逆一順一九二八三七四六五相變通五則常中有吉無凶禍亡而福隆君子之所爲宮是故一變始之始二變始之中三變始之終四變中之始五變中之中六變中之終七變終之始八變終之中九變終之終數以事立亦以事終酬酢無常與時偕通

中者天下之大本乎自一而九自九而一雖歷萬變而五常中焉

洛書數九而用十何也十者數之成也數成而五行備也數非九不生非十不成九以通之十以節之九以行之十以止之九者變通之機十者五行之敘也方隅對待中五含五而十數已具于九數之中矣以見其體用之不相離而圖書所以相爲經緯也

九者生數也十者成數也生者方發而未形成者已具而有體未形而有形者變化見也有體而無體者其用藏也是故雨以潤之暘以熯之寒以斂之燠以散之風以動之其生物也不測其成物也不忒生居物先成居物後故能爲奇故能爲耦

天下之數九而究矣十者一之變也百者十之變也千者百之變也

萬者千之變也十百千萬皆一也

朱子曰天數中于五地數中于六天有陰陽故二其五爲一十合三與七一與九亦十也地有柔剛故二其六而爲十二合四與八二與十亦十二也十爲干十二爲支十干者五行有陰陽也十二支者六氣有柔剛也十干實五行也十二支實六氣也五行六氣實一氣也清濁未判乃天地之所以立上下定位又萬物之所以生故自體言之則對待而不可缺自用言之則往來而不可窮蓋造化之幾微聖人之能事也

物有其則數者盡天下之物則也事有其理數者盡天下之事理也得乎政則物之則事之理無不在焉不明乎數不明乎善也不誠乎數不誠乎身也故靜則察乎數之常而天下之故無不通動則達乎數之變而天下之幾無不獲

正數者天地之正氣也其吉凶也確閒數者天地之閒氣也其吉凶也雜其進退消長之道歟

數由人興數由人成萬物皆備于我咸自取之也中人以上達于數者也中人以下囿于數者也聖人因理以著數天下因數以明理然則數者聖人所以教天下後世者也國家將興必有禎祥國家將亡

必有妖孽善必先知之不善必先知之因天下之疑定天下之志去惡而就善舍凶而趨吉謁焉而無不告也求焉而無不獲也利民而不費濟世而不窮神化而不測數之用其大矣哉

禮儀三百威儀三千皆天道之流行也

箕子曰皇建其有極斂時五福用敷錫厥庶民惟時厥庶民于汝極錫汝保極凡厥庶民無有淫朋人無有比德惟皇作極無偏無陂遵王之義無有作好遵王之道無有作惡遵王之路無偏無黨王道蕩蕩無黨無偏王道平平無反無側王道正直會其有極歸其有極

上焉者安于數者也其次守焉其下悖焉安焉者謂之聖守焉者謂之賢悖之者愚而已矣是故歷數在躬不思而得不勉而中聖人也體數之常不易其方順時而行賢人也逆數越理亂天之紀小人之無忌憚也

義之所當爲而不爲者非數之所能知也義之所不當爲而爲者亦非數之所能知也非義不占非疑不占非義而占謂之欺非疑而占謂之侮虛其心和其志平其氣一其聽有不占也而事無不應有不謀也而用無不成誠之至焉神亦至焉是謂動之以天

敬者聖學始終之要未知則敬以知之已知則敬以行之不敬則心

無管攝顛倒眩瞀安能有所知有所行乎

義利不可不明也不明則以利爲義心雖公亦私耳天下正理若大路然一而已旁蹊曲徑皆私意也故曰遵王之道無有黨偏偏陂反側云

命之流行而不已者道也道于天其陽乎道于地其陰乎道于人其仁義乎人者兼天地而參之者也是故天覆地承非聖人不形天施地生非聖人不成天神地靈非聖人而誰爲貞

父子有親君臣有義夫婦有別長幼有序朋友有信五品遜而太和合皇極之世也堯舜父子之衰也湯武君臣之缺也伏羲神農日之中乎堯舜三代時之中乎

五行在天則爲五氣雨暘燠寒風也在地則爲五質水火木金土也天之五氣雨暘質也地之五質水火氣也天交于地而雨暘爲質地交于天而水火爲氣二變而三三不變者二得陰陽之正而三得陰陽之雜也故二能變而三不能變也

五行二氣之分也二氣交感絪縕雜糅開闔動盪相生則水木火土金相克則水火金木土出明入幽千變萬化四時之運生克著焉

自陰而陽也順自陽而陰也逆木之盛也水實生之金之成也火實

制之順而生者易知逆而克者難見曰伏焉曰伐焉士著其中因時致王四序成功而無名稱焉其至德矣夫

善養生者以氣而理形以理而理氣理順則氣和氣和則形和形和則天地萬物無不和矣不善養生者反是理昏于氣氣梏于形耳目口鼻徇而私慾勝好惡哀樂淫而天理亡其能苟生者禽獸而已矣

耳目口鼻手足之用皆五也或曰支指五矣耳目口鼻何有焉耳聽五聲目辨五色口嘗五味鼻別五臭不具于此何有于彼手足以形用耳目口鼻以神用形用者易知而神用者難識也

原者氣之始也沖者形之始也中者治之極也用者物之窒也終者事之畢也原者仁之先也用者義之端也公者禮之閉也戎者智之剋也中者信之完也

原者近乎中也伏者遠乎中也近者進而遠者退也近者息而遠者消也原始反終故知死生之說也

原元吉幾君子有慶數曰原誠之源也幾繼而善也君子見幾有終慶也潛勿用有攸往正靜吉數曰潛藏也勿用有攸往陽微也正靜吉正而靜所以吉也君子藏器于身待時而動故無不利也

原之一一曰君子見幾不俟終日數曰知至至之可與幾也中之五

五曰會其有極歸其有極數曰各正性命保合太和也終之九九曰君子令終萬福攸降數曰知終終之可與存義也

原之一一者繼之善也原之九九者逆而凶也當時者盛失時者窮也厥相休囚以類從也君子時之爲貴時止時行時晦時明萬夫之望

數終而復乎一其生生而不窮者也陰之終陽之始也夜之終晝之始也歲之終春之始也萬物之終萬物之始也是故入乎幽者所以出乎明極乎靜者所以根乎動前天地之終其後天地之始乎

一者數之原也九者數之究也十者行之陰陽也十二者氣之柔剛也原其所始究其所終陰陽柔剛分合錯綜粲然于天地之閒矣

溟漠之閒兆眹之先數之原也有儀有象判一而兩數之分也日月星辰繫于上山嶽川澤奠于下數之著也四時迭運而不窮五氣以序而流通風雷不測雨露之澤萬物形色數之化也聖人繼世經天緯地立茲人極稱物平施父子以親君臣以義夫婦以別長幼以序朋友以信數之教也分天爲九野別地爲九州制人爲九行九品任官九井均田九族睦俗九禮辨分九變成樂八陳制兵九刑禁姦九

寸爲律九分造歷九筮稽疑九章命算九職任萬民九賦斂財賄九式節財用九府立圜法九服辨邦國九命立邦國九儀命邦國九法平邦國九伐正邦國九貢致邦國之用九兩繫邦國之民營國九里制城九雉九階九室九經九緯數之度也孔子曰爲天下國家有九經曰修身也尊賢也親親也敬大臣也體羣臣也子庶民也來百工也柔遠人也懷諸侯也修身則道立尊賢則不惑親親則諸父昆弟不怨敬大臣則不眩體羣臣則士之報禮重子庶民則百姓勸來百工則財用足柔遠人則四方歸之懷諸侯則天下畏之齊明盛服非禮不動所以修身也去讒遠色賤貨而貴德所以勸賢也尊其位重其祿同其好惡所以勸親親也官盛任使所以勸大臣也忠信重祿所以勸士也時使薄斂所以勸百姓也日省月試既稟稱事所以勸百工也送往迎來嘉善而矜不能所以柔遠人也繼絶世舉廢國治亂持危朝聘以時厚往而薄來所以懷諸侯也凡爲天下國家有九經所以行之者一也

昔黃帝使伶倫自大夏之西崐崘之陰取竹之解谷生其竅厚均者斷兩節吹之以爲黃鍾之宮制十二筩以聽鳳之鳴其雄鳴爲六雌鳴亦六比黃鍾之宮而皆可以生之是爲律本度其長以子穀秬黍

中者九十枚度之一為一分十分為寸十寸為尺十尺為丈十丈為引審其容以千二百黍實之合龠為合十合為升十升為斗十斗為斛權其重百黍為一銖千二百黍為十二銖二十四銖為兩十六兩為斤三十斤為鈞四鈞為石書曰同律度量衡傳曰黃鍾為萬事根本也

昔者聖人之原數也以決天下之疑以成天下之務以順性命之理析事辨物彰往察來是故天數五地數六五六者天地之中合也五為五行六為六氣陽性陰質五行之性曰木曰火曰土曰金曰水六氣之質曰胎曰生曰壯曰老曰死曰化

木之質也曰楊柳曰梅李曰松柏曰竹葦曰禾麥曰蕈火之質也曰木火曰石火曰雷火曰水火曰蟲火曰燐土之質也曰砂曰石曰玉曰土曰壤曰泥金之質也曰汞曰銀曰金曰銅曰鐵曰鉛水之質也曰澗水曰井水曰雨水曰溝渠曰陂澤曰湖海

木之物也曰鯪鯉曰蛇曰龍曰鯉魴曰小魚曰鰍火之物也曰雞曰雉曰鳳曰鷹隼曰燕雀曰蟣蠓土之物也曰蟾蜍曰蠶曰人曰蜘蛛曰蚓曰鰻金之物也曰鹿曰馬曰麟曰虎曰獺曰毛蟲水之物也曰蟹曰鼉曰龜曰鰕曰蚌曰蠣

木之器也曰疏器門窗曰琴瑟曰規曰算節曰耒耜曰網罟火之器也曰登器梯棚曰文書曰繩曰冠冕曰臺卓曰履榻土之器也曰腹器筐筥曰圭璧曰量曰舟車曰盤盂曰棺槨金之器也曰方器斧鉞曰印節曰矩曰弓矢曰簡冊曰械校水之器也曰平器權衡曰輪磨曰準曰鏡奩曰研椎曰廁溷

逆順者事之幾也吉凶者事之著也順而吉者木爲徵召爲科名爲赦恩爲婚姻爲產孕爲財帛火爲燕集爲朝覲爲文書爲言語爲歌舞爲燈燭土爲工役爲尋常爲盟約爲田宅爲福壽爲墳墓金爲予賜爲按察爲更革爲軍旅爲錢貨爲刑法水爲交易爲遷移爲征行爲酒食爲田獵爲祭祀逆而凶者木爲杌桯爲驚憂爲醜惡爲壓墜爲夭折爲產死火爲公訟爲顛狂爲口舌爲炙灸爲災焚爲震燬土爲反覆爲欺詐爲離散爲貧窮爲疾病爲死亡金爲征役爲罷免爲責降爲爭鬬爲損傷爲殺戮水爲盜賊爲囚獄爲徒流爲淫亂爲咒咀爲浸溺

下卷

筮法

筮者神之所爲乎其蓍五十虛一分二掛一以三揲之視左右手歸餘于扐兩奇爲一兩耦爲二一奇耦爲三初揲綱也再揲目也綱一函

三以虛待目目一爲一以實從綱兩揲而九數具八揲而六千五百六十一之數備矣分合變化如環無端天命人事由是校焉吉凶禍福由是彰焉大人得之而申福小人得之而避禍君子曰筮者神之所爲乎大事用年其次用月其次用日其次用時

十二木棋徑九分厚一分陽刻一陰刻二者四陽刻二陰刻三者四陽刻三陰刻一者四雜取其八自上而下自左而右縱二橫四縱者九也橫者一十百千也餘四不用者不足之用也前後相乘而數備矣

數者理之時也辭者數之義也吉凶者辭之斷也惠迪從逆者吉凶之決也氣有醇漓故數有失得一成于數天地不能易之能易之者人也

一吉而九凶三祥而七災八休而二咎四吝而六悔八數周流推類而求五中則平四害不侵厥或是攖雜而不純承平之事視主廢置凶咎災吝有命不摯

一吉 書曰德惟一動罔不吉故凡一皆吉與九凶對

元吉 吉又逢吉故曰元吉

二咎 咎過也凡二皆咎與八休對

三祥　祥福也凡三皆祥與七災對

四吝　吝心有羞惡也凡四皆吝與六悔對

五平　皇極不偏不倚無過不及其尊無對凡五皆平

六悔　悔心悟其失也凡六皆悔與四吝對

七災　災禍也凡七皆災與三祥對

八休　休美也凡八皆休與二咎對

九凶　書曰德二三動罔不凶故凡九皆凶與一吉對

大凶　凶又逢凶故曰大凶

皇極內篇數總名

〡〡原　左一右一曰原始也與終相對

〡〢潛　左一右二曰潛藏也與墜相對

〡〣守　左一右三曰守定也與移相對

〡〤信　左一右四曰信實也與固相對

〡〥直　左一右五曰直正也與仁相對

〡〦蒙　左一右六曰蒙昧也與囚相對

〡〧閑　左一右七曰閑暇也與勝相對

〡〨須　左一右八曰須待也與遇相對

〡〩厲　左一右九曰厲危也與養相對

〢〡成　左二右一曰成就也與結相對

〢〢沖　左二右二曰沖和也與戎相對

〢〣振　左二右三曰振動也與正相對

〢〤祈左二右四曰祈禱也與報相對

〢〥常左二右五曰常久也與革相對

〢〦柔左二右六曰柔弱也與堅相對

〢〧易左二右七曰易平也與危相對

〢〨親左二右八曰親主也與賓相對

〢〩華左二右九曰華花也與實相對

二九

〣〡見左三右一曰見現也與收相對

〣〢獲左三右二曰獲得也與訟相對

〣〣從左三右三曰從隨也與分相對

〣〤交左三右四曰交合也與競相對

〣〥育左三右五曰育養也與疾相對

〣〦壯左三右六曰壯強也與弱相對

〣〧興左三右七曰興起也與除相對

𝍢𝍧 欣 左三右八曰欣喜也與懼相對

𝍢𝍨 舒 左三右九曰舒緩也與迅相對

三九

𝍣𝍠 比 左四右一曰比近也與遠相對

𝍣𝍡 開 左四右二曰開闢也與翕相對

𝍣𝍢 晉 左四右三曰晉進也與卻相對

𝍣𝍣 公 左四右四曰公正也與用相對

𝍣𝍤 益 左四右五曰益增也與損相對

𝍣𝍥 章 左四右六曰章明也與昧相對

𝍣𝍦 盈 左四右七曰盈滿也與虛相對

𝍣𝍧 錫 左四右八曰錫賚也與戾相對

𝍣𝍨 靡 左四右九曰靡多也與飾相對

四九

𝍤𝍠 庶 左五右一曰庶衆也與寡相對

𝍤𝍡 決 左五右二曰決斷也與疑相對

𝍤𝍢豫左五右三曰豫樂也與過相對

𝍤𝍣升左五右四曰升上也與伏相對

𝍤𝍤中左五右五曰中皇極也不偏不倚無過不及其尊無對

𝍤𝍥伏左五右六曰伏還也與升相對

𝍤𝍦過左五右七曰過咎也與豫相對

𝍤𝍧疑左五右八曰疑惑也與決相對

𝍤𝍨寡左五右九曰寡少也與庶相對

五九

𝍥𝍠飾左六右一曰飾賁也與靡相對

𝍥𝍡戾左六右二曰戾違也與錫相對

𝍥𝍢虛左六右三曰虛空也與盈相對

𝍥𝍣昧左六右四曰昧昏也與章相對

𝍥𝍤損左六右五曰損減也與益相對

𝍥𝍥用左六右六曰用口也與公相對

卻 左六右七曰卻退也與晉相對

翕 左六右八曰翕合也與闢相對

遠 左六右九曰遠疏也與比相對

六九

迅 左七右一曰迅速也與舒相對

懼 左七右二曰懼憂也與欣相對

除 左七右三曰除去也與興相對

弱 左七右四曰弱柔也與壯相對

疾 左七右五曰疾病也與育相對

競 左七右六曰競爭也與交相對

分 左七右七曰分判也與從相對

訟 左七右八曰訟爭也與獲相對

收 左七右九曰收斂也與見相對

七九

實 左八右一曰實果也與華相對

𝍧𝍡 賓 左八右二曰賓客也與親相對

𝍧𝍢 危 左八右三曰危險也與易相對

𝍧𝍣 堅 左八右四曰堅剛也與柔相對

𝍧𝍤 革 左八右五曰革變也與常相對

𝍧𝍥 報 左八右六曰報答也與祈相對

𝍧𝍦 止 左八右七曰止靜也與振相對

𝍧𝍧 戎 左八右八曰戎兵也與沖相對

𝍧𝍨 結 左八右九曰結束也與成相對

八九

𝍨𝍠 養 左九右一曰養安也與厲相對

𝍨𝍡 遇 左九右二曰遇會也與須相對

𝍨𝍢 勝 左九右三曰勝克也與閑相對

𝍨𝍣 因 左九右四曰因困也與蒙相對

𝍨𝍤 壬 左九右五曰壬佞也與直相對

𝍨𝍥固左九右六曰固執也與信相對

𝍨𝍦移左九右七曰移遷也與守相對

𝍨𝍧墮左九右八曰墮墜也與潛相對

𝍨𝍨終左九右九曰終盡也與原相對

九九

範數之圖

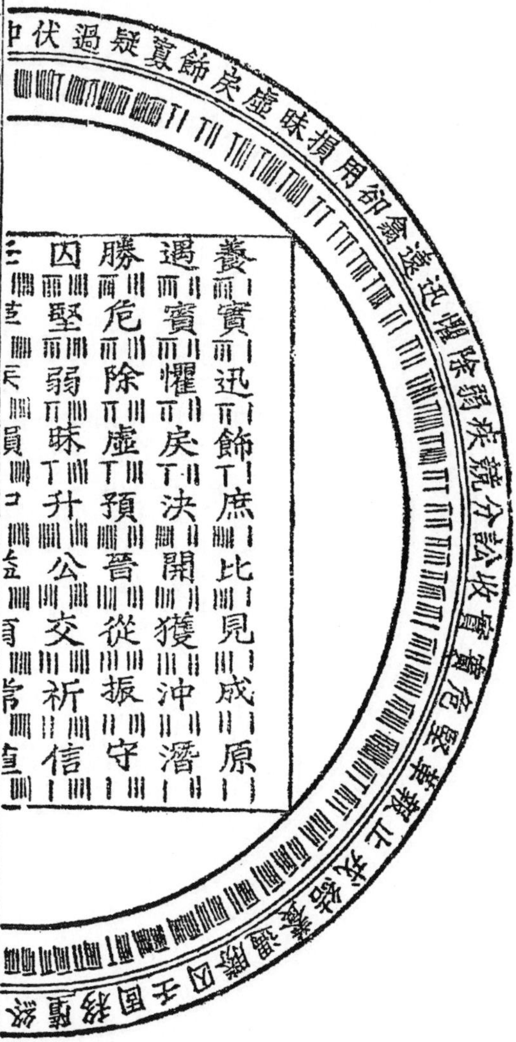

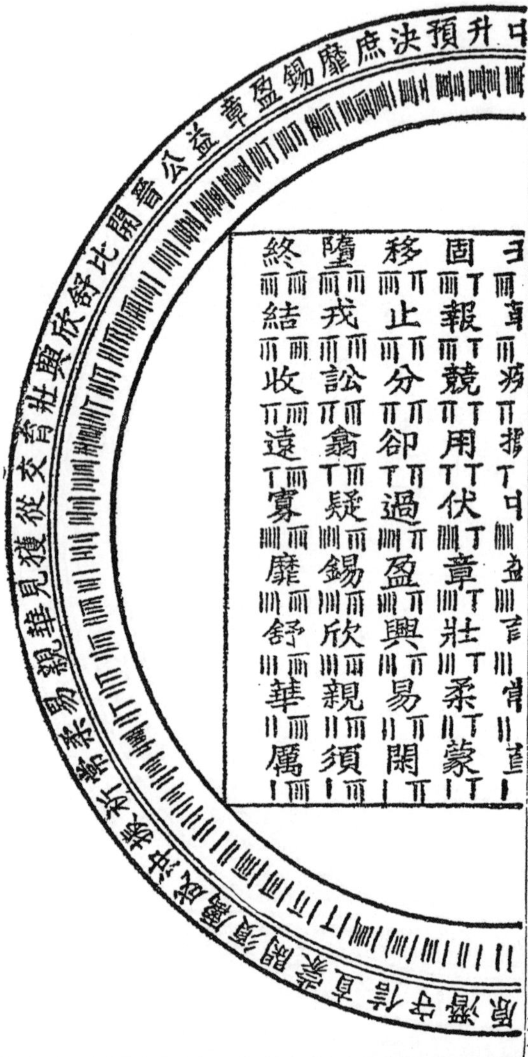
中 升 預 決 庶 靡 錫 盈 章 益 公 晉 開 比 舒 欣 興 壯
交 從 獲 見 華 親 易 柔 常
固 報 競 用 伏 章 壯 柔 蒙
移 止 分 卻 過 盈 興 易 閑
隨 戎 訟 翕 疑 錫 欣 親 須
終 結 收 遠 寡 靡 舒 華 厲

範數八十一章

〡〡原　一之一　冬至蚯蚓結

原元吉幾君子有慶

〡吉〢咎〣祥〤吝〥平〦悔〧災〨休〩凶
〡元〡吉〡吉〡吉〡吉〡吉〡吉〡吉〡吉

〡吉〢咎〣祥〤吝〥平〦悔〧災〨休〩凶
〢咎〢咎〢咎〢咎〢咎〢咎〢咎〢咎〢咎

〡吉〢咎〣祥〤吝〥平〦悔〧災〨休〩凶
〣祥〣祥〣祥〣祥〣祥〣祥〣祥〣祥〣祥

〡吉〢咎〣祥〤吝〥平〦悔〧災〨休〩凶
〤吝〤吝〤吝〤吝〤吝〤吝〤吝〤吝〤吝

〡吉〢咎〣祥〤吝〥平〦悔〧災〨休〩凶
〥平〥平〥平〥平〥平〥平〥平〥平〥平

〡吉〢咎〣祥〤吝〥平〦悔〧災〨休〩凶
〦悔〦悔〦悔〦悔〦悔〦悔〦悔〦悔〦悔

〡吉〢咎〣祥〤吝〥平〦悔〧災〨休〩凶
〧災〧災〧災〧災〧災〧災〧災〧災〧災

〡吉〢咎〣祥〤吝〥平〦悔〧災〨休〩凶
〨休〨休〨休〨休〨休〨休〨休〨休〨休

〡吉〢咎〣祥〤吝〥平〦悔〧災〨休〩凶
〩凶〩凶〩凶〩凶〩凶〩凶〩凶〩凶〩大

〡〢潛　一之二　麋角解

潛勿用有攸往正靜吉

𝍠吝𝍡吉𝍢咎𝍣災𝍤平𝍥祥𝍦休𝍧凶𝍨悔
𝍠吉𝍠元𝍠吉𝍠吉𝍠吉𝍠吉𝍠吉𝍠吉𝍠吉

𝍠吝𝍡吉𝍢咎𝍣災𝍤平𝍥祥𝍦休𝍧凶𝍨悔
𝍡咎𝍡咎𝍡咎𝍡咎𝍡咎𝍡咎𝍡咎𝍡咎𝍡咎

𝍠吝𝍡吉𝍢咎𝍣災𝍤平𝍥祥𝍦休𝍧凶𝍨悔
𝍢祥𝍢祥𝍢祥𝍢祥𝍢祥𝍢祥𝍢祥𝍢祥𝍢祥

𝍠吝𝍡吉𝍢咎𝍣災𝍤平𝍥祥𝍦休𝍧凶𝍨悔
𝍣吝𝍣吝𝍣吝𝍣吝𝍣吝𝍣吝𝍣吝𝍣吝𝍣吝

𝍠吝𝍡吉𝍢咎𝍣災𝍤平𝍥祥𝍦休𝍧凶𝍨悔
𝍤平𝍤平𝍤平𝍤平𝍤平𝍤平𝍤平𝍤平𝍤平

𝍠吝𝍡吉𝍢咎𝍣災𝍤平𝍥祥𝍦休𝍧凶𝍨悔
𝍥悔𝍥悔𝍥悔𝍥悔𝍥悔𝍥悔𝍥悔𝍥悔𝍥悔

𝍠吝𝍡吉𝍢咎𝍣災𝍤平𝍥祥𝍦休𝍧凶𝍨悔
𝍦災𝍦災𝍦災𝍦災𝍦災𝍦災𝍦災𝍦災𝍦災

𝍠吝𝍡吉𝍢咎𝍣災𝍤平𝍥祥𝍦休𝍧凶𝍨悔
𝍧休𝍧休𝍧休𝍧休𝍧休𝍧休𝍧休𝍧休𝍧休

𝍠吝𝍡吉𝍢咎𝍣災𝍤平𝍥祥𝍦休𝍧凶𝍨悔
𝍨凶𝍨凶𝍨凶𝍨凶𝍨凶𝍨凶𝍨凶𝍨大𝍨凶

𝍢守一之三
𝍠水泉動

守居正吉不利有攸往

𝍠災𝍡吝𝍢吉𝍣休𝍤平𝍥咎𝍦凶𝍧悔𝍨祥
𝍠吉𝍠吉𝍠元𝍠吉𝍠吉𝍠吉𝍠吉𝍠吉𝍠吉

𝍠災 𝍡咎　𝍡吝 𝍡咎　𝍢吉 𝍡咎　𝍣休 𝍡咎　𝍤平 𝍡咎　𝍥咎 𝍡咎　𝍦凶 𝍡咎　𝍧悔 𝍡咎　𝍨祥 𝍡咎

𝍠災 𝍢祥　𝍡吝 𝍢祥　𝍢吉 𝍢祥　𝍣休 𝍢祥　𝍤平 𝍢祥　𝍥咎 𝍢祥　𝍦凶 𝍢祥　𝍧悔 𝍢祥　𝍨祥 𝍢祥

𝍠災 𝍣吝　𝍡吝 𝍣吝　𝍢吉 𝍣吝　𝍣休 𝍣吝　𝍤平 𝍣吝　𝍥咎 𝍣吝　𝍦凶 𝍣吝　𝍧悔 𝍣吝　𝍨祥 𝍣吝

𝍠災 𝍤平　𝍡吝 𝍤平　𝍢吉 𝍤平　𝍣休 𝍤平　𝍤平 𝍤平　𝍥咎 𝍤平　𝍦凶 𝍤平　𝍧悔 𝍤平　𝍨祥 𝍤平

𝍠災 𝍥悔　𝍡吝 𝍥悔　𝍢吉 𝍥悔　𝍣休 𝍥悔　𝍤平 𝍥悔　𝍥咎 𝍥悔　𝍦凶 𝍥悔　𝍧悔 𝍥悔　𝍨祥 𝍥悔

𝍠災 𝍦災　𝍡吝 𝍦災　𝍢吉 𝍦災　𝍣休 𝍦災　𝍤平 𝍦災　𝍥咎 𝍦災　𝍦凶 𝍦災　𝍧悔 𝍦災　𝍨祥 𝍦災

𝍠災 𝍧休　𝍡吝 𝍧休　𝍢吉 𝍧休　𝍣休 𝍧休　𝍤平 𝍧休　𝍥咎 𝍧休　𝍦凶 𝍧休　𝍧悔 𝍧休　𝍨祥 𝍧休

𝍠災 𝍨凶　𝍡吝 𝍨凶　𝍢吉 𝍨凶　𝍣休 𝍨凶　𝍤平 𝍨凶　𝍥咎 𝍨凶　𝍦凶 𝍨大　𝍧悔 𝍨凶　𝍨祥 𝍨凶

𝍣 𝍠

信

一之四

小寒雁北鄉

信中實有孚利祭祀

𝍠咎 𝍠吉　𝍡祥 𝍠吉　𝍢悔 𝍠吉　𝍣吉 𝍠元　𝍤平 𝍠吉　𝍥凶 𝍠吉　𝍦吝 𝍠吉　𝍧災 𝍠吉　𝍨休 𝍠吉

𝍠咎 𝍡咎　𝍡祥 𝍡咎　𝍢悔 𝍡咎　𝍣吉 𝍡咎　𝍤平 𝍡咎　𝍥凶 𝍡咎　𝍦吝 𝍡咎　𝍧災 𝍡咎　𝍨休 𝍡咎

𝍠咎 𝍢祥　𝍡祥 𝍢祥　𝍢悔 𝍢祥　𝍣吉 𝍢祥　𝍤平 𝍢祥　𝍥凶 𝍢祥　𝍦吝 𝍢祥　𝍧災 𝍢祥　𝍨休 𝍢祥

〡咎〤吝 〢祥〤吝 〣悔〤吝 〤吉〤吝 〥平〤吝 〦凶〤吝 〧吝〤吝 〨災〤吝 〩休〤吝

〡咎〥平 〢祥〥平 〣悔〥平 〤吉〥平 〥平〥平 〦凶〥平 〧吝〥平 〨災〥平 〩休〥平

〡咎〦悔 〢祥〦悔 〣悔〦悔 〤吉〦悔 〥平〦悔 〦凶〦悔 〧吝〦悔 〨災〦悔 〩休〦悔

〡咎〧災 〢祥〧災 〣悔〧災 〤吉〧災 〥平〧災 〦凶〧災 〧吝〧災 〨災〧災 〩休〧災

〡咎〨休 〢祥〨休 〣悔〨休 〤吉〨休 〥平〨休 〦凶〨休 〧吝〨休 〨災〨休 〩休〨休

〡咎〩凶 〢祥〩凶 〣悔〩凶 〤吉〩凶 〥平〩凶 〦凶〩大 〧吝〩凶 〨災〩凶 〩休〩凶

〩〡

直

一之五 鵲始巢

直有事勿事敬之吉貞凶利見大人

〡平〡吉 〢平〡吉 〣平〡吉 〤平〡吉 〥吉〡元 〦平〡吉 〧平〡吉 〨平〡吉 〩平〡吉

〡平〢咎 〢平〢咎 〣平〢咎 〤平〢咎 〥吉〢咎 〦平〢咎 〧平〢咎 〨平〢咎 〩平〢咎

〡平〣祥 〢平〣祥 〣平〣祥 〤平〣祥 〥吉〣祥 〦平〣祥 〧平〣祥 〨平〣祥 〩平〣祥

〡平〤吝 〢平〤吝 〣平〤吝 〤平〤吝 〥吉〤吝 〦平〤吝 〧平〤吝 〨平〤吝 〩平〤吝

〡平〥平 〢平〥平 〣平〥平 〤平〥平 〥吉〥平 〦平〥平 〧平〥平 〨平〥平 〩平〥平

〡平〢平〣平〤平〥吉〦平〧平〨平〩平
〦悔〦悔〦悔〦悔〦悔〦悔〦悔〦悔〦悔

〡平〢平〣平〤平〥吉〦平〧平〨平〩平
〧災〧災〧災〧災〧災〧災〧災〧災〧災

〡平〢平〣平〤平〥吉〦平〧平〨平〩平
〨休〨休〨休〨休〨休〨休〨休〨休〨休

〡平〢平〣平〤平〥吉〦平〧平〨平〩平
〩凶〩凶〩凶〩凶〩大〩凶〩凶〩凶〩凶

〦〡蒙一之六雉始鳴

蒙小事吉內明外蒙迫則凶利敎學

〡休〢災〣吝〤凶〥平〦吉〧悔〨祥〩咎
〡吉〡吉〡吉〡吉〡吉〡元〡吉〡吉〡吉

〡休〢災〣吝〤凶〥平〦吉〧悔〨祥〩咎
〢咎〢咎〢咎〢咎〢咎〢咎〢咎〢咎〢咎

〡休〢災〣吝〤凶〥平〦吉〧悔〨祥〩咎
〣祥〣祥〣祥〣祥〣祥〣祥〣祥〣祥〣祥

〡休〢災〣吝〤凶〥平〦吉〧悔〨祥〩咎
〤吝〤吝〤吝〤吝〤吝〤吝〤吝〤吝〤吝

〡休〢災〣吝〤凶〥平〦吉〧悔〨祥〩咎
〥平〥平〥平〥平〥平〥平〥平〥平〥平

〡休〢災〣吝〤凶〥平〦吉〧悔〨祥〩咎
〦悔〦悔〦悔〦悔〦悔〦悔〦悔〦悔〦悔

〡休〢災〣吝〤凶〥平〦吉〧悔〨祥〩咎
〧災〧災〧災〧災〧災〧災〧災〧災〧災

𝍠休𝍡災𝍢吝𝍣凶𝍤平𝍥吉𝍦悔𝍧祥𝍨咎 𝍧休𝍧休𝍧休𝍧休𝍧休𝍧休𝍧休𝍧休𝍧休

𝍠休𝍡災𝍢吝𝍣凶𝍤平𝍥吉𝍦悔𝍧祥𝍨咎 𝍨凶𝍨凶𝍨凶𝍨大𝍨凶𝍨凶𝍨凶𝍨凶𝍨凶

𝍦𝍠閑 一之七 大寒雞始乳

閑厲利禦寇勿越勿逐

𝍠祥𝍡悔𝍢凶𝍣咎𝍤平𝍥休𝍦吉𝍧吝𝍨災 𝍠吉𝍠吉𝍠吉𝍠吉𝍠吉𝍠吉𝍠元𝍠吉𝍠吉

𝍠祥𝍡悔𝍢凶𝍣咎𝍤平𝍥休𝍦吉𝍧吝𝍨災 𝍡咎𝍡咎𝍡咎𝍡咎𝍡咎𝍡咎𝍡咎𝍡咎𝍡咎

𝍠祥𝍡悔𝍢凶𝍣咎𝍤平𝍥休𝍦吉𝍧吝𝍨災 𝍢祥𝍢祥𝍢祥𝍢祥𝍢祥𝍢祥𝍢祥𝍢祥𝍢祥

𝍠祥𝍡悔𝍢凶𝍣咎𝍤平𝍥休𝍦吉𝍧吝𝍨災 𝍣吝𝍣吝𝍣吝𝍣吝𝍣吝𝍣吝𝍣吝𝍣吝𝍣吝

𝍠祥𝍡悔𝍢凶𝍣咎𝍤平𝍥休𝍦吉𝍧吝𝍨災 𝍤平𝍤平𝍤平𝍤平𝍤平𝍤平𝍤平𝍤平𝍤平

𝍠祥𝍡悔𝍢凶𝍣咎𝍤平𝍥休𝍦吉𝍧吝𝍨災 𝍥悔𝍥悔𝍥悔𝍥悔𝍥悔𝍥悔𝍥悔𝍥悔𝍥悔

𝍠祥𝍡悔𝍢凶𝍣咎𝍤平𝍥休𝍦吉𝍧吝𝍨災 𝍦災𝍦災𝍦災𝍦災𝍦災𝍦災𝍦災𝍦災𝍦災

𝍠祥𝍡悔𝍢凶𝍣咎𝍤平𝍥休𝍦吉𝍧吝𝍨災 𝍧休𝍧休𝍧休𝍧休𝍧休𝍧休𝍧休𝍧休𝍧休

𝍠祥𝍡悔𝍢凶𝍣咎𝍤平𝍥休𝍦吉𝍧吝𝍨災 𝍨凶𝍨凶𝍨大𝍨凶𝍨凶𝍨凶𝍨凶𝍨凶𝍨凶

𝍠𝍧須 一之八

征鳥厲疾

須有孚未明不利攸行中正有慶

𝍠悔𝍠吉	𝍠悔𝍡咎	𝍠悔𝍢祥	𝍠悔𝍣吝	𝍠悔𝍤平	𝍠悔𝍥悔	𝍠悔𝍦災	𝍠悔𝍧休	𝍠悔𝍨凶
𝍡凶𝍠吉	𝍡凶𝍡咎	𝍡凶𝍢祥	𝍡凶𝍣吝	𝍡凶𝍤平	𝍡凶𝍥悔	𝍡凶𝍦災	𝍡凶𝍧休	𝍡凶𝍨大
𝍢休𝍠吉	𝍢休𝍡咎	𝍢休𝍢祥	𝍢休𝍣吝	𝍢休𝍤平	𝍢休𝍥悔	𝍢休𝍦災	𝍢休𝍧休	𝍢休𝍨凶
𝍣祥𝍠吉	𝍣祥𝍡咎	𝍣祥𝍢祥	𝍣祥𝍣吝	𝍣祥𝍤平	𝍣祥𝍥悔	𝍣祥𝍦災	𝍣祥𝍧休	𝍣祥𝍨凶
𝍤平𝍠吉	𝍤平𝍡咎	𝍤平𝍢祥	𝍤平𝍣吝	𝍤平𝍤平	𝍤平𝍥悔	𝍤平𝍦災	𝍤平𝍧休	𝍤平𝍨凶
𝍥災𝍠吉	𝍥災𝍡咎	𝍥災𝍢祥	𝍥災𝍣吝	𝍥災𝍤平	𝍥災𝍥悔	𝍥災𝍦災	𝍥災𝍧休	𝍥災𝍨凶
𝍦咎𝍠吉	𝍦咎𝍡咎	𝍦咎𝍢祥	𝍦咎𝍣吝	𝍦咎𝍤平	𝍦咎𝍥悔	𝍦咎𝍦災	𝍦咎𝍧休	𝍦咎𝍨凶
𝍧吉𝍠元	𝍧吉𝍡咎	𝍧吉𝍢祥	𝍧吉𝍣吝	𝍧吉𝍤平	𝍧吉𝍥悔	𝍧吉𝍦災	𝍧吉𝍧休	𝍧吉𝍨凶
𝍨吝𝍠吉	𝍨吝𝍡咎	𝍨吝𝍢祥	𝍨吝𝍣吝	𝍨吝𝍤平	𝍨吝𝍥悔	𝍨吝𝍦災	𝍨吝𝍧休	𝍨吝𝍨凶

𝍠𝍨厲 一之九

厲征鳥厲疾無初有終吉

𝍠凶𝍡休𝍢災𝍣悔𝍤平𝍥吝𝍦祥𝍧咎𝍨吉
𝍠吉𝍠吉𝍠吉𝍠吉𝍠吉𝍠吉𝍠吉𝍠吉𝍠元

𝍠凶𝍡休𝍢災𝍣悔𝍤平𝍥吝𝍦祥𝍧咎𝍨吉
𝍡咎𝍡咎𝍡咎𝍡咎𝍡咎𝍡咎𝍡咎𝍡咎𝍡咎

𝍠凶𝍡休𝍢災𝍣悔𝍤平𝍥吝𝍦祥𝍧咎𝍨吉
𝍢祥𝍢祥𝍢祥𝍢祥𝍢祥𝍢祥𝍢祥𝍢祥𝍢祥

𝍠凶𝍡休𝍢災𝍣悔𝍤平𝍥吝𝍦祥𝍧咎𝍨吉
𝍣吝𝍣吝𝍣吝𝍣吝𝍣吝𝍣吝𝍣吝𝍣吝𝍣吝

𝍠凶𝍡休𝍢災𝍣悔𝍤平𝍥吝𝍦祥𝍧咎𝍨吉
𝍤平𝍤平𝍤平𝍤平𝍤平𝍤平𝍤平𝍤平𝍤平

𝍠凶𝍡休𝍢災𝍣悔𝍤平𝍥吝𝍦祥𝍧咎𝍨吉
𝍥悔𝍥悔𝍥悔𝍥悔𝍥悔𝍥悔𝍥悔𝍥悔𝍥悔

𝍠凶𝍡休𝍢災𝍣悔𝍤平𝍥吝𝍦祥𝍧咎𝍨吉
𝍦災𝍦災𝍦災𝍦災𝍦災𝍦災𝍦災𝍦災𝍦災

𝍠凶𝍡休𝍢災𝍣悔𝍤平𝍥吝𝍦祥𝍧咎𝍨吉
𝍧休𝍧休𝍧休𝍧休𝍧休𝍧休𝍧休𝍧休𝍧休

𝍠凶𝍡休𝍢災𝍣悔𝍤平𝍥吝𝍦祥𝍧咎𝍨吉
𝍨大𝍨凶𝍨凶𝍨凶𝍨凶𝍨凶𝍨凶𝍨凶𝍨凶

𝍠𝍡 成 二之一 水澤腹堅

成正惠有終吉不利有攸往勿首事毀成凶

𝍠吉𝍡咎𝍢祥𝍣吝𝍤平𝍥悔𝍦災𝍧休𝍨凶
𝍠吝𝍠吝𝍠吝𝍠吝𝍠吝𝍠吝𝍠吝𝍠吝𝍠吝

𝍠吉𝍡咎𝍢祥𝍣吝𝍤平𝍥悔𝍦災𝍧休𝍨凶
𝍡元𝍡吉𝍡吉𝍡吉𝍡吉𝍡吉𝍡吉𝍡吉𝍡吉

〡吉〢咎〣祥〤吝〥平〦悔〧災〨休〩凶
〣咎〣咎〣咎〣咎〣咎〣咎〣咎〣咎〣咎

〡吉〢咎〣祥〤吝〥平〦悔〧災〨休〩凶
〤災〤災〤災〤災〤災〤災〤災〤災〤災

〡吉〢咎〣祥〤吝〥平〦悔〧災〨休〩凶
〥平〥平〥平〥平〥平〥平〥平〥平〥平

〡吉〢咎〣祥〤吝〥平〦悔〧災〨休〩凶
〦祥〦祥〦祥〦祥〦祥〦祥〦祥〦祥〦祥

〡吉〢咎〣祥〤吝〥平〦悔〧災〨休〩凶
〧休〧休〧休〧休〧休〧休〧休〧休〧休

〡吉〢咎〣祥〤吝〥平〦悔〧災〨休〩凶
〨凶〨凶〨凶〨凶〨凶〨凶〨凶〨凶〨大

〡吉〢咎〣祥〤吝〥平〦悔〧災〨休〩凶
〩悔〩悔〩悔〩悔〩悔〩悔〩悔〩悔〩悔

〢〢冲 二之二 立春東風解凍

沖元亨大君體仁首出庶物萬國以寧無不利

〡吝〢吉〣咎〤災〥平〦祥〧休〨凶〩悔
〡吝〡吝〡吝〡吝〡吝〡吝〡吝〡吝〡吝

〡吝〢吉〣咎〤災〥平〦祥〧休〨凶〩悔
〢元〢吉〢吉〢吉〢吉〢吉〢吉〢吉〢吉

〡吝〢吉〣咎〤災〥平〦祥〧休〨凶〩悔
〣咎〣咎〣咎〣咎〣咎〣咎〣咎〣咎〣咎

〡吝〢吉〣咎〤災〥平〦祥〧休〨凶〩悔
〤災〤災〤災〤災〤災〤災〤災〤災〤災

丨𝍤 吝平 𝍡𝍤 吉平 𝍢𝍤 咎平 𝍣𝍤 災平 𝍤𝍤 平平 𝍥𝍤 祥平 𝍦𝍤 休平 𝍧𝍤 凶平 𝍨𝍤 悔平

丨𝍥 吝祥 𝍡𝍥 吉祥 𝍢𝍥 咎祥 𝍣𝍥 災祥 𝍤𝍥 平祥 𝍥𝍥 祥祥 𝍦𝍥 休祥 𝍧𝍥 凶祥 𝍨𝍥 悔祥

丨𝍦 吝休 𝍡𝍦 吉休 𝍢𝍦 咎休 𝍣𝍦 災休 𝍤𝍦 平休 𝍥𝍦 祥休 𝍦𝍦 休休 𝍧𝍦 凶休 𝍨𝍦 悔休

丨𝍧 吝凶 𝍡𝍧 吉凶 𝍢𝍧 咎凶 𝍣𝍧 災凶 𝍤𝍧 平凶 𝍥𝍧 祥凶 𝍦𝍧 休凶 𝍧𝍧 凶大 𝍨𝍧 悔凶

丨𝍨 吝悔 𝍡𝍨 吉悔 𝍢𝍨 咎悔 𝍣𝍨 災悔 𝍤𝍨 平悔 𝍥𝍨 祥悔 𝍦𝍨 休悔 𝍧𝍨 凶悔 𝍨𝍨 悔悔

𝍢𝍡 振 二之三 蟄蟲始振

振宣布文德率作怠慢不恭凶

丨丨 災吝 𝍡丨 吝吝 𝍢丨 吉吝 𝍣丨 休吝 𝍤丨 平吝 𝍥丨 咎吝 𝍦丨 凶吝 𝍧丨 悔吝 𝍨丨 祥吝

丨𝍡 災吉 𝍡𝍡 吝吉 𝍢𝍡 吉元 𝍣𝍡 休吉 𝍤𝍡 平吉 𝍥𝍡 咎吉 𝍦𝍡 凶吉 𝍧𝍡 悔吉 𝍨𝍡 祥吉

丨𝍢 災咎 𝍡𝍢 吝咎 𝍢𝍢 吉咎 𝍣𝍢 休咎 𝍤𝍢 平咎 𝍥𝍢 咎咎 𝍦𝍢 凶咎 𝍧𝍢 悔咎 𝍨𝍢 祥咎

丨𝍣 災災 𝍡𝍣 吝災 𝍢𝍣 吉災 𝍣𝍣 休災 𝍤𝍣 平災 𝍥𝍣 咎災 𝍦𝍣 凶災 𝍧𝍣 悔災 𝍨𝍣 祥災

丨𝍤 災平 𝍡𝍤 吝平 𝍢𝍤 吉平 𝍣𝍤 休平 𝍤𝍤 平平 𝍥𝍤 咎平 𝍦𝍤 凶平 𝍧𝍤 悔平 𝍨𝍤 祥平

丨𝍥 災祥 𝍡𝍥 吝祥 𝍢𝍥 吉祥 𝍣𝍥 休祥 𝍤𝍥 平祥 𝍥𝍥 咎祥 𝍦𝍥 凶祥 𝍧𝍥 悔祥 𝍨𝍥 祥祥

𝍠災𝍦休　𝍡吝𝍦休　𝍢吉𝍦休　𝍣休𝍦休　𝍤平𝍦休　𝍥咎𝍦休　𝍦凶𝍦休　𝍧悔𝍦休　𝍨祥𝍦休

𝍠災𝍧凶　𝍡吝𝍧凶　𝍢吉𝍧凶　𝍣休𝍧凶　𝍤平𝍧凶　𝍥咎𝍧凶　𝍦凶𝍧大凶　𝍧悔𝍧凶　𝍨祥𝍧凶

𝍠災𝍨悔　𝍡吝𝍨悔　𝍢吉𝍨悔　𝍣休𝍨悔　𝍤平𝍨悔　𝍥咎𝍨悔　𝍦凶𝍨悔　𝍧悔𝍨悔　𝍨祥𝍨悔

𝍣𝍡 祈 二之四 魚上冰

祈求而往無不利祭祀吉

𝍠咎𝍠吝　𝍡祥𝍠吝　𝍢悔𝍠吝　𝍣吉𝍠吝　𝍤平𝍠吝　𝍥凶𝍠吝　𝍦吝𝍠吝　𝍧災𝍠吝　𝍨休𝍠吝

𝍠咎𝍡吉　𝍡祥𝍡吉　𝍢悔𝍡吉　𝍣吉𝍡元吉　𝍤平𝍡吉　𝍥凶𝍡吉　𝍦吝𝍡吉　𝍧災𝍡吉　𝍨休𝍡吉

𝍠咎𝍢咎　𝍡祥𝍢咎　𝍢悔𝍢咎　𝍣吉𝍢咎　𝍤平𝍢咎　𝍥凶𝍢咎　𝍦吝𝍢咎　𝍧災𝍢咎　𝍨休𝍢咎

𝍠咎𝍣災　𝍡祥𝍣災　𝍢悔𝍣災　𝍣吉𝍣災　𝍤平𝍣災　𝍥凶𝍣災　𝍦吝𝍣災　𝍧災𝍣災　𝍨休𝍣災

𝍠咎𝍤平　𝍡祥𝍤平　𝍢悔𝍤平　𝍣吉𝍤平　𝍤平𝍤平　𝍥凶𝍤平　𝍦吝𝍤平　𝍧災𝍤平　𝍨休𝍤平

𝍠咎𝍥祥　𝍡祥𝍥祥　𝍢悔𝍥祥　𝍣吉𝍥祥　𝍤平𝍥祥　𝍥凶𝍥祥　𝍦吝𝍥祥　𝍧災𝍥祥　𝍨休𝍥祥

𝍠咎𝍦休　𝍡祥𝍦休　𝍢悔𝍦休　𝍣吉𝍦休　𝍤平𝍦休　𝍥凶𝍦休　𝍦吝𝍦休　𝍧災𝍦休　𝍨休𝍦休

𝍠咎𝍧凶　𝍡祥𝍧凶　𝍢悔𝍧凶　𝍣吉𝍧凶　𝍤平𝍧凶　𝍥凶𝍧大凶　𝍦吝𝍧凶　𝍧災𝍧凶　𝍨休𝍧凶

〡〩咎悔　〢〩祥悔　〣〩悔悔　〤〩吉悔　〥〩平悔　〦〩凶悔　〧〩吝悔　〨〩災悔　〩〩休悔

〥〢常　二之五　雨水獺祭魚

常元亨利不息之貞

〡〡平吝　〢〡平吝　〣〡平吝　〤〡平吝　〥〡吉吝　〦〡平吝　〧〡平吝　〨〡平吝　〩〡平吝

〡〢平吉　〢〢平吉　〣〢平吉　〤〢平吉　〥〢吉元　〦〢平吉　〧〢平吉　〨〢平吉　〩〢平吉

〡〣平咎　〢〣平咎　〣〣平咎　〤〣平咎　〥〣吉咎　〦〣平咎　〧〣平咎　〨〣平咎　〩〣平咎

〡〤平災　〢〤平災　〣〤平災　〤〤平災　〥〤吉災　〦〤平災　〧〤平災　〨〤平災　〩〤平災

〡〥平平　〢〥平平　〣〥平平　〤〥平平　〥〥吉平　〦〥平平　〧〥平平　〨〥平平　〩〥平平

〡〦平祥　〢〦平祥　〣〦平祥　〤〦平祥　〥〦吉祥　〦〦平祥　〧〦平祥　〨〦平祥　〩〦平祥

〡〧平休　〢〧平休　〣〧平休　〤〧平休　〥〧吉休　〦〧平休　〧〧平休　〨〧平休　〩〧平休

〡〨平凶　〢〨平凶　〣〨平凶　〤〨平凶　〥〨吉大　〦〨平凶　〧〨平凶　〨〨平凶　〩〨平凶

〡〩平悔　〢〩平悔　〣〩平悔　〤〩平悔　〥〩吉悔　〦〩平悔　〧〩平悔　〨〩平悔　〩〩平悔

〦〢柔　二之六　候鴈北

柔惠利用正婦人吉夫子凶

𝍠休𝍠吝 𝍡災𝍠吝 𝍢吝𝍠吝 𝍣凶𝍠吝 𝍤平𝍠吝 𝍥吉𝍠吝 𝍦悔𝍠吝 𝍧祥𝍠吝 𝍨咎𝍠吝

𝍠休𝍡吉 𝍡災𝍡吉 𝍢吝𝍡吉 𝍣凶𝍡吉 𝍤平𝍡吉 𝍥吉𝍡元 𝍦悔𝍡吉 𝍧祥𝍡吉 𝍨咎𝍡吉

𝍠休𝍢咎 𝍡災𝍢咎 𝍢吝𝍢咎 𝍣凶𝍢咎 𝍤平𝍢咎 𝍥吉𝍢咎 𝍦悔𝍢咎 𝍧祥𝍢咎 𝍨咎𝍢咎

𝍠休𝍣災 𝍡災𝍣災 𝍢吝𝍣災 𝍣凶𝍣災 𝍤平𝍣災 𝍥吉𝍣災 𝍦悔𝍣災 𝍧祥𝍣災 𝍨咎𝍣災

𝍠休𝍤平 𝍡災𝍤平 𝍢吝𝍤平 𝍣凶𝍤平 𝍤平𝍤平 𝍥吉𝍤平 𝍦悔𝍤平 𝍧祥𝍤平 𝍨咎𝍤平

𝍠休𝍥祥 𝍡災𝍥祥 𝍢吝𝍥祥 𝍣凶𝍥祥 𝍤平𝍥祥 𝍥吉𝍥祥 𝍦悔𝍥祥 𝍧祥𝍥祥 𝍨咎𝍥祥

𝍠休𝍦休 𝍡災𝍦休 𝍢吝𝍦休 𝍣凶𝍦休 𝍤平𝍦休 𝍥吉𝍦休 𝍦悔𝍦休 𝍧祥𝍦休 𝍨咎𝍦休

𝍠休𝍧凶 𝍡災𝍧凶 𝍢吝𝍧凶 𝍣凶大 𝍤平𝍧凶 𝍥吉𝍧凶 𝍦悔𝍧凶 𝍧祥𝍧凶 𝍨咎𝍧凶

𝍠休𝍨悔 𝍡災𝍨悔 𝍢吝𝍨悔 𝍣凶𝍨悔 𝍤平𝍨悔 𝍥吉𝍨悔 𝍦悔𝍨悔 𝍧祥𝍨悔 𝍨咎𝍨悔

𝍦𝍡 易 二之七 草木萌動

易百物順生庶事順成平易近民難險凶不利涉大川

𝍠祥𝍠吝 𝍡悔𝍠吝 𝍢凶𝍠吝 𝍣咎𝍠吝 𝍤平𝍠吝 𝍥休𝍠吝 𝍦吉𝍠吝 𝍧吝𝍠吝 𝍨災𝍠吝

𝍠𝍡 祥吉	𝍡𝍡 悔吉	𝍢𝍡 凶吉	𝍣𝍡 咎吉	𝍤𝍡 平吉	𝍥𝍡 休吉	𝍦𝍡 吉元	𝍧𝍡 吝吉	𝍨𝍡 災吉
𝍠𝍢 祥咎	𝍡𝍢 悔咎	𝍢𝍢 凶咎	𝍣𝍢 咎咎	𝍤𝍢 平咎	𝍥𝍢 休咎	𝍦𝍢 吉咎	𝍧𝍢 吝咎	𝍨𝍢 災咎
𝍠𝍣 祥災	𝍡𝍣 悔災	𝍢𝍣 凶災	𝍣𝍣 咎災	𝍤𝍣 平災	𝍥𝍣 休災	𝍦𝍣 吉災	𝍧𝍣 吝災	𝍨𝍣 災災
𝍠𝍤 祥平	𝍡𝍤 悔平	𝍢𝍤 凶平	𝍣𝍤 咎平	𝍤𝍤 平平	𝍥𝍤 休平	𝍦𝍤 吉平	𝍧𝍤 吝平	𝍨𝍤 災平
𝍠𝍥 祥祥	𝍡𝍥 悔祥	𝍢𝍥 凶祥	𝍣𝍥 咎祥	𝍤𝍥 平祥	𝍥𝍥 休祥	𝍦𝍥 吉祥	𝍧𝍥 吝祥	𝍨𝍥 災祥
𝍠𝍦 祥休	𝍡𝍦 悔休	𝍢𝍦 凶休	𝍣𝍦 咎休	𝍤𝍦 平休	𝍥𝍦 休休	𝍦𝍦 吉休	𝍧𝍦 吝休	𝍨𝍦 災休
𝍠𝍧 祥凶	𝍡𝍧 悔凶	𝍢𝍧 凶大	𝍣𝍧 咎凶	𝍤𝍧 平凶	𝍥𝍧 休凶	𝍦𝍧 吉凶	𝍧𝍧 吝凶	𝍨𝍧 災凶
𝍠𝍨 祥悔	𝍡𝍨 悔悔	𝍢𝍨 凶悔	𝍣𝍨 咎悔	𝍤𝍨 平悔	𝍥𝍨 休悔	𝍦𝍨 吉悔	𝍧𝍨 吝悔	𝍨𝍨 災悔

𝍧𝍡 **親** 二之八

驚蟄 桃始華

親內和順而外文明父父子子兄兄弟弟夫夫婦婦上下睦而家道

寧

𝍠𝍠 祥吝	𝍡𝍠 悔吝	𝍢𝍠 凶吝	𝍣𝍠 咎吝	𝍤𝍠 平吝	𝍥𝍠 休吝	𝍦𝍠 吉吝	𝍧𝍠 吝吝	𝍨𝍠 災吝
𝍠𝍡 悔吉	𝍡𝍡 凶吉	𝍢𝍡 休吉	𝍣𝍡 祥吉	𝍤𝍡 平吉	𝍥𝍡 災吉	𝍦𝍡 咎吉	𝍧𝍡 吉元	𝍨𝍡 吝吉

𝍠悔𝍢咎 𝍡凶𝍢咎 𝍢休𝍢咎 𝍣祥𝍢咎 𝍤平𝍢咎 𝍥災𝍢咎 𝍦咎𝍢咎 𝍧吉𝍢咎 𝍨吝𝍢咎
𝍠悔𝍣災 𝍡凶𝍣災 𝍢休𝍣災 𝍣祥𝍣災 𝍤平𝍣災 𝍥災𝍣災 𝍦咎𝍣災 𝍧吉𝍣災 𝍨吝𝍣災
𝍠悔𝍤平 𝍡凶𝍤平 𝍢休𝍤平 𝍣祥𝍤平 𝍤平𝍤平 𝍥災𝍤平 𝍦咎𝍤平 𝍧吉𝍤平 𝍨吝𝍤平
𝍠悔𝍥祥 𝍡凶𝍥祥 𝍢休𝍥祥 𝍣祥𝍥祥 𝍤平𝍥祥 𝍥災𝍥祥 𝍦咎𝍥祥 𝍧吉𝍥祥 𝍨吝𝍥祥
𝍠悔𝍦休 𝍡凶𝍦休 𝍢休𝍦休 𝍣祥𝍦休 𝍤平𝍦休 𝍥災𝍦休 𝍦咎𝍦休 𝍧吉𝍦休 𝍨吝𝍦休
𝍠悔𝍧凶 𝍡凶𝍧大 𝍢休𝍧凶 𝍣祥𝍧凶 𝍤平𝍧凶 𝍥災𝍧凶 𝍦咎𝍧凶 𝍧吉𝍧凶 𝍨吝𝍧凶
𝍠悔𝍨悔 𝍡凶𝍨悔 𝍢休𝍨悔 𝍣祥𝍨悔 𝍤平𝍨悔 𝍥災𝍨悔 𝍦咎𝍨悔 𝍧吉𝍨悔 𝍨吝𝍨悔

𝍧𝍡華 二之九

華文明以正利有攸往不利折獄木道乃行

𝍠凶𝍠吝 𝍡休𝍠吝 𝍢災𝍠吝 𝍣悔𝍠吝 𝍤平𝍠吝 𝍥吝𝍠吝 𝍦祥𝍠吝 𝍧咎𝍠吝 𝍨吉𝍠吝
𝍠凶𝍡吉 𝍡休𝍡吉 𝍢災𝍡吉 𝍣悔𝍡吉 𝍤平𝍡吉 𝍥吝𝍡吉 𝍦祥𝍡吉 𝍧咎𝍡吉 𝍨吉𝍡元
𝍠凶𝍢咎 𝍡休𝍢咎 𝍢災𝍢咎 𝍣悔𝍢咎 𝍤平𝍢咎 𝍥吝𝍢咎 𝍦祥𝍢咎 𝍧咎𝍢咎 𝍨吉𝍢咎
𝍠凶𝍣災 𝍡休𝍣災 𝍢災𝍣災 𝍣悔𝍣災 𝍤平𝍣災 𝍥吝𝍣災 𝍦祥𝍣災 𝍧咎𝍣災 𝍨吉𝍣災

𝍠凶𝍤平 𝍡休𝍤平 𝍢災𝍤平 𝍣悔𝍤平 𝍤平𝍤平 𝍥吝𝍤平 𝍦祥𝍤平 𝍧咎𝍤平 𝍨吉𝍤平

𝍠凶𝍥祥 𝍡休𝍥祥 𝍢災𝍥祥 𝍣悔𝍥祥 𝍤平𝍥祥 𝍥吝𝍥祥 𝍦祥𝍥祥 𝍧咎𝍥祥 𝍨吉𝍥祥

𝍠凶𝍦休 𝍡休𝍦休 𝍢災𝍦休 𝍣悔𝍦休 𝍤平𝍦休 𝍥吝𝍦休 𝍦祥𝍦休 𝍧咎𝍦休 𝍨吉𝍦休

𝍠凶𝍧大 𝍡休𝍧凶 𝍢災𝍧凶 𝍣悔𝍧凶 𝍤平𝍧凶 𝍥吝𝍧凶 𝍦祥𝍧凶 𝍧咎𝍧凶 𝍨吉𝍧凶

𝍠凶𝍨悔 𝍡休𝍨悔 𝍢災𝍨悔 𝍣悔𝍨悔 𝍤平𝍨悔 𝍥吝𝍨悔 𝍦祥𝍨悔 𝍧咎𝍨悔 𝍨吉𝍨悔

𝍠𝍢見 三之一 倉庚鳴

見一氣既信百有著形晬面盎背德潤厥隱匿凶

𝍠吉𝍠災 𝍡咎𝍠災 𝍢祥𝍠災 𝍣吝𝍠災 𝍤平𝍠災 𝍥悔𝍠災 𝍦災𝍠災 𝍧休𝍠災 𝍨凶𝍠災

𝍠吉𝍡吝 𝍡咎𝍡吝 𝍢祥𝍡吝 𝍣吝𝍡吝 𝍤平𝍡吝 𝍥悔𝍡吝 𝍦災𝍡吝 𝍧休𝍡吝 𝍨凶𝍡吝

𝍠吉𝍢元 𝍡咎𝍢吉 𝍢祥𝍢吉 𝍣吝𝍢吉 𝍤平𝍢吉 𝍥悔𝍢吉 𝍦災𝍢吉 𝍧休𝍢吉 𝍨凶𝍢吉

𝍠吉𝍣休 𝍡咎𝍣休 𝍢祥𝍣休 𝍣吝𝍣休 𝍤平𝍣休 𝍥悔𝍣休 𝍦災𝍣休 𝍧休𝍣休 𝍨凶𝍣休

𝍠吉𝍤平 𝍡咎𝍤平 𝍢祥𝍤平 𝍣吝𝍤平 𝍤平𝍤平 𝍥悔𝍤平 𝍦災𝍤平 𝍧休𝍤平 𝍨凶𝍤平

𝍠吉𝍥咎 𝍡咎𝍥咎 𝍢祥𝍥咎 𝍣吝𝍥咎 𝍤平𝍥咎 𝍥悔𝍥咎 𝍦災𝍥咎 𝍧休𝍥咎 𝍨凶𝍥咎

𝍠吉𝍦凶 𝍡咎𝍦凶 𝍢祥𝍦凶 𝍣吝𝍦凶 𝍤平𝍦凶 𝍥悔𝍦凶 𝍦災𝍦凶 𝍧休𝍦凶 𝍨凶𝍦大

𝍠吉𝍧悔 𝍡咎𝍧悔 𝍢祥𝍧悔 𝍣吝𝍧悔 𝍤平𝍧悔 𝍥悔𝍧悔 𝍦災𝍧悔 𝍧休𝍧悔 𝍨凶𝍧悔

𝍠吉𝍨祥 𝍡咎𝍨祥 𝍢祥𝍨祥 𝍣吝𝍨祥 𝍤平𝍨祥 𝍥悔𝍨祥 𝍦災𝍨祥 𝍧休𝍨祥 𝍨凶𝍨祥

𝍡𝍢 獲 三之二 鷹化爲鳩

獲氣質形色自天有得君子遷善小人革面縱逸凶

𝍠吝𝍠災 𝍡吉𝍠災 𝍢咎𝍠災 𝍣災𝍠災 𝍤平𝍠災 𝍥祥𝍠災 𝍦休𝍠災 𝍧凶𝍠災 𝍨悔𝍠災

𝍠吝𝍡吝 𝍡吉𝍡吝 𝍢咎𝍡吝 𝍣災𝍡吝 𝍤平𝍡吝 𝍥祥𝍡吝 𝍦休𝍡吝 𝍧凶𝍡吝 𝍨悔𝍡吝

𝍠吝𝍢吉 𝍡吉𝍢元 𝍢咎𝍢吉 𝍣災𝍢吉 𝍤平𝍢吉 𝍥祥𝍢吉 𝍦休𝍢吉 𝍧凶𝍢吉 𝍨悔𝍢吉

𝍠吝𝍣休 𝍡吉𝍣休 𝍢咎𝍣休 𝍣災𝍣休 𝍤平𝍣休 𝍥祥𝍣休 𝍦休𝍣休 𝍧凶𝍣休 𝍨悔𝍣休

𝍠吝𝍤平 𝍡吉𝍤平 𝍢咎𝍤平 𝍣災𝍤平 𝍤平𝍤平 𝍥祥𝍤平 𝍦休𝍤平 𝍧凶𝍤平 𝍨悔𝍤平

𝍠吝𝍥咎 𝍡吉𝍥咎 𝍢咎𝍥咎 𝍣災𝍥咎 𝍤平𝍥咎 𝍥祥𝍥咎 𝍦休𝍥咎 𝍧凶𝍥咎 𝍨悔𝍥咎

𝍠吝𝍦凶 𝍡吉𝍦凶 𝍢咎𝍦凶 𝍣災𝍦凶 𝍤平𝍦凶 𝍥祥𝍦凶 𝍦休𝍦凶 𝍧凶𝍦大 𝍨悔𝍦凶

𝍠吝𝍧悔 𝍡吉𝍧悔 𝍢咎𝍧悔 𝍣災𝍧悔 𝍤平𝍧悔 𝍥祥𝍧悔 𝍦休𝍧悔 𝍧凶𝍧悔 𝍨悔𝍧悔

𝍠吝𝍨祥 𝍡吉𝍨祥 𝍢咎𝍨祥 𝍣災𝍨祥 𝍤平𝍨祥 𝍥祥𝍨祥 𝍦休𝍨祥 𝍧凶𝍨祥 𝍨悔𝍨祥

𝍢𝍢從 三之三 春分元鳥至

從惟從非同不獲其身不見其人利有攸行

𝍠災𝍠災 𝍡吝𝍠災 𝍢吉𝍠災 𝍣休𝍠災 𝍤平𝍠災 𝍥咎𝍠災 𝍦凶𝍠災 𝍧悔𝍠災 𝍨祥𝍠災

𝍠災𝍡吝 𝍡吝𝍡吝 𝍢吉𝍡吝 𝍣休𝍡吝 𝍤平𝍡吝 𝍥咎𝍡吝 𝍦凶𝍡吝 𝍧悔𝍡吝 𝍨祥𝍡吝

𝍠災𝍢吉 𝍡吝𝍢吉 𝍢吉𝍢元 𝍣休𝍢吉 𝍤平𝍢吉 𝍥咎𝍢吉 𝍦凶𝍢吉 𝍧悔𝍢吉 𝍨祥𝍢吉

𝍠災𝍣休 𝍡吝𝍣休 𝍢吉𝍣休 𝍣休𝍣休 𝍤平𝍣休 𝍥咎𝍣休 𝍦凶𝍣休 𝍧悔𝍣休 𝍨祥𝍣休

𝍠災𝍤平 𝍡吝𝍤平 𝍢吉𝍤平 𝍣休𝍤平 𝍤平𝍤平 𝍥咎𝍤平 𝍦凶𝍤平 𝍧悔𝍤平 𝍨祥𝍤平

𝍠災𝍥咎 𝍡吝𝍥咎 𝍢吉𝍥咎 𝍣休𝍥咎 𝍤平𝍥咎 𝍥咎𝍥咎 𝍦凶𝍥咎 𝍧悔𝍥咎 𝍨祥𝍥咎

𝍠災𝍦凶 𝍡吝𝍦凶 𝍢吉𝍦凶 𝍣休𝍦凶 𝍤平𝍦凶 𝍥咎𝍦凶 𝍦凶𝍦大 𝍧悔𝍦凶 𝍨祥𝍦凶

𝍠災𝍧悔 𝍡吝𝍧悔 𝍢吉𝍧悔 𝍣休𝍧悔 𝍤平𝍧悔 𝍥咎𝍧悔 𝍦凶𝍧悔 𝍧悔𝍧悔 𝍨祥𝍧悔

𝍠災𝍨祥 𝍡吝𝍨祥 𝍢吉𝍨祥 𝍣休𝍨祥 𝍤平𝍨祥 𝍥咎𝍨祥 𝍦凶𝍨祥 𝍧悔𝍨祥 𝍨祥𝍨祥

𝍣𝍢交 三之四 雷乃發聲

珍倣宋版印

交倡而和感而應渙汗大號東南得朋征伐小利

𝍠咎𝍡祥𝍢悔𝍣吉𝍤平𝍥凶𝍦吝𝍧災𝍨休
𝍠災𝍠災𝍠災𝍠災𝍠災𝍠災𝍠災𝍠災𝍠災

𝍠咎𝍡祥𝍢悔𝍣吉𝍤平𝍥凶𝍦吝𝍧災𝍨休
𝍡吝𝍡吝𝍡吝𝍡吝𝍡吝𝍡吝𝍡吝𝍡吝𝍡吝

𝍠咎𝍡祥𝍢悔𝍣吉𝍤平𝍥凶𝍦吝𝍧災𝍨休
𝍢吉𝍢吉𝍢吉𝍢元𝍢吉𝍢吉𝍢吉𝍢吉𝍢吉

𝍠咎𝍡祥𝍢悔𝍣吉𝍤平𝍥凶𝍦吝𝍧災𝍨休
𝍣休𝍣休𝍣休𝍣休𝍣休𝍣休𝍣休𝍣休𝍣休

𝍠咎𝍡祥𝍢悔𝍣吉𝍤平𝍥凶𝍦吝𝍧災𝍨休
𝍤平𝍤平𝍤平𝍤平𝍤平𝍤平𝍤平𝍤平𝍤平

𝍠咎𝍡祥𝍢悔𝍣吉𝍤平𝍥凶𝍦吝𝍧災𝍨休
𝍥咎𝍥咎𝍥咎𝍥咎𝍥咎𝍥咎𝍥咎𝍥咎𝍥咎

𝍠咎𝍡祥𝍢悔𝍣吉𝍤平𝍥凶𝍦吝𝍧災𝍨休
𝍦凶𝍦凶𝍦凶𝍦凶𝍦凶𝍦大𝍦凶𝍦凶𝍦凶

𝍠咎𝍡祥𝍢悔𝍣吉𝍤平𝍥凶𝍦吝𝍧災𝍨休
𝍧悔𝍧悔𝍧悔𝍧悔𝍧悔𝍧悔𝍧悔𝍧悔𝍧悔

𝍠咎𝍡祥𝍢悔𝍣吉𝍤平𝍥凶𝍦吝𝍧災𝍨休
𝍨祥𝍨祥𝍨祥𝍨祥𝍨祥𝍨祥𝍨祥𝍨祥𝍨祥

𝍤𝍢 育 三之五 始電

育天地絪縕萬物化醇聖人順成生產吉

𝍠平𝍡平𝍢平𝍣平𝍤吉𝍥平𝍦平𝍧平𝍨平
𝍠災𝍠災𝍠災𝍠災𝍠災𝍠災𝍠災𝍠災𝍠災

𝍠平𝍡吝 𝍡平𝍡吝 𝍢平𝍡吝 𝍣平𝍡吝 𝍤吉𝍡吝 𝍥平𝍡吝 𝍦平𝍡吝 𝍧平𝍡吝 𝍨平𝍡吝

𝍠平𝍢吉 𝍡平𝍢吉 𝍢平𝍢吉 𝍣平𝍢吉 𝍤吉𝍢元 𝍥平𝍢吉 𝍦平𝍢吉 𝍧平𝍢吉 𝍨平𝍢吉

𝍠平𝍣休 𝍡平𝍣休 𝍢平𝍣休 𝍣平𝍣休 𝍤吉𝍣休 𝍥平𝍣休 𝍦平𝍣休 𝍧平𝍣休 𝍨平𝍣休

𝍠平𝍤平 𝍡平𝍤平 𝍢平𝍤平 𝍣平𝍤平 𝍤吉𝍤平 𝍥平𝍤平 𝍦平𝍤平 𝍧平𝍤平 𝍨平𝍤平

𝍠平𝍥咎 𝍡平𝍥咎 𝍢平𝍥咎 𝍣平𝍥咎 𝍤吉𝍥咎 𝍥平𝍥咎 𝍦平𝍥咎 𝍧平𝍥咎 𝍨平𝍥咎

𝍠平𝍦凶 𝍡平𝍦凶 𝍢平𝍦凶 𝍣平𝍦凶 𝍤吉𝍦大 𝍥平𝍦凶 𝍦平𝍦凶 𝍧平𝍦凶 𝍨平𝍦凶

𝍠平𝍧悔 𝍡平𝍧悔 𝍢平𝍧悔 𝍣平𝍧悔 𝍤吉𝍧悔 𝍥平𝍧悔 𝍦平𝍧悔 𝍧平𝍧悔 𝍨平𝍧悔

𝍠平𝍨祥 𝍡平𝍨祥 𝍢平𝍨祥 𝍣平𝍨祥 𝍤吉𝍨祥 𝍥平𝍨祥 𝍦平𝍨祥 𝍧平𝍨祥 𝍨平𝍨祥

𝍥三之六

𝍢壯 清明桐始華

壯于正有攸往無不利

𝍠休𝍠災 𝍡災𝍠災 𝍢吝𝍠災 𝍣凶𝍠災 𝍤平𝍠災 𝍥吉𝍠災 𝍦悔𝍠災 𝍧祥𝍠災 𝍨咎𝍠災

𝍠休𝍡吝 𝍡災𝍡吝 𝍢吝𝍡吝 𝍣凶𝍡吝 𝍤平𝍡吝 𝍥吉𝍡吝 𝍦悔𝍡吝 𝍧祥𝍡吝 𝍨咎𝍡吝

𝍠休𝍢吉 𝍡災𝍢吉 𝍢吝𝍢吉 𝍣凶𝍢吉 𝍤平𝍢吉 𝍥吉𝍢元 𝍦悔𝍢吉 𝍧祥𝍢吉 𝍨咎𝍢吉

𝍠休𝍣休 𝍡災𝍣休 𝍢吝𝍣休 𝍣凶𝍣休 𝍤平𝍣休 𝍥吉𝍣休 𝍦悔𝍣休 𝍧祥𝍣休 𝍨咎𝍣休

𝍠休𝍤平 𝍡災𝍤平 𝍢吝𝍤平 𝍣凶𝍤平 𝍤平𝍤平 𝍥吉𝍤平 𝍦悔𝍤平 𝍧祥𝍤平 𝍨咎𝍤平

𝍠休𝍥咎 𝍡災𝍥咎 𝍢吝𝍥咎 𝍣凶𝍥咎 𝍤平𝍥咎 𝍥吉𝍥咎 𝍦悔𝍥咎 𝍧祥𝍥咎 𝍨咎𝍥咎

𝍠休𝍦凶 𝍡災𝍦凶 𝍢吝𝍦凶 𝍣凶𝍦大 𝍤平𝍦凶 𝍥吉𝍦凶 𝍦悔𝍦凶 𝍧祥𝍦凶 𝍨咎𝍦凶

𝍠休𝍧悔 𝍡災𝍧悔 𝍢吝𝍧悔 𝍣凶𝍧悔 𝍤平𝍧悔 𝍥吉𝍧悔 𝍦悔𝍧悔 𝍧祥𝍧悔 𝍨咎𝍧悔

𝍠休𝍨祥 𝍡災𝍨祥 𝍢吝𝍨祥 𝍣凶𝍨祥 𝍤平𝍨祥 𝍥吉𝍨祥 𝍦悔𝍨祥 𝍧祥𝍨祥 𝍨咎𝍨祥

𝍦三之七

𝍢興 田鼠化爲鴽

興吉利見大人天下文明萬邦黎獻方來不寧土役無度凶

𝍠祥𝍠災 𝍡悔𝍠災 𝍢凶𝍠災 𝍣咎𝍠災 𝍤平𝍠災 𝍥休𝍠災 𝍦吉𝍠災 𝍧吝𝍠災 𝍨災𝍠災

𝍠祥𝍡吝 𝍡悔𝍡吝 𝍢凶𝍡吝 𝍣咎𝍡吝 𝍤平𝍡吝 𝍥休𝍡吝 𝍦吉𝍡吝 𝍧吝𝍡吝 𝍨災𝍡吝

𝍠祥𝍢吉 𝍡悔𝍢吉 𝍢凶𝍢吉 𝍣咎𝍢吉 𝍤平𝍢吉 𝍥休𝍢吉 𝍦吉𝍢元 𝍧吝𝍢吉 𝍨災𝍢吉

𝍠祥𝍣休 𝍡悔𝍣休 𝍢凶𝍣休 𝍣咎𝍣休 𝍤平𝍣休 𝍥休𝍣休 𝍦吉𝍣休 𝍧吝𝍣休 𝍨災𝍣休

𝍠祥𝍤平 𝍡悔𝍤平 𝍢凶𝍤平 𝍣咎𝍤平 𝍤平𝍤平 𝍥休𝍤平 𝍦吉𝍤平 𝍧吝𝍤平 𝍨災𝍤平

𝍠祥　𝍡悔　𝍢凶　𝍣咎　𝍤平　𝍥休　𝍦吉　𝍧吝　𝍨災
𝍥咎　𝍥咎　𝍥咎　𝍥咎　𝍥咎　𝍥咎　𝍥咎　𝍥咎　𝍥咎

𝍠祥　𝍡悔　𝍢凶　𝍣咎　𝍤平　𝍥休　𝍦吉　𝍧吝　𝍨災
𝍦凶　𝍦凶　𝍦大　𝍦凶　𝍦凶　𝍦凶　𝍦凶　𝍦凶　𝍦凶

𝍠祥　𝍡悔　𝍢凶　𝍣咎　𝍤平　𝍥休　𝍦吉　𝍧吝　𝍨災
𝍧悔　𝍧悔　𝍧悔　𝍧悔　𝍧悔　𝍧悔　𝍧悔　𝍧悔　𝍧悔

𝍠祥　𝍡悔　𝍢凶　𝍣咎　𝍤平　𝍥休　𝍦吉　𝍧吝　𝍨災
𝍨祥　𝍨祥　𝍨祥　𝍨祥　𝍨祥　𝍨祥　𝍨祥　𝍨祥　𝍨祥

𝍧𝍢欣　三之八
虹始見

欣氣和時平萬物何榮君子樂道小人樂生淫于酒喪其朋凶

𝍠悔　𝍡凶　𝍢休　𝍣祥　𝍤平　𝍥災　𝍦咎　𝍧吉　𝍨吝
𝍠災　𝍠災　𝍠災　𝍠災　𝍠災　𝍠災　𝍠災　𝍠災　𝍠災

𝍠悔　𝍡凶　𝍢休　𝍣祥　𝍤平　𝍥災　𝍦咎　𝍧吉　𝍨吝
𝍡吝　𝍡吝　𝍡吝　𝍡吝　𝍡吝　𝍡吝　𝍡吝　𝍡吝　𝍡吝

𝍠悔　𝍡凶　𝍢休　𝍣祥　𝍤平　𝍥災　𝍦咎　𝍧吉　𝍨吝
𝍢吉　𝍢吉　𝍢吉　𝍢吉　𝍢吉　𝍢吉　𝍢吉　𝍢元　𝍢吉

𝍠悔　𝍡凶　𝍢休　𝍣祥　𝍤平　𝍥災　𝍦咎　𝍧吉　𝍨吝
𝍣休　𝍣休　𝍣休　𝍣休　𝍣休　𝍣休　𝍣休　𝍣休　𝍣休

𝍠悔　𝍡凶　𝍢休　𝍣祥　𝍤平　𝍥災　𝍦咎　𝍧吉　𝍨吝
𝍤平　𝍤平　𝍤平　𝍤平　𝍤平　𝍤平　𝍤平　𝍤平　𝍤平

𝍠悔　𝍡凶　𝍢休　𝍣祥　𝍤平　𝍥災　𝍦咎　𝍧吉　𝍨吝
𝍥咎　𝍥咎　𝍥咎　𝍥咎　𝍥咎　𝍥咎　𝍥咎　𝍥咎　𝍥咎

𝍠悔　𝍡凶　𝍢休　𝍣祥　𝍤平　𝍥災　𝍦咎　𝍧吉　𝍨吝
𝍦凶　𝍦大　𝍦凶　𝍦凶　𝍦凶　𝍦凶　𝍦凶　𝍦凶　𝍦凶

𝍠悔𝍧悔 𝍡凶𝍧悔 𝍢休𝍧悔 𝍣祥𝍧悔 𝍤平𝍧悔 𝍥災𝍧悔 𝍦咎𝍧悔 𝍧吉𝍧悔 𝍨吝𝍧悔

𝍠悔𝍨祥 𝍡凶𝍨祥 𝍢休𝍨祥 𝍣祥𝍨祥 𝍤平𝍨祥 𝍥災𝍨祥 𝍦咎𝍨祥 𝍧吉𝍨祥 𝍨吝𝍨祥

𝍧𝍢舒 三之九

舒雨露霑濡草木榮敷百體以舒惟仁之腴無不利迫近凶

𝍠凶𝍠災 𝍡休𝍠災 𝍢災𝍠災 𝍣悔𝍠災 𝍤平𝍠災 𝍥吝𝍠災 𝍦祥𝍠災 𝍧咎𝍠災 𝍨吉𝍠災

𝍠凶𝍡吝 𝍡休𝍡吝 𝍢災𝍡吝 𝍣悔𝍡吝 𝍤平𝍡吝 𝍥吝𝍡吝 𝍦祥𝍡吝 𝍧咎𝍡吝 𝍨吉𝍡吝

𝍠凶𝍢吉 𝍡休𝍢吉 𝍢災𝍢吉 𝍣悔𝍢吉 𝍤平𝍢吉 𝍥吝𝍢吉 𝍦祥𝍢吉 𝍧咎𝍢吉 𝍨吉𝍢元

𝍠凶𝍣休 𝍡休𝍣休 𝍢災𝍣休 𝍣悔𝍣休 𝍤平𝍣休 𝍥吝𝍣休 𝍦祥𝍣休 𝍧咎𝍣休 𝍨吉𝍣休

𝍠凶𝍤平 𝍡休𝍤平 𝍢災𝍤平 𝍣悔𝍤平 𝍤平𝍤平 𝍥吝𝍤平 𝍦祥𝍤平 𝍧咎𝍤平 𝍨吉𝍤平

𝍠凶𝍥咎 𝍡休𝍥咎 𝍢災𝍥咎 𝍣悔𝍥咎 𝍤平𝍥咎 𝍥吝𝍥咎 𝍦祥𝍥咎 𝍧咎𝍥咎 𝍨吉𝍥咎

𝍠凶𝍦大 𝍡休𝍦凶 𝍢災𝍦凶 𝍣悔𝍦凶 𝍤平𝍦凶 𝍥吝𝍦凶 𝍦祥𝍦凶 𝍧咎𝍦凶 𝍨吉𝍦凶

𝍠凶𝍧悔 𝍡休𝍧悔 𝍢災𝍧悔 𝍣悔𝍧悔 𝍤平𝍧悔 𝍥吝𝍧悔 𝍦祥𝍧悔 𝍧咎𝍧悔 𝍨吉𝍧悔

𝍠凶𝍨祥 𝍡休𝍨祥 𝍢災𝍨祥 𝍣悔𝍨祥 𝍤平𝍨祥 𝍥吝𝍨祥 𝍦祥𝍨祥 𝍧咎𝍨祥 𝍨吉𝍨祥

𝍠𝍣比 四之一 穀雨萍始生

比上下相親左右承鄰龍見雲升君子以衆小人勿用

𝍠吉𝍡咎𝍢祥𝍣吝𝍤平𝍥悔𝍦災𝍧休𝍨凶
𝍠咎𝍠咎𝍠咎𝍠咎𝍠咎𝍠咎𝍠咎𝍠咎𝍠咎

𝍠吉𝍡咎𝍢祥𝍣吝𝍤平𝍥悔𝍦災𝍧休𝍨凶
𝍡祥𝍡祥𝍡祥𝍡祥𝍡祥𝍡祥𝍡祥𝍡祥𝍡祥

𝍠吉𝍡咎𝍢祥𝍣吝𝍤平𝍥悔𝍦災𝍧休𝍨凶
𝍢悔𝍢悔𝍢悔𝍢悔𝍢悔𝍢悔𝍢悔𝍢悔𝍢悔

𝍠吉𝍡咎𝍢祥𝍣吝𝍤平𝍥悔𝍦災𝍧休𝍨凶
𝍣元𝍣吉𝍣吉𝍣吉𝍣吉𝍣吉𝍣吉𝍣吉𝍣吉

𝍠吉𝍡咎𝍢祥𝍣吝𝍤平𝍥悔𝍦災𝍧休𝍨凶
𝍤平𝍤平𝍤平𝍤平𝍤平𝍤平𝍤平𝍤平𝍤平

𝍠吉𝍡咎𝍢祥𝍣吝𝍤平𝍥悔𝍦災𝍧休𝍨凶
𝍥凶𝍥凶𝍥凶𝍥凶𝍥凶𝍥凶𝍥凶𝍥凶𝍥大

𝍠吉𝍡咎𝍢祥𝍣吝𝍤平𝍥悔𝍦災𝍧休𝍨凶
𝍦吝𝍦吝𝍦吝𝍦吝𝍦吝𝍦吝𝍦吝𝍦吝𝍦吝

𝍠吉𝍡咎𝍢祥𝍣吝𝍤平𝍥悔𝍦災𝍧休𝍨凶
𝍧災𝍧災𝍧災𝍧災𝍧災𝍧災𝍧災𝍧災𝍧災

𝍠吉𝍡咎𝍢祥𝍣吝𝍤平𝍥悔𝍦災𝍧休𝍨凶
𝍨休𝍨休𝍨休𝍨休𝍨休𝍨休𝍨休𝍨休𝍨休

𝍡𝍣閞 四之二 鳴鳩拂其羽

閞析民墾田闢塞通障利有攸往閉耀藏葬凶

丨吝‖吉川咎𝍣災𝍤平𝍥祥𝍦休𝍧凶𝍨悔
丨咎丨咎丨咎丨咎丨咎丨咎丨咎丨咎丨咎

丨吝‖吉川咎𝍣災𝍤平𝍥祥𝍦休𝍧凶𝍨悔
‖祥‖祥‖祥‖祥‖祥‖祥‖祥‖祥‖祥

丨吝‖吉川咎𝍣災𝍤平𝍥祥𝍦休𝍧凶𝍨悔
川悔川悔川悔川悔川悔川悔川悔川悔川悔

丨吝‖吉川咎𝍣災𝍤平𝍥祥𝍦休𝍧凶𝍨悔
𝍣吉𝍣元𝍣吉𝍣吉𝍣吉𝍣吉𝍣吉𝍣吉𝍣吉

丨吝‖吉川咎𝍣災𝍤平𝍥祥𝍦休𝍧凶𝍨悔
𝍤平𝍤平𝍤平𝍤平𝍤平𝍤平𝍤平𝍤平𝍤平

丨吝‖吉川咎𝍣災𝍤平𝍥祥𝍦休𝍧凶𝍨悔
𝍥凶𝍥凶𝍥凶𝍥凶𝍥凶𝍥凶𝍥凶𝍥大𝍥凶

丨吝‖吉川咎𝍣災𝍤平𝍥祥𝍦休𝍧凶𝍨悔
𝍦吝𝍦吝𝍦吝𝍦吝𝍦吝𝍦吝𝍦吝𝍦吝𝍦吝

丨吝‖吉川咎𝍣災𝍤平𝍥祥𝍦休𝍧凶𝍨悔
𝍧災𝍧災𝍧災𝍧災𝍧災𝍧災𝍧災𝍧災𝍧災

丨吝‖吉川咎𝍣災𝍤平𝍥祥𝍦休𝍧凶𝍨悔
𝍨休𝍨休𝍨休𝍨休𝍨休𝍨休𝍨休𝍨休𝍨休

川 𝍣

晉 四之三 戴勝降于桑

晉進賢去邪百工咸理監工日號悖于時凶蠶桑吉

丨災‖吝川吉𝍣休𝍤平𝍥咎𝍦凶𝍧悔𝍨祥
丨咎丨咎丨咎丨咎丨咎丨咎丨咎丨咎丨咎

丨災‖吝川吉𝍣休𝍤平𝍥咎𝍦凶𝍧悔𝍨祥
‖祥‖祥‖祥‖祥‖祥‖祥‖祥‖祥‖祥

〡災〣悔 〢吝〣悔 〣吉〣悔 〤休〣悔 〥平〣悔 〦咎〣悔 〧凶〣悔 〨悔〣悔 〩祥〣悔

〡災〤吉 〢吝〤吉 〣吉〤元 〤休〤吉 〥平〤吉 〦咎〤吉 〧凶〤吉 〨悔〤吉 〩祥〤吉

〡災〥平 〢吝〥平 〣吉〥平 〤休〥平 〥平〥平 〦咎〥平 〧凶〥平 〨悔〥平 〩祥〥平

〡災〦凶 〢吝〦凶 〣吉〦凶 〤休〦凶 〥平〦凶 〦咎〦凶 〧凶〦大 〨悔〦凶 〩祥〦凶

〡災〧吝 〢吝〧吝 〣吉〧吝 〤休〧吝 〥平〧吝 〦咎〧吝 〧凶〧吝 〨悔〧吝 〩祥〧吝

〡災〨災 〢吝〨災 〣吉〨災 〤休〨災 〥平〨災 〦咎〨災 〧凶〨災 〨悔〨災 〩祥〨災

〡災〩休 〢吝〩休 〣吉〩休 〤休〩休 〥平〩休 〦咎〩休 〧凶〩休 〨悔〩休 〩祥〩休

〤〤公 四之四

立夏 螻蟈鳴

公亨天高地下萬物散殊君子克己禮復其初利折獄

〡咎〡咎 〢祥〡咎 〣悔〡咎 〤吉〡咎 〥平〡咎 〦凶〡咎 〧吝〡咎 〨災〡咎 〩休〡咎

〡咎〢祥 〢祥〢祥 〣悔〢祥 〤吉〢祥 〥平〢祥 〦凶〢祥 〧吝〢祥 〨災〢祥 〩休〢祥

〡咎〣悔 〢祥〣悔 〣悔〣悔 〤吉〣悔 〥平〣悔 〦凶〣悔 〧吝〣悔 〨災〣悔 〩休〣悔

〡咎〤吉 〢祥〤吉 〣悔〤吉 〤吉〤元 〥平〤吉 〦凶〤吉 〧吝〤吉 〨災〤吉 〩休〤吉

𝍠咎𝍤平　𝍡祥𝍤平　𝍢悔𝍤平　𝍣吉𝍤平　𝍤平𝍤平　𝍥凶𝍤平　𝍦吝𝍤平　𝍧災𝍤平　𝍨休𝍤平

𝍠咎𝍥凶　𝍡祥𝍥凶　𝍢悔𝍥凶　𝍣吉𝍥凶　𝍤平𝍥凶　𝍥凶𝍥大　𝍦吝𝍥凶　𝍧災𝍥凶　𝍨休𝍥凶

𝍠咎𝍦吝　𝍡祥𝍦吝　𝍢悔𝍦吝　𝍣吉𝍦吝　𝍤平𝍦吝　𝍥凶𝍦吝　𝍦吝𝍦吝　𝍧災𝍦吝　𝍨休𝍦吝

𝍠咎𝍧災　𝍡祥𝍧災　𝍢悔𝍧災　𝍣吉𝍧災　𝍤平𝍧災　𝍥凶𝍧災　𝍦吝𝍧災　𝍧災𝍧災　𝍨休𝍧災

𝍠咎𝍨休　𝍡祥𝍨休　𝍢悔𝍨休　𝍣吉𝍨休　𝍤平𝍨休　𝍥凶𝍨休　𝍦吝𝍨休　𝍧災𝍨休　𝍨休𝍨休

𝍤𝍣益　四之五　蚯蚓出

益朋友方來敬之終吉繼長增高與時偕極廢惰凶

𝍠平𝍠咎　𝍡平𝍠咎　𝍢平𝍠咎　𝍣平𝍠咎　𝍤吉𝍠咎　𝍥平𝍠咎　𝍦平𝍠咎　𝍧平𝍠咎　𝍨平𝍠咎

𝍠平𝍡祥　𝍡平𝍡祥　𝍢平𝍡祥　𝍣平𝍡祥　𝍤吉𝍡祥　𝍥平𝍡祥　𝍦平𝍡祥　𝍧平𝍡祥　𝍨平𝍡祥

𝍠平𝍢悔　𝍡平𝍢悔　𝍢平𝍢悔　𝍣平𝍢悔　𝍤吉𝍢悔　𝍥平𝍢悔　𝍦平𝍢悔　𝍧平𝍢悔　𝍨平𝍢悔

𝍠平𝍣吉　𝍡平𝍣吉　𝍢平𝍣吉　𝍣平𝍣吉　𝍤吉𝍣元　𝍥平𝍣吉　𝍦平𝍣吉　𝍧平𝍣吉　𝍨平𝍣吉

𝍠平𝍤平　𝍡平𝍤平　𝍢平𝍤平　𝍣平𝍤平　𝍤吉𝍤平　𝍥平𝍤平　𝍦平𝍤平　𝍧平𝍤平　𝍨平𝍤平

𝍠平𝍥凶　𝍡平𝍥凶　𝍢平𝍥凶　𝍣平𝍥凶　𝍤吉𝍥大　𝍥平𝍥凶　𝍦平𝍥凶　𝍧平𝍥凶　𝍨平𝍥凶

𝍠平𝍡平𝍢平𝍣平𝍤吉𝍥平𝍦平𝍧平𝍨平
𝍦吝𝍦吝𝍦吝𝍦吝𝍦吝𝍦吝𝍦吝𝍦吝𝍦吝

𝍠平𝍡平𝍢平𝍣平𝍤吉𝍥平𝍦平𝍧平𝍨平
𝍧災𝍧災𝍧災𝍧災𝍧災𝍧災𝍧災𝍧災𝍧災

𝍠平𝍡平𝍢平𝍣平𝍤吉𝍥平𝍦平𝍧平𝍨平
𝍨休𝍨休𝍨休𝍨休𝍨休𝍨休𝍨休𝍨休𝍨休

𝍥章四之六
𝍣王瓜生

章天下文明赫赫彬彬大震厥聲匪正有悔

𝍠休𝍡災𝍢吝𝍣凶𝍤平𝍥吉𝍦悔𝍧祥𝍨咎
𝍠咎𝍠咎𝍠咎𝍠咎𝍠咎𝍠咎𝍠咎𝍠咎𝍠咎

𝍠休𝍡災𝍢吝𝍣凶𝍤平𝍥吉𝍦悔𝍧祥𝍨咎
𝍡祥𝍡祥𝍡祥𝍡祥𝍡祥𝍡祥𝍡祥𝍡祥𝍡祥

𝍠休𝍡災𝍢吝𝍣凶𝍤平𝍥吉𝍦悔𝍧祥𝍨咎
𝍢悔𝍢悔𝍢悔𝍢悔𝍢悔𝍢悔𝍢悔𝍢悔𝍢悔

𝍠休𝍡災𝍢吝𝍣凶𝍤平𝍥吉𝍦悔𝍧祥𝍨咎
𝍣吉𝍣吉𝍣吉𝍣吉𝍣吉𝍣元𝍣吉𝍣吉𝍣吉

𝍠休𝍡災𝍢吝𝍣凶𝍤平𝍥吉𝍦悔𝍧祥𝍨咎
𝍤平𝍤平𝍤平𝍤平𝍤平𝍤平𝍤平𝍤平𝍤平

𝍠休𝍡災𝍢吝𝍣凶𝍤平𝍥吉𝍦悔𝍧祥𝍨咎
𝍥凶𝍥凶𝍥凶𝍥大𝍥凶𝍥凶𝍥凶𝍥凶𝍥凶

𝍠休𝍡災𝍢吝𝍣凶𝍤平𝍥吉𝍦悔𝍧祥𝍨咎
𝍦吝𝍦吝𝍦吝𝍦吝𝍦吝𝍦吝𝍦吝𝍦吝𝍦吝

𝍠休𝍡災𝍢吝𝍣凶𝍤平𝍥吉𝍦悔𝍧祥𝍨咎
𝍧災𝍧災𝍧災𝍧災𝍧災𝍧災𝍧災𝍧災𝍧災

𝍠休𝍨休 𝍡災𝍨休 𝍢吝𝍨休 𝍣凶𝍨休 𝍤平𝍨休 𝍥吉𝍨休 𝍦悔𝍨休 𝍧祥𝍨休 𝍨咎𝍨休

𝍦𝍣 盈 四之七 小滿苦菜秀

盈生氣流形品物咸亨雷雨滿盈不疑其行

𝍠祥𝍠咎 𝍡悔𝍠咎 𝍢凶𝍠咎 𝍣咎𝍠咎 𝍤平𝍠咎 𝍥休𝍠咎 𝍦吉𝍠咎 𝍧吝𝍠咎 𝍨災𝍠咎

𝍠祥𝍡祥 𝍡悔𝍡祥 𝍢凶𝍡祥 𝍣咎𝍡祥 𝍤平𝍡祥 𝍥休𝍡祥 𝍦吉𝍡祥 𝍧吝𝍡祥 𝍨災𝍡祥

𝍠祥𝍢悔 𝍡悔𝍢悔 𝍢凶𝍢悔 𝍣咎𝍢悔 𝍤平𝍢悔 𝍥休𝍢悔 𝍦吉𝍢悔 𝍧吝𝍢悔 𝍨災𝍢悔

𝍠祥𝍣吉 𝍡悔𝍣吉 𝍢凶𝍣吉 𝍣咎𝍣吉 𝍤平𝍣吉 𝍥休𝍣吉 𝍦吉𝍣元 𝍧吝𝍣吉 𝍨災𝍣吉

𝍠祥𝍤平 𝍡悔𝍤平 𝍢凶𝍤平 𝍣咎𝍤平 𝍤平𝍤平 𝍥休𝍤平 𝍦吉𝍤平 𝍧吝𝍤平 𝍨災𝍤平

𝍠祥𝍥凶 𝍡悔𝍥凶 𝍢凶𝍥大 𝍣咎𝍥凶 𝍤平𝍥凶 𝍥休𝍥凶 𝍦吉𝍥凶 𝍧吝𝍥凶 𝍨災𝍥凶

𝍠祥𝍦吝 𝍡悔𝍦吝 𝍢凶𝍦吝 𝍣咎𝍦吝 𝍤平𝍦吝 𝍥休𝍦吝 𝍦吉𝍦吝 𝍧吝𝍦吝 𝍨災𝍦吝

𝍠祥𝍧災 𝍡悔𝍧災 𝍢凶𝍧災 𝍣咎𝍧災 𝍤平𝍧災 𝍥休𝍧災 𝍦吉𝍧災 𝍧吝𝍧災 𝍨災𝍧災

𝍠祥𝍨休 𝍡悔𝍨休 𝍢凶𝍨休 𝍣咎𝍨休 𝍤平𝍨休 𝍥休𝍨休 𝍦吉𝍨休 𝍧吝𝍨休 𝍨災𝍨休

𝍧𝍣 錫 四之八 靡草死

錫亨厲發爵賜服慶賞以行小人勿承以殃厥身

𝍠悔𝍡凶𝍢休𝍣祥𝍤平𝍥災𝍦咎𝍧吉𝍨吝
𝍠咎𝍠咎𝍠咎𝍠咎𝍠咎𝍠咎𝍠咎𝍠咎𝍠咎

𝍠悔𝍡凶𝍢休𝍣祥𝍤平𝍥災𝍦咎𝍧吉𝍨吝
𝍡祥𝍡祥𝍡祥𝍡祥𝍡祥𝍡祥𝍡祥𝍡祥𝍡祥

𝍠悔𝍡凶𝍢休𝍣祥𝍤平𝍥災𝍦咎𝍧吉𝍨吝
𝍢悔𝍢悔𝍢悔𝍢悔𝍢悔𝍢悔𝍢悔𝍢悔𝍢悔

𝍠悔𝍡凶𝍢休𝍣祥𝍤平𝍥災𝍦咎𝍧吉𝍨吝
𝍣吉𝍣吉𝍣吉𝍣吉𝍣吉𝍣吉𝍣吉𝍣元𝍣吉

𝍠悔𝍡凶𝍢休𝍣祥𝍤平𝍥災𝍦咎𝍧吉𝍨吝
𝍤平𝍤平𝍤平𝍤平𝍤平𝍤平𝍤平𝍤平𝍤平

𝍠悔𝍡凶𝍢休𝍣祥𝍤平𝍥災𝍦咎𝍧吉𝍨吝
𝍥凶𝍥大𝍥凶𝍥凶𝍥凶𝍥凶𝍥凶𝍥凶𝍥凶

𝍠悔𝍡凶𝍢休𝍣祥𝍤平𝍥災𝍦咎𝍧吉𝍨吝
𝍦吝𝍦吝𝍦吝𝍦吝𝍦吝𝍦吝𝍦吝𝍦吝𝍦吝

𝍠悔𝍡凶𝍢休𝍣祥𝍤平𝍥災𝍦咎𝍧吉𝍨吝
𝍧災𝍧災𝍧災𝍧災𝍧災𝍧災𝍧災𝍧災𝍧災

𝍠悔𝍡凶𝍢休𝍣祥𝍤平𝍥災𝍦咎𝍧吉𝍨吝
𝍨休𝍨休𝍨休𝍨休𝍨休𝍨休𝍨休𝍨休𝍨休

𝍨𝍣靡 四之九

靡亨上下謐寧來庭來賓勿徇其名大人吉小人吝疾病凶

𝍠凶𝍡休𝍢災𝍣悔𝍤平𝍥吝𝍦祥𝍧咎𝍨吉
𝍠咎𝍠咎𝍠咎𝍠咎𝍠咎𝍠咎𝍠咎𝍠咎𝍠咎

𝍠凶 𝍡休 𝍢災 𝍣悔 𝍤平 𝍥吝 𝍦祥 𝍧咎 𝍨吉 𝍡祥 𝍡祥 𝍡祥 𝍡祥 𝍡祥 𝍡祥 𝍡祥 𝍡祥 𝍡祥

𝍠凶 𝍡休 𝍢災 𝍣悔 𝍤平 𝍥吝 𝍦祥 𝍧咎 𝍨吉 𝍢悔 𝍢悔 𝍢悔 𝍢悔 𝍢悔 𝍢悔 𝍢悔 𝍢悔 𝍢悔

𝍠凶 𝍡休 𝍢災 𝍣悔 𝍤平 𝍥吝 𝍦祥 𝍧咎 𝍨吉 𝍣吉 𝍣吉 𝍣吉 𝍣吉 𝍣吉 𝍣吉 𝍣吉 𝍣吉 𝍣元

𝍠凶 𝍡休 𝍢災 𝍣悔 𝍤平 𝍥吝 𝍦祥 𝍧咎 𝍨吉 𝍤平 𝍤平 𝍤平 𝍤平 𝍤平 𝍤平 𝍤平 𝍤平 𝍤平

𝍠凶 𝍡休 𝍢災 𝍣悔 𝍤平 𝍥吝 𝍦祥 𝍧咎 𝍨吉 𝍥大 𝍥凶 𝍥凶 𝍥凶 𝍥凶 𝍥凶 𝍥凶 𝍥凶 𝍥凶

𝍠凶 𝍡休 𝍢災 𝍣悔 𝍤平 𝍥咎 𝍦祥 𝍧咎 𝍨吉 𝍦吝 𝍦吝 𝍦吝 𝍦吝 𝍦吝 𝍦吝 𝍦吝 𝍦吝 𝍦吝

𝍠凶 𝍡休 𝍢災 𝍣悔 𝍤平 𝍥吝 𝍦祥 𝍧咎 𝍨吉 𝍧災 𝍧災 𝍧災 𝍧災 𝍧災 𝍧災 𝍧災 𝍧災 𝍧災

𝍠凶 𝍡休 𝍢災 𝍣悔 𝍤平 𝍥吝 𝍦祥 𝍧咎 𝍨吉 𝍨休 𝍨休 𝍨休 𝍨休 𝍨休 𝍨休 𝍨休 𝍨休 𝍨休

𝍠 𝍤 庶 五之一 麥秋至

庶天開地闢萬物蕃殖君子所體利衆不利寡利公不利私

𝍠吉 𝍡咎 𝍢祥 𝍣吝 𝍤平 𝍥悔 𝍦災 𝍧休 𝍨凶 𝍠平 𝍠平 𝍠平 𝍠平 𝍠平 𝍠平 𝍠平 𝍠平 𝍠平

𝍠吉 𝍡咎 𝍢祥 𝍣吝 𝍤平 𝍥悔 𝍦災 𝍧休 𝍨凶 𝍡平 𝍡平 𝍡平 𝍡平 𝍡平 𝍡平 𝍡平 𝍡平 𝍡平

𝍠吉 𝍡咎 𝍢祥 𝍣吝 𝍤平 𝍥悔 𝍦災 𝍧休 𝍨凶 𝍢平 𝍢平 𝍢平 𝍢平 𝍢平 𝍢平 𝍢平 𝍢平 𝍢平

〡吉〢咎〣祥〤吝〥平〦悔〧災〨休〩凶
〤平〤平〤平〤平〤平〤平〤平〤平〤平

〡吉〢咎〣祥〤吝〥平〦悔〧災〨休〩凶
〥元〥吉〥吉〥吉〥吉〥吉〥吉〥吉〥吉

〡吉〢咎〣祥〤吝〥平〦悔〧災〨休〩凶
〦平〦平〦平〦平〦平〦平〦平〦平〦平

〡吉〢咎〣祥〤吝〥平〦悔〧災〨休〩凶
〧平〧平〧平〧平〧平〧平〧平〧平〧平

〡吉〢咎〣祥〤吝〥平〦悔〧災〨休〩凶
〨平〨平〨平〨平〨平〨平〨平〨平〨平

〡吉〢咎〣祥〤吝〥平〦悔〧災〨休〩凶
〩平〩平〩平〩平〩平〩平〩平〩平〩平

〢〥

決

五之二

芒種蟪蛁生

決八元舉用四凶竄殛羣疑盡釋無枉不直利艱貞

〡吝〢吉〣咎〤災〥平〦祥〧休〨凶〩悔
〡平〡平〡平〡平〡平〡平〡平〡平〡平

〡吝〢吉〣咎〤災〥平〦祥〧休〨凶〩悔
〢平〢平〢平〢平〢平〢平〢平〢平〢平

〡吝〢吉〣咎〤災〥平〦祥〧休〨凶〩悔
〣平〣平〣平〣平〣平〣平〣平〣平〣平

〡吝〢吉〣咎〤災〥平〦祥〧休〨凶〩悔
〤平〤平〤平〤平〤平〤平〤平〤平〤平

〡吝〢吉〣咎〤災〥平〦祥〧休〨凶〩悔
〥吉〥元〥吉〥吉〥吉〥吉〥吉〥吉〥吉

𝍠吝𝍡吉𝍢咎𝍣災𝍤平𝍥祥𝍦休𝍧凶𝍨悔
𝍥平𝍥平𝍥平𝍥平𝍥平𝍥平𝍥平𝍥平𝍥平

𝍠吝𝍡吉𝍢咎𝍣災𝍤平𝍥祥𝍦休𝍧凶𝍨悔
𝍦平𝍦平𝍦平𝍦平𝍦平𝍦平𝍦平𝍦平𝍦平

𝍠吝𝍡吉𝍢咎𝍣災𝍤平𝍥祥𝍦休𝍧凶𝍨悔
𝍧平𝍧平𝍧平𝍧平𝍧平𝍧平𝍧平𝍧平𝍧平

𝍠吝𝍡吉𝍢咎𝍣災𝍤平𝍥祥𝍦休𝍧凶𝍨悔
𝍨平𝍨平𝍨平𝍨平𝍨平𝍨平𝍨平𝍨平𝍨平

𝍢𝍤

豫五之三

鶡始鳴

豫飲食和樂君子豫吉小人豫凶

𝍠災𝍡吝𝍢吉𝍣休𝍤平𝍥咎𝍦凶𝍧悔𝍨祥
𝍠平𝍠平𝍠平𝍠平𝍠平𝍠平𝍠平𝍠平𝍠平

𝍠災𝍡吝𝍢吉𝍣休𝍤平𝍥咎𝍦凶𝍧悔𝍨祥
𝍡平𝍡平𝍡平𝍡平𝍡平𝍡平𝍡平𝍡平𝍡平

𝍠災𝍡吝𝍢吉𝍣休𝍤平𝍥咎𝍦凶𝍧悔𝍨祥
𝍢平𝍢平𝍢平𝍢平𝍢平𝍢平𝍢平𝍢平𝍢平

𝍠災𝍡吝𝍢吉𝍣休𝍤平𝍥咎𝍦凶𝍧悔𝍨祥
𝍣平𝍣平𝍣平𝍣平𝍣平𝍣平𝍣平𝍣平𝍣平

𝍠災𝍡吝𝍢吉𝍣休𝍤平𝍥咎𝍦凶𝍧悔𝍨祥
𝍤吉𝍤吉𝍤元𝍤吉𝍤吉𝍤吉𝍤吉𝍤吉𝍤吉

𝍠災𝍡吝𝍢吉𝍣休𝍤平𝍥咎𝍦凶𝍧悔𝍨祥
𝍥平𝍥平𝍥平𝍥平𝍥平𝍥平𝍥平𝍥平𝍥平

𝍠災𝍡吝𝍢吉𝍣休𝍤平𝍥咎𝍦凶𝍧悔𝍨祥
𝍦平𝍦平𝍦平𝍦平𝍦平𝍦平𝍦平𝍦平𝍦平

𝍠災𝍡吝𝍢吉𝍣休𝍤平𝍥咎𝍦凶𝍧悔𝍨祥
𝍧平𝍧平𝍧平𝍧平𝍧平𝍧平𝍧平𝍧平𝍧平

𝍠災𝍡吝𝍢吉𝍣休𝍤平𝍥咎𝍦凶𝍧悔𝍨祥
𝍨平𝍨平𝍨平𝍨平𝍨平𝍨平𝍨平𝍨平𝍨平

𝍣𝍤 升 五之四 反舌無聲

升禮明樂行萬化以成利見大人不言有喻允升大吉

𝍠咎𝍡祥𝍢悔𝍣吉𝍤平𝍥凶𝍦吝𝍧災𝍨休
𝍠平𝍠平𝍠平𝍠平𝍠平𝍠平𝍠平𝍠平𝍠平

𝍠咎𝍡祥𝍢悔𝍣吉𝍤平𝍥凶𝍦吝𝍧災𝍨休
𝍡平𝍡平𝍡平𝍡平𝍡平𝍡平𝍡平𝍡平𝍡平

𝍠咎𝍡祥𝍢悔𝍣吉𝍤平𝍥凶𝍦吝𝍧災𝍨休
𝍢平𝍢平𝍢平𝍢平𝍢平𝍢平𝍢平𝍢平𝍢平

𝍠咎𝍡祥𝍢悔𝍣吉𝍤平𝍥凶𝍦吝𝍧災𝍨休
𝍣平𝍣平𝍣平𝍣平𝍣平𝍣平𝍣平𝍣平𝍣平

𝍠咎𝍡祥𝍢悔𝍣吉𝍤平𝍥凶𝍦吝𝍧災𝍨休
𝍤吉𝍤吉𝍤吉𝍤元𝍤吉𝍤吉𝍤吉𝍤吉𝍤吉

𝍠咎𝍡祥𝍢悔𝍣吉𝍤平𝍥凶𝍦吝𝍧災𝍨休
𝍥平𝍥平𝍥平𝍥平𝍥平𝍥平𝍥平𝍥平𝍥平

𝍠咎𝍡祥𝍢悔𝍣吉𝍤平𝍥凶𝍦吝𝍧災𝍨休
𝍦平𝍦平𝍦平𝍦平𝍦平𝍦平𝍦平𝍦平𝍦平

𝍠咎𝍡祥𝍢悔𝍣吉𝍤平𝍥凶𝍦吝𝍧災𝍨休
𝍧平𝍧平𝍧平𝍧平𝍧平𝍧平𝍧平𝍧平𝍧平

𝍠咎𝍡祥𝍢悔𝍣吉𝍤平𝍥凶𝍦吝𝍧災𝍨休
𝍨平𝍨平𝍨平𝍨平𝍨平𝍨平𝍨平𝍨平𝍨平

𝍤𝍤中五之五 夏至鹿角解

中赫赫大明耀彼四鄰君子持盈小人毀成

𝍠吉𝍡平𝍢祥𝍣平𝍤吉𝍥悔𝍦平𝍧休𝍨平 𝍠平𝍠平𝍠平𝍠平𝍠平𝍠平𝍠平𝍠平𝍠平

𝍠平𝍡吉𝍢平𝍣平𝍤吉𝍥祥𝍦休𝍧平𝍨悔 𝍡平𝍡平𝍡平𝍡平𝍡平𝍡平𝍡平𝍡平𝍡平

𝍠平𝍡平𝍢吉𝍣休𝍤吉𝍥平𝍦平𝍧悔𝍨祥 𝍢平𝍢平𝍢平𝍢平𝍢平𝍢平𝍢平𝍢平𝍢平

𝍠平𝍡祥𝍢悔𝍣吉𝍤吉𝍥平𝍦平𝍧平𝍨平 𝍣平𝍣平𝍣平𝍣平𝍣平𝍣平𝍣平𝍣平𝍣休

𝍠平𝍡平𝍢平𝍣平𝍤吉𝍥平𝍦平𝍧平𝍨平 𝍤吉𝍤吉𝍤吉𝍤吉𝍤元𝍤吉𝍤吉𝍤吉𝍤吉

𝍠休𝍡平𝍢平𝍣平𝍤吉𝍥吉𝍦悔𝍧祥𝍨平 𝍥平𝍥平𝍥平𝍥平𝍥平𝍥平𝍥平𝍥平𝍥平

𝍠祥𝍡悔𝍢平𝍣平𝍤吉𝍥休𝍦吉𝍧平𝍨平 𝍦平𝍦平𝍦平𝍦平𝍦平𝍦平𝍦平𝍦平𝍦平

𝍠悔𝍡平𝍢休𝍣祥𝍤吉𝍥平𝍦平𝍧吉𝍨平 𝍧平𝍧平𝍧平𝍧平𝍧平𝍧平𝍧平𝍧平𝍧平

𝍠平𝍡休𝍢平𝍣悔𝍤吉𝍥平𝍦祥𝍧平𝍨吉 𝍨平𝍨平𝍨平𝍨平𝍨平𝍨平𝍨平𝍨平𝍨平

𝍥𝍤伏五之六 蟬始鳴

伏不聞不睹君子戒懼勿用娶女利潛師不利有攸往

𝍠休𝍠平 𝍡災𝍠平 𝍢吝𝍠平 𝍣凶𝍠平 𝍤平𝍠平 𝍥吉𝍠平 𝍦悔𝍠平 𝍧祥𝍠平 𝍨咎𝍠平

𝍠休𝍡平 𝍡災𝍡平 𝍢吝𝍡平 𝍣凶𝍡平 𝍤平𝍡平 𝍥吉𝍡平 𝍦悔𝍡平 𝍧祥𝍡平 𝍨咎𝍡平

𝍠休𝍢平 𝍡災𝍢平 𝍢吝𝍢平 𝍣凶𝍢平 𝍤平𝍢平 𝍥吉𝍢平 𝍦悔𝍢平 𝍧祥𝍢平 𝍨咎𝍢平

𝍠休𝍣平 𝍡災𝍣平 𝍢吝𝍣平 𝍣凶𝍣平 𝍤平𝍣平 𝍥吉𝍣平 𝍦悔𝍣平 𝍧祥𝍣平 𝍨咎𝍣平

𝍠休𝍤吉 𝍡災𝍤吉 𝍢吝𝍤吉 𝍣凶𝍤吉 𝍤平𝍤吉 𝍥吉𝍤元 𝍦悔𝍤吉 𝍧祥𝍤吉 𝍨咎𝍤吉

𝍠休𝍥平 𝍡災𝍥平 𝍢吝𝍥平 𝍣凶𝍥平 𝍤平𝍥平 𝍥吉𝍥平 𝍦悔𝍥平 𝍧祥𝍥平 𝍨咎𝍥平

𝍠休𝍦平 𝍡災𝍦平 𝍢吝𝍦平 𝍣凶𝍦平 𝍤平𝍦平 𝍥吉𝍦平 𝍦悔𝍦平 𝍧祥𝍦平 𝍨咎𝍦平

𝍠休𝍧平 𝍡災𝍧平 𝍢吝𝍧平 𝍣凶𝍧平 𝍤平𝍧平 𝍥吉𝍧平 𝍦悔𝍧平 𝍧祥𝍧平 𝍨咎𝍧平

𝍠休𝍨平 𝍡災𝍨平 𝍢吝𝍨平 𝍣凶𝍨平 𝍤平𝍨平 𝍥吉𝍨平 𝍦悔𝍨平 𝍧祥𝍨平 𝍨咎𝍨平

𝍦𝍤 過 五之七 半夏生

過罔淫于樂君子戒懼君子過厚小人過薄利涉大川

𝍠祥𝍠平 𝍡悔𝍠平 𝍢凶𝍠平 𝍣咎𝍠平 𝍤平𝍠平 𝍥休𝍠平 𝍦吉𝍠平 𝍧吝𝍠平 𝍨災𝍠平

𝍠祥𝍡平 𝍡悔𝍡平 𝍢凶𝍡平 𝍣咎𝍡平 𝍤平𝍡平 𝍥休𝍡平 𝍦吉𝍡平 𝍧吝𝍡平 𝍨災𝍡平

〡祥〣平	〢悔〣平	〣凶〣平	〤咎〣平	〥平〣平	〦休〣平	〧吉〣平	〨吝〣平	〩災〣平
〡祥〤平	〢悔〤平	〣凶〤平	〤咎〤平	〥平〤平	〦休〤平	〧吉〤平	〨吝〤平	〩災〤平
〡祥〥吉	〢悔〥吉	〣凶〥吉	〤咎〥吉	〥平〥吉	〦休〥吉	〧吉〥元	〨吝〥吉	〩災〥吉
〡祥〦平	〢悔〦平	〣凶〦平	〤咎〦平	〥平〦平	〦休〦平	〧吉〦平	〨吝〦平	〩災〦平
〡祥〧平	〢悔〧平	〣凶〧平	〤咎〧平	〥平〧平	〦休〧平	〧吉〧平	〨吝〧平	〩災〧平
〡祥〨平	〢悔〨平	〣凶〨平	〤咎〨平	〥平〨平	〦休〨平	〧吉〨平	〨吝〨平	〩災〨平
〡祥〩平	〢悔〩平	〣凶〩平	〤咎〩平	〥平〩平	〦休〩平	〧吉〩平	〨吝〩平	〩災〩平

〨〥

疑

五之八 小暑溫風至

疑有閉有貳君子用明小人用罔勿用決獄凶

〡悔〡平	〢凶〡平	〣休〡平	〤祥〡平	〥平〡平	〦災〡平	〧咎〡平	〨吉〡平	〩吝〡平
〡悔〢平	〢凶〢平	〣休〢平	〤祥〢平	〥平〢平	〦災〢平	〧咎〢平	〨吉〢平	〩吝〢平
〡悔〣平	〢凶〣平	〣休〣平	〤祥〣平	〥平〣平	〦災〣平	〧咎〣平	〨吉〣平	〩吝〣平
〡悔〤平	〢凶〤平	〣休〤平	〤祥〤平	〥平〤平	〦災〤平	〧咎〤平	〨吉〤平	〩吝〤平

𝍠悔𝍤吉　𝍡凶𝍤吉　𝍢休𝍤吉　𝍣祥𝍤吉　𝍤平𝍤吉　𝍥災𝍤吉　𝍦咎𝍤吉　𝍧吉𝍤元　𝍨吝𝍤吉

𝍠悔𝍥平　𝍡凶𝍥平　𝍢休𝍥平　𝍣祥𝍥平　𝍤平𝍥平　𝍥災𝍥平　𝍦咎𝍥平　𝍧吉𝍥平　𝍨吝𝍥平

𝍠悔𝍦平　𝍡凶𝍦平　𝍢休𝍦平　𝍣祥𝍦平　𝍤平𝍦平　𝍥災𝍦平　𝍦咎𝍦平　𝍧吉𝍦平　𝍨吝𝍦平

𝍠悔𝍧平　𝍡凶𝍧平　𝍢休𝍧平　𝍣祥𝍧平　𝍤平𝍧平　𝍥災𝍧平　𝍦咎𝍧平　𝍧吉𝍧平　𝍨吝𝍧平

𝍠悔𝍨平　𝍡凶𝍨平　𝍢休𝍨平　𝍣祥𝍨平　𝍤平𝍨平　𝍥災𝍨平　𝍦咎𝍨平　𝍧吉𝍨平　𝍨吝𝍨平

𝍨𝍤寡　五之九

寡宜上不宜下宜少不宜衆君子寡過不利婚媾

𝍠凶𝍠平　𝍡休𝍠平　𝍢災𝍠平　𝍣悔𝍠平　𝍤平𝍠平　𝍥吝𝍠平　𝍦祥𝍠平　𝍧咎𝍠平　𝍨吉𝍠平

𝍠凶𝍡平　𝍡休𝍡平　𝍢災𝍡平　𝍣悔𝍡平　𝍤平𝍡平　𝍥吝𝍡平　𝍦祥𝍡平　𝍧咎𝍡平　𝍨吉𝍡平

𝍠凶𝍢平　𝍡休𝍢平　𝍢災𝍢平　𝍣悔𝍢平　𝍤平𝍢平　𝍥吝𝍢平　𝍦祥𝍢平　𝍧咎𝍢平　𝍨吉𝍢平

𝍠凶𝍣平　𝍡休𝍣平　𝍢災𝍣平　𝍣悔𝍣平　𝍤平𝍣平　𝍥吝𝍣平　𝍦祥𝍣平　𝍧咎𝍣平　𝍨吉𝍣平

𝍠凶𝍤吉　𝍡休𝍤吉　𝍢災𝍤吉　𝍣悔𝍤吉　𝍤平𝍤吉　𝍥吝𝍤吉　𝍦祥𝍤吉　𝍧咎𝍤吉　𝍨吉𝍤元

𝍠凶𝍥平　𝍡休𝍥平　𝍢災𝍥平　𝍣悔𝍥平　𝍤平𝍥平　𝍥吝𝍥平　𝍦祥𝍥平　𝍧咎𝍥平　𝍨吉𝍥平

〡〧凶平〢〧休平〣〧災平〤〧悔平〥〧平平〦〧吝平〧〧祥平〨〧咎平〩〧吉平

〡〨凶平〢〨休平〣〨災平〤〨悔平〥〨平平〦〨吝平〧〨祥平〨〨咎平〩〨吉平

〡〩凶平〢〩休平〣〩災平〤〩悔平〥〩平平〦〩吝平〧〩祥平〨〩咎平〩〩吉平

〡〦飾六之一　蟋蟀居壁

飾華文郁郁貌恭作肅君子謹獨

〡〡吉休〢〡咎休〣〡祥休〤〡吝休〥〡平休〦〡悔休〧〡災休〨〡休休〩〡凶休

〡〢吉災〢〢咎災〣〢祥災〤〢吝災〥〢平災〦〢悔災〧〢災災〨〢休災〩〢凶災

〡〣吉吝〢〣咎吝〣〣祥吝〤〣吝吝〥〣平吝〦〣悔吝〧〣災吝〨〣休吝〩〣凶吝

〡〤吉凶〢〤咎凶〣〤祥凶〤〤吝凶〥〤平凶〦〤悔凶〧〤災凶〨〤休凶〩〤凶大

〡〥吉平〢〥咎平〣〥祥平〤〥吝平〥〥平平〦〥悔平〧〥災平〨〥休平〩〥凶平

〡〦吉元〢〦咎吉〣〦祥吉〤〦吝吉〥〦平吉〦〦悔吉〧〦災吉〨〦休吉〩〦凶吉

〡〧吉悔〢〧咎悔〣〧祥悔〤〧吝悔〥〧平悔〦〧悔悔〧〧災悔〨〧休悔〩〧凶悔

〡〨吉祥〢〨咎祥〣〨祥祥〤〨吝祥〥〨平祥〦〨悔祥〧〨災祥〨〨休祥〩〨凶祥

𝍠吉𝍡咎𝍢祥𝍣吝𝍤平𝍥悔𝍦災𝍧休𝍨凶
𝍨咎𝍨咎𝍨咎𝍨咎𝍨咎𝍨咎𝍨咎𝍨咎𝍨咎

𝍡𝍥 戾 六之二 鷹乃學習

戾厲吉曲能有誠君子克明

𝍠吝𝍡吉𝍢咎𝍣災𝍤平𝍥祥𝍦休𝍧凶𝍨悔
𝍠休𝍠休𝍠休𝍠休𝍠休𝍠休𝍠休𝍠休𝍠休

𝍠吝𝍡吉𝍢咎𝍣災𝍤平𝍥祥𝍦休𝍧凶𝍨悔
𝍡災𝍡災𝍡災𝍡災𝍡災𝍡災𝍡災𝍡災𝍡災

𝍠吝𝍡吉𝍢咎𝍣災𝍤平𝍥祥𝍦休𝍧凶𝍨悔
𝍢吝𝍢吝𝍢吝𝍢吝𝍢吝𝍢吝𝍢吝𝍢吝𝍢吝

𝍠吝𝍡吉𝍢咎𝍣災𝍤平𝍥祥𝍦休𝍧凶𝍨悔
𝍣凶𝍣凶𝍣凶𝍣凶𝍣凶𝍣凶𝍣凶𝍣大𝍣凶

𝍠吝𝍡吉𝍢咎𝍣災𝍤平𝍥祥𝍦休𝍧凶𝍨悔
𝍤平𝍤平𝍤平𝍤平𝍤平𝍤平𝍤平𝍤平𝍤平

𝍠吝𝍡吉𝍢咎𝍣災𝍤平𝍥祥𝍦休𝍧凶𝍨悔
𝍥吉𝍥元𝍥吉𝍥吉𝍥吉𝍥吉𝍥吉𝍥吉𝍥吉

𝍠吝𝍡吉𝍢咎𝍣災𝍤平𝍥祥𝍦休𝍧凶𝍨悔
𝍦悔𝍦悔𝍦悔𝍦悔𝍦悔𝍦悔𝍦悔𝍦悔𝍦悔

𝍠吝𝍡吉𝍢咎𝍣災𝍤平𝍥祥𝍦休𝍧凶𝍨悔
𝍧祥𝍧祥𝍧祥𝍧祥𝍧祥𝍧祥𝍧祥𝍧祥𝍧祥

𝍠吝𝍡吉𝍢咎𝍣災𝍤平𝍥祥𝍦休𝍧凶𝍨悔
𝍨咎𝍨咎𝍨咎𝍨咎𝍨咎𝍨咎𝍨咎𝍨咎𝍨咎

𝍢𝍥 虛 六之三 大暑腐草爲螢

虛理明而通應物不窮徇欲惟凶不利爭訟

丨災〢吝〣吉𝍣休𝍤平𝍥咎𝍦凶𝍧悔𝍨祥
丨休丨休丨休丨休丨休丨休丨休丨休丨休

丨災〢吝〣吉𝍣休𝍤平𝍥咎𝍦凶𝍧悔𝍨祥
〢災〢災〢災〢災〢災〢災〢災〢災〢災

丨災〢吝〣吉𝍣休𝍤平𝍥咎𝍦凶𝍧悔𝍨祥
〣吝〣吝〣吝〣吝〣吝〣吝〣吝〣吝〣吝

丨災〢吝〣吉𝍣休𝍤平𝍥咎𝍦凶𝍧悔𝍨祥
𝍣凶𝍣凶𝍣凶𝍣凶𝍣凶𝍣凶𝍣大𝍣凶𝍣凶

丨災〢吝〣吉𝍣休𝍤平𝍥咎𝍦凶𝍧悔𝍨祥
𝍤平𝍤平𝍤平𝍤平𝍤平𝍤平𝍤平𝍤平𝍤平

丨災〢吝〣吉𝍣休𝍤平𝍥咎𝍦凶𝍧悔𝍨祥
𝍥吉𝍥吉𝍥元𝍥吉𝍥吉𝍥吉𝍥吉𝍥吉𝍥吉

丨災〢吝〣吉𝍣休𝍤平𝍥咎𝍦凶𝍧悔𝍨祥
𝍦悔𝍦悔𝍦悔𝍦悔𝍦悔𝍦悔𝍦悔𝍦悔𝍦悔

丨災〢吝〣吉𝍣休𝍤平𝍥咎𝍦凶𝍧悔𝍨祥
𝍧祥𝍧祥𝍧祥𝍧祥𝍧祥𝍧祥𝍧祥𝍧祥𝍧祥

丨災〢吝〣吉𝍣休𝍤平𝍥咎𝍦凶𝍧悔𝍨祥
𝍨咎𝍨咎𝍨咎𝍨咎𝍨咎𝍨咎𝍨咎𝍨咎𝍨咎

𝍣𝍥 昧 六之四 土潤溽暑

昧幽人貞吉闇而章晦而明不利折獄

丨咎〢祥〣悔𝍣吉𝍤平𝍥凶𝍦吝𝍧災𝍨休
丨休丨休丨休丨休丨休丨休丨休丨休丨休

𝍠咎𝍡災 𝍡祥𝍡災 𝍢悔𝍡災 𝍣吉𝍡災 𝍤平𝍡災 𝍥凶𝍡災 𝍦吝𝍡災 𝍧災𝍡災 𝍨休𝍡災

𝍠咎𝍢吝 𝍡祥𝍢吝 𝍢悔𝍢吝 𝍣吉𝍢吝 𝍤平𝍢吝 𝍥凶𝍢吝 𝍦吝𝍢吝 𝍧災𝍢吝 𝍨休𝍢吝

𝍠咎𝍣凶 𝍡祥𝍣凶 𝍢悔𝍣凶 𝍣吉𝍣凶 𝍤平𝍣凶 𝍥凶𝍣大 𝍦吝𝍣凶 𝍧災𝍣凶 𝍨休𝍣凶

𝍠咎𝍤平 𝍡祥𝍤平 𝍢悔𝍤平 𝍣吉𝍤平 𝍤平𝍤平 𝍥凶𝍤平 𝍦吝𝍤平 𝍧災𝍤平 𝍨休𝍤平

𝍠咎𝍥吉 𝍡祥𝍥吉 𝍢悔𝍥吉 𝍣吉𝍥元 𝍤平𝍥吉 𝍥凶𝍥吉 𝍦吝𝍥吉 𝍧災𝍥吉 𝍨休𝍥吉

𝍠咎𝍦悔 𝍡祥𝍦悔 𝍢悔𝍦悔 𝍣吉𝍦悔 𝍤平𝍦悔 𝍥凶𝍦悔 𝍦吝𝍦悔 𝍧災𝍦悔 𝍨休𝍦悔

𝍠咎𝍧祥 𝍡祥𝍧祥 𝍢悔𝍧祥 𝍣吉𝍧祥 𝍤平𝍧祥 𝍥凶𝍧祥 𝍦吝𝍧祥 𝍧災𝍧祥 𝍨休𝍧祥

𝍠咎𝍨咎 𝍡祥𝍨咎 𝍢悔𝍨咎 𝍣吉𝍨咎 𝍤平𝍨咎 𝍥凶𝍨咎 𝍦吝𝍨咎 𝍧災𝍨咎 𝍨休𝍨咎

𝍨六之五

𝍥損大雨時行

損君子之過日以削小人之性日以斵遇雨吉藥餌有喜

𝍠平𝍢吝 𝍡平𝍢吝 𝍢平𝍢吝 𝍣平𝍢吝 𝍤吉𝍢吝 𝍥平𝍢吝 𝍦平𝍢吝 𝍧平𝍢吝 𝍨平𝍢吝

𝍠平𝍡災 𝍡平𝍡災 𝍢平𝍡災 𝍣平𝍡災 𝍤吉𝍡災 𝍥平𝍡災 𝍦平𝍡災 𝍧平𝍡災 𝍨平𝍡災

𝍠平𝍠休 𝍡平𝍠休 𝍢平𝍠休 𝍣平𝍠休 𝍤吉𝍠休 𝍥平𝍠休 𝍦平𝍠休 𝍧平𝍠休 𝍨平𝍠休

𝍠平𝍡平𝍢平𝍣平𝍤吉𝍥平𝍦平𝍧平𝍨平
𝍣凶𝍣凶𝍣凶𝍣凶𝍣大𝍣凶𝍣凶𝍣凶𝍣凶

𝍠平𝍡平𝍢平𝍣平𝍤吉𝍥平𝍦平𝍧平𝍨平
𝍤平𝍤平𝍤平𝍤平𝍤平𝍤平𝍤平𝍤平𝍤平

𝍠平𝍡平𝍢平𝍣平𝍤吉𝍥平𝍦平𝍧平𝍨平
𝍥吉𝍥吉𝍥吉𝍥吉𝍥元𝍥吉𝍥吉𝍥吉𝍥吉

𝍠平𝍡平𝍢平𝍣平𝍤吉𝍥平𝍦平𝍧平𝍨平
𝍦悔𝍦悔𝍦悔𝍦悔𝍦悔𝍦悔𝍦悔𝍦悔𝍦悔

𝍠平𝍡平𝍢平𝍣平𝍤吉𝍥平𝍦平𝍧平𝍨平
𝍧祥𝍧祥𝍧祥𝍧祥𝍧祥𝍧祥𝍧祥𝍧祥𝍧祥

𝍠平𝍡平𝍢平𝍣平𝍤吉𝍥平𝍦平𝍧平𝍨平
𝍨咎𝍨咎𝍨咎𝍨咎𝍨咎𝍨咎𝍨咎𝍨咎𝍨咎

𝍥𝍥用 六之六 立秋涼風至

用利貞有攸往吉君子喻義小人喻利征伐有功利決獄

𝍠休𝍡災𝍢吝𝍣凶𝍤平𝍥吉𝍦悔𝍧祥𝍨咎
𝍠休𝍠休𝍠休𝍠休𝍠休𝍠休𝍠休𝍠休𝍠休

𝍠休𝍡災𝍢吝𝍣凶𝍤平𝍥吉𝍦悔𝍧祥𝍨咎
𝍡災𝍡災𝍡災𝍡災𝍡災𝍡災𝍡災𝍡災𝍡災

𝍠休𝍡災𝍢吝𝍣凶𝍤平𝍥吉𝍦悔𝍧祥𝍨咎
𝍢吝𝍢吝𝍢吝𝍢吝𝍢吝𝍢吝𝍢吝𝍢吝𝍢吝

𝍠休𝍡災𝍢吝𝍣凶𝍤平𝍥吉𝍦悔𝍧祥𝍨咎
𝍣凶𝍣凶𝍣凶𝍣大𝍣凶𝍣凶𝍣凶𝍣凶𝍣凶

𝍠休𝍡災𝍢吝𝍣凶𝍤平𝍥吉𝍦悔𝍧祥𝍨咎
𝍤平𝍤平𝍤平𝍤平𝍤平𝍤平𝍤平𝍤平𝍤平

𝍠休𝍥吉 𝍡災𝍥吉 𝍢吝𝍥吉 𝍣凶𝍥吉 𝍤平𝍥吉 𝍥吉𝍥元 𝍦悔𝍥吉 𝍧祥𝍥吉 𝍨咎𝍥吉

𝍠休𝍦悔 𝍡災𝍦悔 𝍢吝𝍦悔 𝍣凶𝍦悔 𝍤平𝍦悔 𝍥吉𝍦悔 𝍦悔𝍦悔 𝍧祥𝍦悔 𝍨咎𝍦悔

𝍠休𝍧祥 𝍡災𝍧祥 𝍢吝𝍧祥 𝍣凶𝍧祥 𝍤平𝍧祥 𝍥吉𝍧祥 𝍦悔𝍧祥 𝍧祥𝍧祥 𝍨咎𝍧祥

𝍠休𝍨咎 𝍡災𝍨咎 𝍢吝𝍨咎 𝍣凶𝍨咎 𝍤平𝍨咎 𝍥吉𝍨咎 𝍦悔𝍨咎 𝍧祥𝍨咎 𝍨咎𝍨咎

𝍥𝍦卻 六之七 白露降

卻利行遯反身以誠不利有攸往降責勿恤

𝍠祥𝍠休 𝍡悔𝍠休 𝍢凶𝍠休 𝍣咎𝍠休 𝍤平𝍠休 𝍥休𝍠休 𝍦吉𝍠休 𝍧吝𝍠休 𝍨災𝍠休

𝍠祥𝍡災 𝍡悔𝍡災 𝍢凶𝍡災 𝍣咎𝍡災 𝍤平𝍡災 𝍥休𝍡災 𝍦吉𝍡災 𝍧吝𝍡災 𝍨災𝍡災

𝍠祥𝍢吝 𝍡悔𝍢吝 𝍢凶𝍢吝 𝍣咎𝍢吝 𝍤平𝍢吝 𝍥休𝍢吝 𝍦吉𝍢吝 𝍧吝𝍢吝 𝍨災𝍢吝

𝍠祥𝍣凶 𝍡悔𝍣凶 𝍢凶𝍣大 𝍣咎𝍣凶 𝍤平𝍣凶 𝍥休𝍣凶 𝍦吉𝍣凶 𝍧吝𝍣凶 𝍨災𝍣凶

𝍠祥𝍤平 𝍡悔𝍤平 𝍢凶𝍤平 𝍣咎𝍤平 𝍤平𝍤平 𝍥休𝍤平 𝍦吉𝍤平 𝍧吝𝍤平 𝍨災𝍤平

𝍠祥𝍥吉 𝍡悔𝍥吉 𝍢凶𝍥吉 𝍣咎𝍥吉 𝍤平𝍥吉 𝍥休𝍥吉 𝍦吉𝍥元 𝍧吝𝍥吉 𝍨災𝍥吉

𝍠祥𝍦悔 𝍡悔𝍦悔 𝍢凶𝍦悔 𝍣咎𝍦悔 𝍤平𝍦悔 𝍥休𝍦悔 𝍦吉𝍦悔 𝍧吝𝍦悔 𝍨災𝍦悔

𝍠祥𝍧祥 𝍡悔𝍧祥 𝍢凶𝍧祥 𝍣咎𝍧祥 𝍤平𝍧祥 𝍥休𝍧祥 𝍦吉𝍧祥 𝍧吝𝍧祥 𝍨災𝍧祥

𝍠祥𝍨咎 𝍡悔𝍨咎 𝍢凶𝍨咎 𝍣咎𝍨咎 𝍤平𝍨咎 𝍥休𝍨咎 𝍦吉𝍨咎 𝍧吝𝍨咎 𝍨災𝍨咎

𝍧𝍥

翁 六之八 蹇蟬鳴

翁利徵師會同吉財聚民散財散民聚

𝍠悔𝍠休 𝍡凶𝍠休 𝍢休𝍠休 𝍣祥𝍠休 𝍤平𝍠休 𝍥災𝍠休 𝍦咎𝍠休 𝍧吉𝍠休 𝍨吝𝍠休

𝍠悔𝍡災 𝍡凶𝍡災 𝍢休𝍡災 𝍣祥𝍡災 𝍤平𝍡災 𝍥災𝍡災 𝍦咎𝍡災 𝍧吉𝍡災 𝍨吝𝍡災

𝍠悔𝍢吝 𝍡凶𝍢吝 𝍢休𝍢吝 𝍣祥𝍢吝 𝍤平𝍢吝 𝍥災𝍢吝 𝍦咎𝍢吝 𝍧吉𝍢吝 𝍨吝𝍢吝

𝍠悔𝍣凶 𝍡凶𝍣大 𝍢休𝍣凶 𝍣祥𝍣凶 𝍤平𝍣凶 𝍥災𝍣凶 𝍦咎𝍣凶 𝍧吉𝍣凶 𝍨吝𝍣凶

𝍠悔𝍤平 𝍡凶𝍤平 𝍢休𝍤平 𝍣祥𝍤平 𝍤平𝍤平 𝍥災𝍤平 𝍦咎𝍤平 𝍧吉𝍤平 𝍨吝𝍤平

𝍠悔𝍥吉 𝍡凶𝍥吉 𝍢休𝍥吉 𝍣祥𝍥吉 𝍤平𝍥吉 𝍥災𝍥吉 𝍦咎𝍥吉 𝍧吉𝍥元 𝍨吝𝍥吉

𝍠悔𝍦悔 𝍡凶𝍦悔 𝍢休𝍦悔 𝍣祥𝍦悔 𝍤平𝍦悔 𝍥災𝍦悔 𝍦咎𝍦悔 𝍧吉𝍦悔 𝍨吝𝍦悔

𝍠悔𝍧祥 𝍡凶𝍧祥 𝍢休𝍧祥 𝍣祥𝍧祥 𝍤平𝍧祥 𝍥災𝍧祥 𝍦咎𝍧祥 𝍧吉𝍧祥 𝍨吝𝍧祥

𝍠悔𝍨咎 𝍡凶𝍨咎 𝍢休𝍨咎 𝍣祥𝍨咎 𝍤平𝍨咎 𝍥災𝍨咎 𝍦咎𝍨咎 𝍧吉𝍨咎 𝍨吝𝍨咎

𝍨𝍥遠　六之九

遠利有攸往不于其身于其子孫不于其家于其國人

𝍠凶𝍠休	𝍠凶𝍡災	𝍠凶𝍢吝	𝍠凶𝍣大凶	𝍠凶𝍤平	𝍠凶𝍥吉	𝍠凶𝍦悔	𝍠凶𝍧祥	𝍠凶𝍨咎
𝍡休𝍠休	𝍡休𝍡災	𝍡休𝍢吝	𝍡休𝍣凶	𝍡休𝍤平	𝍡休𝍥吉	𝍡休𝍦悔	𝍡休𝍧祥	𝍡休𝍨咎
𝍢災𝍠休	𝍢災𝍡災	𝍢災𝍢吝	𝍢災𝍣凶	𝍢災𝍤平	𝍢災𝍥吉	𝍢災𝍦悔	𝍢災𝍧祥	𝍢災𝍨咎
𝍣悔𝍠休	𝍣悔𝍡災	𝍣悔𝍢吝	𝍣悔𝍣凶	𝍣悔𝍤平	𝍣悔𝍥吉	𝍣悔𝍦悔	𝍣悔𝍧祥	𝍣悔𝍨咎
𝍤平𝍠休	𝍤平𝍡災	𝍤平𝍢吝	𝍤平𝍣凶	𝍤平𝍤平	𝍤平𝍥吉	𝍤平𝍦悔	𝍤平𝍧祥	𝍤平𝍨咎
𝍥吝𝍠休	𝍥吝𝍡災	𝍥吝𝍢吝	𝍥吝𝍣凶	𝍥吝𝍤平	𝍥吝𝍥吉	𝍥吝𝍦悔	𝍥吝𝍧祥	𝍥吝𝍨咎
𝍦祥𝍠休	𝍦祥𝍡災	𝍦祥𝍢吝	𝍦祥𝍣凶	𝍦祥𝍤平	𝍦祥𝍥吉	𝍦祥𝍦悔	𝍦祥𝍧祥	𝍦祥𝍨咎
𝍧咎𝍠休	𝍧咎𝍡災	𝍧咎𝍢吝	𝍧咎𝍣凶	𝍧咎𝍤平	𝍧咎𝍥吉	𝍧咎𝍦悔	𝍧咎𝍧祥	𝍧咎𝍨咎
𝍨吉𝍠休	𝍨吉𝍡災	𝍨吉𝍢吝	𝍨吉𝍣凶	𝍨吉𝍤平	𝍨吉𝍥元吉	𝍨吉𝍦悔	𝍨吉𝍧祥	𝍨吉𝍨咎

𝍠𝍦迅　七之一

處暑鷹乃祭鳥

迅吉雷風之歘震撓萬物君子威德神化不測

𝍠吉𝍡咎𝍢祥𝍣吝𝍤平𝍥悔𝍦災𝍧休𝍨凶
𝍠祥𝍠祥𝍠祥𝍠祥𝍠祥𝍠祥𝍠祥𝍠祥𝍠祥

𝍠吉𝍡咎𝍢祥𝍣吝𝍤平𝍥悔𝍦災𝍧休𝍨凶
𝍡悔𝍡悔𝍡悔𝍡悔𝍡悔𝍡悔𝍡悔𝍡悔𝍡悔

𝍠吉𝍡咎𝍢祥𝍣吝𝍤平𝍥悔𝍦災𝍧休𝍨凶
𝍢凶𝍢凶𝍢凶𝍢凶𝍢凶𝍢凶𝍢凶𝍢凶𝍢大

𝍠吉𝍡咎𝍢祥𝍣吝𝍤平𝍥悔𝍦災𝍧休𝍨凶
𝍣咎𝍣咎𝍣咎𝍣咎𝍣咎𝍣咎𝍣咎𝍣咎𝍣咎

𝍠吉𝍡咎𝍢祥𝍣吝𝍤平𝍥悔𝍦災𝍧休𝍨凶
𝍤平𝍤平𝍤平𝍤平𝍤平𝍤平𝍤平𝍤平𝍤平

𝍠吉𝍡咎𝍢祥𝍣吝𝍤平𝍥悔𝍦災𝍧休𝍨凶
𝍥休𝍥休𝍥休𝍥休𝍥休𝍥休𝍥休𝍥休𝍥休

𝍠吉𝍡咎𝍢祥𝍣吝𝍤平𝍥悔𝍦災𝍧休𝍨凶
𝍦元𝍦吉𝍦吉𝍦吉𝍦吉𝍦吉𝍦吉𝍦吉𝍦吉

𝍠吉𝍡咎𝍢祥𝍣吝𝍤平𝍥悔𝍦災𝍧休𝍨凶
𝍧吝𝍧吝𝍧吝𝍧吝𝍧吝𝍧吝𝍧吝𝍧吝𝍧吝

𝍠吉𝍡咎𝍢祥𝍣吝𝍤平𝍥悔𝍦災𝍧休𝍨凶
𝍨災𝍨災𝍨災𝍨災𝍨災𝍨災𝍨災𝍨災𝍨災

𝍡𝍦懼 七之二 天地始肅

懼有孚惕厲終吉君子畏命小人畏令酒食讌樂凶

𝍠吝𝍡吉𝍢咎𝍣災𝍤平𝍥祥𝍦休𝍧凶𝍨悔
𝍠祥𝍠祥𝍠祥𝍠祥𝍠祥𝍠祥𝍠祥𝍠祥𝍠祥

𝍠吝𝍡吉𝍢咎𝍣災𝍤平𝍥祥𝍦休𝍧凶𝍨悔
𝍡悔𝍡悔𝍡悔𝍡悔𝍡悔𝍡悔𝍡悔𝍡悔𝍡悔

𝍠吝𝍢凶 𝍡吉𝍢凶 𝍢咎𝍢凶 𝍣災𝍢凶 𝍤平𝍢凶 𝍥祥𝍢凶 𝍦休𝍢凶 𝍧凶𝍢大 𝍨悔𝍢凶

𝍠吝𝍣咎 𝍡吉𝍣咎 𝍢咎𝍣咎 𝍣災𝍣咎 𝍤平𝍣咎 𝍥祥𝍣咎 𝍦休𝍣咎 𝍧凶𝍣咎 𝍨悔𝍣咎

𝍠吝𝍤平 𝍡吉𝍤平 𝍢咎𝍤平 𝍣災𝍤平 𝍤平𝍤平 𝍥祥𝍤平 𝍦休𝍤平 𝍧凶𝍤平 𝍨悔𝍤平

𝍠吝𝍥休 𝍡吉𝍥休 𝍢咎𝍥休 𝍣災𝍥休 𝍤平𝍥休 𝍥祥𝍥休 𝍦休𝍥休 𝍧凶𝍥休 𝍨悔𝍥休

𝍠吝𝍦吉 𝍡吉𝍦元 𝍢咎𝍦吉 𝍣災𝍦吉 𝍤平𝍦吉 𝍥祥𝍦吉 𝍦休𝍦吉 𝍧凶𝍦吉 𝍨悔𝍦吉

𝍠吝𝍧吝 𝍡吉𝍧吝 𝍢咎𝍧吝 𝍣災𝍧吝 𝍤平𝍧吝 𝍥祥𝍧吝 𝍦休𝍧吝 𝍧凶𝍧吝 𝍨悔𝍧吝

𝍠吝𝍨災 𝍡吉𝍨災 𝍢咎𝍨災 𝍣災𝍨災 𝍤平𝍨災 𝍥祥𝍨災 𝍦休𝍨災 𝍧凶𝍨災 𝍨悔𝍨災

𝍢𝍦 除 七之三 禾乃登

除穉稗既去嘉穀斯登不利作興君子攸行

𝍠災𝍠祥 𝍡吝𝍠祥 𝍢吉𝍠祥 𝍣休𝍠祥 𝍤平𝍠祥 𝍥咎𝍠祥 𝍦凶𝍠祥 𝍧悔𝍠祥 𝍨祥𝍠祥

𝍠災𝍡悔 𝍡吝𝍡悔 𝍢吉𝍡悔 𝍣休𝍡悔 𝍤平𝍡悔 𝍥咎𝍡悔 𝍦凶𝍡悔 𝍧悔𝍡悔 𝍨祥𝍡悔

𝍠災𝍢凶 𝍡吝𝍢凶 𝍢吉𝍢凶 𝍣休𝍢凶 𝍤平𝍢凶 𝍥咎𝍢凶 𝍦凶𝍢大 𝍧悔𝍢凶 𝍨祥𝍢凶

𝍠災𝍣咎 𝍡吝𝍣咎 𝍢吉𝍣咎 𝍣休𝍣咎 𝍤平𝍣咎 𝍥咎𝍣咎 𝍦凶𝍣咎 𝍧悔𝍣咎 𝍨祥𝍣咎

𝍠災𝍤平 𝍡吝𝍤平 𝍢吉𝍤平 𝍣休𝍤平 𝍤平𝍤平 𝍥咎𝍤平 𝍦凶𝍤平 𝍧悔𝍤平 𝍨祥𝍤平

𝍠災𝍥休 𝍡吝𝍥休 𝍢吉𝍥休 𝍣休𝍥休 𝍤平𝍥休 𝍥咎𝍥休 𝍦凶𝍥休 𝍧悔𝍥休 𝍨祥𝍥休

𝍠災𝍦吉 𝍡吝𝍦吉 𝍢吉𝍦元 𝍣休𝍦吉 𝍤平𝍦吉 𝍥咎𝍦吉 𝍦凶𝍦吉 𝍧悔𝍦吉 𝍨祥𝍦吉

𝍠災𝍧吝 𝍡吝𝍧吝 𝍢吉𝍧吝 𝍣休𝍧吝 𝍤平𝍧吝 𝍥咎𝍧吝 𝍦凶𝍧吝 𝍧悔𝍧吝 𝍨祥𝍧吝

𝍠災𝍨災 𝍡吝𝍨災 𝍢吉𝍨災 𝍣休𝍨災 𝍤平𝍨災 𝍥咎𝍨災 𝍦凶𝍨災 𝍧悔𝍨災 𝍨祥𝍨災

𝍦𝍣 弱 七之四

白露鴻鴈來

弱丈人厲小子吉不附不植附則附失艱貞無咎

𝍠咎𝍠祥 𝍡祥𝍠祥 𝍢悔𝍠祥 𝍣吉𝍠祥 𝍤平𝍠祥 𝍥凶𝍠祥 𝍦吝𝍠祥 𝍧災𝍠祥 𝍨休𝍠祥

𝍠咎𝍡悔 𝍡祥𝍡悔 𝍢悔𝍡悔 𝍣吉𝍡悔 𝍤平𝍡悔 𝍥凶𝍡悔 𝍦吝𝍡悔 𝍧災𝍡悔 𝍨休𝍡悔

𝍠咎𝍢凶 𝍡祥𝍢凶 𝍢悔𝍢凶 𝍣吉𝍢凶 𝍤平𝍢凶 𝍥凶𝍢大 𝍦吝𝍢凶 𝍧災𝍢凶 𝍨休𝍢凶

𝍠咎𝍣咎 𝍡祥𝍣咎 𝍢悔𝍣咎 𝍣吉𝍣咎 𝍤平𝍣咎 𝍥凶𝍣咎 𝍦吝𝍣咎 𝍧災𝍣咎 𝍨休𝍣咎

𝍠咎𝍤平 𝍡祥𝍤平 𝍢悔𝍤平 𝍣吉𝍤平 𝍤平𝍤平 𝍥凶𝍤平 𝍦吝𝍤平 𝍧災𝍤平 𝍨休𝍤平

𝍠咎𝍥休 𝍡祥𝍥休 𝍢悔𝍥休 𝍣吉𝍥休 𝍤平𝍥休 𝍥凶𝍥休 𝍦吝𝍥休 𝍧災𝍥休 𝍨休𝍥休

𝍠咎 / 𝍦吉	𝍡祥 / 𝍦吉	𝍢悔 / 𝍦吉	𝍣吉 / 𝍦元	𝍤平 / 𝍦吉	𝍥凶 / 𝍦吉	𝍦吝 / 𝍦吉	𝍧災 / 𝍦吉	𝍨休 / 𝍦吉
𝍠咎 / 𝍧吝	𝍡祥 / 𝍧吝	𝍢悔 / 𝍧吝	𝍣吉 / 𝍧吝	𝍤平 / 𝍧吝	𝍥凶 / 𝍧吝	𝍦吝 / 𝍧吝	𝍧災 / 𝍧吝	𝍨休 / 𝍧吝
𝍠咎 / 𝍨災	𝍡祥 / 𝍨災	𝍢悔 / 𝍨災	𝍣吉 / 𝍨災	𝍤平 / 𝍨災	𝍥凶 / 𝍨災	𝍦吝 / 𝍨災	𝍧災 / 𝍨災	𝍨休 / 𝍨災

𝍦𝍣 疾 七之五 元鳥歸

疾節飲食謹起居無攸害

𝍠平 / 𝍠祥	𝍡平 / 𝍠祥	𝍢平 / 𝍠祥	𝍣平 / 𝍠祥	𝍤吉 / 𝍠祥	𝍥平 / 𝍠祥	𝍦平 / 𝍠祥	𝍧平 / 𝍠祥	𝍨平 / 𝍠祥
𝍠平 / 𝍡悔	𝍡平 / 𝍡悔	𝍢平 / 𝍡悔	𝍣平 / 𝍡悔	𝍤吉 / 𝍡悔	𝍥平 / 𝍡悔	𝍦平 / 𝍡悔	𝍧平 / 𝍡悔	𝍨平 / 𝍡悔
𝍠平 / 𝍢凶	𝍡平 / 𝍢凶	𝍢平 / 𝍢凶	𝍣平 / 𝍢凶	𝍤吉 / 𝍢大	𝍥平 / 𝍢凶	𝍦平 / 𝍢凶	𝍧平 / 𝍢凶	𝍨平 / 𝍢凶
𝍠平 / 𝍣咎	𝍡平 / 𝍣咎	𝍢平 / 𝍣咎	𝍣平 / 𝍣咎	𝍤吉 / 𝍣咎	𝍥平 / 𝍣咎	𝍦平 / 𝍣咎	𝍧平 / 𝍣咎	𝍨平 / 𝍣咎
𝍠平 / 𝍤平	𝍡平 / 𝍤平	𝍢平 / 𝍤平	𝍣平 / 𝍤平	𝍤吉 / 𝍤平	𝍥平 / 𝍤平	𝍦平 / 𝍤平	𝍧平 / 𝍤平	𝍨平 / 𝍤平
𝍠平 / 𝍥休	𝍡平 / 𝍥休	𝍢平 / 𝍥休	𝍣平 / 𝍥休	𝍤吉 / 𝍥休	𝍥平 / 𝍥休	𝍦平 / 𝍥休	𝍧平 / 𝍥休	𝍨平 / 𝍥休
𝍠平 / 𝍦吉	𝍡平 / 𝍦吉	𝍢平 / 𝍦吉	𝍣平 / 𝍦吉	𝍤吉 / 𝍦元	𝍥平 / 𝍦吉	𝍦平 / 𝍦吉	𝍧平 / 𝍦吉	𝍨平 / 𝍦吉
𝍠平 / 𝍧吝	𝍡平 / 𝍧吝	𝍢平 / 𝍧吝	𝍣平 / 𝍧吝	𝍤吉 / 𝍧吝	𝍥平 / 𝍧吝	𝍦平 / 𝍧吝	𝍧平 / 𝍧吝	𝍨平 / 𝍧吝

〡平〢平〣平〤平〥吉〦平〧平〨平〩平
〩災〩災〩災〩災〩災〩災〩災〩災〩災

〦〧競七之六
羣鳥養羞

競鳥走兔從麥生茸茸老夫丰容爭訟逆凶

〡休〢災〣吝〤凶〥平〦吉〧悔〨祥〩咎
〡祥〡祥〡祥〡祥〡祥〡祥〡祥〡祥〡祥

〡休〢災〣吝〤凶〥平〦吉〧悔〨祥〩咎
〢悔〢悔〢悔〢悔〢悔〢悔〢悔〢悔〢悔

〡休〢災〣吝〤凶〥平〦吉〧悔〨祥〩咎
〣凶〣凶〣凶〣大〣凶〣凶〣凶〣凶〣凶

〡休〢災〣吝〤凶〥平〦吉〧悔〨祥〩咎
〤咎〤咎〤咎〤咎〤咎〤咎〤咎〤咎〤咎

〡休〢災〣吝〤凶〥平〦吉〧悔〨祥〩咎
〥平〥平〥平〥平〥平〥平〥平〥平〥平

〡休〢災〣吝〤凶〥平〦吉〧悔〨祥〩咎
〦休〦休〦休〦休〦休〦休〦休〦休〦休

〡休〢災〣吝〤凶〥平〦吉〧悔〨祥〩咎
〧吉〧吉〧吉〧吉〧吉〧元〧吉〧吉〧吉

〡休〢災〣吝〤凶〥平〦吉〧悔〨祥〩咎
〨吝〨吝〨吝〨吝〨吝〨吝〨吝〨吝〨吝

〡休〢災〣吝〤凶〥平〦吉〧悔〨祥〩咎
〩災〩災〩災〩災〩災〩災〩災〩災〩災

〧〧分七之七
秋分雷乃收聲

分長短均平潮駛月盈君子利貞小人勿乘

𝍠祥𝍡悔𝍢凶𝍣咎𝍤平𝍥休𝍦吉𝍧吝𝍨災 𝍠祥𝍠祥𝍠祥𝍠祥𝍠祥𝍠祥𝍠祥𝍠祥𝍠祥

𝍠祥𝍡悔𝍢凶𝍣咎𝍤平𝍥休𝍦吉𝍧吝𝍨災 𝍡悔𝍡悔𝍡悔𝍡悔𝍡悔𝍡悔𝍡悔𝍡悔𝍡悔

𝍠祥𝍡悔𝍢凶𝍣咎𝍤平𝍥休𝍦吉𝍧吝𝍨災 𝍢凶𝍢凶𝍢大𝍢凶𝍢凶𝍢凶𝍢凶𝍢凶𝍢凶

𝍠祥𝍡悔𝍢凶𝍣咎𝍤平𝍥休𝍦吉𝍧吝𝍨災 𝍣咎𝍣咎𝍣咎𝍣咎𝍣咎𝍣咎𝍣咎𝍣咎𝍣咎

𝍠祥𝍡悔𝍢凶𝍣咎𝍤平𝍥休𝍦吉𝍧吝𝍨災 𝍤平𝍤平𝍤平𝍤平𝍤平𝍤平𝍤平𝍤平𝍤平

𝍠祥𝍡悔𝍢凶𝍣咎𝍤平𝍥休𝍦吉𝍧吝𝍨災 𝍥休𝍥休𝍥休𝍥休𝍥休𝍥休𝍥休𝍥休𝍥休

𝍠祥𝍡悔𝍢凶𝍣咎𝍤平𝍥休𝍦吉𝍧吝𝍨災 𝍦吉𝍦吉𝍦吉𝍦吉𝍦吉𝍦吉𝍦元𝍦吉𝍦吉

𝍠祥𝍡悔𝍢凶𝍣咎𝍤平𝍥休𝍦吉𝍧吝𝍨災 𝍧吝𝍧吝𝍧吝𝍧吝𝍧吝𝍧吝𝍧吝𝍧吝𝍧吝

𝍠祥𝍡悔𝍢凶𝍣咎𝍤平𝍥休𝍦吉𝍧吝𝍨災 𝍨災𝍨災𝍨災𝍨災𝍨災𝍨災𝍨災𝍨災𝍨災

𝍧𝍦訟 七之八 蟄蟲坏戶

訟內訟吉勿有言不利有攸往

𝍠悔𝍡凶𝍢休𝍣祥𝍤平𝍥災𝍦咎𝍧吉𝍨吝 𝍠祥𝍠祥𝍠祥𝍠祥𝍠祥𝍠祥𝍠祥𝍠祥𝍠祥

𝍠悔𝍡凶𝍢休𝍣祥𝍤平𝍥災𝍦咎𝍧吉𝍨吝
𝍡悔𝍡悔𝍡悔𝍡悔𝍡悔𝍡悔𝍡悔𝍡悔𝍡悔

𝍠悔𝍡凶𝍢休𝍣祥𝍤平𝍥災𝍦咎𝍧吉𝍨吝
𝍢凶𝍢大𝍢凶𝍢凶𝍢凶𝍢凶𝍢凶𝍢凶𝍢凶

𝍠悔𝍡凶𝍢休𝍣祥𝍤平𝍥災𝍦咎𝍧吉𝍨吝
𝍣咎𝍣咎𝍣咎𝍣咎𝍣咎𝍣咎𝍣咎𝍣咎𝍣咎

𝍠悔𝍡凶𝍢休𝍣祥𝍤平𝍥災𝍦咎𝍧吉𝍨吝
𝍤平𝍤平𝍤平𝍤平𝍤平𝍤平𝍤平𝍤平𝍤平

𝍠悔𝍡凶𝍢休𝍣祥𝍤平𝍥災𝍦咎𝍧吉𝍨吝
𝍥休𝍥休𝍥休𝍥休𝍥休𝍥休𝍥休𝍥休𝍥休

𝍠悔𝍡凶𝍢休𝍣祥𝍤平𝍥災𝍦咎𝍧吉𝍨吝
𝍦吉𝍦吉𝍦吉𝍦吉𝍦吉𝍦吉𝍦吉𝍦元𝍦吉

𝍠悔𝍡凶𝍢休𝍣祥𝍤平𝍥災𝍦咎𝍧吉𝍨吝
𝍧吝𝍧吝𝍧吝𝍧吝𝍧吝𝍧吝𝍧吝𝍧吝𝍧吝

𝍠悔𝍡凶𝍢休𝍣祥𝍤平𝍥災𝍦咎𝍧吉𝍨吝
𝍨災𝍨災𝍨災𝍨災𝍨災𝍨災𝍨災𝍨災𝍨災

𝍨𝍦 收 七之九

收一氣爸揫百物斂收君子反身放心是求斂藏吉

𝍠凶𝍡休𝍢災𝍣悔𝍤平𝍥吝𝍦祥𝍧咎𝍨吉
𝍠祥𝍠祥𝍠祥𝍠祥𝍠祥𝍠祥𝍠祥𝍠祥𝍠祥

𝍠凶𝍡休𝍢災𝍣悔𝍤平𝍥吝𝍦祥𝍧咎𝍨吉
𝍡悔𝍡悔𝍡悔𝍡悔𝍡悔𝍡悔𝍡悔𝍡悔𝍡悔

𝍠凶𝍡休𝍢災𝍣悔𝍤平𝍥吝𝍦祥𝍧咎𝍨吉
𝍢大𝍢凶𝍢凶𝍢凶𝍢凶𝍢凶𝍢凶𝍢凶𝍢凶

𝍠凶𝍣咎 𝍡休𝍣咎 𝍢災𝍣咎 𝍣悔𝍣咎 𝍤平𝍣咎 𝍥吝𝍣咎 𝍦祥𝍣咎 𝍧咎𝍣咎 𝍨吉𝍣咎

𝍠凶𝍤平 𝍡休𝍤平 𝍢災𝍤平 𝍣悔𝍤平 𝍤平𝍤平 𝍥吝𝍤平 𝍦祥𝍤平 𝍧咎𝍤平 𝍨吉𝍤平

𝍠凶𝍥休 𝍡休𝍥休 𝍢災𝍥休 𝍣悔𝍥休 𝍤平𝍥休 𝍥吝𝍥休 𝍦祥𝍥休 𝍧咎𝍥休 𝍨吉𝍥休

𝍠凶𝍦吉 𝍡休𝍦吉 𝍢災𝍦吉 𝍣悔𝍦吉 𝍤平𝍦吉 𝍥吝𝍦吉 𝍦祥𝍦吉 𝍧咎𝍦吉 𝍨吉𝍦元

𝍠凶𝍧吝 𝍡休𝍧吝 𝍢災𝍧吝 𝍣悔𝍧吝 𝍤平𝍧吝 𝍥吝𝍧吝 𝍦祥𝍧吝 𝍧咎𝍧吝 𝍨吉𝍧吝

𝍠凶𝍨災 𝍡休𝍨災 𝍢災𝍨災 𝍣悔𝍨災 𝍤平𝍨災 𝍥吝𝍨災 𝍦祥𝍨災 𝍧咎𝍨災 𝍨吉𝍨災

𝍧𝍠 實 八之一 水始涸

實碩果于叢仁復于宮應感不窮永貞吉

𝍠吉𝍠悔 𝍡咎𝍠悔 𝍢祥𝍠悔 𝍣吝𝍠悔 𝍤平𝍠悔 𝍥悔𝍠悔 𝍦災𝍠悔 𝍧休𝍠悔 𝍨凶𝍠悔

𝍠吉𝍡凶 𝍡咎𝍡凶 𝍢祥𝍡凶 𝍣吝𝍡凶 𝍤平𝍡凶 𝍥悔𝍡凶 𝍦災𝍡凶 𝍧休𝍡凶 𝍨凶𝍡大

𝍠吉𝍢休 𝍡咎𝍢休 𝍢祥𝍢休 𝍣吝𝍢休 𝍤平𝍢休 𝍥悔𝍢休 𝍦災𝍢休 𝍧休𝍢休 𝍨凶𝍢休

𝍠吉𝍣祥 𝍡咎𝍣祥 𝍢祥𝍣祥 𝍣吝𝍣祥 𝍤平𝍣祥 𝍥悔𝍣祥 𝍦災𝍣祥 𝍧休𝍣祥 𝍨祥𝍣凶

𝍠吉𝍤平 𝍡咎𝍤平 𝍢祥𝍤平 𝍣吝𝍤平 𝍤平𝍤平 𝍥悔𝍤平 𝍦災𝍤平 𝍧休𝍤平 𝍨凶𝍤平

𝍠吉𝍡咎𝍢祥𝍣吝𝍤平𝍥悔𝍦災𝍧休𝍨凶
𝍥災𝍥災𝍥災𝍥災𝍥災𝍥災𝍥災𝍥災𝍥災

𝍠吉𝍡咎𝍢祥𝍣吝𝍤平𝍥悔𝍦災𝍧休𝍨凶
𝍦咎𝍦咎𝍦咎𝍦咎𝍦咎𝍦咎𝍦咎𝍦咎𝍦咎

𝍠吉𝍡咎𝍢祥𝍣吝𝍤平𝍥悔𝍦災𝍧休𝍨凶
𝍧元𝍧吉𝍧吉𝍧吉𝍧吉𝍧吉𝍧吉𝍧吉𝍧吉

𝍠吉𝍡咎𝍢祥𝍣吝𝍤平𝍥悔𝍦災𝍧休𝍨凶
𝍨吝𝍨吝𝍨吝𝍨吝𝍨吝𝍨吝𝍨吝𝍨吝𝍨吝

𝍡𝍧　賓　八之二
寒露鴻鴈來賓

賓俊用民用章觀國之光利用于王大有吉慶

𝍠吝𝍡吉𝍢咎𝍣災𝍤平𝍥祥𝍦休𝍧凶𝍨悔
𝍠悔𝍠悔𝍠悔𝍠悔𝍠悔𝍠悔𝍠悔𝍠悔𝍠悔

𝍠吝𝍡吉𝍢咎𝍣災𝍤平𝍥祥𝍦休𝍧凶𝍨悔
𝍡凶𝍡凶𝍡凶𝍡凶𝍡凶𝍡凶𝍡凶𝍡大𝍡凶

𝍠吝𝍡吉𝍢咎𝍣災𝍤平𝍥祥𝍦休𝍧凶𝍨悔
𝍢休𝍢休𝍢休𝍢休𝍢休𝍢休𝍢休𝍢休𝍢休

𝍠吝𝍡吉𝍢咎𝍣災𝍤平𝍥祥𝍦休𝍧凶𝍨悔
𝍣祥𝍣祥𝍣祥𝍣祥𝍣祥𝍣祥𝍣祥𝍣祥𝍣祥

𝍠吝𝍡吉𝍢咎𝍣災𝍤平𝍥祥𝍦休𝍧凶𝍨悔
𝍤平𝍤平𝍤平𝍤平𝍤平𝍤平𝍤平𝍤平𝍤平

𝍠吝𝍡吉𝍢咎𝍣災𝍤平𝍥祥𝍦休𝍧凶𝍨悔
𝍥災𝍥災𝍥吝𝍥災𝍥災𝍥吝𝍥災𝍥災𝍥災

𝍠吝𝍡吉𝍢咎𝍣災𝍤平𝍥祥𝍦休𝍧凶𝍨悔
𝍦咎𝍦咎𝍦咎𝍦咎𝍦咎𝍦咎𝍦咎𝍦咎𝍦咎

𝍠吝𝍧吉 𝍡吉𝍧元 𝍢咎𝍧吉 𝍣災𝍧吉 𝍤平𝍧吉 𝍥祥𝍧吉 𝍦休𝍧吉 𝍧凶𝍧吉 𝍨悔𝍧吉

𝍠吝𝍨吝 𝍡吉𝍨吝 𝍢咎𝍨吝 𝍣災𝍨吝 𝍤平𝍨吝 𝍥祥𝍨吝 𝍦休𝍨吝 𝍧凶𝍨吝 𝍨悔𝍨吝

𝍢𝍧

危 八之三

爵入大水爲蛤

危厲無咎知險而懼懼不失正自天有命不利涉大川

𝍠災𝍠悔 𝍡吝𝍠悔 𝍢吉𝍠悔 𝍣休𝍠悔 𝍤平𝍠悔 𝍥咎𝍠悔 𝍦凶𝍠悔 𝍧悔𝍠悔 𝍨祥𝍠悔

𝍠災𝍡凶 𝍡吝𝍡凶 𝍢吉𝍡凶 𝍣休𝍡凶 𝍤平𝍡凶 𝍥咎𝍡凶 𝍦凶大 𝍧悔𝍡凶 𝍨祥𝍡凶

𝍠災𝍢休 𝍡吝𝍢休 𝍢吉𝍢休 𝍣休𝍢休 𝍤平𝍢休 𝍥咎𝍢休 𝍦凶𝍢休 𝍧悔𝍢休 𝍨祥𝍢休

𝍠災𝍣祥 𝍡吝𝍣祥 𝍢吉𝍣祥 𝍣休𝍣祥 𝍤平𝍣祥 𝍥咎𝍣祥 𝍦凶𝍣祥 𝍧悔𝍣祥 𝍨祥𝍣祥

𝍠災𝍤平 𝍡吝𝍤平 𝍢吉𝍤平 𝍣休𝍤平 𝍤平𝍤平 𝍥咎𝍤平 𝍦凶𝍤平 𝍧悔𝍤平 𝍨祥𝍤平

𝍠災𝍥災 𝍡吝𝍥災 𝍢吉𝍥災 𝍣休𝍥災 𝍤平𝍥災 𝍥咎𝍥災 𝍦凶𝍥災 𝍧悔𝍥災 𝍨祥𝍥災

𝍠災𝍦咎 𝍡吝𝍦咎 𝍢吉𝍦咎 𝍣休𝍦咎 𝍤平𝍦咎 𝍥咎𝍦咎 𝍦凶𝍦咎 𝍧悔𝍦咎 𝍨祥𝍦咎

𝍠災𝍧吉 𝍡吝𝍧吉 𝍢吉𝍧元 𝍣休𝍧吉 𝍤平𝍧吉 𝍥咎𝍧吉 𝍦凶𝍧吉 𝍧悔𝍧吉 𝍨祥𝍧吉

𝍠災𝍨吝 𝍡吝𝍨吝 𝍢吉𝍨吝 𝍣休𝍨吝 𝍤平𝍨吝 𝍥咎𝍨吝 𝍦凶𝍨吝 𝍧悔𝍨吝 𝍨祥𝍨吝

𝍣𝍧 堅 八之四 鞠有黃華

𝍠咎 𝍠悔	𝍠咎 𝍡凶	𝍠咎 𝍢休	𝍠咎 𝍣祥	𝍠咎 𝍤平	𝍠咎 𝍥災	𝍠咎 𝍦咎	𝍠咎 𝍧吉	𝍠咎 𝍨吝
𝍡祥 𝍠悔	𝍡祥 𝍡凶	𝍡祥 𝍢休	𝍡祥 𝍣祥	𝍡祥 𝍤平	𝍡祥 𝍥災	𝍡祥 𝍦咎	𝍡祥 𝍧吉	𝍡祥 𝍨吝
𝍢悔 𝍠悔	𝍢悔 𝍡凶	𝍢悔 𝍢休	𝍢悔 𝍣祥	𝍢悔 𝍤平	𝍢悔 𝍥災	𝍢悔 𝍦咎	𝍢悔 𝍧吉	𝍢悔 𝍨吝
𝍣吉 𝍠悔	𝍣吉 𝍡凶	𝍣吉 𝍢休	𝍣吉 𝍣祥	𝍣吉 𝍤平	𝍣吉 𝍥災	𝍣吉 𝍦咎	𝍣吉 𝍧元	𝍣吉 𝍨吝
𝍤平 𝍠悔	𝍤平 𝍡凶	𝍤平 𝍢休	𝍤平 𝍣祥	𝍤平 𝍤平	𝍤平 𝍥災	𝍤平 𝍦咎	𝍤平 𝍧吉	𝍤平 𝍨吝
𝍥凶 𝍠悔	𝍥凶 𝍡大	𝍥凶 𝍢休	𝍥凶 𝍣祥	𝍥凶 𝍤平	𝍥凶 𝍥災	𝍥凶 𝍦咎	𝍥凶 𝍧吉	𝍥凶 𝍨吝
𝍦吝 𝍠悔	𝍦吝 𝍡凶	𝍦吝 𝍢休	𝍦吝 𝍣祥	𝍦吝 𝍤平	𝍦吝 𝍥災	𝍦吝 𝍦咎	𝍦吝 𝍧吉	𝍦吝 𝍨吝
𝍧災 𝍠悔	𝍧災 𝍡凶	𝍧災 𝍢休	𝍧災 𝍣祥	𝍧災 𝍤平	𝍧災 𝍥災	𝍧災 𝍦咎	𝍧災 𝍧吉	𝍧災 𝍨吝
𝍨休 𝍠悔	𝍨休 𝍡凶	𝍨休 𝍢休	𝍨休 𝍣祥	𝍨休 𝍤平	𝍨休 𝍥災	𝍨休 𝍦咎	𝍨休 𝍧吉	𝍨休 𝍨吝

堅利有攸往剛健篤實義之所出物莫能屈攻城陷陳凶

𝍤𝍧 革 八之五 霜降豺祭獸

革利貞從而革通不塞應時而亨金道乃行疾病凶

〡平〡悔 〢平〡悔 〣平〡悔 〤平〡悔 〥吉〡悔 〦平〡悔 〧平〡悔 〨平〡悔 〩平〡悔

〡平〢凶 〢平〢凶 〣平〢凶 〤平〢凶 〥吉〢大 〦平〢凶 〧平〢凶 〨平〢凶 〩平〢凶

〡平〣休 〢平〣休 〣平〣休 〤平〣休 〥吉〣休 〦平〣休 〧平〣休 〨平〣休 〩平〣休

〡平〤祥 〢平〤祥 〣平〤祥 〤平〤祥 〥吉〤祥 〦平〤祥 〧平〤祥 〨平〤祥 〩平〤祥

〡平〥平 〢平〥平 〣平〥平 〤平〥平 〥吉〥平 〦平〥平 〧平〥平 〨平〥平 〩平〥平

〡平〦災 〢平〦災 〣平〦災 〤平〦災 〥吉〦災 〦平〦災 〧平〦災 〨平〦災 〩平〦災

〡平〧咎 〢平〧咎 〣平〧咎 〤平〧咎 〥吉〧咎 〦平〧咎 〧平〧咎 〨平〧咎 〩平〧咎

〡平〨吉 〢平〨吉 〣平〨吉 〤平〨吉 〥吉〨元 〦平〨吉 〧平〨吉 〨平〨吉 〩平〨吉

〡平〩吝 〢平〩吝 〣平〩吝 〤平〩吝 〥吉〩吝 〦平〩吝 〧平〩吝 〨平〩吝 〩平〩吝

〦〨報 八之六 草木黃落

報祭祀吉事不宜先宜後君子有慶

〡休〡悔 〢災〡悔 〣吝〡悔 〤凶〡悔 〥平〡悔 〦吉〡悔 〧悔〡悔 〨祥〡悔 〩咎〡悔

〡休〢凶 〢災〢凶 〣吝〢凶 〤凶〢大 〥平〢凶 〦吉〢凶 〧悔〢凶 〨祥〢凶 〩咎〢凶

𝍠𝍢休休 𝍡𝍢災休 𝍢𝍢吝休 𝍣𝍢凶休 𝍤𝍢平休 𝍥𝍢吉休 𝍦𝍢悔休 𝍧𝍢祥休 𝍨𝍢咎休

𝍠𝍣休祥 𝍡𝍣災祥 𝍢𝍣吝祥 𝍣𝍣凶祥 𝍤𝍣平祥 𝍥𝍣吉祥 𝍦𝍣悔祥 𝍧𝍣祥祥 𝍨𝍣咎祥

𝍠𝍤休平 𝍡𝍤災平 𝍢𝍤吝平 𝍣𝍤凶平 𝍤𝍤平平 𝍥𝍤吉平 𝍦𝍤悔平 𝍧𝍤祥平 𝍨𝍤咎平

𝍠𝍥休災 𝍡𝍥災災 𝍢𝍥吝災 𝍣𝍥凶災 𝍤𝍥平災 𝍥𝍥吉災 𝍦𝍥悔災 𝍧𝍥祥災 𝍨𝍥咎災

𝍠𝍦休咎 𝍡𝍦災咎 𝍢𝍦吝咎 𝍣𝍦凶咎 𝍤𝍦平咎 𝍥𝍦吉咎 𝍦𝍦悔咎 𝍧𝍦祥咎 𝍨𝍦咎咎

𝍠𝍧休吉 𝍡𝍧災吉 𝍢𝍧吝吉 𝍣𝍧凶吉 𝍤𝍧平吉 𝍥𝍧吉元 𝍦𝍧悔吉 𝍧𝍧祥吉 𝍨𝍧咎吉

𝍠𝍨休吝 𝍡𝍨災吝 𝍢𝍨吝吝 𝍣𝍨凶吝 𝍤𝍨平吝 𝍥𝍨吉吝 𝍦𝍨悔吝 𝍧𝍨祥吝 𝍨𝍨咎吝

𝍦𝍧 止 八之七 蟄蟲咸俯

止父慈子孝兄友㐧恭思出位越常凶征吝

𝍠𝍠祥悔 𝍡𝍠悔悔 𝍢𝍠凶悔 𝍣𝍠咎悔 𝍤𝍠平悔 𝍥𝍠休悔 𝍦𝍠吉悔 𝍧𝍠吝悔 𝍨𝍠災悔

𝍠𝍡祥凶 𝍡𝍡悔凶 𝍢𝍡凶大 𝍣𝍡咎凶 𝍤𝍡平凶 𝍥𝍡休凶 𝍦𝍡吉凶 𝍧𝍡吝凶 𝍨𝍡災凶

𝍠𝍢祥休 𝍡𝍢悔休 𝍢𝍢凶休 𝍣𝍢咎休 𝍤𝍢平休 𝍥𝍢休休 𝍦𝍢吉休 𝍧𝍢吝休 𝍨𝍢災休

𝍠𝍣祥祥 𝍡𝍣悔祥 𝍢𝍣凶祥 𝍣𝍣咎祥 𝍤𝍣平祥 𝍥𝍣休祥 𝍦𝍣吉祥 𝍧𝍣吝祥 𝍨𝍣災祥

𝍠𝍤祥平 𝍡𝍤悔平 𝍢𝍤凶平 𝍣𝍤咎平 𝍤𝍤平平 𝍥𝍤休平 𝍦𝍤吉平 𝍧𝍤吝平 𝍨𝍤災平

𝍠𝍥祥災 𝍡𝍥悔災 𝍢𝍥凶災 𝍣𝍥咎災 𝍤𝍥平災 𝍥𝍥休災 𝍦𝍥吉災 𝍧𝍥吝災 𝍨𝍥災災

𝍠𝍦祥咎 𝍡𝍦悔咎 𝍢𝍦凶咎 𝍣𝍦咎咎 𝍤𝍦平咎 𝍥𝍦休咎 𝍦𝍦吉咎 𝍧𝍦吝咎 𝍨𝍦災咎

𝍠𝍧祥吉 𝍡𝍧悔吉 𝍢𝍧凶吉 𝍣𝍧咎吉 𝍤𝍧平吉 𝍥𝍧休吉 𝍦𝍧吉元 𝍧𝍧吝吉 𝍨𝍧災吉

𝍠𝍨祥吝 𝍡𝍨悔吝 𝍢𝍨凶吝 𝍣𝍨咎吝 𝍤𝍨平吝 𝍥𝍨休吝 𝍦𝍨吉吝 𝍧𝍨吝吝 𝍨𝍨災吝

𝍧𝍧 戎 八之八 立冬水始涸

戎貞吉戰血元黃陽亢有傷君子克臧惟智之藏利征伐

𝍠𝍠悔悔 𝍡𝍠凶悔 𝍢𝍠休悔 𝍣𝍠祥悔 𝍤𝍠平悔 𝍥𝍠災悔 𝍦𝍠咎悔 𝍧𝍠吉悔 𝍨𝍠吝悔

𝍠𝍡悔凶 𝍡𝍡凶大 𝍢𝍡休凶 𝍣𝍡祥凶 𝍤𝍡平凶 𝍥𝍡災凶 𝍦𝍡咎凶 𝍧𝍡吉凶 𝍨𝍡吝凶

𝍠𝍢悔休 𝍡𝍢凶休 𝍢𝍢休休 𝍣𝍢祥休 𝍤𝍢平休 𝍥𝍢災休 𝍦𝍢咎休 𝍧𝍢吉休 𝍨𝍢吝休

𝍠𝍣悔祥 𝍡𝍣凶祥 𝍢𝍣休祥 𝍣𝍣祥祥 𝍤𝍣平祥 𝍥𝍣災祥 𝍦𝍣咎祥 𝍧𝍣吉祥 𝍨𝍣吝祥

𝍠𝍤悔平 𝍡𝍤凶平 𝍢𝍤休平 𝍣𝍤祥平 𝍤𝍤平平 𝍥𝍤災平 𝍦𝍤咎平 𝍧𝍤吉平 𝍨𝍤吝平

𝍠𝍥悔災 𝍡𝍥凶災 𝍢𝍥休災 𝍣𝍥祥災 𝍤𝍥平災 𝍥𝍥災災 𝍦𝍥咎災 𝍧𝍥吉災 𝍨𝍥吝災

𝍦𝍠 咎悔 𝍦𝍡 咎凶 𝍦𝍢 咎休 𝍦𝍣 咎祥 𝍦𝍤 咎平 𝍦𝍥 咎災 𝍦𝍦 咎咎 𝍦𝍧 咎吉 𝍦𝍨 咎吝

𝍧𝍠 吉悔 𝍧𝍡 吉凶 𝍧𝍢 吉休 𝍧𝍣 吉祥 𝍧𝍤 吉平 𝍧𝍥 吉災 𝍧𝍦 吉咎 𝍧𝍧 元吉 𝍧𝍨 吉吝

𝍨𝍠 吝悔 𝍨𝍡 吝凶 𝍨𝍢 吝休 𝍨𝍣 吝祥 𝍨𝍤 吝平 𝍨𝍥 吝災 𝍨𝍦 吝咎 𝍨𝍧 吝吉 𝍨𝍨 吝吝

𝍧𝍨 結 八之九

結百穀其成庶績其凝履霜堅冰婚媾吉爭訟凶

𝍠𝍠 悔凶 𝍠𝍡 悔休 𝍠𝍢 悔災 𝍠𝍣 悔悔 𝍠𝍤 悔平 𝍠𝍥 悔吝 𝍠𝍦 悔祥 𝍠𝍧 悔咎 𝍠𝍨 悔吉

𝍡𝍠 大凶 𝍡𝍡 凶休 𝍡𝍢 凶災 𝍡𝍣 凶悔 𝍡𝍤 凶平 𝍡𝍥 凶吝 𝍡𝍦 凶祥 𝍡𝍧 凶咎 𝍡𝍨 凶吉

𝍢𝍠 休凶 𝍢𝍡 休休 𝍢𝍢 休災 𝍢𝍣 休悔 𝍢𝍤 休平 𝍢𝍥 休吝 𝍢𝍦 休祥 𝍢𝍧 休咎 𝍢𝍨 休吉

𝍣𝍠 祥凶 𝍣𝍡 祥休 𝍣𝍢 祥災 𝍣𝍣 祥悔 𝍣𝍤 祥平 𝍣𝍥 祥吝 𝍣𝍦 祥祥 𝍣𝍧 祥咎 𝍣𝍨 祥吉

𝍤𝍠 平凶 𝍤𝍡 平休 𝍤𝍢 平災 𝍤𝍣 平悔 𝍤𝍤 平平 𝍤𝍥 平吝 𝍤𝍦 平祥 𝍤𝍧 平咎 𝍤𝍨 平吉

𝍥𝍠 災凶 𝍥𝍡 災休 𝍥𝍢 災災 𝍥𝍣 災悔 𝍥𝍤 災平 𝍥𝍥 災吝 𝍥𝍦 災祥 𝍥𝍧 災咎 𝍥𝍨 災吉

𝍦𝍠 咎凶 𝍦𝍡 咎休 𝍦𝍢 咎災 𝍦𝍣 咎悔 𝍦𝍤 咎平 𝍦𝍥 咎吝 𝍦𝍦 咎祥 𝍦𝍧 咎咎 𝍦𝍨 咎吉

𝍧𝍠 吉凶 𝍧𝍡 吉休 𝍧𝍢 吉災 𝍧𝍣 吉悔 𝍧𝍤 吉平 𝍧𝍥 吉吝 𝍧𝍦 吉祥 𝍧𝍧 吉咎 𝍧𝍨 元吉

𝍠凶𝍡休𝍢災𝍣悔𝍤平𝍥吝𝍦祥𝍧咎𝍨吉
𝍨吝𝍨吝𝍨吝𝍨吝𝍨吝𝍨吝𝍨吝𝍨吝𝍨吝

𝍠𝍨

養 九之一
地始凍

養惟心亨求口實大人大體小人小體

𝍠吉𝍡咎𝍢祥𝍣吝𝍤平𝍥悔𝍦災𝍧休𝍨凶
𝍠凶𝍠凶𝍠凶𝍠凶𝍠凶𝍠凶𝍠凶𝍠凶𝍠大

𝍠吉𝍡咎𝍢祥𝍣吝𝍤平𝍥悔𝍦災𝍧休𝍨凶
𝍡休𝍡休𝍡休𝍡休𝍡休𝍡休𝍡休𝍡休𝍡休

𝍠吉𝍡咎𝍢祥𝍣吝𝍤平𝍥悔𝍦災𝍧休𝍨凶
𝍢災𝍢災𝍢災𝍢災𝍢災𝍢災𝍢災𝍢災𝍢災

𝍠吉𝍡咎𝍢祥𝍣吝𝍤平𝍥悔𝍦災𝍧休𝍨凶
𝍣悔𝍣悔𝍣悔𝍣悔𝍣悔𝍣悔𝍣悔𝍣悔𝍣悔

𝍠吉𝍡咎𝍢祥𝍣吝𝍤平𝍥悔𝍦災𝍧休𝍨凶
𝍤平𝍤平𝍤平𝍤平𝍤平𝍤平𝍤平𝍤平𝍤平

𝍠吉𝍡咎𝍢祥𝍣吝𝍤平𝍥悔𝍦災𝍧休𝍨凶
𝍥吝𝍥吝𝍥吝𝍥吝𝍥吝𝍥吝𝍥吝𝍥吝𝍥吝

𝍠吉𝍡咎𝍢祥𝍣吝𝍤平𝍥悔𝍦災𝍧休𝍨凶
𝍦祥𝍦祥𝍦祥𝍦祥𝍦祥𝍦祥𝍦祥𝍦祥𝍦祥

𝍠吉𝍡咎𝍢祥𝍣吝𝍤平𝍥悔𝍦災𝍧休𝍨凶
𝍧咎𝍧咎𝍧咎𝍧咎𝍧咎𝍧咎𝍧咎𝍧咎𝍧咎

𝍠吉𝍡咎𝍢祥𝍣吝𝍤平𝍥悔𝍦災𝍧休𝍨凶
𝍨元𝍨吉𝍨吉𝍨吉𝍨吉𝍨吉𝍨吉𝍨吉𝍨吉

𝍡𝍨

遇 九之二
雉入大水爲蜃

遇吉非龍非彲非虎非羆爲周之師自天祐之勿娶女凶

𝍠吝𝍡吉𝍢咎𝍣災𝍤平𝍥祥𝍦休𝍧凶𝍨悔
𝍠凶𝍠凶𝍠凶𝍠凶𝍠凶𝍠凶𝍠凶𝍠大𝍠凶

𝍠吝𝍡吉𝍢咎𝍣災𝍤平𝍥祥𝍦休𝍧凶𝍨悔
𝍡休𝍡休𝍡休𝍡休𝍡休𝍡休𝍡休𝍡休𝍡休

𝍠吝𝍡吉𝍢咎𝍣災𝍤平𝍥祥𝍦休𝍧凶𝍨悔
𝍢災𝍢災𝍢災𝍢災𝍢災𝍢災𝍢災𝍢災𝍢災

𝍠吝𝍡吉𝍢咎𝍣災𝍤平𝍥祥𝍦休𝍧凶𝍨悔
𝍣悔𝍣悔𝍣悔𝍣悔𝍣悔𝍣悔𝍣悔𝍣悔𝍣悔

𝍠吝𝍡吉𝍢咎𝍣災𝍤平𝍥祥𝍦休𝍧凶𝍨悔
𝍤平𝍤平𝍤平𝍤平𝍤平𝍤平𝍤平𝍤平𝍤平

𝍠吝𝍡吉𝍢咎𝍣災𝍤平𝍥祥𝍦休𝍧凶𝍨悔
𝍥吝𝍥吝𝍥吝𝍥吝𝍥吝𝍥吝𝍥吝𝍥吝𝍥吝

𝍠吝𝍡吉𝍢咎𝍣災𝍤平𝍥祥𝍦休𝍧凶𝍨悔
𝍦祥𝍦祥𝍦祥𝍦祥𝍦祥𝍦祥𝍦祥𝍦祥𝍦祥

𝍠吝𝍡吉𝍢咎𝍣災𝍤平𝍥祥𝍦休𝍧凶𝍨悔
𝍧咎𝍧咎𝍧咎𝍧咎𝍧咎𝍧咎𝍧咎𝍧咎𝍧咎

𝍠吝𝍡吉𝍢咎𝍣災𝍤平𝍥祥𝍦休𝍧凶𝍨悔
𝍨吉𝍨元𝍨吉𝍨吉𝍨吉𝍨吉𝍨吉𝍨吉𝍨吉

𝍢𝍧勝九之三
小雪虹藏不見

勝厲貞吉利涉大川君子以智小人以力

𝍠災𝍡吝𝍢吉𝍣休𝍤平𝍥咎𝍦凶𝍧悔𝍨祥
𝍠凶𝍠凶𝍠凶𝍠凶𝍠凶𝍠凶𝍠大𝍠凶𝍠凶

〡災〢吝〣吉〤休〥平〦咎〧凶〨悔〩祥
〢休〢休〢休〢休〢休〢休〢休〢休〢休

〡災〢吝〣吉〤休〥平〦咎〧凶〨悔〩祥
〣災〣災〣災〣災〣災〣災〣災〣災〣災

〡災〢吝〣吉〤休〥平〦咎〧凶〨悔〩祥
〤悔〤悔〤悔〤悔〤悔〤悔〤悔〤悔〤悔

〡災〢吝〣吉〤休〥平〦咎〧凶〨悔〩祥
〥平〥平〥平〥平〥平〥平〥平〥平〥平

〡災〢吝〣吉〤休〥平〦咎〧凶〨悔〩祥
〦吝〦吝〦吝〦吝〦吝〦吝〦吝〦吝〦吝

〡災〢吝〣吉〤休〥平〦咎〧凶〨悔〩祥
〧祥〧祥〧祥〧祥〧祥〧祥〧祥〧祥〧祥

〡災〢吝〣吉〤休〥平〦咎〧凶〨悔〩祥
〨咎〨咎〨咎〨咎〨咎〨咎〨咎〨咎〨咎

〡災〢吝〣吉〤休〥平〦咎〧凶〨悔〩祥
〩吉〩吉〩元〩吉〩吉〩吉〩吉〩吉〩吉

〩〤囚九之四
天氣上升地氣下降

囚厲利用獄不利有攸往

〡咎〢祥〣悔〤吉〥平〦凶〧吝〨災〩休
〡凶〡凶〡凶〡凶〡凶〡大〡凶〡凶〡凶

〡咎〢祥〣悔〤吉〥平〦凶〧吝〨災〩休
〢休〢休〢休〢休〢休〢休〢休〢休〢休

〡咎〢祥〣悔〤吉〥平〦凶〧吝〨災〩休
〣災〣災〣災〣災〣災〣災〣災〣災〣災

𝍠咎𝍣悔 𝍡祥𝍣悔 𝍢悔𝍣悔 𝍣吉𝍣悔 𝍤平𝍣悔 𝍥凶𝍣悔 𝍦吝𝍣悔 𝍧災𝍣悔 𝍨休𝍣悔

𝍠咎𝍤平 𝍡祥𝍤平 𝍢悔𝍤平 𝍣吉𝍤平 𝍤平𝍤平 𝍥凶𝍤平 𝍦吝𝍤平 𝍧災𝍤平 𝍨休𝍤平

𝍠咎𝍥吝 𝍡祥𝍥吝 𝍢悔𝍥吝 𝍣吉𝍥吝 𝍤平𝍥吝 𝍥凶𝍥吝 𝍦吝𝍥吝 𝍧災𝍥吝 𝍨休𝍥吝

𝍠咎𝍦祥 𝍡祥𝍦祥 𝍢悔𝍦祥 𝍣吉𝍦祥 𝍤平𝍦祥 𝍥凶𝍦祥 𝍦吝𝍦祥 𝍧災𝍦祥 𝍨休𝍦祥

𝍠咎𝍧咎 𝍡祥𝍧咎 𝍢悔𝍧咎 𝍣吉𝍧咎 𝍤平𝍧咎 𝍥凶𝍧咎 𝍦吝𝍧咎 𝍧災𝍧咎 𝍨休𝍧咎

𝍠咎𝍨吉 𝍡祥𝍨吉 𝍢悔𝍨吉 𝍣吉𝍨元 𝍤平𝍨吉 𝍥凶𝍨吉 𝍦吝𝍨吉 𝍧災𝍨吉 𝍨休𝍨吉

𝍤𝍨

壬 九之五

閉塞而成冬

壬惟水之神外暗內明君子休休小人包羞妊娠吉

𝍠平𝍠凶 𝍡平𝍠凶 𝍢平𝍠凶 𝍣平𝍠凶 𝍤吉𝍠大 𝍥平𝍠凶 𝍦平𝍠凶 𝍧平𝍠凶 𝍨平𝍠凶

𝍠平𝍡休 𝍡平𝍡休 𝍢平𝍡休 𝍣平𝍡休 𝍤吉𝍡休 𝍥平𝍡休 𝍦平𝍡休 𝍧平𝍡休 𝍨平𝍡休

𝍠平𝍢災 𝍡平𝍢災 𝍢平𝍢災 𝍣平𝍢災 𝍤吉𝍢災 𝍥平𝍢災 𝍦平𝍢災 𝍧平𝍢災 𝍨平𝍢災

𝍠平𝍣悔 𝍡平𝍣悔 𝍢平𝍣悔 𝍣平𝍣悔 𝍤吉𝍣悔 𝍥平𝍣悔 𝍦平𝍣悔 𝍧平𝍣悔 𝍨平𝍣悔

𝍠平𝍤平 𝍡平𝍤平 𝍢平𝍤平 𝍣平𝍤平 𝍤吉𝍤平 𝍥平𝍤平 𝍦平𝍤平 𝍧平𝍤平 𝍨平𝍤平

𝍠平𝍥吝𝍡平𝍥吝𝍢平𝍥吝𝍣平𝍥吝𝍤吉𝍥吝𝍥平𝍥吝𝍦平𝍥吝𝍧平𝍥吝𝍨平𝍥吝

𝍠平𝍦祥𝍡平𝍦祥𝍢平𝍦祥𝍣平𝍦祥𝍤吉𝍦祥𝍥平𝍦祥𝍦平𝍦祥𝍧平𝍦祥𝍨平𝍦祥

𝍠平𝍧咎𝍡平𝍧咎𝍢平𝍧咎𝍣平𝍧咎𝍤吉𝍧咎𝍥平𝍧咎𝍦平𝍧咎𝍧平𝍧咎𝍨平𝍧咎

𝍠平𝍨吉𝍡平𝍨吉𝍢平𝍨吉𝍣平𝍨吉𝍤吉𝍨元𝍥平𝍨吉𝍦平𝍨吉𝍧平𝍨吉𝍨平𝍨吉

𝍥𝍨 固 九之六 大雪鷁旦不鳴

固正靜而一爲物之極龍蛇之蟄不知不識吉

𝍠休𝍠凶𝍡災𝍠凶𝍢吝𝍠凶𝍣凶𝍠大𝍤平𝍠凶𝍥吉𝍠凶𝍦悔𝍠凶𝍧祥𝍠凶𝍨咎𝍠凶

𝍠休𝍡休𝍡災𝍡休𝍢吝𝍡休𝍣凶𝍡休𝍤平𝍡休𝍥吉𝍡休𝍦悔𝍡休𝍧祥𝍡休𝍨咎𝍡休

𝍠休𝍢災𝍡災𝍢災𝍢吝𝍢災𝍣凶𝍢災𝍤平𝍢災𝍥吉𝍢災𝍦悔𝍢災𝍧祥𝍢災𝍨咎𝍢災

𝍠休𝍣悔𝍡災𝍣悔𝍢吝𝍣悔𝍣凶𝍣悔𝍤平𝍣悔𝍥吉𝍣悔𝍦悔𝍣悔𝍧祥𝍣悔𝍨咎𝍣悔

𝍠休𝍤平𝍡災𝍤平𝍢吝𝍤平𝍣凶𝍤平𝍤平𝍤平𝍥吉𝍤平𝍦悔𝍤平𝍧悔𝍤平𝍨咎𝍤平

𝍠休𝍥吝𝍡災𝍥吝𝍢吝𝍥吝𝍣凶𝍥吝𝍤平𝍥吝𝍥吉𝍥吝𝍦悔𝍥吝𝍧悔𝍥吝𝍨咎𝍥吝

𝍠休𝍦祥𝍡災𝍦祥𝍢吝𝍦祥𝍣凶𝍦祥𝍤平𝍦祥𝍥吉𝍦祥𝍦悔𝍦祥𝍧悔𝍦祥𝍨咎𝍦祥

〡〨休咎 〢〨災咎 〣〨吝咎 〤〨凶咎 〥〨平咎 〦〨吉咎 〧〨悔咎 〨〨悔咎 〩〨咎咎

〡〩休吉 〢〩災吉 〣〩吝吉 〤〩凶吉 〥〩平吉 〦〩吉元 〧〩悔吉 〨〩祥吉 〩〩咎吉

〧〩 移 九之七 虎始交

移功成而退居亢則悔利有攸往守常凶

〡〡祥凶 〢〡悔凶 〣〡凶大 〤〡咎凶 〥〡平凶 〦〡休凶 〧〡吉凶 〨〡吝凶 〩〡災凶

〡〢祥休 〢〢悔休 〣〢凶休 〤〢咎休 〥〢平休 〦〢休休 〧〢吉休 〨〢吝休 〩〢災休

〡〣祥災 〢〣悔災 〣〣凶災 〤〣咎災 〥〣平災 〦〣休災 〧〣吉災 〨〣吝災 〩〣災災

〡〤祥悔 〢〤悔悔 〣〤凶悔 〤〤咎悔 〥〤平悔 〦〤休悔 〧〤吉悔 〨〤吝悔 〩〤災悔

〡〥祥平 〢〥悔平 〣〥凶平 〤〥咎平 〥〥平平 〦〥休平 〧〥吉平 〨〥吝平 〩〥災平

〡〦祥吝 〢〦悔吝 〣〦凶吝 〤〦咎吝 〥〦平吝 〦〦休吝 〧〦吉吝 〨〦吝吝 〩〦災吝

〡〧祥祥 〢〧悔祥 〣〧凶祥 〤〧咎祥 〥〧平祥 〦〧休祥 〧〧吉祥 〨〧吝祥 〩〧災祥

〡〨祥咎 〢〨悔咎 〣〨凶咎 〤〨咎咎 〥〨平咎 〦〨休咎 〧〨吉咎 〨〨吝咎 〩〨災咎

〡〩祥吉 〢〩悔吉 〣〩凶吉 〤〩咎吉 〥〩平吉 〦〩休吉 〧〩吉元 〨〩吝吉 〩〩災吉

𝍨𝍧墮 九之八 荔挺出

墮物極于上必復于下君子下下吉

𝍠悔𝍡凶𝍢休𝍣祥𝍤平𝍥災𝍦咎𝍧吉𝍨吝
𝍠凶𝍠大𝍠凶𝍠凶𝍠凶𝍠凶𝍠凶𝍠凶𝍠凶

𝍠悔𝍡凶𝍢休𝍣祥𝍤平𝍥災𝍦咎𝍧吉𝍨吝
𝍡休𝍡休𝍡休𝍡休𝍡休𝍡休𝍡休𝍡休𝍡休

𝍠悔𝍡凶𝍢休𝍣祥𝍤平𝍥災𝍦咎𝍧吉𝍨吝
𝍢災𝍢災𝍢災𝍢災𝍢災𝍢災𝍢災𝍢災𝍢災

𝍠悔𝍡凶𝍢休𝍣祥𝍤平𝍥災𝍦咎𝍧吉𝍨吝
𝍣悔𝍣悔𝍣悔𝍣悔𝍣悔𝍣悔𝍣悔𝍣悔𝍣悔

𝍠悔𝍡凶𝍢休𝍣祥𝍤平𝍥災𝍦咎𝍧吉𝍨吝
𝍤平𝍤平𝍤平𝍤平𝍤平𝍤平𝍤平𝍤平𝍤平

𝍠悔𝍡凶𝍢休𝍣祥𝍤平𝍥災𝍦咎𝍧吉𝍨吝
𝍥吝𝍥吝𝍥吝𝍥吝𝍥吝𝍥吝𝍥吝𝍥吝𝍥吝

𝍠悔𝍡凶𝍢休𝍣祥𝍤平𝍥災𝍦咎𝍧吉𝍨吝
𝍦祥𝍦祥𝍦祥𝍦祥𝍦祥𝍦祥𝍦祥𝍦祥𝍦祥

𝍠悔𝍡凶𝍢休𝍣祥𝍤平𝍥災𝍦咎𝍧吉𝍨吝
𝍧咎𝍧咎𝍧咎𝍧咎𝍧咎𝍧咎𝍧咎𝍧咎𝍧咎

𝍠悔𝍡凶𝍢休𝍣祥𝍤平𝍥災𝍦咎𝍧吉𝍨吝
𝍨吉𝍨吉𝍨吉𝍨吉𝍨吉𝍨吉𝍨吉𝍨元𝍨吉

𝍨𝍨終 九之九

終吉茲闔之窮斯闢之通君子令終

〡〡大凶　〡〢凶休　〡〣凶災　〡〤凶悔　〡〥凶平　〡〦凶吝　〡〧凶祥　〡〨凶咎　〡〩凶吉

〢〡休凶　〢〢休休　〢〣休災　〢〤休悔　〢〥休平　〢〦休吝　〢〧休祥　〢〨休咎　〢〩休吉

〣〡災凶　〣〢災休　〣〣災災　〣〤災悔　〣〥災平　〣〦災吝　〣〧災祥　〣〨災咎　〣〩災吉

〤〡悔凶　〤〢悔休　〤〣悔災　〤〤悔悔　〤〥悔平　〤〦悔吝　〤〧悔祥　〤〨悔咎　〤〩悔吉

〥〡平凶　〥〢平休　〥〣平災　〥〤平悔　〥〥平平　〥〦平吝　〥〧平祥　〥〨平咎　〥〩平吉

〦〡吝凶　〦〢吝休　〦〣吝災　〦〤吝悔　〦〥吝平　〦〦吝吝　〦〧吝祥　〦〨吝咎　〦〩吝吉

〧〡祥凶　〧〢祥休　〧〣祥災　〧〤祥悔　〧〥祥平　〧〦祥吝　〧〧祥祥　〧〨祥咎　〧〩祥吉

〨〡咎凶　〨〢咎休　〨〣咎災　〨〤咎悔　〨〥咎平　〨〦咎吝　〨〧咎祥　〨〨咎咎　〨〩咎吉

〩〡吉凶　〩〢吉休　〩〣吉災　〩〤吉悔　〩〥吉平　〩〦吉吝　〩〧吉祥　〩〨吉咎　〩〩元吉

附錄

黃東發曰鈔曰經解惟書最多至蔡九峯參合諸儒要說嘗經朱文公訂正其釋文義旣視漢唐爲精其發指趣又視諸家爲的書經至是而大明如揭日月矣

黃瑞節曰易更四聖而象已著範錫神禹而數不傳九峯蔡氏撰皇極內篇數爲一書于是有範數圖八十一章六千五百六十一變西山眞氏云蔡氏範數與三聖之易同功者是也

九峯同調

黃先生千能

黃千能字必強豐城人刻意讀書謂皇極九疇之統漢儒舉以參五事配六極則失之妄作皇極要論又謂古今地理無一定之形神禹疏河之故道蕪沒而難考作禹貢圖說參江西通志

九峯家學劉李三傳

教授蔡覺軒先生模

蔡模字仲覺九峯先生冢子也淳祐四年以丞相范鍾薦謝方叔亦乞表異之詔補迪功郎添差本府教授嘗輯文公所著書爲續近思錄及易傳集解大學衍說論孟集疏河洛探賾等書行世學者稱爲

覺軒先生

文肅蔡久軒先生杭

蔡杭字仲節覺軒之弟也紹定進士主管刑工架閣文字召試館職遷祕書正字陞校書郎兼樞密院編修諸王宮大小學教授疏權姦不可復用國本亟宜早定帝善其言累官至端明殿學士同知樞密院事拜參知政事卽乞骸不伺報輒行落職予祠卒諡文簡以犯祖諱更諡文肅

雲濠謹案萬曆金華志云仲節元定之孫博通經史邃于理學淳祐十一年知金華郡亟踵北山魯齋二先生之門請爲主教麗澤魯齋一出而婺之禮俗興

山長蔡靜軒先生權

蔡權字仲平九峯先生第三子也聰明英毅肄業于家庭兄弟聯席自相師友覺軒爲續近思錄易傳集解大學衍說河洛探賾論孟集疏等書皆與先生參考以至成編以兄恩補承務郎教授鄉閭講明義理獨處靜室幽軒終日怡怡學者稱之曰靜軒先生 參蔡氏九儒書

梓材謹案眞西山爲九峯墓表稱季子亦嗜學授廬峯書院山

長訓誨人才云

九峯門人

朝奉陳先生光祖別見西山蔡氏學案

忠簡劉冰壺先生欽

劉欽字子時建安人九峯蔡氏弟子也以蔭累官同知樞密院事歸隱武夷自號冰壺散人謚忠簡著尙書衍義補

何雲源先生□

何□號雲源先生劉習甫見先生得建安二蔡易洪範之學先生大器之特授以微言妙旨參上虞縣志

梓材謹案雲源何氏學案劉習甫傳或傳寫作靈源黃晉卿北山紀遊八首其一爲靈源靈源何氏豈卽北山何氏耶姑識以俟考

劉氏家學劉李四傳

劉先生涇

劉涇忠簡子雲莊之後也其跋胡氏易學啓蒙通釋曰嘗記兒時經家庭授易聞之先君子云昔晦庵先生之講學于雲谷也我先文簡雲莊兄弟與西山蔡先生父子從遊最久講四書之餘必及于易舊

藏雲莊所鈔諸經師說數鉅帙兵燹之餘其存者蓋千百之什一耳一日約无咎詹君退齋熊君訪雲谷遺跡適值新安胡君庭芳來訪出一編見示謂其父玉齋平生精力盡在此書亟閱諦玩見其論象說理允爲明備而其所援引則雲谷當日及門之士遺言討論多在焉參經義考

梓材謹案潛庵學案陳石堂傳云建州劉純父聘主雲莊書院純父蓋卽先生之字

何氏門人

司農劉先生漢傳

劉漢傳字習甫上虞人戶部侍郎漢弼之弟也時有雲源何氏者得建安二蔡易範之學先生往從之求其奧旨初先生以祿不逮親絕意仕進雲源勉之仕年四十六始舉進士累官至監都進奏院陛對陳四事曰崇聖學闢異端伸直氣恤民隱遷司農丞守南康軍改吉州俱有聲晉江西提舉時長江失險人心搖蕩元兵日逼先生捍禦要害民恃以無恐制書獎之除直寶謨閣尋知處州遷兩浙運使吏部郎力辭不受已而晉司農卿奉祠閒居十一年知宋將亡臨終索筆書曰生為宋臣死為宋鬼所著有洪範奧旨通鑑會評止善集補

九峯續傳

鄉貢劉竹坪先生實翁附子震

劉實翁吉水人元貢進士號竹坪先生子震字庚振元進士朝列大夫知趙州世稱蒼筤先生竹坪蒼筤治尙書有名王充耘等皆出其門元末丁亂蒼筤舉宗奮義日夜戰其鄉閭門多戰死云參解春雨集

貞文黃存齋先生鎭成

黃鎭成字元鎭邵武人年弱冠卽厭棄榮利延祐初再試有司不合築室城南顏曰南田耕舍慨然以聖賢道學自力學者稱爲存齋先生著尙書通考十卷周易通義中庸章旨文宗天曆二年執政者薦爲江西路儒學提舉祿不及而卒年七十有五集賢議諡曰貞文處士從黃氏補本錄入

隱君陳先生師凱

陳師凱字道勇南康人隱居廬山名其地曰東匯澤撰尙書蔡傳旁通六卷同上

劉氏門人

同知王先生充耘

王充耘字耕野江西人元統初以書經成進士授同知永新州事尋棄官養母晚益潛心尙書考訂蔡傳名曰讀書管見凡二卷外有書義主意書義矜式各六卷同上

宋元學案卷六十七

北溪學案表

陳淳 李氏壻晦翁林氏門人延平白水籍溪屏山再傳元城龜山譙氏武夷豫章三傳涑水二程四傳

- 子 陳榘

陳沂

楊昭復 — 呂大圭 — 邱葵 附師辛介甫 吳平甫 — 呂椿

王昭 — 呂大圭 見上楊氏門人

蘇思恭 祖尊己

黃必昌

黃以翼

卓琮

梁集

王雋

鄭思忱 見下白石門人

鄭思永
王次傳
江與權　並見白石門人
葉采　別見木鐘學案
邵甲
王震　並見慈湖學案
張應霆
李彝
朱右
鄭聞
謝升賢　貫齋講友
陳易
王遇　別見滄洲諸儒學案

楊仕訓 別見滄洲諸儒學案
並北溪講友

蔡和
復之學侶

蘇思恭
黄必昌
黄以翼
卓琮
王儁 並見北溪門人
鄭思忱
鄭思永
王次傳
江與權

宋元學案卷六十八

餘姚黃宗羲原本　　後學慈谿馮雲濠校刊
男百家纂輯　　鄞縣王梓材重校
鄞縣全祖望修定　　道州何紹基重刊

北溪學案

祖望謹案滄洲諸子以北溪陳文安公爲晚出其衞師門甚力多所發明然亦有操異同之見而失之過者述北溪學案梓材案是卷學案謝山修補甚詳其稿具存

朱林門人　劉李再傳

文安陳北溪先生淳　附子榘

陳淳字安卿龍溪人少習舉子業林宗臣見而奇之且曰此非聖賢事也因授以近思錄及文公守漳請教文公曰凡閱義理必窮其原先生聞而爲學益力日求所未至文公數語人以南來吾道喜得陳淳後十年復往見文公陳其所得時文公已寢疾語之曰如今所學已見本原所闕者下學之功爾自是所聞皆要切語凡三月而文公卒先生追思師訓痛自裁抑日積月累義理貫通洞見條緒郡守以下皆禮重之時造其廬而請焉嘉定九年待試中都歸遇嚴陵守鄭

之悖率僚屬延講郡庠先生歎陸學張王學問無原全用禪家宗旨認形氣之虛靈知覺爲天理之妙不由窮理格物而欲徑造上達之境反託聖門以自標榜乃發明吾道之體統師友之淵源用功之節目讀書之次序爲四章以示學者明年以特奏恩授迪功郎泉州安溪主簿未上而卒年六十五所著有論孟學庸口義字義詳講禮詩女學等書門人陳沂等錄其語號筠谷瀨口金山所聞子集又編次其文爲五十卷 修

北溪語錄

太極只是理理本圓故太極之體渾淪以理言則自末而本自本而末一聚一散無所不極其至自萬古之前與萬古之後無端無始此渾淪太極之全體也自其沖漠無眹與天地萬物皆由是出及天地萬物既由是出又復沖漠無眹此渾淪無極之妙用也聖人一心渾淪太極之全體而酬酢萬變無非太極流行之妙用今學問工夫須從萬事萬物中貫過湊成一渾淪大本又于渾淪大本中散爲萬事萬物使無稍窒礙然後實體得渾淪至極者在我而大用不差矣

太極只是總天地萬物之理而言不可離天地萬物之外而別爲之論又云陳幾叟月落川處處皆圓之譬亦正如此

道流行天地之閒無所不在無物不有子思言鳶飛魚躍上下察以證之程子謂子思喫緊爲人活潑潑地者正如顏子所謂卓爾孟子所謂躍如之意都是眞見得這道理分明故如此說若易所謂一陰一陽之謂道孔子此處是就造化根源上論

道理二字亦須有分別萬古通行者道也萬古不易者理也

孟子道性善從何而來孔子繫辭曰一陰一陽之謂道繼之者善也成之者性也夫子所謂善是就人物未生之前造化源頭處說孟子所謂性善則是就成之者性處說是人生以後事其實由造化源頭處有是繼之者善然後成之者性時方能如是之善則孟子之所謂善實淵源于夫子所謂善者而來而非有二本也

仁只是天理生生之全體無表裏動靜隱顯精粗之閒唯此心純是天理之公而絕無一毫人欲之私乃可以當其名若一處有病痛一事有欠闕一念有閒斷則私意行而生理息卽頑痹不仁矣

自孔門後無識仁者漢人只以恩愛說仁韓子因遂以博愛爲仁至程子而非之而曰仁性也愛情也以愛爲仁是以情爲性矣至哉言乎然自程子之言一出門人又一向離愛言仁而求之高遠不知愛雖不可以名仁而仁亦不能離乎愛也上蔡遂專以知覺言仁夫仁

者固能知覺而謂知覺爲仁則不可若能轉一步觀之只知覺處純是天理便是仁也龜山又以萬物與我爲一爲仁夫仁者固與萬物爲一然謂與萬物爲一爲仁則不可若能轉一步觀之只于與萬物爲一之前純是天理流行便是仁也呂氏克己銘又欲克去有己須與萬物爲一體方爲仁其視仁皆若曠蕩在外都無統攝其實如何得與萬物合一洞然八荒如何得皆在我闥之內殊失孔門向來傳授心法本旨至文公始以心之德愛之理六字形容之而仁之說始親切矣

禮謂執虛如執盈入虛如有人只就此二句體認持敬底工夫意最親切

恭是敬之見于外者敬是恭之存于中者然未有內無敬而外能恭者亦未有外能恭而內無敬者恭敬不是二物如形影與忠信忠恕相關一般

梓材謹案此下有一條別列示學者文

道理初無玄妙只在日用人事閒但循序用功便是有見所謂下學上達者須下學工夫到乃可從事上達然不可以此而安于小成也夫盈天地閒千條萬緒是多少人事聖人大成之地千節萬目是多

少工夫唯當開拓心胸大作基址須萬理明徹于胸中將此心放在天地閒一例看然後可以語孔孟之樂須明三代法度通之于當今而無不宜然後爲全儒而可以語王佐事業須運用酬酢如探諸囊中而不匱然後爲資之深取之左右逢其原而真爲己物矣至于以天理人欲分數而驗賓主進退之機如好好色惡惡臭而爲天理人欲強弱之證必使之于是是非非如辨黑白如遇鏌鎁千將不容有騎牆不決之疑則雖艱難險阻之中無不從容自適然後爲知之至而行之盡此心之量極大萬理無所不包萬物無所不統古人每言學必欲其博孔子所以學不厭者皆所以極盡乎此心無窮之量也論語曰博學而篤志立志要定不要雜要堅不要緩如顏子曰舜何人也予何人也有爲者亦若是若曰文王我師也周公豈欺我哉皆以聖人自期皆是能立志孟子曰舜爲法于天下可傳于後世我猶未免爲鄉人也是則可憂也憂之如何如舜而已矣孟子以舜自期亦是能立志

命字有二義有以理言者有以氣言者其實理不外于氣蓋二氣流行萬古生生不息不成只是空箇氣必有主宰之者曰理是也然理非有離乎氣只是就氣上指出箇理不離乎氣而爲言耳

禮運言人者陰陽之交鬼神之會說得亦親切此真聖賢之遺言非漢儒所能言也蓋天地閒無一物不是陰陽則無一物不是鬼神以上梨洲原本

示學者文

求道過高者宗師佛學陵蔑經典以爲明心見性不必讀書而蕩學者于空無之境立論過卑者又崇奬漢唐比附三代以爲經世濟物不必修德而陷學者于功利之域師友淵源○補

聖門用工節目其大要不過曰致知力行而已致者推之而至其極之謂致其知者所以明萬理于心而使之無所疑也力者勉焉而不敢怠之謂力其行者所以復萬善于己而使之無不備也知不至則真是真非無以辨其行將何所適從必有認人欲作天理而不自覺者矣行不力則雖精義入神亦徒爲空言而盛德至善竟何有于我哉然二者亦非截然判先後爲二事也故知之明則行愈速而行之力則所知又益精矣其所以爲致知力行之地者必以敬爲主敬者主一無適之謂聖賢所以貫動靜徹終始之功也能敬則中有涵養而大本清明由是而致知則心與理相涵而無頑冥之患矣由是而力行則身與事相安而不復有扞格之病矣用功節目

仁者固能好人能惡人然恐惡人之意常過寬好人之意常過厚惡人之意終較緩好人之意終較速

祖望謹案此乃長者之言然君子之惡惡本以自警則有如仇如探湯者北溪但就待人一邊言之耳

忠恕難截然分成兩段發出忠底心便是恕底事做成恕底事便是忠底心

聖人安得有憤只是誠懇篤切如恐不及便是憤惟真能憤然後真得樂

神發于陽魄根于陰心也者麗陰陽而乘其氣無間于動靜卽神之所會而爲魄之主也晝則陰伏藏而陽用事陽主動故神運魄隨而爲寤夜則陽伏藏而陰用事陰主靜故魄定神蟄而爲寐神之運故虛靈知覺之體灼然呈露如一陽復後萬物之有春意焉而此心之于寤也爲有主神之蟄故虛靈知覺之體沈然潛隱悄無蹤跡如純坤之月萬物之生性不可窺其眹焉而此心之于寐也爲無主然其中實未嘗泯而有不可測者存呼之則應警之則覺是亦未嘗無主也故自其大分言之寤陽而寐陰心之所以爲動靜也細而言之寤

之有思者又動中之動而爲陽之陽也無思者又動中之靜而爲陽之陰也寐之有夢者又靜中之動而爲陰之陽也無夢者又靜中之靜而爲陰之陰也又錯而言之思有善與惡者又動中動之陽明陰濁也無思而善應與妄應者又動中靜之陽明陰濁也夢之有正與邪者又靜中動之陽明陰濁也無夢而易覺與難覺者又靜中靜之陽明陰濁也聖人與衆人動靜則同而所以爲陽明陰濁則異人之學力可以驗矣

聖人知匡人之決不能害己所以信天理之必然也而又必有戒畏之心所以盡天理之當然也

逝者如斯楊氏有不逝之說亦猶中庸說死而不亡之意皆是墮異端處

周公請命成王出郊耿恭拜井庾黔婁祈北辰與王祥姜詩等事只爲天地閒同此一理同此一氣理所以統乎氣而人心又爲之主隨其所屬小大但精誠所注理強而氣充自然有相感通有若血脈之相關者然人或有不能必其然者蓋無不應者理之常也或不能必然者非其常也故君子惟自盡其所當爲而不可覬其所難必

人有淡然不逐物欲者而亦不進于天理蓋其質美而未學所去者

止其粗而未及精止其顯而未及隱其不復天理處便是人欲之根尙在潛伏爲病未能去之淨盡而猶有陰拒天理于冥冥之閒正如瘧疾寒熱既退而精神不爽病猶在隱而未全退蓋形氣尙爲主天理尙爲客也

一日克己復禮當是時顏子分上克己業過大半所以夫子有一日之說未爲徑快疏略而在顏子剛勇手段一日亦真足承當若在學者工夫未曾一二而輒欲試一日之說安能頓然徹底淨盡

曾點只是窺見聖人大意如此而已固未能周晰乎體用之全如顏子卓爾之地而其所以實踐處又無顏子縝密之功故不免乎狂士蓋有上達之資而無下學之功若以漆雕開比之則開之意正欲實致其下學之功而進乎上達者在學者于點之趣味固不可不涵泳于中然所以致其力者不可躐高以忽下而當由下以達高循開之所存體回之所事開之志既篤回之功既竭則點之所造又不足言

子路行處篤于點平時胸懷磊落不爲勢利拘幾有灑然底意如與狐貉立與朋友共無憾其地位高矣但其見處不及點由此理而不知

暴來者待之以遜毀來者待之以靖詐來者待之以誠慢來者待之

以恭以上問目

魂者陽之靈氣之發也其分主動所以行乎此身之中隨所貫而無不生魄者陰之精體之凝也其分主靜所以實乎此身之中隨所注而無不定參觀互考魂中有魄魄中有魂無所不存凡日用之所奮厲震作通暢和樂施爲經畫思慮明覺者魂之屬也整齊嚴肅安恬退止持循執守決斷記志者魄之屬也魂充魄聚則心力強心之神明精爽則魂魄有統人生始于氣感則得魂爲先既而體凝焉則魄次之又既生而神發焉則魂主之發而純一湛靜則魄主之男則魂統魄女則魄統魂稟重厚者魄勝魂賦輕清者魂勝魄

魂魄說

死生無二理能原其始而知所以生則反其終而知所以死無極之真二五之精妙合而凝化生萬物此所以生之始也得是至精之氣而生氣盡則死得是至真之理而其存也順則其死也安始終生死如此而已自未生之前是理氣爲天地間公共之物非我所得與既凝而生之後始爲我所主而有萬化之妙及氣盡而死則理亦隨之一付之大化又非我所能專有而常存不滅于冥漠之間也今佛者曰未生之前所謂我者固已具既死之後所謂我者未嘗亡所以輪回生生于千萬億劫而無有窮已則是形潰而反于原既屈者可復

申與造化消息闔闢之理殊不相合且天堂地獄明證昭昭是天地閒別有一種不虛不實之田地可以載其境別有一種不虛不實之磚瓦材木可以結其居與萬物有無虛實之性又不相符禍福可以禱而得罪可以賂而免所以主宰乎幽陰者猶爲私意之甚觀此雖愚者可以不惑矣

人心之虛靈知覺一而已其由形氣而發者以形氣爲主而謂之人心由理義而發者以理義爲主而謂之道心飢思食渴思飲冬思裘夏思葛此皆人心也視思明聽思聰言思忠動思義道心之謂也二者固有脈絡粲然于方寸之閒而不相亂自告子以生言性則已指氣爲理而不復有別今佛者以作用是性以蠢動之類皆有佛性運水搬柴無非妙用專指人心之虛靈知覺而作弄之明此爲明心見此爲見性悟此爲悟道其甘苦食淡停思絕想嚴防痛抑堅持力制或有見于心如秋月碧潭之潔者遂以爲造到而儒者見之自顧有穢淨之殊反爲歆慕舍己學以從之不知聖門自有克己爲仁瑩淨之境所爲江漢之濯秋陽之暴及光風霽月者乃此心純是天理之公而絕無一毫人欲之私而彼之所謂月潭清潔者特不過萬理俱空而百念不生耳相似而實不同也心之所具者惟理彼以理爲障

礙而悉欲空之則所存者特形氣之知覺此是第一節差錯處至于無君臣父子等大倫乃其粗迹悖謬極顯處心本活物如何使之絕念不生必欲絕之死而後可程子以爲佛家有一箇覺之理自謂敬以直內而無義以方外則直內者亦非正謂此也以上似道之辨

八條目中格物之義最博而誠意所關繫爲最要雜著

流俗舉子且得開示以邪正大分而明白其入德之門然後徐徐進以聖賢精密之功西銘等文字非可驟與之語而強聒之也答李公晦

學者先須堅立此志嘗以顏子有爲若是者在念而自提撕以孟子未免鄉人爲憂而自淬厲不埋沒不退轉然後循如用功以副之致知力行二事當齊頭著力並做不是截然爲二事先致知然後行只是一套底事行之不力非行之罪皆知之者不眞須見善眞如好好色見惡眞如惡惡臭然後爲知之至而行之力卽便在其中矣

知行不是兩截事譬如行路目視足履豈能廢一若瞽者不用目視而專靠足履寸步決不能行跛者不用足履而專靠目視亦決無可至之處

道理須要看得端的不可略見大意是是非非須如好色惡臭確然

不可移易方透得大學誠意關方到得孟子居安地位方有牢固得力處方可保成箇人免禽獸之歸若只依希半閒半界茫然不定平居未接物時猶未見做病忽臨大利害境界有大可羨可嗜可駭可懾便不覺爲之潰亂變動忽墮于非人類之域而不自知豈不可畏吾子所學只欲博物洽聞不欲爲志道據德工夫殊不入顏曾路來古人謂切問而近思又曰審問之謹思之今吾子不切不審而雜乎其問不近不謹而泛乎其思長編大帙都一滾來是乃博問而遠思殊非朴實頭地

讀聖賢書不必過用心求玄求妙于杳冥昏默之表特于人事日用間以其言一一切身體之一一見得確然不可移易爲吾身中事則雖艱難險阻之中無不從容灑落百鍊不爲之磨九死不爲之悔其中固自有所謂玄妙者只心知獨悟而非他人所能與

太極卷子各隨段訂正但此等未到處不必苦苦勞心過求當反之吾身日用人事之切處一動一靜蓋莫非太極流行之實非下學工夫從千條萬緒中串過來終非實見亦安得存養而實有之特恐復墮于莊列之途而不自知

制度名數無非理義所寓輕重疏密之閒可見古人纖悉處猒而置

之不幾墮釋老空無之病乎
所謂別尋一箇光輝底物爲收藏之說此正文公摘出異端心腹隱疾以警學者世儒多不免此凡其窮高極遠求玄語妙者皆坐此病吾儒所謂高遠實不外于人事卑近非窮諸天地萬物之表所謂玄妙實不離乎日用常行非求諸空無不可涯涘之中故精義妙道須從千條萬緒中串過來盛德至善須從百窮九死中磨出來六經語孟何嘗有一懸虛之說以上答陳伯澡

近思錄第一卷皆陰陽性命之蘊最爲難看未可入頭便硬穿鑿去且放緩亦無妨第二卷至第五皆切身用功處最宜熟究第十二卷辨異端之說十四明聖傳之統參攷詳玩俟有得焉然後可以次第釋矣通書簡奧未可驟讀史學亦且放緩俟胸中權衡一定方可及之乃能真有以斷千古是非之情而資異時盛大之用答林司戶

文公表出近思錄及四子以爲初學入道之門使人識聖門蹊逕于此融會貫通以作權度去讀天下羣書究人生萬事非謂天下道理皆叢萃該備于此可以向此取足便安然兀坐持循把守以爲聖賢事業盡在此無復他求便可運用施爲無往而不通是大不然也程子曰須大其心使開闊如只孤孤單單窄窄狹狹去看道理左動右

礙前觸後窒更無長進之望矣答蘇德甫

祖望謹案此段甚佳然愚謂四子之書道理自無不該備特博觀事變誠有不可以此自畫者前此大儒如尹和靖持守甚固卻是不教人讀書得此說可以捄其流弊

聖門工夫自有次序非如釋氏妄以一超直入之說欺愚惑衆須從下學方可上達格物致知然後動容周旋無阻陸學厭繁就簡忽下趨高陰竊釋氏之旨陽託聖人之傳最是大病與姚安道

承喻及臨利害得喪輒覺氣懾心動為身大患自非切己用功何以及此然去病當從根則無遺種大凡臨利害得喪見其理不破則于中不能無所疑所養之氣餒而不充則于中不能無所懼疑與懼交戰心為乎而不動欲見事理之破者在乎致知格物之功欲養氣之充者在乎集義之功雖臨大變當大任應之無不從容矣與鄭行之

此一種門戶全用禪家宗旨祖述那作用是性一說將孟子所闢告子生之謂性底意重喚起來指氣為理指人心為道心謂此物光輝燦爛至靈至聖天生完具瀰滿世界千萬億劫不死不滅凡性命道德仁義禮智都是此一物而異名凡平時所以拳拳向內矜持者不把作日用人事所當然只是要保護那光輝燦爛不死不滅底物事

是乃私意利心之尤其狀甚有似于存養而實非聖門爲己之學也所主在此故將下學工夫盡掃合下直向聖人生知安行地位上立接引後進亦直向聖人生知安行地位上行其徒一二老輩閒有踐履好處者此非由學力師訓之故乃出于生質之篤厚而然亦只是與道暗合案之實不相符以上答鄭節夫

祖望謹案此數語太過

靜坐之說異端與吾儒極相似而絕不同道佛二家亦小不同道家以人之睡臥則精神莽董行動則勞形搖精故終日夜打坐只是欲醒定其精神魂魄遊心于沖漠以通仙靈爲長生計佛家以睡臥則心靈顛倒行動則心靈走失故終日夜打坐只是欲空百念絕萬想以常存其千萬億劫不死不滅底心靈知識使不至于迷錯箇輪回超生之路此其所主皆欲利之私且違陰陽之經咈人理之常非所謂大中至正之道若聖賢之所謂靜坐者蓋持敬之道所以斂容體息思慮收放心涵養本原而爲酬酢之地不欲終日役役與事物相追逐前輩所以喜人靜坐爲善學然亦未嘗終日偏靠于此無事則靜坐有事則應接故明道亦終日端坐如泥塑人及接人則渾是一團和氣若江西之學不讀書不窮理只終日默坐澄心正用佛家之

說在初學者理未明識未精終日兀坐是乃槁木死灰其將何用心不能無思所思出于正乃天理之形思其所不當思則爲坐馳今欲終日默坐無所思便自忽然有覺悟寧有是理 以上答西蜀史杜諸友

所喻病痛有喜善嫉惡之心太勝而包荒之量未洪勇往直前之力有餘而詳緩之意不足卻是氣稟之偏惟至于理義窮格昭明氣質磨礱純粹自無不各中其節矣如一以包荒爲量而其理不明則混而無別有妨乎智一以詳緩爲意而其理不明則懦而無主有害乎義又不可以一定拘也 答陳遂父

梓材謹案謝山所錄北溪文集六十條今別列示學者文一條又一條爲張應霆李龔立傳于後一條附錄鄭聞傳後又移入晦翁學案五條移入東萊學案一條移入象山學案五條移入木鐘學案一條移入滄洲諸儒二條移入嶽麓諸儒二條移入慈湖學案四條移入槐堂諸儒三條又一條分爲喻可中顧平甫立傳又案謝山序錄言先生衛師門甚力亦有操異同之見而失之過者自可合諸條而互見之也

北溪講友

陳復之先生易

陳易字復之永春人從朱文公學文公嘗稱先生及北溪爲學頗得蹊徑次第同郡蔡白石累貽書請質

郎中王東湖先生遇

料院楊先生仕訓 並見滄洲諸儒學案

復之學侶

堂長蔡白石先生和

蔡和字廷傑晉江人心慕朱文公以親老不能勉陳易往受業而以書請質之居白石村喪祭酌古今禮鄉閭化之眞德秀守郡李方子爲僚議創書院于東湖延先生爲堂長會易鎮不果號蔡白石

北溪門人 劉李三傳

推官陳貫齋先生沂

陳沂字伯澡一字貫齋仙遊人光祖之子北溪陳氏弟子也北溪稱其天姿粹澹用功懇切蓋高弟云 雲濠案北溪集與先生書三卷答問二十篇 官至新州推官所著有讀易記

梓材謹案謝山學案底稿別爲先生一傳云篤志紫陽之學以父命從北溪遊而又徧參當世名儒碩士嘗名其書室曰貫齋

北溪爲之記又云著大學論語說讀易記等書仙遊縣志言先生偏參劉爚廖德明李方子楊至諸先生之門而北溪其所終身卒業者凡一時及門之士皆推爲嫡嗣云

楊先生昭復

楊昭復雲濠案先生姓一作王一作黄疑莫能定閩人師北溪得朱子之傳其門人曰呂大圭補

王潛軒先生昭

王昭號潛軒北溪弟子爲鄉先生呂圭叔少嗜學師事焉參通志堂經解序

梓材謹案先生與楊先生昭復並師北溪其以楊昭復爲王昭復蓋因同名昭且同爲呂氏師而誤爲一人也

教授蘇省齋先生思恭祖尊己

蘇思恭字欽甫雲濠案謝山劄記云字德甫晉江人祖尊己以學行著先生嘉定中登第從陳北溪蔡白石遊篤意朱氏之學踐履堅確時然後言除興化軍教授以理義之實革詞藻之華士風翕然爲變陳宓諸賢推重之調韶州教授有省齋文稿曲江志

州判黄先生必昌

黃必昌字景文雲濠案景文一作京父晉江人從北溪學又切磋于陳宓潘柄二賢有大學中庸講藁嘉定中登第判循州補

黃先生以翼

黃以翼字宗台泉州人北溪陳氏弟子也兼師蔡白石析理精詣暮年學益博所著有易說禮說補

卓先生琮

卓琮字廷瑞永春人嗜學堅苦能暢北溪所授之旨

梁先生集

梁集字伯翔

梓材謹案陳復齋志北溪墓云北溪卒四年其門人蘇思恭梁集陳沂以書抵莆陽謁志是先生爲北溪門人之證又案北溪集有答梁伯翔三書

王先生雋

王雋北溪學生北溪卒爲文奠之參北溪文集附錄

鼓院鄭先生思忱

鄭先生思永

王先生次傳

江先生與權並見白石門人

祕監葉平巖先生采別見木鐘學案

邵顧齋先生甲

王先生震並見慈湖學案

張先生應霆

李先生聳

張應霆李聳嚴州人並學于北溪北溪與鄭行之書云此間學者皆江西之流惟得張應霆一人志趣未雜一心樂聽講論爲可望近又得李聳有志舍舊從新爲可嘉補

梓材謹案北溪文集與鄭寺丞書作李聳而與鄭行之書作李發發與聳字相似蓋傳寫之譌作聳者是也

朱先生右

朱右字仁仲嚴州人也補

雲濠謹案謝山學案劄記有是條北溪爲朱仁仲字說有云嘉定丁丑秋過嚴陵爲鄭使留在學講說學徒朱君右者甚拳拳于聽受深有所警發每自恨親炙之爲晚云

鄭先生聞

鄭聞字行之補

雲濠謹案北溪文集數與鄭行之書先生名聞字行之蓋取聞斯行之之義謝山學案劄記有鄭行字聞之名字倒置特爲正之

附錄

北溪與嚴守鄭寺丞書曰象山一種學問不止是竊禪家乃全用禪家意旨但以孔孟歷代宗崇已極不可貶剝遂託其言以文蓋其學雖或做入細工夫與儒家內省處相近而亦大段疏闊簡率只是山林一苦行僧道輩氣象所謂聖門切己存養省察精微嚴密之旨彼烏足以知之而況含糊不明理之蔽必至于錯認人欲作天理而不自知幸獲憑藉德音爲之剖晰于此間得四人若張應霆朱右李聲鄭聞者篤志爲道義之歸鄭張已識路脈不差有可成之望因以種聖學于一方非細事也補

梓材謹案北溪是書上文云經過壽昌航頭鄭生聞者已伺候于道左叩其所學來歷平日惟在婺呂氏家塾從王深源爲學郤好觀周程朱呂之書又云及得其書大有警省年方二十六趣向甚正云云又北溪與先生書云書詞主象山其根原差錯

矣子平日在呂氏家塾相講磨東萊蓋友朱張師周程而宗孔孟者也其子弟決不背其先學爲異端之趣不知子何從而得之是先生學出東萊而又爲象山之學者也

貫齋講友

縣令謝恕齋先生升賢

謝升賢字景芳號恕齋仙遊人與陳沂爲友端平中登第官至循州興寧令漕使方大琮提刑楊大異皆薦先生宜充師儒之選有太極圖西銘中庸大學解刻于濂泉書院

白石門人

教授蘇省齋先生思恭

州判黃先生必昌

黃先生以翼

卓先生琮

王先生雋並見北溪門人

鼓院鄭先生思忱

鄭思忱字景千安溪人嘗從蔡白石遊雲濠案閩書先生授尙書于西溪李季辨解析精詣生徒常百數嘉定中登第爲新興令除遺利

錢三百萬知崇安縣復均惠倉以私籮面錢市糴實之左遷浦城丞真文忠公與語知其賢言于太守復得仕知南恩州辟浙東帥府參議官雷變上封事言士溺苞苴習久難化民坐困且盜宜去暴卹貧節用蓄力除監登聞院參姓譜

鄭先生思永

鄭思永字景修安溪人好學篤行蔡白石愛其樸粹妻以女俾從學終身著易說

王先生次傳

江先生與權合傳

王次傳江與權與鄭思忱鄭思永蘇思恭卓琮王儁黄以翼黄必昌皆白石門人補

雲濠謹案泉州府志干蔡白石傳云一時如鄭思忱思永蘇思恭王次傳卓琮王儁黄以翼江與權黄必昌皆從北溪學是諸先生並兼從陳蔡者也

楊氏門人劉李四傳

知州呂樸鄉先生大圭

呂大圭字圭叔南安人雲濠案一本作同安人居樸鄉因以爲號楊

昭復弟子也昭復之學得之北溪陳氏以接朱子世號溫陵截派登進士累官吏部員外郎國子編修實錄檢討官知漳州軍節制左翼屯戍軍馬未行蒲壽庚率知州田子真降元捕先生至令署降表先生不可變服逃入海壽庚追殺之所傳易經集解春秋或問學易管見其說易取陰陽對卦並論如乾坤作一論夬剝作一論之類

王氏門人

知州呂樸鄉先生大圭見上楊氏門人

呂氏門人劉李五傳

隱君邱釣磯先生葵附師辛介甫吳平甫

邱葵字吉甫同安人有志朱子之學初從辛介甫繼從信州吳平甫受春秋而親炙呂大圭洪天錫之門宋沒不應科舉杜門勵學居海嶼中因自號釣磯翁所著有易解義書解義詩口義春秋通義周禮補亡四書日講補

周禮補亡自序

周禮一書周公爲天地立心爲生民立命爲萬世開太平之書也後世之君臣每病于難行也何居葉水心謂周禮晚出而劉歆遽行之大壞矣蘇綽又壞矣王安石又壞矣千四百年更三大壞此後君臣

病于難行然則其終不可行乎善乎真西山之言曰有周公之心然後能行周禮無周公之心而行之則悖矣周公之心何心也堯舜禹湯文武之心也以是爲書故能爲天地立心爲生民立命爲萬世開太平也歆也綽也安石也無周公之心而欲行之適所以壞之也鄭賈諸儒析名物辨制度不爲無功而聖人微旨終莫之覩惟洛之程氏關中之張氏新安之朱氏其所論說不過數條獨得聖經精微之蘊蓋程張朱氏之學周公之學也故能得周公之心而是書實賴以明矣今制以六經取士乃置周官于不用使天下之士習周禮者皆棄而習他經毋乃以冬官之缺爲不全書邪夫冬官未嘗缺也雜出于五官之屬漢儒考古不深遂以考工記補之至宋淳熙閒臨川俞廷椿始著復古編新安朱氏一見以爲冬官不亡考索甚當鄭賈以來皆當斂衽退三舍也嘉熙閒東嘉王次點又作周官補遺由是周禮之六官始得爲全書矣葵承二先生討論之後加之參訂的知冬官錯見于五官中實未嘗亡而太平大典渾然無失欲刊之梓木以廣其傳是亦吾夫子存羊愛禮之意萬一此經得入取士之科而周公之心得暴白于天下後世則是區區之願也

唐虞建官惟百夏商官倍而周官至于三百六十今觀成王時周公

以公兼太宰召公以公兼宗伯蘇忿生以公兼司寇成王將崩有召太保奭芮伯彤伯畢公衞侯毛公則是六卿中召公畢公毛公亦上兼三公矣由是推之先王之制其職雖不廢其官未必一一皆有舉其大略如掌葛徵絺綌掌染草徵染草掌荼徵荼掌炭徵炭角人徵齒角羽人徵毛羽每官掌一事無是事未必有是官也軍司馬行司馬戎僕戎右有軍旅則用之甸祝田僕有田獵則用之有喪紀則用夏采喪祝有盟會則用詛祝建邦國則用土方氏來遠方之民則用懷方氏先王豈能以祿食養無用之官待有事然後用哉亦臨事兼攝耳故周官雖曰三百六十者亦舉大數而言不必皆六十也今天官六十有三地官七十有九春官七十夏官六十有九秋官六十有六冬官全無漢儒以考工記補冬官今據每官其屬六十而天官羨三地官羨十九春官羨十夏官羨九秋官羨六計其所羨者四十七官此豈非司空之屬官雜在五官乎秦火後不無缺殘冬官豈得全無五官豈得有羨夫自伯禹作司空平水土以來至周官之書皆曰司空掌邦土豈得以任土地之職歸之司徒職方氏形方氏山師川師邍師之屬豈得歸之司馬大小行人之職豈得歸之春官似此之類頗多俞廷椿王次點皆以爲冬官未嘗亡錯見于五官中余細考

之果未嘗亡也真西山趙庸齋皆以爲次點之訂義有先儒之所未發謂冬官未嘗亡諸儒不能辯自漢以來強以考工記補之未有言其非者予今以五官之屬其本文列于前以俞王二先生所刪補者參訂定爲六官之屬書于後則周官三百六十粲然在目而冬官未嘗亡信然矣並從黃氏補本錄入

邱氏門人劉李六傳

呂先生椿

呂椿字之壽晉江人從邱吉甫學著尚書直解春秋精義從黃氏補本錄入

宋元學案卷六十八

滄洲諸儒學案表

李燔 —— 子 壆 —— 孫 鑣

張洽

廖德明

李方子

饒魯 別為雙峯學案

趙范

趙葵 —— 子 溍

方暹 別見勉齋學案

宋斌 見上晦翁門人

許應庚 別見雙峯學案

子 ⿰木路

子 檉

鄒應博

陳沂 別見北溪學案

牟子才 別見鶴山學案

葉采 —— 陳天澤

李文子
徐僑——

陳沂 別見北溪學案
王世傑——石一鰲——
子 定子
陳取青——
黃溍——

子 樵
宋濂 別見北山四先生學案
王禕
戴良 別見北山四先生學案
陳基
劉涓 別見北山四先生學案
蔣允升
高明——

附弟誠

李孝謙別見北山四先生學案

陳樵見上䶮翁家學

胡潨

李思齊

徐鏞

胡太和

陳士允

李直方䶮翁同調

朱元龍

葉由庚

朱中

劉𤒸

子 垕

孫 欽別見九峯學案

從孫 應李

熊慶胄
熊禾
胡一桂 並希泌講友
陳沂 別見北溪學案
劉炳
劉剛中
程洵 — 董銖 見上晦翁門人
曹彥約
曹彥純
詹體仁 — 真德秀 別爲西山真氏學案
林夔孫 — 江萬里 父煜 — 陳偉器
趙介如 — 汪華 別見雙峯學案
燕公楠

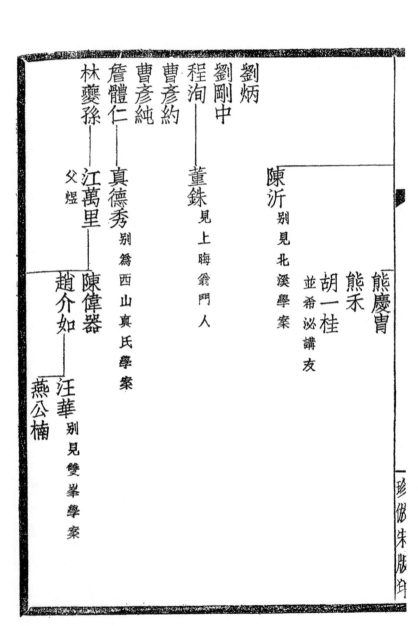

劉南甫 古心學侶
　從子 由聖
歐陽守道 別爲巽齋學案

傅伯成
　子 壅
　子 康

黃灝

度正
　趙景緯

任希夷

宋斌

黃㽦

陳孔碩
　子 韡 別見水心學案

祖禧 父衡

陳孔夙

吳仁傑

陳守

陳定

陳宓——黃績見下瓜山門人

程端蒙┆董夢程別爲介軒學案

從子夢程別爲介軒學案

董銖——董琮

程正則並見介軒學案

王過

程珙

晏淵——陽枋

陽岊——子恪

史蒙卿別爲靜清學案

韓居仁

方士繇——子丕父別見勉齋學案

竇從周——

竇澄——衞炳

湯泳——衞翼

劉黻

李耆壽

趙綸

林湜
父師中

應純之

應謙之

應茂之

沈僩

張宗說——江塤別見西山真氏學案

李如圭

郭磊卿

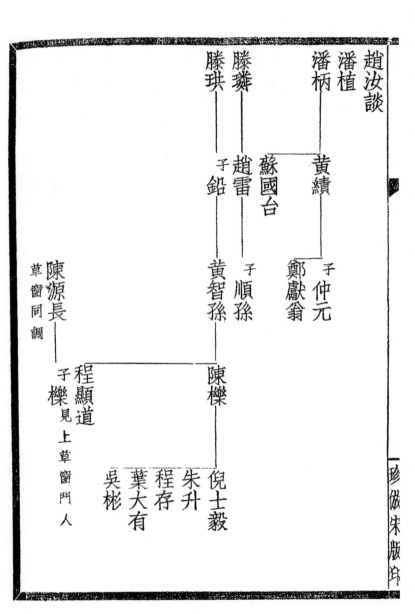

趙汝談

潘植

潘柄

黃績

子仲元

蘇國台

鄭獻翁

滕璘

趙雷

子順孫

滕珙

子鉛

黃智孫

陳櫟

倪士毅

朱升

程存

葉大有

吳彬

程顯道

陳源長

子櫟見上草窗門人

草窗同調

胡泳——黃輔 別見勉齋學案

　　李仁垕

曾三聘

章康——胡淳

陳駿——子成父

歐陽謙之——歐陽守道 別爲巽齋學案

饒敏學

孫調

李閎祖

李相祖

李壯祖

王遇 父羽儀

楊楫

楊方——孟渙別見槐堂諸儒學案
楊復——李鑑別見勉齋學案
李唐咨——陳思謙
林易簡
石洪慶
施允壽
趙師淵
趙師夏
楊至——陳沂別見北溪學案
余大雅
游儆
鄭可學
許升
劉炎——王侃

王佖並見北山四先生學案

黃士毅

劉鏡

李東

方壬

方禾

方大壯

上官謐

傅誠

黃寅

梁璩

馮允中

呂勝己

楊仕訓

葉武子
俞聞中
吳英
黃孝恭
邱珏
饒幹
楊履正
孫枝
子 起予
子 願質
孫 璹
周謨
余宋傑
李煇
劉賁
李杞

李雄
宋之潤
宋之汪
潘友恭
杜斿
杜旝
鄭昭先
范念德
劉孟容
黎貴臣
林學蒙
徐寓
蔡念成
江默

戴蒙
程永奇
李季札
林至
嚴世文
楊與立
楊驤
楊道夫
徐昭然
姜大中
潘時舉——陳紹大 別見北山四先生學案
吳必大
劉砥——子子玠 別見勉齋學案
劉礪

王力行
吳壽昌
甘節
會祖道
吳昶
陳文蔚——徐元杰別見西山真氏學案
方誼
張顯父
孫自修
孫自新
孫自任
葉湜——子采見上果齋門人
黄義勇
黄義剛

萬人傑
曹建
詹淵
符敘
童伯羽
龔蓋卿
李宗思
黃學皐
黃榦——饒魯別爲雙峯學案
李鑑別見勉齋學案
廖晉卿
李伯誠
李周翰
劉定夫

賀善

並延溪元氏三涑傳

晦平屏城武傳水

翁白山龜夷二

門水再山豫程

人籍傳譙章四

邱富國

晦翁再傳

—張諒

張貢

鄭儀孫—張復

宋元學案卷六十九

餘姚黃宗羲原本　　後學慈谿馮雲濠校刊
　男百家纂輯　　鄞縣王梓材重校
鄞縣全祖望補定　　道州何紹基重刊

滄洲諸儒學案上

祖望謹案朱門授受徧于南方李敬子張元德廖槎溪李果齋皆宿老也其餘亦多下中之士存之以附青雲耳李張諸子之書吾不得而見之矣述滄洲諸儒學案梓材案晦翁學派自西山蔡氏勉齋潛庵木鐘南湖九峯北溪諸學案而外謝山序錄並歸滄洲諸儒學案兩卷今則門人入是卷再傳以下入下卷

晦翁門人劉李再傳

文定李宏齋先生燔附子壆孫鏞

李燔字敬子建昌人紹熙元年第進士授岳州教授未上往建陽從文公學文公告以曾子宏毅之語退而名其齋以自儆焉既至岳州教士以古文六藝不因時好改襄陽文公沒率同門會葬時學禁方嚴不爲少怵九江守以遺逸薦召赴都堂審察力辭守請爲白鹿書院堂長除大理司直又辭尋添差江西運司幹辦公事會洞寇亂漕

帥各持其說先生謂寇獨非民邪請自馳往分兵守險諭順逆禍福寇皆帖服修贛江堤旱澇有備洪州皆爲沃壤時十四界會子新行價日損漕司欲視民稅產物力各令藏之官爲封識則價可增先生與國子學錄李誠之力爭不能止又劄爭之漕司卽弛禁薦改通判潭州眞文忠德秀爲長沙帥一府之事咸諮先生不數月歸適史彌遠當國廢皇子竑歎曰三綱絕矣遂不復出以直祕閣主管慶元至道宮先生嘗曰凡人不必待仕宦方有功業但隨力到處有以及物卽功業矣又嘗曰仕宦至卿相不可失寒素體史臣李心傳論當時高士累召不起者以先生爲海內第一九江蔡念成稱先生心事如秋月年七十卒贈直華文閣諡文定錄其子塈補下州文學孫鑣亦登第方明父暹饒伯輿魯趙忠靖葵其門人也

梓材謹案宋史先生本傳云居家講道學者宗之與黃榦並稱曰黃李

文憲張主一先生洽附子[illegible]樫

張洽字元德清江人少穎異從文公學博極羣書嘗取管子思之思之又重思之思之不通鬼神將通之之語以爲窮理之要時行社倉法請于縣貸常平米建倉里中鄉人利之嘉定元年中第授松滋尉

湖右經界弊甚先生請行推排法吏奸無所匿改袁州司理參軍尋知永新縣湖南鄱寇作亂[雲濠案鄱寇史傳作鄉寇]與縣接壤民大恐先生單車往延見隅官詢利害犒之寇竟不至薦通判池州數請祠時袁甫提刑江東以白鹿書院廢弛招先生爲長曰是先師之迹也其可辭已復謝病去端平初用薦召都堂審察不赴除祕書郎尋還著作佐郎帝數問度正葉味道曰張洽何時可到將處以說書固辭遂除直祕閣主管建康崇禧觀以疾乞致仕卒年七十七卒後有旨除寶章閣先生自少用力于敬故以主一名齋所著有春秋集注春秋集傳左氏蒙求讀通鑑長編事略子檵樫賜同進士出身

(梓材謹案先生謚文憲見金仁山告王魯齋先生謚文先生曾孫庭堅序先生春秋三書亦云)

吏部廖槎溪先生德明

廖德明字子晦順昌人少學釋氏及得楊龜山書讀之大悟遂受業文公之門乾道五年進士歷知莆田縣通判潮州知潯州除廣西提點刑獄移江西廣東復以直祕閣知廣州兼廣東經略進直煥章閣除吏部左選郎官尋奉祠卒先生初除潯州教授爲學者講明心學之要在南粵立師悟堂刻朱子家禮及程氏諸書公餘延僚屬及諸

生親爲講說遠近化之嘗語人以仕學之要曰德明自入仕至爲郡惟用三代直道而行一句而已學禁方嚴先生確守師說不爲時論所變所著有文公語錄春秋會要槎溪集行世修

通判李果齋先生方子

知州李耘叟先生文子合傳

李方子字公晦邵武人性端謹純篤文公謂之曰觀公爲人自是寡過但寬大中要規矩和緩中要果決遂以果名齋居家竟日危坐未嘗傾側對賓客一語不妄發嘗遊太學學官李道傳屈官位輩行具刺就謁之嘉定七年延對擢第三調泉州觀察推官適眞西山守泉以師友禮之郡政咸咨焉暇則辯論經訓每至夜分故事秩滿必先通書廟堂先生獨不肯史丞相彌遠聞之怒踰年始除國子錄無何將選宮僚或曰此眞德秀黨也諷臺臣劾罷之既歸學者畢集嘗曰吾于學問雖未能周盡然幸于大本有見處此心常覺泰然不爲物欲所潰爾起家通判辰州卒其卒也天子憫之與一子恩澤禮部尙書牟子才其門人也雲濠案一本云先生所著有傳道精語等書行世眞西山袁蒙齋嘗進其禹貢解授朝奉郎弟文子字公謹紹熙中進士歷知縣閬潼州亦從文公學爲學者宗仰修

梓材謹案公謹號耘叟真西山題果齋所書鄭伯元詩後言耘叟筆力超拔甚似其兄見之如見公晦云

附錄

陳北溪答陳伯澡書曰李公晦質輭弱以騎牆爲便講學務騎牆而不必是非之太白論事務騎牆而不必義利之太分行政務騎牆而不必誅賞之太明與人交務騎牆而不必善惡之太察熟此一線路不知其病痛不少也補

又曰世儒竊禪師之緒餘以爲別有一物光明迥超物表固當麾之門牆之外凡吾徒之略于事而急于聞性與天道者亦不可不戒李公晦門下樂與緇黃來往而又好觀楞嚴經解恐其看他不破未能脫此圈檻也補

王深寧困學紀聞曰困九五曰利用祭祀李公晦謂明雖困于人而幽可感于神豈不以人不能知而神獨知之乎不求人知而求天知處困之道也補

文清徐毅齋先生僑

徐僑字崇甫義烏人從學呂東萊門人葉氏邽登淳熙進士調上饒縣簿復登文公之門文公稱其明白剛直以毅名齋嘗言文公之書

比年滿天下不過割裂掇拾以爲進取之資求其專精篤實能得其所言者蓋鮮由祕書正字校書郎兼吳益王府教授尋直寶謨閣提點江東刑獄以許史彌遠劾罷端平初還祕書少監太常少卿凡經奏對累數千言皆感憤剴切剖析理欲分別黑白帝數慰諭之顧見其衣履弊垢愀然曰卿可謂清貧矣賜以金帛固辭先生退而上疏言所謂貧者乃邦本未建疆宇日蹙權幸用事將帥非材旱蝗相仍盜賊並起女謁閹宦蠹國膏肓執政大臣泄泄時蟊賊比之于臣未爲貧也帝爲之感動經筵侍講復開陳友愛大義皇子竑得復爵邑又請從祀周程張朱以趙汝愚侑食寧宗皆如其言金使至無國書先生論宜館之于外許時相意丐休還工部侍郎奉內祠兼侍讀以疾申前請改寶謨閣待制奉外祠卒謚文清同邑葉由庚朱中皆門人也

雲濠謹案梨洲學案原本歸文清弟子朱先生元龍于東萊學案謝山序錄于麗澤諸儒學案云明招諸生歷元至明未絕亦兼指文清所傳學派而言顧文清卒業于晦翁爲朱門高弟數傳而後如黃文獻諸先生多稱朱學則文清學派宜入滄洲諸儒學案爲是矣

文簡劉雲莊先生爚

劉爚字晦伯建陽人與弟炳俱受學朱文公呂成公之門登乾道進士調山陽簿轉饒州錄事參軍遷連城令改知閩縣僞學禁興歸武夷山講道讀書築雲莊山房爲終老之計父憂服闋調贛州坑冶司主管文字差知德慶府擢提舉廣東常平遷湘西提點刑獄遷國子司業奏言宋興六經微旨孔孟遺言自朱某發明于千載之後以事父則孝以事君則忠世之所謂道學也請刊行所註學庸語孟以備勸講及白鹿洞規示太學俄兼國史編修實錄檢討接伴金使于盱眙還言兩淮之地宜加經理約頃畝以授田列溝洫以儲水具田器貸種糧使相保護使相糾率鄉爲一團里爲一隊平居則耕有警則守力餘則戰非止一時之利也帝嘉納之進國子祭酒兼修注官權兵部侍郎封建陽縣開國男賜食邑兼太子左諭德國史實錄院同修撰試刑工二部奏乞絕金歲幣罷遣賀正使建制置使于歷陽以援兩淮進權工部尚書封子爵兼太子右庶子卒贈光祿大夫賜謚文簡著有奏議史稿經筵故事講堂故事雲莊外稿等集

梓材謹案先生爲籍溪高弟恆軒先生懋之子真西山爲先生神道碑云、公在家庭耳濡目染府君授以程氏書曰觀此可以爲學矣晦庵朱先生以道德爲學者師公出入其門切磨講貫者數十年視他從遊之士爲最久而所造爲獨深其學粹然一出于正又云少習家訓長得明師又見四方前修鉅儒如南軒張宣公東萊呂成公皆與往復講論

侍郎劉睦堂先生炳

劉炳字韜仲建陽人與兄文簡爚從文公遊舉進士累官兵部侍郎朝請大夫著有四書問目參閩書

雲濠謹案先生號睦堂朱子答呂伯恭書云建人劉氏兄弟同預薦送乃翁亦以免舉試禮部皆欲見于門下是先生兄弟並及呂門之證

縣丞劉琴軒先生剛中

劉剛中字德言光澤人嘗讀老莊荀楊之書有所得皆爲發明及遊朱子之門先生以所業請質朱子曰老莊書壞人心術自是篤志于道朱子易其字曰近仁與黃勉齋爲友既歸築室講學號曰琴軒四方人士翕然從之薦于鄉登嘉定四年進士授漢陽簿調蘭溪丞卒文公子侍郎在爲狀其行邑士大夫舉祀鄉賢有師友問答雲濠案先生所著又有西溪奇語若干卷

師友問答

剛中問先生曰義利之辨爲吾儒第一關頭學者講求有素所見非不分明及處事卻又模糊何也先生曰秖緣見不分明耳若分明如薰蕕觸鼻卽聞旨否入口卽覺曰然則嚮所見爲義者非義見爲利者非利乎曰此又何嘗不是只見其大略曰此是義此是利究竟幾微分際尚未甚黑白剛中曰幾微分際何在先生曰在公私閒以公心出之利亦是義以私心出之義亦是利剛中曰若是公私在心義利在事心不應事事不應心柰何先生曰大學戒自欺求自慊知之真行之力不待處分其事一動念早自義利判然至若舍利取義已屬事後應迹剛中心喜稱快而退

問爲學工夫須是有起端處人心之五常猶天運之五行迭相爲明循環無端初學復性從那一端下手先生曰始條理者智之事也人而智則見理明恁地欲爲仁便認真有箇仁欲爲義便認真有箇義欲爲禮便認真有箇禮欲爲信便認真有箇信因物索照審端用力知得去向自不迷于所往易文言曰體仁足以長人利物足以和義嘉會足以合禮貞固足以幹事仁義禮信而不及智者智居乎其先也

問大學一書包孕聖功王道何以云初學入德之門先生曰凡人居處有門必先有路識得路方到得門到得門方升得堂入得室大學綱領條目是門也本末先後是路也格致誠正修齊治平是堂也明新至善是室也初學便學論語望洋向若無有涯涘何如循途歷級從容馴至扶進高深若不得其門而入將倀倀乎其何之

問人不學不知道學在讀書上見道在行事上見必讀書然後可行事與先生曰固也然學卽學其道非作兩截無論讀書無論行事恁地皆是道恁地皆是學果于經史典籍潛心玩索日用云爲細意體察自能窮天下之理致吾心之知豈談空說玄之謂道鉤深索隱之謂學哉

問大學八工夫必先致知致知在格物敢請物恁底物先生曰此說程伊川言之甚善所謂格物者窮經應事尙論古人之屬無非用力之地若舍此平易顯明之功而必搜索于無形無迹之境當前物理反不能靡所遺矣

問伊川涵養須是主敬進學則在致知主敬致知殆亦非兩截事與先生曰主敬則心靜致知則理明心靜理明知以涵養而益深沈然敬非終日危坐游心淡泊必有事焉神不外馳而說心研慮時時有

新得也

剛中每見善人縱極愛敬不過當面則然見不善人雖其人久不在猶作十日惡自知性情之偏不知何以克治使嫉惡之嚴移而之好善之篤先生曰人心本自有善故投之以善則順人心本自無惡故投之以惡則逆順受易忘逆受難制其勢然也要惟是爾學問工夫未到率其本然未免過于忿激若能以沖和者養成氣質漸漸消融結習自然寬厚平夷好善惡惡各適如其分量而止而偏私悉化德器亦自此深醇

問周子主靜程子主敬二說各願聞其大概先生曰屏思慮絕紛擾靜也正衣冠尊瞻視敬也致靜以虛致敬以實然此中皆有誠實工夫豈摸形捉影而得周子靜則禮先樂後程子敬則自然和樂和樂禮樂非爾所及但時時收斂將身心攝入靜敬中正心誠意久之自有進步處

剛中自思尊聞行知柰一日之閒聞而知之者分數多尊而行之者分數少因想子路有聞未之能行唯恐有聞直是學不得底先生曰天下事理有為吾所合知合行者聞斯行諸可也如此事知其當如此行值事不我屬如何拏定要行若過行事時苦于窒礙則又不可

無知妄作或商以師友或證以古今又何嘗不是尊所聞行所知敢告先生某向年于衆情酬酢之地口雖不言私下一一對勘常覺得自家儘有好處別人儘有不好處今雖漸減亦時或微微有此意思先生厲聲曰是慝也是最不好如何反說自家儘有好處剛中憮然爲閒曰先生何以教之先生曰攻其惡無攻人之惡非修慝與

問讀其書想見其爲人不敏讀書時亦嘗掩卷沈吟思慕愛悅其人時時髣髴欲得見古人情狀究不我與何也先生莞爾而笑曰所謂想見者想見其爲人非想見其人也我不在古人地位亦不能到古人地位要其所以爲人處皆可師法從容久坐如對古人須從古人行事上著意彈琴見文王十日得進實實地有神相契合柰何虛空摹擬將千年已朽之骨作栴檀佛像觀邪

問太極極字不訓中當作何解先生曰原極之所以得名蓋取諸樞極根極之義今天樞天根號北極義可通也太極者陰陽之樞紐萬物之根柢也蓋極也而太矣

問程子言仁曰心譬如穀種生之性便是仁陽氣發處乃情也先生曰豈惟穀種凡果實核內其中心皆曰仁

問醫家謂手足痹痿曰不仁其形象不與穀種果核反對先生曰仁

是性之生發流通者穀種果核能生發也手足痺痿不流通也
問聖人垂訓教人務須委備詳盡先生獨不喜人繁瑣豈謂語言文字太多必至纏繞支離先生曰辭達而已矣即不纏繞支離苟不達累千萬句奚爲程夫子亦謂立言宜蘊藉含蓄毋使知德者厭無德者惑

梓材謹案學案原本所錄師友問答二十三條今移爲附錄者二條又移入伊川學案一條移入橫渠學案一條移入范呂諸儒一條移入晦翁學案二條移入蜀學略一條

附錄

晦翁居先生侍晦翁語先生曰子來從吾遊也誰使之先生避席前跽曰曾王父河南開封府君使之也府君官開封府尹南渡力阻講和不得每恨不能雪恥報仇歸隱墨田雲峯山下易簀屬後人曰閩自楊龜山倡道東南進而益上超羣儒而集大成其在朱韋齋公子沈郎乎爾輩可往就學先生爲誦府君述懷詩曰撫心有恨辜君國學道無成愧子孫晦翁嗟歎不已

李方子黃直卿與先生侍晦翁左顧右盼已而徐徐語先生曰爾輩用工夫不要把合底事看得驚惶只當做日用飲食人生本應如此

元初離不得有事勿正略著一形象生一計較不急遽卽惰慢忘助兩病徵一時俱到矣

錄參程允夫先生洵

程洵字允夫婺源人晦庵內弟就學于晦庵再調廬陵錄參與新使君不協臺章有吉州知錄程洵亦是僞學之流等語先生與晦庵書曰某濫得美名恐爲師門之辱晦庵答曰今日方見吾弟行止分明

參道命錄

文簡曹昌谷先生彥約

曹先生彥純 合傳

曹彥約字簡甫都昌人初事朱子于白鹿書院又十四年復見于嶽麓書院淳熙進士累遷知澧州未上以京湖宣撫薛叔似辟主管機宜勉齋黃文肅公歎曰是偉人也薛能得之良不易惜未能用之耳攝守漢陽金人大入棗陽信陽被兵而襄陽將帥內自相戕先生絕江見薛勉以持重求土豪得許尙傳總民兵趙觀傳防水道而党仲昇將宣撫軍屯城中金人圍安陸游騎至漢川觀受方略結漁戶守南河金人至逆擊斬其先鋒且遣死士焚其戰艦大軍繼進連戰北復追擊之時漢陽羣盜亦乘閒起及金人遁捕盜盡平之進秩二等

就知漢陽宇文紹節爲宣撫先生言不築棗陽不足以守隨守隨所
以守德安不築信陽不足以守德安守德安所以守黃不築神馬坡
樊城不足以守襄陽守襄陽所以守光化又言荆湖之勢以鄂渚爲
腹心江陵德安爲兩臂其餘猶十指襄州雖大不過駢拇巨擘耳若
都統制在襄則副都統制宜在江陵嘉定元年詔求言先生上封事
謂敵豈不以歲幣爲利惟其所向輒應所求輒得以我爲易與而縱
其欲莫若遲留小使督責邊備假以歲月當知眞僞設復大舉則民
固已怨欲進而我已戒嚴欲退而彼有叛兵決勝可期也尋提舉湖
北常平兼權知鄂州改提刑已而以爲雲南運判先是開禧三年桂
陽有盜吏不以實聞桂陽當湖南江西廣東三路之脊山川險絶盜
窟其閒江西羣不逞相挺而起東踐南吉西逼郴衡南躁韶石北抵
攸環數千里患之明廷調江鄂軍捕之不得要領而江西專務招安
詭降覆出朝廷患之會賊破安仁茶陵桂陽進迫長沙之攸縣中朝
復下江西招安之令先生持之不可曰是犯衆怒損國威詔以直秘
閣充湖南安撫使知潭州先生督諸將逼賊巢而屯賊之諸長曰羅
世傳李孟一李元礪李新李如松胡友睦而羅世傳尤黠官軍擊破
新降如松遂復桂陽孟一復至以有備引去攻樂平官軍復擊破之

遁入寨遂圍之元礪來援世傳密請圖之以自效先生許之世傳竟禽元礪明年破孟一餘黨漸平而世傳恃功索賂無厭不肯出峒弛州牧許俊駐吉之龍泉頗結世傳許以承襲世傳乃以元礪獻江西右司胡渠主之請用世傳盡主諸峒悉撤兩路戍兵先生固爭乃以羅九遷者爲閑令友睦圖而殺之世傳死而諸峒服江西來爭功先生不之校也尋上善後事宜進直龍圖閣五年以吏部郎召先是宰相之弟守潭兄子守吉盜熾且及二郡故亟以先生與王公居安代之盜平宰相以爲媿且妒之乃以右正言鄭昭先疏寢召命罷免昭先亦嘗學于朱子者也先生徑歸卜居南康罕至城市或謂宰相曰人言曹長沙與人爭功二年來無一字到廟堂此豈競進者八年除利州運判知利州時沔州都統制王大才驕橫制司董居誼不能馭之反曲意承奉先生以蜀邊諸司並列兵權不一有警則紛然奏議理財者詆兵弱握兵者咎財匱乃作病夫議陳之曰古之臨邊求一賢者而盡付之兵權兵權正則事體重兵權專則號令一今廟堂之上患士大夫不奉行詔令惡士大夫不恪守忠實故雖信而用之又以人參之雖以事權付之又從中馭以維繫之致使知事者不敢任事畏事者常至失事猝有緩急各持己見兵權財計互相歸咎昔秦

隴以善戰聞天下自吳氏世襲以來握兵者志在于怙勢不在于尊上用兵者志在于誅貨不在于息民本原一壞百病閒出至有世將已叛而宣威不覺四郡已割而諸將不知更化之後逆黨旣誅而士俗人心其實未改任軍官而領州事者易成藩鎭之權起行伍而立微效者漸無階級之分由阜郊以至宕昌隴西天水之地其忠義民兵利在戰鬬緩急之際固易鼓率若其恃勇貪利犯上作亂則又不止于一軍而已苟不正其本原摩之以歲月漸之以禮義未見其可今日之領帥權者必當近邊境必當擁親兵有兵權者必當領經費必當寬用度至于忠義之兵又須有德者以爲統率擇知書者以爲教導如古人所謂教民而用之也今議不出此乃欲幸勝以爲功苟安以求免誤天下者必此人也時朝論未以爲然其後制閫雖暫徙利州而兵賦異掌卒莫能合先生以病乞歸次年拜江西安撫使知隆興府未幾蜀邊被兵內有張福莫簡之變朝論思前言以戶部侍郎召尋以寶謨閣待制充四川制置使兼知成都府先生乞赴闕奏事不報移書廟堂請對又不允蓋有憚其來者先生遂奏辭改知福州先生謂辭制置而受待制于義未安又辭乃以集英殿修撰知潭州又辭乃奉祠已而復待制寶慶元年以兵部侍郎召入對首勸講

正學防近習次言當以慶歷元祐聽言爲法以紹聖崇觀諱言爲戒年來有以賣直好名之說見奏對者願倚忠直如著龜去邪佞如蟊賊其有阻撓讜言者必加斥逐末言宜敕邊吏愛民已而上封事曰陛下謹定省以侍長樂開王社以篤天倫孝友之行宜足信于天下然兄弟至親猶誤于狂妄小人之手而道路異說猶襲于尺布不縫之謠臣以爲守法者人臣之職也施恩者人主之柄也漢文帝封淮南之二子本朝太宗之所已行也今若法之雖不止謗而謗息矣又薦隆州布衣李心傳精史學尋兼侍讀遷禮部侍郎又除寶謨閣直學士奉祠仍兼侍讀嘗因進讀言曰古人以德行爲才十六才子自齊聖廣淵明允篤誠忠肅恭懿宣慈惠和皆德行之所發見後世以欺詐暴虐爲才如酆舒知伯盆成括皆以才稱卒于敗事其實本非才也鶴山魏文靖公同在從班聞而歎服次年遷兵部尚書力辭改寶章閣學士知常德府陛辭獻唐張蘊古趙師民二箴請圖之座右且言下情猶未通橫斂猶未革上曰其病安在公曰臺諫專論人主不及時政下情安得通苞苴公行于都城則州縣橫斂無可疑者時相恨之又言夷狄盜賊之患惟在處置得宜一曰守道二曰固本三曰通財四曰稽衆五曰愛民尋以病辭常德之行奉祠得歸自草遺

表其略云望陛下精勤務學恭儉修身屈己以求直言不惡其訐守信以禦外侮不邀其功塞炎荒遷謫之門絶饋遺往來之路疾奸貪以寬民力進恬退以厚士風詔加華文閣學士致仕卒謚文簡所著有輿地綱目十五卷昌谷類稿六十卷經幄管見七卷先生之在朱門勉齋稱爲豪傑之士蓋論學統以勉齋爲第一論經濟大略有以自見以先生爲第一兄彥純亦學于朱子之門修

龍圖詹元善先生體仁

詹體仁字元善浦城人隆興元年進士第爲晉江丞宰相梁克家薦于朝入爲太常博士攝金部郎官光宗卽位除戶部員外郎湖廣總領就陞司農少卿奏蠲諸郡賦輸積欠百餘萬除太常少卿陛對首陳父子主恩之說謂易于家人之後次之以睽睽之上九曰見豕負塗載鬼一車先張之弧後脫之弧匪寇婚媾往遇雨則吉夫疑極而惑凡所見者皆以爲寇而不知實其親也孔子釋之曰遇雨則吉羣疑亡也蓋人倫天理有間隔而無斷絶方其未通也湮鬱煩潰若不可以終日及其醒然而悟泮然而釋如遇雨然何其和說而條暢也時上久不過重華宮故引易睽孤之義以開廣聖意後除太府卿尋直龍圖閣開禧二年卒先生少從朱子學以存誠愼獨爲主爲文悉

根諸理周益公必大嘗疏薦三十餘人皆當世名士先生與焉郡人
真西山早從之遊嘗問居官治民之法先生以盡心平心告之盡心
則無媿平心則無偏當世服其確論雲濠案謝山學案底本有云詹
元善所著有象數總義詹司農集
梓材謹案先生亦爲劉屏山門人考宋史先生本傳言先生父
慥與胡宏劉子翬遊則屏山固其父執也

詹元善語 補

惟皇上帝降衷于下民若有恆性克綏厥猷惟后此卽天命之謂性
率性之謂道修道之謂教也
雲濠謹案先生遺集載此語續云人能知此則知觀書之要而
無穿鑿之患矣

縣尉林蒙谷先生夔孫

林夔孫字子武古田人從朱文公遊嘉定中特奏名爲縣尉著有中
庸章句 參閩書
雲濠謹案福州府志載先生著又有書本義蒙谷集蓋先生號
蒙谷見萬姓統譜

忠簡傳竹隱先生伯成

傅伯成字景初晉江人忠肅公察之孫直祕閣自得之子也少從文公學隆興初與兄伯壽同登第慶元閒爲太府寺丞力言呂祖儉不當貶朱熹不可目以僞學又言朋黨之弊起于人主好惡之偏出知漳州一以律己愛民爲本推文公遺意行之召除工部侍郎火災陳三事曰失人心曰隳軍政曰啓邊釁朝議欲納金人之畔降者先生言不宜輕棄信誓中丞鄧友龍劾罷之嘉定更化召對面論前日失之戰今日失之和今之策雖以和爲主宜暇日爲戰守之備權戶部侍郎拜左諫議大夫抗疏十有三皆軍國大義史彌遠密諭以當共政使有所彈劾先生曰豈可傾人以爲利哉疏乞詔大臣以公滅私改權吏部侍郎俄補郡八年召不至理宗卽位加寶謨閣直學士予祠乃進昭明天常扶持人極之說尋召除寶文閣學士奉內祠胡夢昱坐論濟王冤狀貶抗疏力論不報加龍圖閣學士先生純實無妄表裏洞達每稱人善不啻如己出語及奸邪聲色俱厲嘗慕尸諫疾革疏草亟命繕寫朝服而逝端平中謚忠簡初授明州教授以年少嫌以師自居日與諸生論質往復後多成才修

雲濠謹案先生年八十四卒著有竹隱居士集三十卷奏議十卷耄志六卷見泉州府志

提擧黃西坡先生灝

黃灝字商伯都昌人登進士第教授隆興府知德化縣薦除登聞鼓院遷太常寺簿論今禮教廢闕請敕有司取政和冠昏喪葬儀及司馬光亮閌等書參訂行之除太府寺丞出知常州提擧本路常平奏乞併閣秋苗不俟報行之言者罪其專移居筠州削兩秩而從其蠲閣之請起知信州改廣西轉運判官移廣東提點刑獄皆不赴卒先生性行端飭以孝友稱文公守南康執弟子禮文公沒黨禁方厲先生單車往赴徘徊不忍去者久之修

侍郎度性善先生正

度正字周卿合州人少從朱子學紹熙進士官至禮部侍郎太廟災獻二說其一用朱子之議其一因宋朝廟制而參朱子之議自西徂東爲一列每室之後別爲一室以藏祧廟之主各依昭穆次序後世穆之祧主藏太祖廟昭之祧主藏太宗廟仁高二宗爲百世不遷之宗藏亦如之前爲兩室三年祫享則帷帳幕之通爲一室盡出諸廟及祧主並爲一列合食其上于本朝制度初無更革頗得三年大祫之義著有性善堂文集

宣獻任斯庵先生希夷

任希夷字伯起邵武人雲濠案一本云其先眉州人祖賢臣始居邵武第進士調浦城簿從文公學文公器之曰伯起開濟士也開禧初爲太常簿奏乞編次紹興以來禮書從之累遷禮部尚書奏周敦頤及二程百代絕學之倡乞賜謚其後周謚元程謚純謚正皆先生發之權參知政事時史彌遠柄國久執政皆具員識者頗譏其拱默謚宣獻修

布衣宋先生斌

宋斌袁州人少從黃勉齋李宏齋登朱子之門學禁方嚴羈旅困沮年且八十趙清敏與懽延之事以父行奏乞用旌禮布衣故事卒葬西湖上歲一祭之則其賢可知矣

知州黃復齋先生㽦

黃㽦字子耕分寧人嘗從文公遊舉太學進士歷官大理寺簿軍器監丞後知台州上蔡子孫居台者旣播越流落先生求之民閒收而教之勤苦夙夜郡稱平治遷袁州卒著有復齋集

修撰陳北山先生孔碩祖禧父衡

陳先生孔夙合傳

陳孔碩字膚仲侯官人祖禧父衡皆爲晦翁所稱許先生少即以聖

賢自期既從南軒東萊學後偕其兄孔夙事晦翁著中庸大學解北山集學者稱爲北山先生官秘閣修撰子韡從葉水心遊

國錄吳蟊隱先生仁傑

吳仁傑字斗南一字南英自號蟊隱其先洛陽人居崐山博洽經史講學于朱子之門登淳熙進士第歷羅田令國子學錄有古周易洪範辯圖漢書刊誤補遺等書

將作陳先生守

陳守字師中莆田人父丞相俊卿嘗館朱子于白湖仰止堂使子弟受業焉先生寬宏剛直朱子題其書室曰敬恕且爲之銘以父蔭補官歷太常寺丞工部員外郎凡六授郡符三持使節俱以廉清特稱晚爲將作監卒參道南源委

承奉陳先生定

陳定字師德莆田人丞相信安公俊卿第三子奏授右承奉郎年十三已知古人爲己之學而不屑爲舉子之文以信安命請業于晦庵年二十五卒參朱子文集

直閣陳復齋先生宓

陳宓字師復莆田人丞相信安公之第四子也少從其兄守定同遊

文公之門長從黃勉齋榦嘗爲朱墨銘以驗理欲分寸之多寡謂朱屬陽墨屬陰以蔭歷泉州南安鹽稅主管南外睦宗院知安溪縣嘉定七年入監進奏院遷軍器監簿上言三事一宮闈儀範未正二朝廷權柄分奪三政令刑賞舛逆又言人主之德貴乎明大臣之心貴乎公臺諫之言貴乎直出知南康軍歲大祲奏蠲其賦十九令流民羣集就役以築江隄給食活之與諸生講論白鹿書院改知南劍州復大旱蠲宿逋十數萬弛新輸三之一又創延平書院倣白鹿洞規無何請致仕直祕閣主管崇禧觀卒自言居官期如顏真卿居家期如陶潛又深愛諸葛亮家無餘財庫無餘帛庶乎能蹈其語者端平初御史王遂追論其直宜褒以勸天下贈直龍圖閣所著有論語註義問答春秋三傳鈔續通鑑綱目唐史贅疣諸書

雲濠謹案一本云先生與黃直卿李敬子同入廬山盤旋玉淵三峽間俯仰文公舊迹家居作仰止堂像文公于其中又築滄州草堂與諸生講學直卿暮年論當世志道之士真西山李貫之及先生三人而已

太學程蒙齋先生端蒙

程端蒙字正思號蒙齋鄱陽人師江先生介雲濠案江先生見龜山

己而受業于文公淳熙七年鄉貢補太學生對策不合罷歸

百家謹案新安爲朱子之學者不乏人而以程蒙齋爲首蒙齋之後山屋以節著雙湖以經術顯其後文獻蒸蒸矣

性理字訓

天理流行賦予萬物是之謂命人所稟受莫非至善是之謂性主于吾身統乎性情是之謂心感物而動斯性之欲是之謂情爲性之質剛柔強弱善惡分焉是之謂才心之所之趨向期必皆由是焉是之謂志爲木之神在人則愛之理其發則惻隱之情是之謂仁爲金之神在人則宜之理其發則羞惡之情是之謂義爲火之神在人則恭之理其發則辭遜之情是之謂禮爲水之神在人則別之理其發則是非之情是之謂智人倫事物當然之理是之謂道行此之道有得于心是之謂德眞實無妄是之謂誠循物無違是之謂信發己自盡是之謂忠推己及物是之謂恕無所偏倚是之謂中發必中節是之謂和主一無適是之謂敬始終不二是之謂一善事父母是之謂孝善事兄長是之謂悌天命流行自然之理人所稟受五性具焉是曰天理人性感物不能無欲耳目鼻口斯欲之動是曰人欲無爲而爲天理所宜是之謂誼有爲而爲人欲之私是之謂利純粹無妄天理

之名是之謂善兇暴無道不善之名是之謂惡物我兼照擴然無私是之謂公蔽于有我不能大公是之謂私凡此字訓蒐輯舊聞嗟爾小子敬之戒之克循其名深惟其義以達于長以會于學審問明辨精思篤行孜孜勉焉聖可賢致

附錄

朱子曰小學字訓甚佳言語雖不多卻是一部大爾雅

縣尉董槃澗先生銖

董銖字叔重稱槃澗先生德與人學于朱子登嘉定進士授迪功郎婺州金華尉黃勉齋誌其墓雲濠案江西通志先生所著有性理注解易注從子夢程傳其學

梓材謹案程董二先生爲介軒所自出原底冠介軒卷特介軒學案當斷自介軒故二先生及王拙齋並入是卷

程董二先生學則 補

居處必恭

居有常處序坐以齒凡坐必直身正體毋箕踞傾倚交脛搖足寢必後長者既寢勿言當晝勿寢

步立必正

行必徐立必拱必後長者毋背所尊毋踐閾毋跛倚

視聽必端

毋淫視毋傾聽

言語必謹

致詳審重然諾肅聲氣毋輕毋誕毋戲謔諠譁毋及鄉里人物長短及市井鄙俚無益之談

容貌必莊

必端嚴凝重勿輕易放肆勿粗豪狠傲勿輕有喜怒

衣冠必整

勿為詭異華靡毋致垢弊簡率雖燕處不得衩袒露頂雖盛暑不得輒去鞋襪

飲食必節

毋求飽毋貪味食必以時毋恥惡食非節假及尊命不得飲飲不過三爵勿至醉

出入必省

非尊長呼喚師長使令及己有急幹不得輒出學門出必告反必面出不易方入不踰期

讀書必專一

必正心肅容以計徧數徧數已足而未成誦必須成誦徧數未足雖已成誦必滿徧數一書已熟方讀一書毋務泛觀毋務強記非聖賢之書勿讀無益之文勿觀

寫字必楷敬

勿草勿敧傾

几席必整齊

位置有倫簡帙不亂書笥衣篋必謹扃鑰

相呼必以齒

年長倍者以丈十年長者以兄年相若者以字勿以爾汝書問稱謂亦如之

附錄

朱子跋學則曰道不遠人理不外事故古之教者自其能食能言而所以訓導整齊之者莫不有法而況家塾黨庠術序之間乎彼其學者所以入孝出弟行謹言信羣居終日德進業修而暴慢放肆之氣不設于身體者由此故也是書蓋有古人小學之遺意焉凡爲庠塾之師者能以是而率其徒則所謂成人有德小子有造者將復見于

今日矣于以助成后王降德之意豈不美哉

王拙齋先生過

王過字幼觀德興人也從學朱子德興學宮三賢祠槃澗第一程次之其一卽先生也學者稱爲拙齋先生與程董稱三先生

程柳湖先生珙

程珙字仲璧蒙齋先生之從曾孫也亦登文公之門著有易說

雲濠謹案先生號柳湖

曼蓮塘先生淵

曼淵字亞夫號蓮塘涪陵人西晉中郎將曼清之後世世居襄陽後徙居蜀家培坪山受業文公所著有孟子註今佚門人陽枋陽岊

方遠庵先生士繇

方士繇字伯謨莆田人父豐之仕至監豐國鎮朱子稱其詩豪壯先生少孤依母邵武呂氏已而徙居崇安從朱子遊聰明絕人持以謙厚嘗累試場屋不利棄舉子業專以講學授徒爲事六經皆通尤長于易紹熙閒朱子門人有至行在者公卿延致惟恐後先生在遠聞之曰異時必爲學者禍未幾僞禁果作又嘗勸朱子少著書以朱子教人讀集註爲未然其憂深思遠類此所爲詩尤温潤有遠庵集

祖望謹案方伯謨一名伯休移居依文公于建陽文公與黃勉齋手書曰伯謨不幸未去時亦安靜明了但可惜後來廢學身後但有詩數篇耳則方之所造可見其安靜明了或得之二氏者也王深寧目爲高弟蓋據放翁所作墓誌云

竇先生從周

竇先生澄合傳

竇從周字文卿丹陽人也生長田里衣食自給其爲人醇朴深居簡出足不及城市年過五十從游默齋學後聞朱子講席之盛卽裹糧從之其弟澄字叔清負笈以隨漫塘劉文清公嘗稱之曰竇君求道之切世所罕見近世吳門葉元老忘其年之長往從鶴山于渠陽可以比之漫塘之初志于學源流頗自文卿兄弟其後始從默齋而京口一帶向未嘗宗朱張之學導山導水實自文卿而漫塘大之嘗有盜入其居睥睨久之無所得旣而始悟其爲先生之居也相與謂曰無驚此公卽去朱子聞之笑曰此所謂蠻貊可行者也先生之弟子曰衛炳補

庶官湯靜一先生泳

湯泳字叔永丹陽人也稱靜一先生江淮制置使東野之孫潤州學

者自竇氏兄弟從朱子遊繼之者爲先生始仕官未上而卒漫塘以前輩嚴事之其弟子曰衞翼補

劉靜春先生瀓

劉瀓字季文一字靜春廬陵人學于朱子之門真西山雅重之嘗謂人曰吾輩所言皆是皮膚惟靜春能道其骨髓若靜坐山中十年庶幾敢望靜春耳然先生晚年頗不滿其師中庸章句之說以是與西山多不合其論曰惟天之命於穆不已惟人受天地之中以生故謂之性而貴于物焉湯誥曰惟皇上帝降衷于下民若有恆性吾夫子曰天地之性人爲貴是則人之性豈物之所得而擬哉中庸曰天命之謂性率性之謂道是專言乎人而不雜乎物也或者謂必兼人物而言之似也而差也古先聖賢言性命有兼人物而言者有專以人言者易曰各正性命是乃兼人物而言之然既曰各有不同則人物之分亦自昭昭假如天命之性亦兼人物而言則犬之性猶牛之性牛之性猶人之性當如告子之見矣因著爲就正錄西山力與之爭先生終不以爲然每見必力持其說西山引觴解之曰生平竊笑漢儒聚訟吾儕豈可又爲後世所笑姑各行所學而已補

梓材謹案有與先生同名氏者字聲伯樂清人知慶元時請建

慈湖書院見宋史又案清江劉子澄居廬陵號靜春是廬陵劉氏有兩靜春也

知州李先生耆壽

李耆壽字南公江陵人也累官知達州先生嘗學于朱子又嘗學于陸子其通判沔州時金人正闖蜀沔守帥師出乃攝州事流民數十萬滿野抄掠截借西河所運帑緡以給之斥關候增棧道收潰散次年會師捄大安制府檄之巴州招降巴山盜權興等出知隆慶府知蓬州皆有聲以言者罷及起家守達尤崇教化初先生之嫡母無子撫之爲子而生母王氏被出先生不知也嫡母卒其父告之先生奔走四方以求之得之襄陽之雁汊迎歸侍養二十餘年人以爲難補

安撫趙時齋先生綸

趙綸字君任忠簡公鼎曾孫也五歲誦書入耳不忘年十九從朱子于富沙趙忠定公汝愚以忠簡故召先生兄弟語曰遠器也白上以忠簡恩用之爲澧州安鄉令以義勇平羣盜宣撫使吳獵上其功改安撫機宜文字時議散遣沿邊忠義或慮召變制置使李大性委之先生至則果騷動推誠諭之竟帖然而識拔其帥孟宗政扈再興等數人後皆爲名將改知益陽縣已而通判江陵皆有聲嘉定九年遷

知信陽軍金人入寇先生疾馳至郡繞城濬隍蒐軍實勵將士拔袁海于囚拔董思明于野授以帥兵薄城下擐胄登堞矢石雨發金人知有備拔柵以火攻先生遣康孝先帥死士潛出抵金人帳斃其酋注首槊上金人棄攻具走俄而復至先生固守調諸軍列柵淮堧閒出游騎以誘之一日乘勝逐金人大潰俘獲無算盡以隸軍次年諜知金人又治兵先生豫定諸軍之出戰者巡徼者列柵而守者并城中之分門而守者金人至及其未定急擊之斬馘多金人以二萬人環城以萬人阻東諸山而陳先生親督戰軍士一當十金人敗走又明年浮光棗陽被圍光山破先生曰是吾脣齒也光守乞師先生遣思明與海援之而使從閒道入光約表裏相應未至餉司檄移師防江先生不可金人乘勝入梅林列柵據關取倉粟江上大震先生急召思明倍道抵關束馬山谷閒步出攀木緣崖魚貫而行三十餘里設伏于險中途禽金人之爲候者遂拔柵入爇其酋之臥帳金人蒼黄奔迸思明軍士憑高蹴之呼聲震山谷奪其旗幟書敕牛馬雜畜盡得前此官軍所遺資仗并難民之陷軍者而淮西之師亦集遂解浮光之圍先生本宰相家兒素心喜應進士舉而累督軍輒捷如宿將然嫉妒亦自此而起論功以直祕閣仍守信陽俄而以直煥章閣

充淮西安撫使知廬州又改湖北安撫使知江陵府未至言者論罷之明年奉祠尋知其無罪也復以直煥章閣充淮西安撫使知廬州而先生已卒其家矮屋五楹不蔽風雨所著有時齋集二十卷補

直閣林盤隱先生湜 父師中

林湜字正甫長溪人父中奉大夫師中迎師于蜀得師先生以歸學者常數百人中奉爲高弟先生從朱子遊舉紹興進士除監察御史疏言陛下託股肱于宰執而除授皆小人寄耳目于臺諫而彈擊皆君子治亂之大無過于此時論多之寧宗卽位以太府少卿使金金主賜之衣先生不服金人曰君命何可慢也先生曰宋正統相承羣官服視其品今易左衽有死而已金人趣之謝先生盛服入謝金主不能屈使還寧宗奬之遷司農卿韓侂胄用事呂子約貶嶺外先生謂余丞相端禮曰此叔世事也執奏收回大臣之責丞相可不勉乎于是不能安于朝出爲湖北運副奉祠已而知泉州又奉祠進直龍圖閣有盤隱類稿十卷補

梓材謹案水心誌先生墓云朱公元晦旣謫士諱其學公執弟子禮不變未歿數月猶走書問疑義云

侍郎應先生純之

應先生謙之合傳

應先生茂之合傳

應純之字純甫永康人吏部侍郎孟明子也與兄謙之茂之俱從朱子嘉定三年進士知楚州兼京東經略安撫使李金來歸請大舉復中原時相史彌遠不聽晉兵部侍郎持節如故金人入寇力戰死之

補

沈先生僩

沈僩字仲莊永嘉人學于朱子精地理補

推官張玉峯先生宗說

張宗說字巖夫崇安人也學于朱子厚德爲鄉里所重紹興五年有盜焚掠井邑自西而東至張氏之境而返又五年復作自東而西亦及張氏之境而返咸曰此長者所居也毋犯以累舉恩受官而朱子適忤韓侂胄罷歸先生率僚友送諸武夷會于精舍語及時事感憤激烈朱子喟然曰巖夫眞可與語爲之張飲盡歡且書樂府一闋命門人歌以贈調歸州推官未上致仕自號玉峯逸老其壻卽江塤也

補

撫幹李先生如圭

李如圭字寶之廬陵人紹熙癸丑進士福建撫幹文公與之校定禮經所著有集釋古禮十七卷釋宮一卷儀禮綱目一卷鶴山稱其密緻而惜其鄭賈之言是信補

正肅郭兌齋先生磊卿

郭磊卿字子奇仙居人嘉定七年進士端平初拜右正言尋擢右史彈劾權倖無所避初理宗微時與鄞人余天錫善既即位擢至執政而人材猥劣朝論不與先生劾之章凡三上天錫竟罷去史嵩之怙權不法先生疏已具俟召對奏之而爲嵩之耳目所得亟除先生起居郎先生憤不得言徑出國門求去先生與徐元杰劉漢弼等號端平六君子卒謚正肅立正諫坊以旌之參赤城新志

雲濠謹案謝山劄記云郭磊卿有兌齋集

文懿趙南塘先生汝談

趙汝談字履常大梁人温州守汝讜之兄也雲濠案咸淳臨安志云太宗八世孫居餘杭登淳熙進士丞相周必大得其文語參知政事施師點曰是子他日有大名于世嘗從朱子訂疑義十數條朱子嗟異之以江西安撫使幹辦佐丞相趙忠定公汝愚定大策忠定欲驟以詞掖處之力辭去及忠定去國先生兄弟罹黨禍斥去後以安慶

府教授召試擢正字歷遷知無爲軍循聲卓著金人內變獻料敵備邊二策改知温州未幾改外宗正族屬皆望風而化寧宗崩以哀痛得疾賀理宗表力寓勸戒陳碩曰此諫書也數丐祠史彌遠不許迺杜門著述端平初以禮部郎累遷至權刑部尙書方先生爲講官因講論語而言漢元帝恭儉無過惟剛不克改明不能繹優柔不斷而業遂衰蓋亦有爲而言嗣以所注易進講忤時宰意然所言多稱上旨上謂卿文學高世宜代予言先生卒以老祈免及卒轉兩官遺表上又轉四官（雲濠案咸淳臨安志嘉熙元年卒景定四年諡文懿）先生天資絕人沈思高識自少至老無一日去書策其論易以爲爲占者作書堯舜二典宜合爲一禹功只施于河洛洪範非箕子作詩不以小序爲信禮記雜出諸生之手周禮疑傳會女主之書要亦卓絕特立之見其爲文章有天巧常論韓非李斯皆有荀卿之才惟其富貴利欲之心重故世得而賤之惟卿獨能守其身不苟希合士何可不自重哉所著有易書詩論語孟子周禮禮記荀子莊子通鑑杜詩注（參史傳）

梓材謹案先生號南塘見直齋書錄解題

先生謂真西山曰當思所以謀當路者無徒議之而已西山答曰公爲宗臣則固當然德秀不過朝廷一論思之臣耳補

潘立之先生植

潘植字立之懷安人世業儒先生承家學尤喜從鄉閭善士遊後聞朱子講道武夷非他師所及遂與弟柄負笈而往拜焉先生工于文尤嗜史學上下數千年貫穿出入未嘗躬策決科兄弟皆以弱冠摳衣有道厲志前修家居日以濂洛諸書相磨礲暇則接武林壑閒徜徉觴詠怡怡如也參黃勉齋集

梓材謹案宋有與先生同名氏者字子醇安正人嘗著易說

潘瓜山先生柄

潘柄字謙之立之弟年十六即有志于道與立之往事朱子于武夷朱子以所學授之嘗言凡人之心不存則亡而無不存不亡之時故一息之頃不加提省則淪于亡而不自覺天下之事不是則非而無不是不非之處故一事之微不加精察則陷于惡而不自知學者稱瓜山先生著有易解尙書解參道南源委

朝奉滕溪齋先生璘

滕璘字德粹婺源人與弟珙俱從朱子遊造詣深邃薦舉于鄉入太

學淳熙甲科調鄞縣尉教授鄂州改除四川制置司幹官韓侂冑當國或勸先生一見可得掌政先生曰彼以僞學誣一世儒宗以邪黨錮天下善士顧可干進乎後知嵊縣值歲饑奉行荒政多全活廟堂欲處之班列終不肯爲韓屈徑從銓曹註慶元簽判及主管官告院以病奉祠未幾倅隆興兩爲帥司參議官至朝奉大夫遺文有溪齋類稿三十卷參姓譜

縣令滕德章先生珙

滕珙字德章婺源人德粹之弟入太學登淳熙進士終合肥令與德粹齊名同上

雲濠謹案江南通志載先生令合肥有仁政

隱君胡洞源先生泳

胡泳字伯量建昌人文公之高第弟子也不樂仕進學者翕然尊之稱爲洞源先生著有四書衍說

雲濠謹案白鹿洞志載先生云稱桐柏先生桐柏洞源字形相類未知孰是

忠節曾先生三聘

曾三聘字無逸新淦人三復弟幼有異質日記千言乾道閒由進士

累官祕書郎光宗時三上疏指陳時事黨論興坐重劾卒贈直龍圖閣謚忠節參姓譜

梓材謹案解學士爲胡貞婦傳贊言先生事朱子爲門人高第

弟子

聘君章雪崖先生康附門人胡淳

章康字季思吳縣人安貧樂道居城西人稱之曰聘君嘗問學于朱子默有所契年七十步履如飛或訝其有方外之遇問之曰吾師聖賢無外學也淳祐五年卒年七十九郡人胡淳從之遊歲時致醪醴薪米所著雪崖文集十卷詩集五十卷淳字以初參姑蘇志

附錄

車玉峯腳氣集曰章雪崖平江隱君子也不曾見晦翁而時時有書問道晦翁答書見存有時常高聲云世紛如何汨沒得自家可以見其胸中之所存也顧齋胡丈淳嘗從之予每書此句于扇上

縣丞陳仁齋先生駿附子成父

陳駿字敏仲寧德人舉進士登朱文公之門著毛詩筆義未及脫稿而卒號仁齋子成父

雲濠謹案道南源委載先生中乾道進士除大冶丞著論語孟

歐陽先生謙之

歐陽謙之字希遜廬陵人嘗遊朱子之門參儒林宗派

梓材謹案朱子大全集答先生書三文文山之師歐陽巽齋殆即其後人而萬氏儒林宗派以文山爲先生門人恐誤也

縣令饒先生敏學

饒敏學昭武人朱文公高第也知黔陽縣

孫龍坡先生調

孫調字和卿長溪人其學得朱文公之傳以排擯佛老推明聖經爲本所著有冊府一百卷易詩書解中庸發題共五十卷浩齋稿二卷學者稱爲龍坡先生卒祠于學

帥幹李綱齋先生閎祖

李閎祖字守約光澤人濱老呂之子先生早受學家庭已而與其二弟從朱子講學篤志學問強力精思論議切實朱子置之西塾訓諸孫爲編中庸章句或問輯略第嘉定辛未進士調靜江府臨桂簿提刑方信儒漕使陳孔碩咸咨以臺事暇日詣學與諸生講解士習丕變辟古田令改廣西帥幹勤愼明恕諸司論薦改秩未赴卒黃勉齋

李宏齋張主一陳北溪皆敬重之勉齋嘗祭以文極痛悼焉自號綱齋有問答十卷

李先生相祖

李相祖字時可守約之弟在朱門辨質詳明用心精切嘗以朱子之命編書說三十卷

縣尉李先生壯祖

李壯祖字處謙與守約同登第調閩清尉朱子亦嘉其有志真西山嘗以典刑人物薦之

郎中王東湖先生遇 父羽儀

王遇字子合龍溪人父羽儀衢州通判博學有文先生第乾道進士受學于朱張呂之門而與廖槎溪黃勉齋陳北溪友善歷長樂令通判贛州薦章交上時韓侂胄當國先生不少貶以求售侂胄敗召為太學博士除諸王宮教授以常州大旱命為守講求荒政民無流殍又究致旱之由開掘太湖水之侵塞于富家者浙東饑復詔提舉常平事入對極論時弊至官力言計竈買鹽之非策除大宗正丞遷右司郎中以考校殿廬卒著有論孟講義兩漢博議及文集號東湖先生

子合嘗問學問之道何先象山曰親師友去己之不美也人資質有美惡得師友琢磨知己之不美而改之子合曰是請益不答象山曰子合要某說性善性惡伊洛釋老此等話不副其求故曰是而已吾欲其理會此說所以不答 象山語錄

漕使楊悅堂先生楫

楊楫字通老長溪人師事朱文公累官司農寺簿奏劄論進君子退小人勿徇左右之請以重中書之權飭執政之臣可否相濟以任憂責獎廉靜之操絕奔競之風除國子博士臺臣或干以私答曰臺有紀綱學有規矩當各守其職尋出知安慶移湖南提刑江西運判卒祠于學所著有奏議悅堂文集 參姓譜

梓材謹案萬姓通譜中本云與楊方楊簡俱師事朱文公爲高弟時號三楊楊提刑方見後慈湖則非朱子門人謝山奉臨川帖子云若羅文恭公點劉少保伯正李參政性傳楊漕使楫俱以集中偶有過從而遽爲著錄幷列文恭之子爲再傳之徒愚皆未敢以爲然蓋此乃作考亭淵源錄者之失凡係朱子同時講學之人行輩稍次輒稱爲弟子其意欲以夸其門牆之盛而

不知此諸儒所不受亦朱子所不敢居也據此則先生當非朱門弟子或在講友之列然攷黃勉齋記楊恭老敦義堂云吾與通老從遊于夫子之門二十年矣通老長于吾十年而首與之交相好也則先生嘗受業于朱門矣恭老通老兄名梓

提刑楊淡軒先生方

楊方字子直長汀人清修篤孝行己拔俗隆興初登第平生心慕朱子調弋陽尉還道崇安參謁面受所傳而歸趙忠定汝愚帥蜀辟機宜忠定尋薦于朝召對擢宗正寺簿丏外通判吉州知建昌軍召除編修官首乞朝重華宮辭甚懇切寧宗立除祕書郎出知吉州僞學禁興坐趙朱黨罷居贛州閉門讀書自號淡軒黨禁解起家知撫州未幾奉祠嘉定更化召爲侍右郎官進考功郎官不三月復積忤以去踰再歲除直寶謨閣廣西提刑卒于象州

堂長楊信齋先生復

楊復字志仁福安人受業朱文公之門與黃榦相友善真西山帥閩嘗創貴德堂于郡學以延之學者稱曰信齋先生著祭禮十四卷儀禮圖十四帙又有家禮雜說附註二卷

進士李堯卿先生唐咨

李唐咨字堯卿龍溪人與州學正石洪慶林易簡施允壽皆以白評推重朱文公守郡延于學爲諸生楷式牒云唐咨易簡或究索淵微或持循雅飭察其志行久益可觀允壽洪慶皆以耆艾之年進學不倦強毅方正衆所嚴憚

學正林先生易簡

林易簡字一之漳州貢士也文公守漳與同郡進士李唐咨並延至學宮參道南源委

梓材謹案陳北溪有辯林一之動靜書又與林一之書

學正石先生洪慶

學正施先生允壽合傳

石洪慶字子餘臨漳人與同郡施允壽字伯和先後爲本州學正朱子守漳日復並延至學云同上

附錄

洪慶將歸朱子召入與語曰此去但存養要這箇道理分明常在這裏久自有覺覺後自有此物洞然貫通圓轉乃舉孟子求放心操則存兩節及明道語錄中聖賢教人千言萬語下學上達一條云自古聖賢教人也只就這裏上用功所謂放心者不是走作向別處蓋一

瞬目閒便不見才覺得便又在面前不是苦難收拾公且自去提撕便見得又曰如合要下學工夫且須端莊存養獨觀昭曠之原不須全費工夫鑽紙上語待存養得此中昭明洞達自覺無許多窒礙恁時方取文字來看則自然有意味道理自然透徹遇事時自然迎刃而解皆無許多病痛此等語不可對諸人說恐他不肯去看文字又不是了且教他看文字撞來撞去將來自有撞著處凡看文字非是要理會文字正要理會自家性分上事學者須要主一主一常要心存在這裏方可做工夫如人須尋箇屋子住至于爲農工商賈方惟其所之住若無箇屋子如小人趁得百錢亦無歸宿孟子說求其放心已是兩截如常知得心存這裏則心自不放又云無事時須要知得此心不知此心卻似睡困都不濟事今看文字又理會義理不出亦只緣主一工夫欠缺

常丞趙訥齋先生師淵

趙師淵字幾道號訥齋黃巖人乾道八年進士嘗從朱文公遊與之論校綱目前後凡八書歷官衢南劍寧海軍推官趙丞相汝愚以從班薦與職事官會趙以讒斥遂翩然東歸益就所學積十餘年不仕暨詔申前命以母病添差通判温州入主將作簿司農太常丞以論

成肅后山陵事不合而去參赤城新志梓材謹案袁蒙齋甫爲先生壻蒙齋誌趙宜人壙云訥齋當代端人與先正獻公爲友

朝奉趙遠庵先生師夏

趙師夏字致道號遠庵訥齋之弟紹熙元年進士歷官朝奉大夫亦從文公遊悉得奧旨以循天理任智力論曾點子路言志以心性情辨儒釋及論荀卿性惡禮僞之失又作誠幾善惡圖以明周子之意一證胡子之失皆爲文公所許王魯齋嘗稱其理一分殊之跋得龜山以來一派宗旨甚的參台州府志

楊至之先生至

楊至字至之晉江人遊朱文公之門與清漳李唐咨皆文彩發越燦然可觀蔡西山妻以孫女有文公語錄二卷

余先生大雅

游先生儆合傳

余大雅字正叔順昌人與劍浦游敬仲同時從朱子遊雲濠案敬仲名儆敬仲其字也一作名儆仲字遠叔每見必告以簡約切實工夫而要其歸于求放心一言先生嘗有詩云三見先生道愈尊言提切

切始能安如今抉破本根說不作從前料想看有物有常須自盡中倫中慮覺猶難願言克己工夫熟便得周旋事仰鑽朱子深與其進有朱子語錄一卷

司戶鄭持齋先生可學

鄭可學字子上莆田人自號持齋受學于朱子以稟性卞急力于懲忿上做工夫久之最得精要面命問答率前賢所未發四方來學者朱子多使質正焉朱子知漳州延至西塾其後刪定大學一編曰此書欲付託得人惟子上足以當之前後三奉大對晚以特科調衡州司戶著春秋博議十卷三朝北盟舉要一卷師說十卷初先生在臨安欲往見陸子靜或云吾友方學不可見見之必歸參禪先生以此遂止

許存齋先生升

許升字順之同安人遊朱文公之門文公來爲簿從遊最早恬澹無欲及文公去任復從遊于建陽及卒文公作文祭之雲濠案閩書先生所著有孟氏說禮記文解易解等書

梓材謹案先生朱子語類多載其問答之語其字順之也朱子爲之序又爲作存齋記云許生升之是先生一名升之也

劉撝堂先生炎

劉炎字潛夫邵武人游朱子之門朱子卒先生祭以文有云凜然若銜馭之甚嚴泰然若方行之無畔蓋久而後得之又何止流行乎四時而昭示乎河漢

黄壺山先生士毅

黄士毅字子洪號壺山莆田人徙居吳幼知嗜學爲向上事業方慶元詆誹道學先生徒步趨閩師朱文公命曰觀一書夜叩所見告以靜坐勿雜喚醒勿昏居數月授以大學章句終其身從事于斯著述甚富類註儀禮譔次文公書說七卷文集一百五十卷又因語錄成言分門序次爲語類一百三十八卷嘗言孔孟之道至周程而復明至朱子而大明識者以爲知言

劉先生鏡

劉鏡字叔光惠安人從朱文公學稱高第

縣令李先生東

李東字子賢邵武人丞相綱族孫受學朱子號精敏登紹熙進士第爲廬陵簿秩滿周公必大餞以詩云地跨江閩秀氣兼玉成界尺直方廉西曹久處習鑿齒高士惟知孫子嚴還知萬安縣黄勉齋以書

薦于漕使楊楫乞委以事而觀其能

主簿方先生壬

方壬字若水莆田人耕道耒之弟也梓材案先生亦元寀曾孫當是耕道從弟淳熙中游太學往返建安必造謁朱子至必留月餘擢第爲漳州長泰簿時朱子爲守辟先生主學條上講說課試差補等十事朱子令諸邑倣之每見民間疾苦悉別白爲朱子言之後朱子召還出大學章句俾刊示學者

方先生禾

方禾字耕叟耕道之弟也嘗與朱子書曰禾敢問改過行己之方願先生賜之一二言使禾自此得朝夕從事于斯口誦心維知所敬畏庶幾前愆之不復邇其之古人盤銘書紳之義云朱子答曰夫子有言弟子入則孝出則弟謹而信汎愛衆而親仁行有餘力則以學文其言雖約其在耕叟今日改過修己之方莫切于此則耕叟勉旃它未有以告也參朱子別集

方履齋先生大壯

方大壯字履之莆田人少好學不踐場屋專心求道朱子之莆先生舉所學就正焉得其親傳面命之意日與同志講明自號履齋朱子

爲書其額

縣令上官先生諡

上官諡字安國邵武人東京副留守悟之孫從朱子遊以祖蔭授會昌東尉調永州推官簡易不深刻永人懷之遷四會令卒

常博傅先生誠

傅誠字至叔仙遊人嘗從朱文公遊淳熙中登第由口陽令召提轄文思院充江淮督府幕官時參政張巖爲都督著述皆出先生嘉定初除國子博士遷太常博士輪對深憂國勢不振力勸寧宗奮起治功言甚鯁切一日登對忽卒于殿下

黃先生寅

黃寅字直翁邵武人少時飄蕩豪爽方士緜語之曰以子之才俊何善不可爲乃甘心里巷以辱其身邪先生感泣問過可改否曰惟狂克念作聖于是奮勵修飭登朱子之門問學精詣言行準繩鄉人敬歎之

梁先生椽

梁椽字文叔邵武人從遊于朱文公刻志勵學所論爲學工夫及體氣魂魄鬼神之説文公多許可之又輯文公語錄澹臺石刻

縣尉馮見齋先生允中

馮允中字作肅邵武人從學于朱子所論懲創後生妄作之弊及敬義性情心術之說甚善朱子多許之嘗名其所居曰見齋云

雲濠謹案黃文獻誌馮君墓云馮氏之先在唐有延珍當廣明之亂以勤王功至銀青光祿大夫上柱國杜陵侯入宋久未有顯者十一世孫允中受學考亭朱子之門始以儒起家爲道州寧遠縣尉是可見先生之仕履矣

朝請呂渭川先生勝己

呂勝己字季克父祉居建陽以尚書護合肥軍死義敕葬邵武之樵嵐因家焉先生從張南軒朱晦翁講學晦翁爲和東堂九詠詩工隸書得漢法仕爲湖南幹官歷倅江州知杭州官至朝請大夫自號渭川居士

料院楊尹叔先生仕訓

楊仕訓字尹叔漳浦人從朱文公遊醇靜警敏刻勵自奮務求聖賢遺意而躬行之由太學擢第調永福令留意學校更定祭器修立社稷風雨壇推誠以待物邑人士誦德不釋口諸臺亦以愷悌慈祥聽訟平允薦之會湖廣總領請于朝願得廉靖吏以董軍餉差監鄂州

糧料院踰月卒同學黃榦陳淳皆深痛惜之

修撰葉息庵先生武子

葉武子字成之邵武人受學朱子補太學生朝議有欲以韓侂胄首和敵者先生曰奸臣首不足惜如國體何卒同舍叩閽力爭之嘉定甲戌擢甲科調郴州教授一以白鹿洞學規爲諸生準程刻四書集註章句以授之歷國子正知處州入爲宗學博士嘗以福建保長催科害民陛對論罷之進直寶謨閣平生所得于易爲多其言曰易之道莫大于時時有二義有在外之時有在我之時人之出處須先論在我者我之時可動然後論在外之時若我之時未然在外之時縱佳亦不暇論其存乎我者與淳祐初先生雅志恬退掛冠日久加直龍圖閣尋加祕閣修撰卒

梓材謹案宋文憲集葉氏先祠記言先生字誠之是爲息庵先生且言其知處州有異政一年嘉禾生二年麥秀兩岐三年瑞芝產于庭

知州俞先生聞中

俞聞中字夢達邵武人從學朱子登淳熙八年進士第累官知黎州悉意撫字民夷感恩

進士吳先生英

吳英字茂實邵武人紹興三十年第進士從學朱子有論語問答略

黃先生孝恭

黃孝恭字令裕邵武人從朱子學治身嚴整起居有常度論著確實

邱先生珏

邱珏字玉父邵武人從朱子學有主敬問答學禁嚴遂謝場屋

知軍饒先生幹

饒幹字廷老邵武人淳熙進士調知長沙縣適朱文公爲守先生夙興治事暇卽聽講後知懷安軍卒有爲之銘者曰能磨琢而器吾之玉乎則心皇皇如不足能烜赫而丹吾之轂乎則足縮縮如不欲故樂也不加若性而汚也不懼其辱是謂善學朱氏者蓋不惟其名而實之篤

楊先生履正

楊履正字子順晉江人朱文公門人生徒數百人

監嶽孫吉甫先生枝附子起予

孫枝字吉甫鄞縣人父允從鄉先生沈簽判銖學先生與簽判子煥亦相友善又登朱子之門梓材案柳待制貫爲先生孫臨海令墓志

云南嶽早從宣獻樓公端憲沈公正獻袁公遊及見徽國文公而證其所受遂學雄文望于一時所著書曰海上稿學問益精粹袁絜齋曰初謂子善爲文不意造理乃爾寧宗即位上書極言天下大計不見省嘉定七年與子起予同登進士第先生父時尙無恙郡守程覃表其里曰重桂鄉人榮之先生卓邁有知略自秦隴荆湘達于淮海凡險要阨塞若指諸掌于邊事軍謀尤練習淮帥延致幕府先生以祿不及親辭不就以迪功郎監潭州南嶽廟起予爲昭武參軍郡卒譟于庭起予往諭之卒羅拜曰孫司戸淸廉官不得犯入朝爲監察御史至太常少卿次子願質參至正四明志

周先生謨

周謨字舜弼建陽人少警敏嗜學兩預鄉薦朱子守南康先生執贄登門盡棄其學而學焉南康抵武夷且千里有重岡複嶺之阻先生從學不怠及朱子守臨漳去武夷又千餘里先生復往求卒業旣歸温繹所聞以書請益朱子答曰講學益勤持守不懈深慰所望當此歲寒不易其操尤不易得朱子沒僞禁且嚴先生徒步會葬弁于康廬閒發鄉人受業者率其徒講學迭爲季集彼此規正緜歷歲月不少怠性孝友治喪用古禮斥去浮屠老子法鄉人多效之卒黃勉齋

誌其墓曰舜弼之學足以取信鄉人使吾師之道講習不輟斯文之不至湮晦舜弼之力也參黃勉齋集

余先生宋傑

余宋傑字伯秀建昌人朱子授易弟子參經義考

李先生煇

李煇字晦叔建昌人朱子授易詩禮弟子同上

隱君劉先生賁

劉賁字炳文建昌人與周舜弼余伯秀李晦叔同學于朱子之門並有時名不求仕進

李木川先生杞

李杞字良仲平江人號木川慶元元年韓侂胄欲逐趙忠定因以盡除天下之不附己者名以僞學朱文公去國寓西湖靈芝寺送者漸少惟先生獨從叩請得窮理之學有紫陽正傳校行于世參四朝聞見錄

梓材謹案朱子實記著錄姓氏錄甲寅問答者先生也宋又有與先生同姓名者字子材眉山人著謙齋周易詳解二十卷見經義考

李先生雄

李雄平江人朱子弟子補

梓材謹案先生與木川李先生並質疑義于康叔臨是二先生

又爲康氏門人也

宋先生之潤

宋先生之汪合傳

宋之潤字澤之之汪字容之雙流人與其兄深之之源問學于朱子朱子荅書有曰及承深之遂承遺澤即登仕版以究先公欲行未盡之志而澤之容之亦將讀書求志以承家學之傳皆所深望而垂問勤懇又見不自滿足之意云參朱子文集

梓材謹案深之又學于清江劉氏詳見清江學案

撫幹潘先生友恭

潘友恭字恭叔金華人與兄端叔友端並學于朱子爲江淮宣撫使司幹參會稽續志

祕閣杜先生旃

杜旃字叔高金華人嘗問道于朱子與辛幼安諸人遊端平初以布衣召入祕閣校讐參吳禮部集

梓材謹案萬姓統譜言先生召入館閣年八十餘矣朝野雜記誤爲杜福

杜先生旟

杜旟字幼高金華五高之一也著有粹裘集十卷葉正則序之曰此文自經史諸子皆有論辯學之博矣論辯不苟是非必折之于正又所謂篤矣參葉水心集

文靖鄭日湖先生昭先

鄭昭先字景明閩縣人初主浦城簿歎曰僥倖一第問學未悉遂游朱子之門遷知歸安縣民咸愛之累官知樞密院事兼參知政事進右丞相參姓譜

雲濠謹案閩書載先生字景紹卒謚文靖有日湖遺稿五十卷

帥機范伯崇先生念德

范念德字伯崇建安人知泉州如圭之子從學朱子讀書深潛溫厚官吉州錄參累遷江東帥機朱子嘗得先生所著雜說謂之曰持守不差見理漸明後朱子疾且革爲書屬其子在與先生及黃勉齋又拳拳于勉學及修正禮書爲言云同上

梓材謹案先生娶劉白水先生之次女與文公爲僚壻

劉先生孟容

劉孟容字公度隆興人靜春先生子澄之族人也嘗從學于子澄亦嘗學于陸子嘗以書勸朱子弗爲講學之爭朱子答以臨川近說愈肆荊舒祠記曾見之否此等議論皆學問偏枯見識昏迷之故而私意又從而激之若公度之說行則此等事無人管矣又貽書云建昌士子過此者多方究得彼中道理端的是異端誤人不少向見賢者亦頗好之近亦覺其非否

梓材謹案先生爲公非先生攽之元孫于靜春爲族子蓋始學于靜春而又師朱子者父龜年朝奉郎朱子表其墓

黎先生貴臣

黎貴臣醴陵人從朱子受業講明道學士類多宗之 參姓譜

林先生學蒙

林學蒙一名羽字正卿永福人從朱文公學因築室龍門庵講明道德性命之旨鄉人師之 同上

徐盤洲先生寓

徐寓字居父永嘉人朱子稱其務學求師志尚堅確 參戴氏銑說

雲濠謹案真西山誌包履常墓稱先生爲盤洲叟

隱君蔡先生念成

蔡念成字元思德安人文公守南康時講學于白鹿洞先生從之遊隱居求志樂道不仕文公沒心喪三年又以事文公者事黃直卿而卒業焉晚與同門數人每季月一集以相切磋如此者三十年州閭服行其化參江西人物志

縣令江德功先生默

江默字德功崇安人知建寧縣

雲濠謹案姓譜先生乾道五年進士嘗從朱文公遊有易訓解四書訓詁各六卷

縣尉戴養伯先生蒙

戴蒙字養伯永嘉人更名埜登紹熙進士調麗水尉棄官從朱子于武夷參溫州府志

程格齋先生永奇

程永奇字次卿休寧人先之子朱子門人稱格齋先生

李先生季札

李季札字季子婺源人參仲繒之子從朱子學有問答見朱子語錄著有近思續錄字訓續編諸書參徽州府志

錄所聞晦庵先生語

讀書著意玩味方見得義理從文字中迸出

讀書閑暇且靜坐庶幾心平氣和可以思索義理

看文字當看大意又看句語中何字是切要孟子謂仁義禮智根于心只根字甚有意如此用心義理自出

人只一心識得此心便無走作雖不加防閑此心常在

問存心曰存心不在紙上寫底且體認自家心是何物聖賢說得極分曉孟子恐後人不識又說四端于此尤好玩索

再問存心曰非是別將事物存心孔子曰居處恭執事敬與人忠便是存心之法說話覺得不是便莫說做事覺得不是便莫做亦是存心之法

大學在明明德一句當常常提撕能如此便有進步處蓋其原自此發見人只一心爲本存得此心于事物方知有脈絡貫通處

問明明德曰人皆有箇明處但爲物欲所蔽剔撥去了只就明處漸明將去然須致知格物方有進步處識得本來是甚麽物

問程子謂致知節目如何曰如此理會也未可須存得此心却逐節子思索自然有箇覺處如諺所謂冷灰裏豆爆

學者解論語多是硬說須習熟然後有箇入頭處

問道之以德齊之以禮曰資質好底便化不好底須立箇制度教人在裏面件件是禮後世專用以刑然不用刑亦無此理但聖人先以德禮到合用處亦不容已有恥且格只將格字做至字看至是真箇有到處如王格有廟格于上帝之格如遷善遠罪真箇是遠罪有勉強做底便是不至

問聖人十年工夫曰不須理會這箇且理會志于學能志學許多科級須著還我

問下學上達聖人恐不自下學中來曰不要說高了聖人高後學者如何企及越說得聖人低越有意思十五志學一章全在志于學上當思自家是志于學與否學是學箇甚如此存心念念不放自然有所得也三十而立謂把捉得定世間事物皆搖動我不得如富貴威武貧賤是也不惑謂識得這箇道理合東便東合西便西了然于中知天命便是不惑到知處是知其所以然如事親必孝事君必忠之類耳順是不思而得如臨事迎刃而解自然中節不待思索所欲不踰矩是不勉而中

孟子曰求其放心而已矣當于未放之前看如何已放之後看如何

復得了又看是如何作三節看後自然習熟此心不至于放

惻隱羞惡辭讓是非情也仁義禮智性也心統性情者也端緒也因情之發露而後性之本然者可得而見

說仁只看孺子將入井時尤好體認

義是箇毅然說話如利刀著物

四端本諸人心皆因所寓而後發見

問萬物皆備于我曰未當如此須從孟子見梁惠王看起卻漸漸進步如看論語豈可只理會吾道一以貫之一句須先自學而篇漸漸浸灌到純熟處其間義理卻自然出中必有庸庸必有中能究此而後可以發諸運用

聰察便是知強毅便是勇

天之運轉不窮所以爲天行健

天有春夏秋冬地有金木水火人有仁義禮智皆以四者相爲用也

問伊川見人靜坐如何便歎其善學曰這卻是一箇總要處

問滿腔子是惻隱之心曰此心軀殼謂之腔子能于此身知有痛便見于應接方有箇是與不是

為血氣所使者只是客氣惟于性理說話涵泳自然臨事有別進取

得失之念放輕卻將聖賢格言研窮考究若悠悠地似做不做如捕風捉影有甚長進今日是這箇人明日也是這箇人

梓材謹案錄語第一條移入晦翁學案

祕書林先生至

林至字德久華亭人官祕書郎登朱子之門著有易裨傳

隱君嚴亨父先生世文

嚴世文字時亨一字亨父新喻人隱居不仕師事朱子有疑義問答往復書帖參新喻縣志

附錄

問五行之生各一其性朱子答曰氣質是陰陽五行所為性即是太極之全體但論氣質之性則此全體墮在此質之中爾非別有一性

問明道言人生而靜以上不容說朱子答曰人生而靜是未發時以上即是人物未生之時不可謂性才謂之性便是人生以後此理墮在形氣之中不全是性之本體矣然其本體又未嘗外此要人即此而見得其不雜于此者爾易大傳言繼善是指未生之前孟子言性善是指已生之後雖曰已生然其本體初不相雜也

縣令楊船山先生與立

楊與立字子權浦城人受業朱子之門嘗知處州遂昌縣因家于蘭溪以道淑人學者多宗之稱爲船山先生雲濠案福建通志誤作鉛山先生所著有朱子語略二十卷參蘭溪縣志

梓材謹案儒林宗派朱子門人楊黼字與立浦城人又楊與立字子權蘭溪人蓋即一人而分載之

楊先生驤

楊驤字子節與立從弟朱子授易禮弟子參經義考

楊先生道夫

楊道夫字仲思與立從弟朱子授易詩禮弟子同上

梓材謹案朱子嘗教先生思量天地有心無心見晦翁學案

徐先生昭然

徐昭然字子融鉛山人朱子與蔡季通書謂鉛山徐子融老成有守嘗作小學欲延之家塾爲諸子師範云參朱子文集

姜先生大中

姜大中字叔權朱子授易弟子參經義考

教授潘先生時舉

潘時舉字子善臨海人從晦庵遊有聞必記其辨析六經疑義及問

學大端多爲師門稱許每喜靜坐晦庵云專務靜坐又恐墮落那一邊去只是虛著此心隨動隨靜無時無處不致其戒謹恐懼之力則自然主宰分明義理昭著矣先生服膺師語造詣日深故其論求放心有云日來覺得此理真無內外外面有跬步不合道理便覺此心已放嘉定十五年以上舍釋褐終無爲軍教授（參台學源流）

縣丞吳先生必大

吳必大字伯豐興國人以父任補官爲吉水丞屬權指朱文公爲僞學遂致仕先生早事張南軒呂東萊晚師文公深究理學議論操守爲儒林所重（參姓譜）

童科劉履之先生砥

劉砥字履之長樂人世南之子六歲日誦千言至覽忠孝大節輒激發感慨十歲通九經傳記能綴詞賦乾道閒與其弟礪俱中童子科嘗讀釋老書曰此不足習乃治舉子業又曰此不宜專習因徧取伊洛諸儒書讀之有見遂率其弟登朱文公之門文公嘉其篤志敏學授先天太極圖傳充然有得文公晚修禮書先生預編次以時方攻道學遂無復仕進意與蔡西山黃直卿相友善年四十五卒所編有王朝禮論語孟子解皆未脫稿（同上）

童科劉用之先生礪

劉礪字用之砥之弟幼穎悟孝弟中童子科後受學于朱文公文公嘗曰履之兄弟卻差勝若更加功或可望耳與黃直卿最友善及禁僞學志尚愈篤蔡西山編置道州先生與其兄餽贐甚厚年四十七卒同上

王先生力行

王力行字近思同安人遊朱文公之門苦學善問深得其旨趣嘗著朱氏傳授支派圖

吳先生壽昌

吳壽昌字大年邵武人初謁佛者疏山喜談禪學後遊晦庵先生之門著問答略嘗論張呂二先生謂南軒非壽昌所敢知東萊博學多識則有之守約恐未也朱子深然之

甘吉甫先生節

甘節字吉甫臨川人文公高弟

曾先生祖道

曾祖道字宅之廬陵人劉子澄之徒也嘗師象山其後爲朱子之學有云陸先生與祖道言目能視耳能聽鼻能知臭口能知味心能思

手足能運動如何更要存誠持敬硬將一物去治一物風浴詠歸自是吾子家風祖道言此恐非初學所到地位陸子曰吾子有之而必欲外鑠以爲本可惜也其後爲象山之學者辯之以象山答宅之書今見載集中但言存誠持敬二語存字千古有考若持字則後人之言是陸子未嘗如宅之所云然孟子嘗言存心亦言持志則陸子謂持敬爲杜撰者其說亦過

徵君吳友堂先生昶

吳昶字叔夏號友堂休寧人淳熙丙申文公以掃墓歸婺源先生率先執經館下久之僞學禁作弟子多更名他師而先生徒步走寒泉精舍就正所學所著有易論書說文公深嘉許之

雲濠謹案歙縣志稱先生安貧守道意薄進取徵爲郡校書郎弗就

迪功陳克齋先生文蔚

陳文蔚字才卿稱克齋先生上饒人因同鄉余正叔得師朱子其學以求誠爲本以躬行實踐爲事以著尚書解注有益治道詔補迪功郎書成賦詩云水飲已忘三月味囊中真乏一錢儲屢空本是我家事贏得閒身且著書洵有道之言也徐忠愍公元杰其門人也

方先生誼

方誼字賓王嘉禾人問學于朱子朱子答周南仲書有云方賓王每書來說得道理儘有歸著知與遊從可謂得友恐今已歸嘉禾也（參朱子文集）

張先生顯父

張顯父字敬之南劍人朱子弟子著經說（補）

孫先生自修

孫先生自新（合傳）

孫先生自任（合傳）

孫自修字敬甫宣城人偕從弟自新自任從朱子遊時正學久衰先生兄弟獨知尊嚮時論韙之朱子嘗貽書商搉傳訓既沒先生追記池錄一卷附載朱子語錄（參姓譜）

縣令葉子是先生湜

葉湜字子是建安人以父任調新化簿去尉寧都歷安仁令以卒壯歲遊朱文公之門得以直養氣之說故其爲人磊落明白無所回隱每自謂平生與賓客言者皆可以語妻子嘗與真西山同僚西山稱其堅彊有特操介直弗顧私遇事無難意處劇亡勸容其之安仁也

爲政一出于寬平居常語人曰先義而後利先教而後刑此吾所聞于真公者也吾其敢違邪參真西山文集

堂長黃先生義勇

黃先生義剛合傳

黃義勇字去私臨川人從文公武夷精舍爲白鹿洞堂長黃勉齋嘗曰向來問學之士彫落殆盡江西則甘吉甫黃去私兄弟張元德不過數人爾弟義剛字毅然事文公最久議論尤有根據嘗敘所聞曰先師德言參江西人物志

萬先生人傑

萬人傑字正淳大冶人陸文達公爲興國教授卽來受學旋事文安公于槐堂象山嘗言吾門惟曹立之萬正淳可不爲利害所動已而先生見朱子于南康亦力稱之先生遂爲朱子之學

曹无妄先生建

曹建字立之餘干人學者稱爲无妄先生初從沙隨程氏繼從陸氏兄弟最後乃從朱子于南康其所欲見而不得者南軒張氏而已朱子序其言道非一聞可悟一超可入也循下學之則加窮理之功由淺而深由近而遠則庶乎其可矣今必先期于一悟而遂至棄百事

以趨之吾恐未悟之閑狼狽也已甚此其晚歲用力之標的程度也

象山言其天資甚高因讀書用心之過成疾其後疾與學相爲消長某與蕩滌則胸中快活明白病亦隨減一聞他人言語又復昏蔽病亦隨發如此者不一有告之以某乃釋氏之學渠平生惡釋老如仇讎于是盡叛某之說湊合元晦說話不相見以至于死

梓材謹案一本云先生早卒朱子爲表其墓表中言先生于陸子異同之處陸子門人見而不喜朱陸異同之釁蓋亦其一事云

附錄

曹立之有書于象山曰願先生且將孝弟忠信誨人象山曰立之之謬如此孝弟忠信如何說且將 象山語錄

輅院詹景憲先生淵

詹淵字景憲崇安人調清江戶曹掾江西俗尚嚚訟有數年不決者先生一閱之皆得其情于是環十一府之民有求質于有司者皆請屬先生曰寧爲戶曹非不願他官直官至差監車輅院

梓材謹案真西山爲先生墓誌云景憲少時奮然以學自力既壯從朱文公遊得修己治人之大致

符先生敘

符敘字舜功建昌人初問學于象山象山遺傳子淵書言其妄肆無知之談子淵不得不任其責其答先生書亦多微詞其後先生師朱子嘗言陸子不喜說性蓋亦不以槐堂弟子自名者矣

童敬義先生伯羽

童伯羽字蜚卿甌寧人師事朱文公文公嘗造訪之名其堂曰敬義先生以道自任化行鄉里時人以敬義先生稱之著有四書訓解參閩書

正言龔先生蓋卿

龔蓋卿字夢錫常寧人以明經擢第往師朱文公明義理之學入諫垣爲右正言以直道事君參姓譜

梓材謹案先生嘗官小司成朱子池州語錄蓋其所著又與王居仁同時執經南軒之門謝山困學紀聞三箋于周子靜條亦云龔蓋卿南軒弟子

教授李先生宗思

李宗思字伯諫建安人其教授蘄學也文公送之曰與伯諫遊而講于斯也亦三年矣凡持守之要玩索之端巨細精粗蓋已無所不論

今使之言其又何以加此然有一焉主敬致知摧驕破吝謹之于細微雜亂之域而養之于虛閑靜一之中則雖屢言之而豈患乎其瀆哉參讀書工程述語

附錄

張南軒與朱子書曰蘄州之說淺陋不足動人自是伯諫天資低所致若臨川其說方熾此尤可慮者吾曹惟當勉其在己果得無一毫滲漏自是孚信有非口舌所能遽挽回也

梓材謹案臨川蓋指陸子金溪隸撫州本三國吳臨川郡蘄州謂李周翰

縣丞黃先生學臯

黃學臯字習之龍溪人通經史尤長詩書春秋南宮對策有曰愚獨愛伊川請改試爲課及制尊賢堂待賓齋與時論不合有司大書曰此必僞學之流黜之久而擢第再轉鄱陽丞李性傳延入郡齋校勘朱文公續語錄又著評古一冊補註東坡詩集上之諸司論薦調泉州察推需次于家郡守屈置于學以訓諸生參姓譜

學士黃尙質先生幹

黃幹字尙質長溪人師事文公著述甚富餘干饒魯寧德李鑑皆師

之著有誨鑑語五經講義四書紀聞官至直學士參道南源委

廖先生晉卿

廖晉卿朱子門人參儒林宗派

附錄

廖晉卿請問所讀書朱子云公心放已久精神收拾未定且收斂精神方可商量讀書

李先生伯誠

李伯誠朱子門人參儒林宗派

附錄

李伯誠曰打坐時意味也好朱子曰坐時固是好須是臨事接物長如坐底時方好

李先生周翰

李周翰朱子門人參儒林宗派

附錄

張南軒與朱子書曰季克寄得蘄州李士人周翰一文來殊無統紀本之釋氏伯諫爲其所轉可慮可慮

梓材謹案李伯諫教授于蘄南軒云爲其所轉則先生蘄州人

也

劉先生定夫

劉定夫朱子門人參儒林宗派

附錄

陸象山言定夫時宏大磊落常常如此時好但莫被枝葉累倒了須是工夫孜孜不懈乃得若少懈舊習又來

賀先生善

賀善

梓材謹案先生與黃勉齋李果齋爲同門友爭朱子綱目非未成之書則亦受業朱門者也

宋元學案卷六十九

宋元學案卷七十

餘姚黃宗羲原本　　後學慈谿馮雲濠校刊

男百家纂輯　　鄞縣王梓材重校

鄞縣全祖望補定　　道州何紹基重刊

滄洲諸儒學案下

宏齋門人 劉李三傳

文元饒雙峯先生魯 別爲雙峯學案

忠敏趙先生范

趙范字武仲衡山人忠肅公方子與弟忠靖葵俱有大志少從鄭清之牟子才學從父軍中嘉定閒嘗與忠靖殲金人于高頭累官知揚州淮東安撫副使屢立戰功進工部尚書沿江制置副使後爲京湖安撫制置使兼知襄陽卒謚忠敏參姓譜

忠靖趙庸齋先生葵

趙葵字南仲忠敏弟也以功累官知滁州度李全必叛乃聚兵爲戰守計及全寇揚州先生率衆與戰出奇破之斬全以歸淳祐中進端明殿學士知潭州後拜右丞相兼樞密使封魯國公先生有英武之才累立大勳朝廷倚之爲重者二十年卒贈太傅謚忠靖子溍同上

梓材謹案宋史先生本傳與兄范俱有志事功父方器之聘鄭清之全子才爲之師又遣從南康李燔爲有用之學是先生固李敬子弟子也

方連雲先生暹別見勉齋學案

布衣宋先生斌見上晦翁門人

進士許先生應庚別見雙峯學案

槎溪門人

提刑鄒先生應博

鄒應博泰寧人受學于廖槎溪開禧初登第寶慶中監行在都進院奏對謂書曰人心惟危道心惟微惟精惟一允執厥中朱熹謂人不能無人心亦未嘗無道心人心者如飮食男女好樂忿懥之類是也若無此則何以爲人乎惟其縱而不知檢則逐物而遷故曰人心惟危也道心者良能良知也而此心必甚微而難見聖人充吾良能良知之心使天理流行而昭著則人心自入于檢防之中也嘗知婺州蘇州提點江南西路刑獄爲真西山所薦云

果齋門人

推官陳貫齋先生沂別見北溪學案

清忠年存齋先生子才 別見鶴山學案

縣令葉先生釆

葉釆建安人安仁令子是之仲子也鄉貢進士壻于李公晦從公晦問學得其指歸 參真文忠集

梓材謹案學案原底于葉平巖傳云初事節齋後事方子方子卽公晦蓋宋有兩葉采事節齋者平巖事公晦者先生因同名而誤及之耳又案先生嘗爲昌化宰見胡石塘所作陳孝子傳

推官陳貫齋先生沂 別見北溪學案

毅齋門人

祕書王唐卿先生世傑

王世傑字唐卿義烏人官祕書丞初徐文清公倡道丹溪上及門者或仕或不仕皆時聞人文清之學蓋親得于考亭而先生則有得于文清者也 參黃文獻集

左司朱勵志先生元龍

朱元龍字景雲義烏人嘉定十六年進士歷除宗正丞兼權左司郎官宦官陳恂益求建節事下都司議先生擬曰優異內官寵賁節鉞雖出于特恩主張國是愛惜名器必由于公論不可宰臣傳旨令改

擬對曰吾職可罷筆不可改也有宗室與民論圩田衆莫敢決先生曰于法品官不許佃民田柰何天子屬籍之親乃爭田訟邪毅然決之時議括兩淮浮鹽先生謂朝廷而行商賈之事廟堂而踵諸閫之規使史氏書曰括浮鹽自今日始不可又兩上封事自宮禁朝廷以及百官萬民皆痛切言之先是史嵩之在督府先生劾其殺富民王倫爲非已而嵩之入相遂斥去予祠參王華川集

雲濠謹案王忠文嘗序先生左司集云始公受學鄉先生毅齋徐公僑又從四明絜齋袁公遊公之學蓋會朱陸之異以爲同其予祠也家居十年以卒又稱先生爲厲志先生厲志一作勵志

葉通齋先生由庚

葉由庚字成甫義烏人生而口吃嗜讀書試有司不中遂絕意進取時徐文清倡明朱子之學先生執經從之文清授以中誠仁命性心六字之說與金華何北山王魯齋辯析理學不立異不苟同虛己精索必求真是之歸其誨學者曰古之人知行並進若纏蔽于文字閒待其知至而後行是終無可行之日也人以爲名言學者稱通齋先生

鄉貢朱先生中

朱中義烏人徐文清弟子著太極演說經世補遺補

雲濠謹案先生宋鄉貢進士爲文清高第弟子見宋濳溪所銘

先生孫裕軒墓碣

雲莊家學

知州劉靜齋先生㷆

劉㷆字伯醇建陽人雲莊之子自號靜齋補承務郎知江寧縣辟制置司幕官以收李全功轉朝請大夫知常州衡州移南劍州以疾不赴與學徒熊竹谷輩講道終其身參姓譜

雲莊門人

推官陳貫齋先生沂別見北溪學案

允夫門人

縣尉董槃澗先生銖見上晦庵門人

元善門人

文忠真西山先生德秀別爲西山真氏學案

蒙谷門人

文忠江古心先生萬里父煜附門人陳偉器

江萬里字子遠都昌人自其父煜始業儒先生少神雋有鋒穎連舉
于鄉入太學有聲理宗在潛邸嘗書其姓名几硯閒以舍選出身歷
知吉州創白鷺洲書院權知隆興府創宗濂書院遷考功郎官命旋
寢久之以駕部郎官召遷尙右兼侍講史嵩之罷相拜監察御史仍
兼侍講未幾遷右正言殿中侍御史又遷侍御史未及拜先生器望
清峻論議風采傾動一時帝眷注尤厚既而坐騰謗閑廢者十有二
年後陸德輿嘗辨其非辜于帝前賈似道宣撫兩浙辟參謀官歷遷
刑部侍郎兼國子祭酒侍讀入對遷權吏部尙書又拜端明殿學士
同簽書樞密院事兼太子賓客隨以言者去官後以原職知建寧府
知福州兼福建安撫使度宗卽位召同知樞密院事又兼權參知政
事先生始雖俛仰容默然性峭直臨事不能無言似道常惡其輕發
故每入不能久在位似道以去要君帝初卽位呼爲師相至涕泣拜
留之先生以身掖帝云自古無此君臣禮陛下不可拜似道不可復
言去似道不知所爲下殿舉笏謝曰微公似道幾爲千古罪人然以
此言忌之帝在講筵每問經史疑義及古人姓名似道不能對先生
常從旁代對時王夫人頗知書帝語夫人以爲笑似道聞之積慙怒
謀逐之先生四丏祠不候報出關加資政殿大學士知慶元府兼沿

海制置使不拜予祠後二年知太平州兼提領江淮茶鹽兼江東轉運使召拜參知政事進封南康郡公旣至拜左丞相兼樞密使丐祠加觀文殿大學士知福州辭依舊職提舉洞霄宮又授知潭州湖南安撫大使加特進尋予祠時咸淳九年先生年七十有六矣明年元兵渡江先生隱草野閒爲遊騎所執大詬欲自戕旣而脫歸始先生聞襄樊失守鑿池芝山後圃扁其亭曰止水人莫諭其意及聞警執門人陳偉器手曰大勢不可支余雖不在位當與國爲存亡及饒州城破軍士執其弟萬頃索金銀不得支解之先生竟赴止水死事聞贈太傅益國公後加贈太師諡文忠參史傳

梓材謹案儒林宗派以先生爲林子武門人

古心學侶

縣令劉月澗先生南甫附從子由聖

劉南甫字山立號月澗吉水人年十七以治尙書擢嘉熙二年進士第爲縣安遠能去淫祠人稱神明警敏絕倫最爲江丞相萬里所重歐陽巽齋雖與爲輩行然師事之其學傳于從子□□字由聖號方壺先生參解春雨集

梓材謹案吉水縣志載先生嘗講學白鷺書院書院爲江丞相

所創則先生本古心學侶也

竹隱家學

知州傅先生壅

傅壅字仲珍忠簡之子慶元中登第知崇安縣創均惠倉增學田立義冢邑人爲立祠用課最歷大理寺丞審冤獄得實卿以下患之臺諫劾罷旋以獄直知南劍州改漳州先是忠簡兄弟相繼守漳先生治如其父邦人安之徙撫州以都官郎召未至卒

徽猷傅先生康

傅康字仲亙忠簡之子以父任知古田縣猾胥匿簿書賦入日少先生籍其家出所匿復得實邑計以饒爲司農寺丞知汀州時兄仲珍守漳其父往來就養鄉人榮之徙南劍發奸摘伏吏不敢欺累進司農少卿兼左司諫練熟典章上甚材之晚知袁州直徽猷閣致仕

性善門人

文安趙星渚先生景緯

趙景緯字德父於潛人少勤學弱冠得周程諸書讀之恨不及登朱子之門朱子門人葉味道謂之曰度正吾黨中第一人遂往見首誨以求放心爲本由是往來葉度之閒研索益精入太學登淳祐進士

第授江陰軍教授諸生守其矩度丁母憂以祿不逮養服闋不調作讀易庵懸霤山每進華秩必固辭歷知台州兩辭不許趣命益嚴至郡以化民成俗爲先務取陳述古諭俗文書示諸邑且自爲之說使其民更相告諭諷誦服行期無失墜約束官吏擾民五事取孝經庶人章爲四言詠贊其義使朝夕歌之至有爲之感泣者舉遺逸車若水林正心于朝旌孝行作訓孝文以勵其俗平重刑懲譁訐治豪横建黄巖縣社倉六十有六其善政不可殫載進考功郎四辭新命且乞于赤城桐柏之間采藥著書庶幾有補後學使病廢之身不爲無用于聖世不許御批兼崇政殿說書三辭不許乃造朝侍緝熙殿以易進講論聖人體元之妙在惟幾人君得此則天下有治而無亂人事有吉而無凶矣又曰惕厲祇懼乃天心之所存聖人先處于憂故能無憂先處以危故能無危若乃先自處于安樂則憂危乘之矣又論監司守令舉刺不當不足以服天下之心彗出于柳先生應詔上封事拜太府少卿以直敷文閣知嘉興府辭乞奉祠不許拜宗正少卿兼侍講乞祠還家御筆趣行除兼權工部侍郎時又命兼權中書舍人三辭不許以禮記進講開陳敬恕之義封還濫恩詞頭帝從之進權禮部侍郎兼修玉牒再辭不許進聖學四箴一曰惜日力以致

其勤二曰精體認以充其知三曰屏嗜好以專其業四曰謹行事以驗其用授集英殿修撰知建寧府召爲中書舍人進顯文閣待制乞祠遂差提舉玉隆萬壽宫未幾疾作謝醫卻藥曰使我清心以順天命毋重惱我懷拱手三揖而卒詔特贈四官至中奉大夫諡文安參史傳

梓材謹案先生號星渚見車玉峯所作台州新獨五邑坊場河渡錢記

北山家學

忠肅陳先生韡别見水心學案

復齋門人

山長黃德遠先生績見下瓜山門人

蒙齋門人

州判董介軒先生夢程别爲介軒學案

槃澗家學

州判董介軒先生夢程别爲介軒學案

槃澗門人

董復齋先生琮

程古山先生正則並見介軒學案

蓮塘門人

進士陽字溪先生枋

陽枋號字溪稱大陽先生有易說

梓材謹案先生銅梁人淳祐中進士見四川總志又案大陽五世孫有撰玉井易說者佚其名

陽存齋先生岊

陽岊號存齋稱小陽先生有易說

梓材謹案大小陽先生及韓禮部傳原與靜清同卷爲四明朱門學案之一謝山改定爲靜清學案靜清以上併入是卷

遠庵家學

方先生丕父別見勉齋學案

二竇門人

衞先生炳

衞炳字晦仲句容人也從二竇兄弟遊不爲今學而爲古學落落不苟二竇嘗介之以見漫塘稱其氣肅而言質空谷足音顧早卒君子惜之補

靜一門人

衛先生翼

衛翼字翼之句容人從湯靜一遊卽晦仲從兄弟也漫塘稱其有遠韻補

玉峯門人

知軍江先生塤別見西山真氏學案

瓜山門人

山長黃德遠先生績

黃績字德遠莆田人初遊淮浙徧參諸老已而從陳師復潘謙之二子遊及二子卒同門友築東湖書堂而請田于官以祀之讀約聚講如二子規約由是學者皆就正于先生郡守推入尊德堂以繼劉彌邵又辟充涵江書院山長先生以獨不懼名齋所著有四書遺說近思錄義類

蘇先生國台

蘇國台仙遊人辰州守權子從潘柄講學補

溪齋門人

趙省之先生雷

趙雷字省之縉雲人滕溪齋弟子參儒林宗派

德章家學

縣令滕萬菊先生鉛

滕鉛字和叔婺源人合肥令德章之子為安仁令所得所授學有源委注尚書行于世參姓譜

洞源門人

黃先生輔別見勉齋學案

監稅李先生仁厔

李仁厔字載叔德興人也直煥章閣駿之子官鎮江都稅院監從胡伯量學二十八歲而卒漫塘劉文清公志其墓曰載叔來金壇伯量與偕載叔出語稍易舉事稍偏伯量必正色折之載叔斂衽謝惟謹平生所見後生敬事師友未有如載叔者伯量去人謂載叔稍自適矣載叔對曰方胡先生在吾飲酒過三酌輒醉醉而安寢恃以無失及先生去吾飲不醉然其寐也憂其不能無失吾敢以離羣索居為樂也哉其初至金壇得一室蕭寺中僅容兩几廩無繼粟庖無繼肉人謂當重不堪而載叔不之戚也比憲檄下令入幕載叔反以侵官出位為戒遲回久之求益于其友則載叔之死豈徒李氏失一佳子

弟哉補

歐陽家學

著作歐陽巽齋先生守道別爲巽齋學案

淡軒門人

運判孟先生渙別見槐堂諸儒學案

信齋門人

提舉李先生鑑別見勉齋學案

堯卿門人

鄉舉陳先生思謙

陳思謙字退之龍溪人學問該博教授後學嘗魁鄉薦著春秋三傳會同及列國類編朱文公喜之因語其門人李唐咨以女妻焉

至之門人

推官陳貫齋先生沂別見北溪學案

撝堂門人

王立齋先生侃

運使王敬巖先生佖並見北山四先生學案

吉甫家學

侍郎孫先生願質（附子璹）

孫願質鄞縣人吉甫次子紹定五年進士第後中教官科終工部侍郎子璹字壽朋知臨海縣奉母在官元兵至母子俱蹈難死丞相葉夢鼎尚書王應麟嘗以文章薦之（參至正四明志）

履之家學

劉先生子玠（別見勉齋學案）

克齋門人

忠愍徐先生元杰（別見西山真氏學案）

子是家學

縣令葉先生采（見上果齋門人）

尚質門人

文元饒雙峯先生魯（別爲雙峯學案）

提舉李先生鑑（別見勉齋學案）

晦翁再傳

簽判邱行可先生富國

邱富國字行可建安人受業朱子之門人簽判端陽所著有周易輯解十卷易學說約五篇經世遺書三卷（雲濠案道南源委云登淳祐

進士又云著周易輯解經世補遺易學說約發明朱子宗旨宋亡先生高蹈不仕修

庸齋家學劉李四傳

知府趙冰壺先生溍

趙溍字元晉號冰壺葵之子也咸淳中嘗知建寧府著有養疴漫筆一卷參四庫書目提要

葉氏門人

陳玉巖先生天澤

陳天澤字澤民一字玉巖昌化人葉采弟子

唐卿門人

石蟠松先生一鼇

石一鼇字晉卿義烏人祕書丞王世傑弟子雲濠案黃晉卿表先生墓云少受業于王君若訥既又從祕丞遊世傑則徐文清弟子也覃思于易所著有周易互言總論十卷補

梓材謹案先生號蟠松見王海日許氏四傳堂記

靜齋家學

忠簡劉冰壺先生欽別見九峯學案

主簿劉希泌先生應李

劉應李字希泌雲莊弟炳之孫也初名棨登咸淳進士調建陽主簿入元不仕退與熊勿軒胡庭芳講道于洪源山共居十有二年後建化龍書院于莒潭聚徒講授學者多集(參姓譜)

梓材謹案儒林宗派列先生于靜齋之門蓋以韜仲之孫而受學于靜齋者也

靜齋門人

熊竹谷先生慶胄(別見西山真氏學案)

希泌講友

參軍熊勿軒先生禾(別見潛庵學案)

鄉舉胡雙湖先生一桂(別見介軒學案)

古心門人

州判趙元道先生介如

趙介如字元道淳梁人從江古心遊其學靜深有本登寶祐進士通判饒州元起爲雙溪書院山長從者甚衆(參江西人物志)

月澗門人

著作歐陽巽齋先生守道(別爲巽齋學案)

小陽家學

陽以齋先生恪

陽恪號以齋蜀人理宗三十九年爲蜀舉首其父存齋之學得之朱子高弟涪陵蔓氏淵先生有春秋夏時考正一編凡三十四條其說謂是堯典定時成歲之後四時十二月之序一定不移虞夏商周皆因之春秋時皆夏正之時月皆夏正之月謂夏時冠周月之說非是參張氏春王正月考

梓材謹案先生爲小陽先生之子史靜清師之見宋史史彌鞏傳然向之述學派者皆以靜清爲大小陽之傳

小陽門人

教授史靜清先生蒙卿別爲靜清學案

禮部韓先生居仁

韓居仁字君美本開封人也後居明州仕至禮部郎中學于小陽先生邑嘗官慶元經歷講學甚醇本堂謂其指易之全體大用以袪破碎脈詩之深源正流以洗浮薄又極稱儒術吏治有惠政于慶元嘗周視城渠水脈疏之瀹之既西至它山于堰于閘完故立新遂無旱澇之患深寧王尚書序其事而尤與程敬叔相契補

德遠家學

參議黃四如先生仲元

黃仲元字善甫涵江山長績之子咸淳中登第陸秀夫薦充益王府撰述官除武學諭太常博士兼閩廣宣撫司機宜改國子主簿兼福建招捕司參議皆不赴宋亡改其名曰淵字天叟又改其四如之號而以韻鄉贅翁彥安爲稱窮居稽古深入理奧率以向上自處不忝其父年八十二卒有四如講稿經史辨疑四如文稿參姓譜

德遠門人

推官鄭先生獻翁

鄭獻翁字帝臣莆田人從黃德遠遊咸淳初登第仕至漳州推官元既改物與仲元諸人俱以宿儒爲郡人模範

省之家學

參政趙格齋先生順孫

趙順孫字和仲縉雲人世韓王普之後父雷學于溪齋滕氏授以尊所聞集遂傳其子先生既長謂朱子之微言奧旨散出于門人所記錄者莫克互見乃采集以爲四書纂疏學者咸傳之淳祐十年進士自祕書郎五遷至侍御史皆兼講讀之職凡日食震雷水火爲災必

援據經傳及累朝故實爲危亡可畏之說隨時致戒時帑藏朽乏而人主不知汰侈日甚先生疏奏者八面奏者二謂周官九式冢宰實總之今之大臣乃學陳平之不知錢穀非也真宗常令三司具中外錢穀大數陳恕以天子富于春秋若知府庫充實恐生侈心恕慮先朝知其有臣慮陛下不知其無也度宗不以爲忤令諸司條具以聞又言內廷之帑不可輕發恩賞之濫有所謂特除特轉特補特贈者不可輕徇庶僚上殿專以瑣細對揚當申儆之以革習諛之風乞召洪天錫陳宗禮陳宜中還言職薦湯漢李伯玉何基徐宗仁呂圻歐陽守道呂大圭劾龔日升昏鄙美人楊氏父死甫踰旬進封淑妃先生言當念其蓼莪之感請以期年雖不從而竟得過卒哭者久之謝堂與其弟垕皆以戚畹驕橫先生力言之堂免侍從垕以節度使罷奉朝請度宗雅重先生而賈似道方當國先生累陳買田變楮之弊又劾罷其姪廣德守蕃世似道怒甚先生丐去度宗不允又言新宮之建議毀民廬未知師臣相臣有諫玉清昭應如王旦者否似道益怒上章乞骸先生亦丐去除吏部侍郎兼祭酒同修國史仍兼侍讀先生猶不自安求去益力遂以顯文閣待制知平江府兼淮浙發運使時以夏初卽徵民租先生爲設法糴二千萬斛以入庾而豫徵之

法以免築學道書院以講學復召爲吏部侍郎晉尙書兼侍讀請急援襄陽因述許翰之言治世諱危亡之事而不諱危亡之言亂世諱危亡之言而不諱危亡之事人臣知危亡而不言則人主處危亡而不知又曰端平失襄而卒復之今日之事與端平異不急援禍至無日度宗爲愀然變色似道笑曰縱襄陽失守豈遽危亡此書生腐語耳六年攝同簽書樞密院事進簽書兼權參政八年同知院事兼參政馬丞相廷鸞去位度宗欲用先生爲右揆兼元樞先生歎曰吾其爲張悌矣已降麻會病得辭以資政殿大學士提舉洞霄宮舟次富陽歎曰一病足勝二十四考矣十年起爲福建安撫使兼知福州爲州民代輸稅錢四十餘萬知時事不可爲亟歸憂憤疾篤不復御藥而三宮北上矣又九浹旬而卒所著自四書纂疏外有近思錄精義孝宗繫年錄中興名臣言行錄格齋集學者稱爲格齋先生補

萬菊門人

黃草窗先生智孫

黃智孫字常甫休寧人稱草窗先生學于萬菊滕氏而定宇之師也

補

梓材謹案汪氏炎昶狀陳定宇行略云後從鄉先生黃公常甫

遊黃公之學出于星溪萬菊滕先生滕之先璘珙二伯仲皆爲
朱子高弟是先生爲萬菊弟子之證亦可知萬菊爲二滕後人
蓋卽安仁令云

草窗同調

陳復齋先生源長

陳源長字復之休寧人定宇之父也力學不倦以麟經教授師之者衆有董生下帷之風 參定宇集附錄

梓材謹案先生本名履長晚年更名源長從學者號之曰復齋見定宇所述先世事略

子善所傳

陳西山先生紹大 別見北山四先生學案

行可門人

翰林張先生諒

張先生貢 合傳

張諒字子京建安人與弟貢學易于邱行可著經史事類書澤二十卷後贈翰林應奉文字貢字壯夫

賢良鄭翠屏先生儀孫

鄭儀孫建安人號翠屏從邱行可學易咸淳中以賢良舉少帝北行先生退而著書作易說大學中庸章句史學蒙求箋註性理字訓郡守吳某率幕屬迎于學師事之

蟠松家學 劉李五傳

孝子石先生定子

石定子字安叔義烏人一鰲子端敏純孝繼母朱性嚴毅先生奉養不倦無慍色者三十年 參兩浙名賢錄

蟠松門人

國學陳孅翁先生取青

陳取青東陽人受學石一鰲慷慨有志節子樵 百家記

雲濠謹案東陽縣志載先生云其先居睦之富春宋中葉來徙邑之太平里先生國學進士與聞考亭之學自號閑孅翁

文獻黃文貞先生溍

黃溍字晉卿義烏人先生生而俊異比成童授以書詩不一月成誦迨長以文名于四方登延祐進士第累轉國子博士視弟子如朋交未始以師道自尊輕納人拜而來學者滋益恭業成而仕皆有聞于世出爲江浙等處儒學提舉先生年始六十七不俟引年亟上納祿

侍親之請絶江徑歸俄以祕書少監致仕未幾除翰林直學士知制誥同修國史兼經筵官執經進講者三十有二帝嘉其忠數出金織紋段賜之陞轉至中奉大夫旋上章求歸不俟報而行帝聞之遣使追還京師復爲前官久之始得謝南還卒年八十一累贈參知政事追封江夏郡公謚曰文獻先生天資介特在外唯以清白爲治及升朝行挺立無所附足不登鉅公勢人之門君子稱其清風高節如冰壺三尺纖塵弗汙然剛中少容觸物或弦急霆震若未易涯涘一旋踵閒煦如陽春先生之學博極天下之書而約之于至精剖析經史疑難及古今因革制度名物之訓旁引曲證多先儒所未發文辭布置謹嚴援據精切俯仰雍容不大聲色譬之澄湖不波一碧萬頃魚鼈蛟龍潛伏不動而淵然之光不可犯所著書有日損齋稿二十五卷義烏志七卷筆記一卷參史傳

梓材謹案儒林宗派以先生爲石氏門人宋潛溪狀先生行實言其常著弔諸葛武侯辭太學內舍劉應龜見而歎之因留受業又從仙華山隱者方鳳遊是先生又爲劉氏方氏門人也楊鐵崖誌其墓云與其徒私謚曰文貞先生

巘翁同調

隱君李復庵先生直方

李直方字德方東陽人少以世業治尙書舉進士不第退治河洛之學宋末隱居教授其受業弟子陳樵與胡濙陳士允皆以文學知名晚歲家益貧與其弟子耦耕南山之麓人皆以龐德公擬之參金華先民傳

雲濠謹案隆慶東陽志載先生一名幼直字艮佐爲人沈毅方介又言其所著書百餘篇皆未竟惟易象數解爲全書至元中錄故上書言宋丞相者至其家則焚且久矣金華府志云學者稱復庵先生

元道門人

隱君汪東山先生華別見雙峯學案

右丞燕先生公楠

燕公楠字國材建昌人十歲能屬文居父喪廬墓三年再貢于鄉不第後以連帥辟五遷至通判贛州事元世祖旣平江南帥臣板授同知贛州事後召至上都奏對稱旨賜名賽因囊加帶命參大政辭乞補外累拜江浙湖廣行省右丞召還朝以卒參史傳

梓材謹案先生爲宋禮部侍郎肅七世孫與汪東山爲同門友

亦趙氏弟子也著有五峯集十五卷見程雪樓所作神道碑

草窗門人

鄉舉陳定宇先生櫟

陳櫟字壽翁一字定宇晚稱東阜老人徽之休寧人學以朱子爲宗所著有百一易略四書發明書傳纂疏禮記集義等書時雙湖東阜最稱宿儒延祐初詔以科舉取士有司強之鄉闈中選竟不復赴禮部先生性孝友剛介日用之閒動中禮法善誘學者江東士人就學草廬者盡遣而歸先生年八十三卒修

梓材謹案汪氏爲定宇行狀云其爲學得于家庭之講貫爲多最後始從鄉先生黄常甫遊

定宇文集

書載帝王之治而治本于道道本于心道安在曰在中心安在曰在敬揖讓放伐制度詳略等事雖不同而同于中欽恭寅祗慎畏等字雖不同而同于敬求道于心之敬求道于治之中詳說反約書之大旨不外是矣況諸經全體上下千數百年之治迹二帝三王之淵懿皆在于書稽古者舍是經奚先哉孔子所定半已遺逸厥今所存出漢儒口授孔宅壁藏錯簡斷編當闕疑者何限自有註解以來三四

百家朱子晚年始命門人集傳之惜所訂正三篇而止本朝科舉與行諸經四書壹是以朱子爲宗書宗蔡傳固亦宜然櫟不揆晚學三十年前嘗編書解折衷以羽翼蔡傳亡友胡庭芳見而許可又勉以即蔡傳而纂疏之遂加博采精究方克成編期與四方學者共之書傳纂疏序

程松谷先生顯道

程顯道號松谷婺源人也有孝經行義嘗刲股救親水漿不入口三日哭哀于墓書銜恤二字于扇蔬食終三年定宇以爲不言躬行之士亦草窗弟子也補

復齋家學

鄉舉陳定宇先生櫟見上草窗門人

翠屏門人

知事張先生復

張復字伯陽建安人仕元爲建寧路知事師事鄭翠屏學易得邱氏之傳嘗輯諸儒論議編性理遺書十四卷

巘翁家學 劉李六傳

隱君陳鹿皮先生樵

陳樵字君采取青之子好以鹿皮爲衣自號鹿皮子先生學于家庭又從李直方受五經大義性沈敏嗜學獨取遺經精思逾四十年心領神會自以聖賢大指可識乃入東白山大霞洞中著書其微詞奧義多前儒未經道虞伯生黃晉卿歐陽圭齋輩皆向慕以爲不可及宋潛溪志其墓稱爲東陽隱君子 百家記

文貞門人

文憲宋潛溪先生濂 別見北山四先生學案

忠文王華川先生禕

王禕字子充義烏人幼秀爽奇敏師事黃晉卿元政亂先生爲書數千言上時宰危素張起巖並薦不報隱青巖山著書明洪武初授江西儒學提舉司校理遷起居注同知南康府事召修元史爲總裁官書成擢翰林待制兼國史編修奉使雲南爲梁王把都所害其遺文有華川集玉堂雜著諸書正統閒追贈翰林學士諡忠文 參人物考

提舉戴九靈先生良 別見北山四先生學案

陳夷白先生基

陳基字敬初臨海人也黃晉卿高弟學者稱夷白先生 補

隱君劉青村先生涓 別見北山四先生學案

學正蔣先生允升

蔣允升字季高東陽人貞節先生元之子也幼穎異長益自力于學貞節性嚴毅教訓甚篤延方先生麟李先生亦于家爲之師凡天人性命之奧禮樂名物度數之詳悉得于耳提面命而會其指歸貞節與兩先生繼歿先生束書入懷歸山中博考而精思之所有旣富發爲文章動合法度會黃侍講致政家居先生爰登其門嘗試有司不合遂棄其業弗爲部使者舉其茂材當得官未報而卒年二十九所著有時敏齋稿參王忠文集

梓材謹案宋潛溪志貞節墓言先生嘗從黃文獻公遊有文用薦者授慶元路儒學正

都事高則誠先生明附弟誠

高明字則誠永嘉人自少以博學稱一日歎曰人不專一經取第雖博奚爲乃自奮讀春秋識聖人大義屬文操筆立就登至正乙酉第授處州錄事數忤權貴謝病去除福建行省都事道經慶元方氏籍據強留幕下力辭不從臥病卒所著有柔克齋集二十卷弟誠字則明亦有文名時號高氏兩難參姓譜

雲濠謹案溫州舊志載東海趙汸嘗稱其學博而深才高而贍

隆慶東陽志則稱其從烏傷黄文獻葢亦黄氏門人也

復庵門人

隱君陳鹿皮先生樵見上巖翁家學

徵君胡蕉庵先生溉附門人李思齊徐黼胡太和

胡溉字景雲號蕉庵東陽人與陳樵陳士允從李直方遊耽嗜六經兼通子史學問深邃文章典雅長于詩賦尤善表啓其詩似李長吉有元一代作者鹿皮子外惟景雲氏家居授徒李思齊徐黼胡太和皆從之遊生平篤于實行動必以禮言論風采師表一時朱編修廉稱爲隱君子洪武初以薦授史館命已下卒所著有僧鳴集參東陽縣志

陳先生士允

陳士允東陽人從李直方遊爲人古樸迂遠不趨勢利閉戸讀書深明易旨尤慮學者未易讀程朱傳義迺輯諸家所著爲集註同上

定宇門人

隱君倪道川先生士毅

倪士毅字仲宏隱居徽州祁門山定宇陳氏弟子也學者稱爲道川先生生平事親至孝接物以誠非仁義道德之說素論定于郡先師

朱子者不以教人故黟人信其言而尊其行與趙東山汪環谷朝夕講學時稱新安三有道嘗言朱子四書集註既行當時儒者懼後學誦習之難因各為詮解于是勉齋有通釋而采語錄附于大學章句之下始自西山真氏名曰集義祝氏宗道四書附錄放而成之格齋趙氏有纂疏克齋吳氏有集成定宇陳氏有發明雲峯胡氏有四書通仁山金氏有指義由宋迄元不下數十家而義理未為明備著四書輯釋三十六卷環谷為之序 修

朱子綱目凡例序

朱子綱目之作權度精切而筆削謹嚴先輩論之詳矣贊不待贅惟凡例世尚罕傳學者于書法有未窺其要者至元後戊寅冬友人朱平仲晏歸自泗濱明年春出其所錄之本謂得于趙公繼清簣翁之子嘉績凝始獲披閱遂節錄之暇日詳觀因轉相傳錄而不能無小誤惜未有他本以參校乃隨所可知正其錯簡二條漏誤衍文共三十餘字以寄建安劉叔簡錦文刊之坊中與四方學者共之又記昔受學于先師陳定宇先生時得李氏綱目論一篇實能發朱子此書之大旨而見者亦少今併錄以附于後蓋凡例當與綱目並行而李氏綱目論當與尹氏綱目發明並行若綱目及尹氏之書皆盛行矣

故願以是二書備傳之苟能相與講習則朱子繼春秋之筆煥然以明其于世教豈曰小補

學士宋楓林先生升

程先生存合傳

朱升字允升號楓林休寧人從定宇學又師黃楚望五經皆有旁註而易尤詳別有前圖二卷元末舉鄉薦為池州學正盜起隱石門雲

濠案先生明徵為侍講學士又同邑程存亦定宇弟子著太極圖說

修

易前圖說

案邵子此詩取先天八卦圓圖指其緘要景象而示人以履運處身之道也邵子平日所以為教妙在一動一靜之閒詩之天根月窟正指此也所謂天根者指坤震二卦之閒而言坤震之閒陰既極矣微陽將生將生之微陽天所生之根也所謂月窟者指乾巽二卦之閒而言乾巽之閒陽既極矣微陰將生將生之微陰月所出之窟也陰陽一元氣非有二也動而陽靜而陰更相禪代無有窮已天之寒暑時之晝夜人之呼吸物之榮枯其著者也方其動而陽也非全無陰陽漸盛則陰漸微及其靜而陰也非全無陽陰漸盛則陽漸微盛之

極者消則微之極者息矣知此則知坤震之閒乃乾之靜專既極而動直之初也故曰天根乾巽之閒乃坤之靜翕既極而動闢之初也故曰月窟凡草木之甲坼必先根而後萌坤震之閒在圖之下方其象厚地之下天包地外地下有天凡根之所著愈深則萌之所發者愈暢天根之名所以立也月之魄受日之光其無光處月之本體也乾巽之閒在圖之上方其象中天之上月望而午盈極而虧而月之本體無光者始微出于此月窟之名所以立也氣機闔闢流行不息而人物生焉氣之流行其陰陽消長固不齊人物囿乎其中其純駁美惡豈能齊乎以吾身而處乎人物之中必也下極乎動靜之閒如足之躡天根上極乎動靜之閒如手之探月窟真有見乎氣機之消息流行者而後人物之生所以不齊者可得而喻矣見之明體之熟則其所以撫世酬物者必有其道矣所謂三十六宮指八卦之畫爲言剛畫奇一爲一宮柔畫耦一爲二宮八卦二十四畫共三十六宮陽宮十二陰宮二十四三十六宮不皆春也以耳目聰明之身而探月窟躡天根知物識人而灼見其不齊也而以無所繫累之閒心來往乎其閒翫對待之象以施泛應之用畫之對則皆一奇一耦也卦之對則皆三陽三陰也如是則泛而應曲而當三十六宮陽宮不暑

陰宮不寒無適而非春也天根月窟三十六宮易之象也知物識人間來往都是春則其占也此邵子胸中之全易而凡學者所當以爲己易者也昔人于此詩遇字逢字誚而未審誤以六十四卦圖復姤二卦言之或又有偏泥于歸根內丹之說者是以本指未徹愚故詳之以附于易旁注前圖之後云

三十六宮圖說

按自甲至癸者十日之名也日有十而卦以八以八納十故乾坤二卦始終包羅之而納甲乙壬癸之四日甲壬陽日乾納之乙癸陰日坤納之也其閒六日三男納其陽三女納其陰六子之卦各得乾坤之一畫者也又艮納丙兌納丁者氣之方行者也少男女納之猶日之未午歲之方夏時也震納庚巽納辛者質之已凝者也長男女納之猶日之過午歲之既秋時也坎離中男女納戊己于正中有不待言者矣易家納甲意本如此其見于經則蠱之先甲後甲巽之先庚後庚與革之己日乃孚而已世言易卦納甲本于參同契今以其書考之則以月之明魄多少取象于卦畫而以所見方位爲所納之甲二者皆非也夫既以乾三畫純陽爲望以坤三畫純陰爲晦則其明魄消長當以五夜當一畫若是則震當爲初五夜之月而非生明兌當爲初十夜之月而非上弦也望後巽艮準此此月之明魄既與所

言卦畫不類矣又地之方位甲庚相對旣以望夕之月爲乾而出甲則初生之月不見于庚矣上下弦之昏旦同見于南方之中亦初無上弦見丁下弦見丙之異也大抵月之行天一歲十二月閒其昏朏出見之地夜夜推移不襲其位惟有春秋二分黄道與赤道相踏又須氣朔分齊則其朔望昏朏出見乃有定位可指而不可以言納甲之理也參同契乃是整齊一歲一月一日之造化以明吾心之造化姑借易以言之大概約略取象云爾而非以說易也八卦納甲圖說

葉先生大有

葉大有字謙甫定宇之甥嘗稱其入有悟門其進有實地補

吳先生彬

吳彬字仲文定宇之甥其問答見定宇集補

則誠門人劉李七傳

處士李先生孝謙別見北山四先生學案

宋元學案卷七十

嶽麓諸儒學案表

胡大時

彭龜年

子欽——孫泫別見二江諸儒學案

子鉉

吳獵

游九言

劉宰——黃復

王遂——黃震別爲東發學案

竇從周別見滄洲諸儒學案

鄭節夫

游九功

周奭

趙善佐

簡克己

吳倫

蔣復
陳琦
鍾如愚
張巽
父寓
王居仁
趙方
子范
子葵別見滄洲諸儒學案
梁子強
鍾炤之
蔣元夫
沈有開
曾撙
父信道

宋文仲
宋剛仲
吳儆
曹集
蘇權——子國台別見滄洲諸儒學案
周去非——從子端朝
謝用賓
蕭佐
李壁——高崇別見鶴山學案
李皐
劉強學
宋甡——子自適
潘友端
並南軒門人
五峯劉氏王

氏紫巖再傳
龜山和靖譙
氏武夷得全
三傳
二程元城子
文四傳

宋元學案卷七十一

餘姚黃宗羲原本

男百家纂輯

後學慈谿馮雲濠校刊

鄞縣全祖望補定

鄞縣王梓材重校

道州何紹基重刊

嶽麓諸儒學案

祖望謹案宣公身後湖湘弟子有從止齋岷隱遊者然如彭忠肅公之節槩吳文定公之勳名二游文清莊簡公之德器以至胡盤谷輩嶽麓之巨子也再傳而得漫塘實齋誰謂張氏之後弱于朱乎述嶽麓諸儒學案梓材案是卷與下卷皆南軒學派惟是卷多受學湖湘下卷則講學蜀中爲異耳

南軒門人胡劉再傳

胡季隨先生大時

胡大時字季隨崇安人五峯季子雲濠案序錄嶽麓巨子胡盤谷當卽先生南軒從學于五峯先生從學于南軒南軒以女妻之湖湘學者以先生與吳畏齋爲第一南軒卒其弟子盡歸止齋先生亦受業焉又往來于朱子問難不遺餘力或說季隨才敏朱子曰須確實有志而才敏方可若小小聰悟亦徒然最後師象山象山作荊公祠記

朱子譏之先生獨以爲荊公復生亦無以自解先生于象山最稱相得云

梓材謹案先生與周允升宋深之相聚從戴監廟遊見朱子答深之書是先生又及岷隱之門矣

湖南答問

學者問曰延平先生語錄有曰大抵學者多爲私欲所分故用力不精不見其效若欲進步須打斷諸路頭靜坐默識使其泥滓漸漸消去又云靜坐時收拾將來看是如何便如此就偏處著理會又云學者有未祛處只求諸心思索有窒礙處及于日用動靜之閒有咈戾處便于此致思求其所以然者又云大凡只于微處充擴之方見礙者大爾又引上蔡語云凡事必有根必須有用處尋討要用處將來斬斷便沒事此語可時時經心又云靜中看喜怒哀樂未發時作何氣象不惟于進學有功兼亦是養心之要觀此數說真得聖賢用功緊要處但其閒有一段云學者之病在于未有灑然冰釋凍解處縱有力持守不過只是苟免顯然尤悔而已恐不足道也竊恐所謂灑然冰釋凍解處必于理皆透徹而所知極其精妙方能爾也學者既未能爾又不可以急迫之求只得持且守優柔饜飫以俟其自得如

能顯然免于尤悔其功力亦可進矣若直以爲不足道恐太甚也大時答曰所謂灑然冰釋凍解只是通透灑落之意學者須常令胸中通透灑落則讀書爲學皆通透灑落而道理易進持守亦有味矣若但能苟免顯然尤悔則途之人亦能之誠不足爲學者道也且其能苟免顯然尤悔則胸中之所潛藏隱伏者固不爲少而亦不足以言學矣

學者問曰遺書曰須是大其心使開闊譬如爲九層之臺須大做根脚方得恐大其心胸時却無收斂縝密的意思則如何大時答曰心目不可不開闊工夫不可不縝密

學者問曰遺書曰執事須是敬又不可矜持太過竊謂學者之于敬常懼其放倒既未能從容到自然處恐寧過于矜持亦不妨也大時答曰頃年劉仲本亦曾舉此條以爲問蓋嘗答之曰敬是除病之大藥矜持是病之旁證藥力既到病勢既退則旁證亦除矣

學者問曰遺書曰有諸中必形諸外唯恐不直內直內則外必方至論釋氏之學則謂于敬以直內則有之義以方外則未之有也又似以敬義內外爲兩事矣竊謂釋氏之學亦未有能敬以直內若有此則吾儒之所謂必有事焉者自不容去之也大時答曰前一段其意

之所重在有諸中必形諸外上後一段其意之所重在義以方外上
且謂其敬以直內上則有之味有之二字則非遽許之以爲與吾儒
之學所謂敬者便可同日而語矣
學者問曰遺書曰釋氏只曰止安知止乎釋氏無實譬之以管窺天
只務直上去惟見一偏又却有曰釋氏只到止處無用處無禮義竊
謂既無實惟見一偏則其學皆憑虛鑿空無依據矣安可謂其到止
處而責之以有用有禮義乎大時答曰釋氏曰止安知止乎此以吾
學之所謂止而論之也禪學只到止處無用處無禮義此止字就其
學之所謂止而論之也
學者問曰遺書曰孟子曰盡其心者知其性也彼所謂識心見性是
已若存心養性一段事則無矣竊謂此段事釋氏固無之然所謂識
心見性恐亦與孟子盡心知性不同盡心者物格知至積習貫通盡
得此生生無窮之體故知性之稟于天者蓋無不具也釋氏不立文
字一超直入恐未能盡其心而知其性之全也大時答曰釋氏云識
心見性與孟子之盡心知性固是不同彼所謂識心見性之云蓋亦
就其學而言之爾若存心養性一段則無矣之云所以甚言吾學與
釋氏不同也

學者問曰遺書曰學者所貴聞道若執經而問但廣聞見而已竊謂執經而問雖止于廣聞見而已須精心究此而後道由是而可得也不然恐未免于說空說悟之弊矣大時答曰所謂學者所貴聞道若執經而問但廣聞見而已蓋爲尋行數墨而無所發明者設而來諭之云謂必須深究乎此然後可以聞道則亦俱墮于一偏矣

學者問曰遺書曰根本須先培壅然後可立趨向竊謂學者必須先審其趨向而後根本可培壅不然恐無入頭處大時答曰必先培其根本然後審其趨向猶作室焉亦必先有基址然後可定所向也

學者問曰遺書曰誠然後能敬未及誠時須敬而後能誠學者如何便能誠恐不若專主于敬而後能誠也大時答曰誠者天之道也而實然之理亦可以言誠敬道之成則聖人矣而整齊嚴肅亦可以言敬此兩事者皆學者所當用力也

學者問曰遺書曰只外面有些罅隙便走了學者能日用閒常切操存則可漸無此患矣大時答曰其中充實則其外無罅隙矣

學者問曰樂記曰人生而靜天之性也感于物而動性之欲也五峯有曰昧天性感物而動者凡愚也向來朋友中有疑此說謂靜必有動然其動未有不感于物者所謂性之欲者恐指已發而不可無者

爲言若以爲人欲則性中無此五峯乃專以感物而動爲言昧天性而歸于凡愚何也大時答曰按本語云知天性感物而通者聖人也察天性感物而節者君子也昧天性感物而動者凡愚也曰知曰察曰昧其辨了然矣今旣不察乎此而反其語而言乃以感物而動爲昧天性者失其旨矣學者又曰曰知曰察曰昧其辨固了然但鄙意猶有未安者感物而動爾樂記固止云感物而動性之欲也初未嘗有聖人君子凡愚之分通與節之說今五峯乃云知天性感物而通者聖人也察天性感物而節者君子也昧天性感物而動者凡愚也是不以感物而動爲有得也更請垂誨大時答曰人生而靜天之性也感于物而動性之欲也物格知至然後好惡形焉好惡無節于內知誘于外不能反躬天理滅矣夫物之感人無窮而人之好惡無節則是物至而人化于物也人化于物者滅天理而窮人欲者也觀其下文明白如此則知先賢之言爲不可易矣且味感于物而動性之欲也兩句亦有何好而必欲舍其正意而曲爲之說以主張之乎程子云寂然不動感而遂通天下之故者天理具備元無少欠不爲堯存不爲桀亡父子君臣常理不易何曾動來因不動故言寂然不動感而遂通天下便感非自外來也又曰寂然不動萬象森然已具感

而遂通感則只是內感不是外面將一箇物來感于此也又曰寂然不動感而遂通此言人分上事若論道則萬理皆具更不說感與未感又曰蓋人萬物皆備遇事時各因其心之所重者更互而出纔見得這事重便有這事出若能物各付物則便自不出來也以此四條之所論者而推之益知先賢之言不可易而所謂感物而動性之欲者不必曲爲之說以主張之矣湘山詩云聖人感物靜所發無不正衆人感物動動與物欲競殆亦與聖賢之意相爲表裏云爾

附錄

南軒答季隨書曰遺書所謂未容輕議者非是爲尊讓前輩蓋未易明不應乘快便據目前斷殺若果下工夫方覺其未易也只據前人所辨亦須自家胸中見得精神乃可不然只是隨人贊歎而已頃年編希顏錄如莊子諸書所載顏子事多削去先生云諸說亦須玩味于未精當中求精當不可便容易指以爲非而削之此事是終身事天地日月長久今十二年愈覺斯言之有味願吾友篤沈潛之功以輕易爲戒補

忠肅彭止堂先生龜年

彭龜年字子壽清江人得程氏易讀之至忘寢食從南軒質疑而學

益明登乾道五年進士第授宜春尉安福丞用薦爲太學博士累轉兼嘉王府直講除起居舍人寧宗立遷中書舍人尋陞吏部侍郎兼侍讀慶元二年落職嘉泰初復官奉祠開禧二年以寶謨閣待制致仕卒諡忠肅先生言大學格物致知之外非別有所謂誠意正心修身齊家治國平天下之道其疏于各條之下者卽格物致知之事未嘗有闕文也又言大本者卽此理之存達道者卽此理之行未有極其中而不和者未有天地位而萬物不育者不必分說時中者以其全得此理故無時而不中非是就時上取中也皆與集註不同 雲濠案先生著有止堂集二十卷

文定吳畏齋先生獵

吳獵字德夫醴陵人也學者稱爲畏齋先生遷居善化年二十三見張宣公稱其宏裕疏暢曰吾道知不孤矣先生謂聖賢教人莫先于求仁乃以孔門問答及周程以來諸儒凡言仁者萃類疏析以請正宣公是之以進士主平南簿宣公帥廣西檄攝靜江教授劉焞代宣公辟爲司屬李接作亂連陷州縣先生以方略復鬱林言于焞曰有罪不誅有勞不賞師所以久不克也焞乃大會將士錄鬱林之功而誅南流尉等數人一軍皆用命不踰時禽接六州八縣盡平磔接于

市膾其心肝以祭死事者南流尉者宰相王淮甥也初盜之起焞責刑獄司佚捕轉運司分餉二司懼且怨至是欲中先生以弁中焞且迎宰相意乃劾先生焞上疏爭之先生適以憂去焞亦改鎮湖北刑漕二司遂劾先生左遷弁及焞罷之焞亦尋卒先生服闋上書爲焞訟冤言六州之功犯不測者四爲其難者六且臣今不忍負劉焞乃不負陛下也不報先生時當赴澂浦令以焞冤未白不行趙雄林栗趣之乃赴明年調桂陽軍酒庫監賑荒有勞趙雄薦之紹熙四年知無錫縣陳文節公止齋言其平李接之功訟劉焞之義桂陽荒政之勤召赴都堂尋召試館職先生對曰大義不明而委兵民于交病之地此今日所患也靖康之禍天地之大變而古今之所無使南渡以來君臣上下朝思夕勉如句踐之報吳田單之復齊則將必其將兵必其兵上無賄取倖得之門下無虛籍冗費之敝民力庶其有瘳而紹興以來戹于權臣之和議乾道以來格于幾會之未集馴至于今又非前比以偷安爲和平以不事事爲安靜天經地義陷溺而不知竭州縣之力以養不耕不戰之軍不惟不可用于外亦未保其恬然于內也除祕書省正字六月召姜特立先生率同列上封事命隨寢秋九月率三館之士請過重華宮不報冬十月與同列三上疏不報

又自上疏諫不報又因慶節奏曰慈福有八十之太母重華有垂白之二親不于此時問安上壽何以慰二宮之心五年春白宰相乞召朱子楊誠齋夏四月又率同列上封事請過宮又自上疏極言之不報時止齋亦以爭過宮不從求去先生爲書留之曰今天下安危之機已判然可見而未聞有叩頭流血牽裾折檻之士方且曰是不宜激激則已甚公不于此時有所奮發爲士大夫倡第潔身而去不欲歸過君父身雖退奚益止齋改容謝之寧宗卽位遷校書郎俄除御史其冬以災異陳五事一曰居喪次以答神人之心二曰審最殿以徼宗社之福三曰寢御札以專廟堂之責四曰體乾綱以強主德五曰建皇極以正人心是時韓侂胄已用事累以御批行故先生及之有詔侍從臺諫言事先生請廣之百執事悉許盡言上將移御大內先生上疏略曰壽皇破漢魏以來之薄俗爲高宗服三年之喪陛下輕棄喪次無以慰在天之靈況大母春秋高壽成又當大變之後皆悲切而不自聊今陛下在行宮瞻前顧後猶有憑恃一旦舍之以去兩宮何以爲懷陛下卽位以來未見上皇其閒必有幾微曲折非外庭小臣所能盡言者陛下宜篤勵精神俟上皇和豫徐爲祗見之謀何苦爲是趣迫之舉而況行殿之次三年之喪所以祈天永命之意

實肇基立本乎此其後御札日感復上疏曰陛下臨御未數月今日出一紙去宰相明日出一紙去諫臣其他令由中出不知其幾昨日又聞侍講朱熹以御札畀祠祿中外惶駭謂事不出于中書是謂亂政熹當世老儒清議所出陛下無謂天下爲一人私有而用舍之間輕易快意尋駁史浩諡集議孝廟配享先生謂艱難以來首倡大義不與賊俱生不以成敗利鈍異其心者張浚一人而已孝宗皇帝規恢之念一飯不忘歷考相臣始終此念足以上配孝宗在天之靈亦惟張浚一人議不合求去除江西運判半載罷歸于是學禁正興先生入慶元黨籍五年學禁稍弛復官奉祠嘉泰三年除廣西運判改知鄂州尋以戶部員外郎總領湖廣江西京西財賦時則有開邊之議金人諜知增戍先生移書當路請號召沿邊忠義人以保疆埸刺軍中子弟以補軍實增棗陽信陽之戍以備衝突分屯陽羅五關以捍武昌杜越境誘竊以謹邊隙選試良家子以衛府庫且謂金懲紹興末年之敗今其來必出荊襄宜有儲峙乃幷輸湖南米于襄陽得五十萬石芻豆倍且過之又以湖北漕司和糴米三十萬石分輸荊郢安信四郡又儲銀一百萬兩爲軍費拔董逵孟宗政柴發等其後皆爲名將而襄安郢之圖卒賴儲峙之力人心不搖閏月召赴行在

奏事尋除祕書少監對言臣所聞于師友者唯大義是究未嘗舍是而言他今縱未能一舉以大快神人之憤亦宜簡收人才蒐練軍實使一日有一日之積一歲有一歲之功其次招勇敢葺險要廣召募明閑諜光鄂當經理江黃當增戍于良家子中增爵賞以募閑探擇近臣授之節制視前請加贍又言恢復之計必先內後外日積月累使規模先全異論不搖侂胄方銳意克期用兵弗善也乃以上流告饑除祕閣修撰知江陵理賑貸事辟黃公勉齋爲司屬先生念金人萬一窺襄陽則荊州爲天下劇方高氏有國嘗以三海爲水防乃大發緡錢首築金鑾內湖通濟保安四櫃以達于上海而注之中海拱辰長林藥山棗林四櫃以達于下海又分高沙東奬之流由寸金隄外歷南紀楚望諸門東匯于沙市爲南海又于赤湖城西南遏走馬湖熨斗陂之水西北注李公櫃水勢四合高可注而下卑可限戎馬深可舟淺不可揭隄上有路路端有隘而隄穴以相灌注其後金人東至竟陵北窺荊門而不敢窺江陵者以此又請募茶商水手調荊岳鼎澧義勇防城是冬金人犯棗陽先生謂棗失則郢重郢重則荊危請調兵援之未報金人已圍襄陽德安乃以二千人援郢以一千三百人會百頃義勇千人援襄陽有詔節制軍馬金人迫竟陵遣張

榮以八百人援之又招神馬陂潰軍得萬人以三千人援襄陽以八百人援德安有詔除寶謨閣待制京湖宣撫使竟陵將魏友諒乞濟師以一千五百人應之又遣章彥珍金安世各將五百人駐龍泚灘又使馬瑾以一千四百人再援竟陵遣應城將董逵郝恩各將兵援郢陳椅以四千人守荊門張榮敗死于竟陵金人圍郢而吳曦反書至會魏公鶴山罷官歸道出江陵先生留爲參議官委以西事募死士入郢令王宗廉以死守而調諸軍分道夾擊始解郢州之圍乃督諸軍自京山進援德安而自黃陂約山砦諸軍進解襄陽之圍始爲西討之計以軍扼秭歸巫山立柵石門控均房之險轉夔峽之粟以待王師又募得衢士趙師濟令往說夔州僞帥祿禧于是寧宗除先生刑部侍郎手詔付以西討之事而安丙誅曦露布至夔州亦誅禧先生並上其功請厚其賞當事之殷荊湖人情岌岌微先生支拄之事且殆寧宗乃復以手詔令先生諭蜀且商善後之事自夔趨沔與安丙定議區畫分屯首奏楊震仲死節李好義有大功皆應賜謚立祠劾蔣介不忠將歸報會除敷文閣直學士即授四川安撫制置使兼知成都府先生列上倡義之士十有五人守節二十九人去官二十三人受僞命九人又上人材五十二人請養成之以爲異日用又

請蠲賦役以幸蜀民其略曰竊惟蜀之利病莫甚于賦斂姑以養兵言之歳有二千萬之供取民百端未易毛舉鹽課之在建炎八十萬緡後改行引法遞增至四百萬今雖數數寬減尚存二百餘萬緡酒課在建炎一百四十萬緡後改場店法遞增至六百九十餘萬今寬減之餘尚存四百餘萬茶產本無幾元豐紹興增倍以來今二百餘萬緡布估不過六州天聖時每疋給以本錢建炎不給本錢而疋二千今一百三十七萬緡以至二百萬緡畸零之錢與三十萬緡激賞之絹當時固云軍興暫科事已卽罷其後取之自如展轉滋甚異時養兵費二千萬緡今已增倍至五千萬矣不知何以爲繼兩界錢已五千萬緡今又添印五百萬且增一界又二千四百萬緡不知子母何以相權重以逆吳之變總取之積耗于妄賞闕外轉輸焚毀殆盡今平賊之後諸軍累資俱高每歳俸給增添何啻二百萬緡軍興之際起夫運糧固不可絶地遠者出夫庸是亦權時之宜然有令人寒心者臣始至巫山士民遮道謂巫山科夫五百每夫爲錢八十緡以鄙小之縣刀耕火種裁自給而輸緡四萬餘可類推方軍事之殷非財莫濟顧以蠲減之議爲獻似不知時宜者願廟堂之上明詔侍從郎省之臣有懇惻愛民備諳蜀事者相與討論行下宣制總司研窮

節目條列利病凡無名之供煩重之賦一切蠲減庶幾與民更始咸被實德祈天永命無越于斯時不能行嘉定元年至成都祀周程于學宮配以朱張與士子講正學先生以蜀之楮幣舊號交子隨閏更易曰兌界役以二千五六百萬爲界惟兩界並行今增印至八千萬緡漸不可繼與宣撫使總領所共請以帑金三萬兩銀一百五十萬兩更自朝廷賣僧牒收回增數未報而總領所忽下令于利州收兌人情皇駭先生截留九十三界新引五百萬就成都置局且諭民以收兌不盡之數行用如故浮議遂止然自是與餉臣不諧有詔召赴行在會羌人寇邊尋請降先生謂但須增戍防守而安丙必欲擊之反敗自是與丙亦不諧次年東歸荆之士民夾道迎拜像而祠之先生嘆曰吾昔守此正南圍未解西禍又作嘗指天誓心幸得濟事卽幅巾歸里今又累年矣乃上疏請休徑歸長沙而臺臣乘間論之落職尋奉祠次年卒詔復學士謚文定恩卹如制先生聞言必復見義必爲勇不可奪而未嘗有戚氣矜色聞人之過曰此必非其本心也盡徐察之有善不翅己出其在荆南也外而幕府十餘人內而士友十餘人賓客之往來不絶每日卽出見投獻利害者以大紫袋貯之歸輒以示人日又得一囊送之書院之士友令參攷之又會通以幕

府之議論將晚士友及幕府各以所見來告初與和齊斟酌而求其當然後從而行之閑舉酒一二觴夜漏數行而後退則以言語慰藉諸人察其有無而周卹之以是事無不知知無不行勉齋嘗曰近日圖維國事善資于人未有如吳公者也鶴山亦曰吳公之碩大寬深山嶽鎮而江河流也修

祖望謹案先生畏齋集六十卷今無存者宋史本傳甚略不足以詳其本末如先生者有得于宣公求仁之學而施之于經綸之大者非區區迂儒章句之陋而其好用善人則宰相材也惜乎宋不能大受之以極其施焉

文清游默齋先生九言

游九言字誠之初名九思建陽人十歲爲文詆秦檜及長銳志當世初筮古田尉入監文思院被旨視行在災傷歸白都堂放苗八分以上張宣公帥廣西辟幕下宣公弟杓帥金陵復辟撫幹時禁方嚴先生記上元縣明道祠痛譏之調全椒令開禧初爲淮西安撫機宜尋知光化軍充荊鄂宣撫參謀官卒贈直龍圖閣謚文清先生始學于宣公宣公教以求放心久之有得嘗序太極圖曰周子以無極加太極何也方其寂然無思萬善未發是無極也雖云未發而此心昭然

靈源不昧是太極也欲知太極先識吾心讀者稱之號默齋先生參閩書

梓材謹案南軒文集答先生問忠信諸條先生自名九思朱子文集答先生三書旁注九言蓋一原名一改名爾

雲濠謹案謝山跋攝山游文清公默齋題名云默齋兄弟並爲張氏湖湘高弟而授其學于漫塘劉公宋史不著漫塘之學所出非也

附錄

劉漫堂吳氏義堂記曰默齋先生釋孟子善推所爲之言曰推者自近而推之若水盈科而後進若近有所遺則遠必不行補

莊簡游受齋先生九功

游九功字勉之建陽人用蔭補官嘉定中興元失利先生知金州將兵備禦收復鄰疆除湖北運判知鄂州召爲兵部郎官入見首言守邊必先結人心又言征役無已以資苞苴囊橐而民心失將帥朘削功賞不以時下而軍心失倚仗諛佞諱疾忌醫而士夫之心失出知泉州端平初召爲司農少卿疏論奸貪多佚罰諸賢或號召未至又論沿邊夫役之弊兼樞密副都承旨知慶元以循吏稱入權刑部侍

郎丐祠再召不赴除待制加寶謨閣直學士先生清慎廉恪與兄九言自爲師友講明理學號受齋先生寶祐中諡莊簡參姓譜

鄉舉周欽齋先生奭

周奭字允升湘鄉人乾道間鄉薦再舉不第南軒問天與太極何如先生曰天可言配太極不可言合天形體也太極性也惟聖人能盡性人極所以立南軒以爲然題其亭曰欽齋

梓材謹案先生又及戴岷隱之門說見胡季隨傳後

知州趙先生善佐

趙善佐字佐卿邵武人以宗室子授將樂丞累官知泰州常德府贛州卒官雲濠案先生別傳奉法愛民以勤儉自約飭不妄費公帑干請無所應在贛踰年卒民哀思之著有易疑問答先生嘗受學于南軒亦嘗從朱子遊修

簡先生克己

簡克己南海人不求仕進

吳先生倫

吳倫字子常零陵人也南軒帥江陵以先生從臨終謂先生曰蟬蛻人欲之私春容天理之妙補

蔣淡巖先生復

蔣復字汝行零陵人隱居東山介然自守非其人不與交也所著有淡巖文集零陵之從南軒者先生與吳倫最有名修

機宜陳克齋先生琦

陳琦字擇之號克齋臨江人也乾道進士張于湖招入幕因從南軒遊進進日新南軒甚屬意焉主衡陽簿有殺人于野而主名不立提刑鄭丙責主者急吏迹一驛卒其襜有血掠訊誣伏先生疑之診尸得死者裯署曰羅仲美乃懸之衢有見之者曰吾子也與吾族子餘皆商今乃死邪先生卽命逮餘一訊而服蓋仲美貲倍于餘以此致死而驛卒乃得白南軒帥桂林復招入幕邕州歲市大理馬馬來已二千里傳致諸軍又數千里多道死先生令修圉而飼之瘠者止艮者行後者至先者發自是馬無耗者遷贛縣丞政最知興國縣留衞公帥蜀辟爲機宜初蜀之民私以楮劵爲貨謂之交子至天聖中官始榷之再歲一易謂之交界其後有司因以爲弊凡劵之微壞者皆沒入之不賂不易蜀之民爲屯十有八所隷之將三士之廩給當折物爲錢必視其所屯之地稱其土物之直以直之低昂爲錢之多寡故米之估則龍州得仙關之半絹之估則與元得西和州三之一銀

之估則大安得龍州之半而過之乃有軍在某州反用他州之估者
衞公憂之謀于先生杜交界之奸以信楮券平廩給之估以慰士心
蜀人大說朝議欲用爲郡會病卒論者惜之先生負用世才遇事迎
刃而解事至不拒事定亦不自有其功與人絶無崖岸而亦不詭從
也修

祖望謹案南軒弟子多留心經濟之學其最顯者爲吳畏齋游
默齋而克齋亦其流亞云

附録

□□□曰陳擇之通曉民事但講論多有成說爲礙

山長鍾先生如愚

鍾如愚字師顏湘潭人南軒之弟子也年十六以書問仁因留受業
弱冠中進士科刻意學而不仕晚官嶺海引年而歸除南嶽書院山
長監南嶽廟

張錦溪先生巽父寓

張巽字子文泉州人父寓知臨江軍嘗與南軒共學遣先生從之游
時晦翁之學盛行惠安劉鏡晦翁之及門也先生數往問之未能釋
然曰恐晦翁之教不止是也乃走武夷謁晦翁以所嘗與南軒講論

中和之旨告之曰此某與南軒晚年畫一工夫臨別又請教晦翁曰南軒記嶽麓某記石鼓合而觀之知所用力矣先生退而喜曰吾謂其不止是也既歸日從事于涵養體察久益明淨或勸其著述曰于所聞所知尚未能加意安敢妄作有草堂在錦溪稱錦溪先生

進士王先生居仁

王居仁字習隱常寧人也嘗與龔蓋卿同學于南軒登進士補

忠肅趙先生方

趙方字彥直衡山人早從南軒學梓材案李臨川先生數南軒弟子謂趙方未必可指為受業見謝山奉臨川帖子二攷宋史本傳云父棠少從胡宏學嘗見張浚于督府浚奇之命子栻與棠交方遂從栻學是明言忠肅為南軒弟子史傳又言其提舉京西常平時劉光祖以耆德為帥方事以師禮自言吾性太剛每見劉公使人更和緩是忠肅又以後溪為師矣淳熙中舉進士歷知青陽縣告其守臣史彌遠曰催科不擾是催科中撫字刑罰無差是刑罰中教化以為名言又知隨州江陵府寧宗時知襄陽府諜知金人謀犯境上疏力陳不可和者七戰議遂定其後累敗金人進至顯謨閣直學士太中大夫刑部尚書俄得疾進徽猷閣學士京湖制置大使力疾犒師第其功

上之病革曰未死一日當立一日紀綱引扈再興臥內勉以協心報
國貽書宰相論疆埸大計尋卒是夕有大星隕于襄陽贈太師謚忠
肅先生起儒生帥邊十年以戰爲守合官民兵爲一體通制總司爲
一家其歿也人皆惜之先生嘗問相業于劉靜春清之對以留意人
才故知名士皆拔爲大吏諸名將多在麾下推誠擢任能致其死力
云

教授梁先生子強

梁子強字仁伯不知何所人也南軒高第嘗官潭州教授 補

縣令鍾先生炤之

鍾炤之字彥昭樂平人也紹興進士爲善化尉司教宜陽還宿松令
從南軒遊南軒手書淇澳一章期以學問到則天理明而本心立先
生服膺終身所至士民皆愛敬之 補

蔣先生元夫

蔣元夫清湘人也從南軒遊亦嘗學于象山 補

直閣沈先生有開

沈有開字應先常州人也少嗜學志其大者張宣公守嚴州士從之
遊者尚少先生首執贄焉時呂成公亦仕嚴喜曰吾一日得二師已

而二公入京先生又從之薛艮齋陳止齋至常先生又從之訪經制之學而歸宿于求仁遂謝去文字華藻渙然有得時人罕知之者而先生有以自樂不顧也晚乃奏名上舍教授處州歷遷工部刑部架閣文字至太學博士與諸生講學罷杜門讀書爲樞密院編修兼實錄院檢討進祕書丞先生不事請謁留衞公異之延之問當世事先生爲言淳熙末年知名之士多滯下僚當振拔之于是衞公令先生條具人才簡用之士氣頓奮衞公以此得人望然先生未嘗以之告人也久而稍稍知之而不悅者遂忌之以著作郎充嘉王府贊讀兼兵部郎先生進講反復于君子小人之際寧宗卽位先生與于趙忠定公之謀遷起居舍人起居郎皆兼侍講時嘉邸故宮僚多時宜入禁中賜坐問國家大事及民閒疾苦于是忌者益恐以爲先生輩且大用乃合力相與謀所以排之者首以危語中之先是光宗不肯過宮中外洶洶或傳先生在忠定座云外閒傳嘉王出判福州許國公判明州王軍士庶已擁戴相公先生固未嘗有是言忌者遂摭以入告于是遂得七十餘紙皆忠定賓客也彭龜年徐誼曾三聘與焉且將置獄治之直閣蔡璉所爲也范仲藝等力解之乃已家居十年起知徽州奉使江東連疏求去復以知太平州遂乞致仕詔加直龍

圖閣家居又十年而卒水心銘其墓謂先生之學不衒于繁而守其
要可謂善言德行者矣補

撫幹曾先生撙父信道

曾撙字節夫建昌人其父信道以學問識度爲呂紫微輩推重先生
隆興元年進士從南軒遊補

附錄

南軒與曾節夫撫幹書曰左右天資之美閑處正宜進步工夫不可
悠悠且須察自家偏處自聲容氣色上細細檢察向在長沙或者多
疑左右以爲簡忽此雖是愛憎不同要之致得人如此看亦是自家
未盡涵養變化異日願有觀焉

縣令宋先生文仲

宋文仲字伯華安陸人也景文之後寓居衡陽南軒高第其知長沙
縣時止齋爲漕使將薦之曰具官有通務之才而發于謙和有及物
之志而安于靜退蓋文仲雖生長南土其家學則中原文獻也頃丞
萍鄉藹有名譽方臣假守桂陽得其爲人就訪之而文仲嘗爲桂陽
錄事參軍授臣本軍會稽錄一卷臣遵行之所以能蠲除宿負罷弛
斜科不得罪于其民者文仲之助也尋領使事訪以九郡利病無不

周知前者倉司糴補諸郡米僅十萬斛今者漕司蠲殘亦數萬緡皆文仲發之臣以爲文仲雖衡陽人實國士也召赴都堂審察其後不知官位所至補

縣令宋先生剛仲

宋剛仲字仲潛文仲弟亦從南軒嘗知高安與兄齊名補

文肅吳竹洲先生儆

吳儆初名偁字益恭號竹洲休寧人紹興進士歷知泰州晦菴南軒東萊龍川梭山石湖止齋皆與之友善其倅邕也南軒以書告晦菴曰吳益恭忠義果斷緩急可仗未見其匹及歸而得對南軒書孔子之剛曾子之勇南方之強三章以諗別既又以書相勞于中都先生以親老請祠餘閑與從遊窮經論史考德訂業分齋肄業如安定湖學之法以爲教卒諡文肅參竹洲集附錄

雲濠謹案儒林宗派列先生于南軒門人程篁墩序先生文集言其知邕州時南軒方經略嶺右而先生獲受教焉

知軍曹先生集

曹集不知何所人也其知南康軍時楊誠齋薦之曰具官冑出世家躬服寒素少從名儒張栻講道以爲士君子之學不過一實字再列

朝班皆在六部不事干謁不肯附麗皆以爲迂及知南康其政一遵朱熹之舊如乞均減星子一縣豫賣如輟郡廩以教育白鹿書院生徒皆朱熹欲爲而未及盡行者南康地褊民貧每歲流徙不絕今皆安集無有愁嘆望賜旌擢以爲良吏愛民之勸誠齋是疏所薦三人其一爲王道夫其一爲徐居厚而先生參之賢可知矣因嘆南軒弟子脫落者蓋不止十七世補

知州蘇先生權

蘇權字元中仙遊人侍父洸官賓州因學于南軒淳熙中登第歷梧州推官調福州教授改秩知餘干縣終辰州守有春秋解三卷補

通判周先生去非

周去非者永嘉人滓沚先生族孫也學于南軒嘗從之桂林有嶺外代答十卷所記皆桂林事也成隆興癸未進士通判紹興府補

法曹謝先生用賓

謝用賓祁陽人也少跌宕負才氣嘗讀南軒晞顏錄而慕之造謁門下求一言可以行之終身者南軒曰其敬乎自是守之不替以特奏名任橫州法曹補

蕭定夫先生佐

蕭佐字定夫湘鄉人也其父爲黎才翁壻故從五峯胡氏學而于張宣公爲同門先生因受業于宣公授以居敬之旨朱子帥長沙先生以進德之說請益曰守先師之訓十五年矣今見先生如見先師也鶴山嘗爲作師友堂銘

文懿李雁湖先生壁

李壁字季章自號雁湖居士眉之丹稜人文簡公燾第三子也先生少英悟日誦萬餘言屬辭精博周益公見而異之曰此謫仙才也孝宗嘗問文簡卿諸子孰可用文簡以先生對以父任入官後登進士第召試爲正字寧宗朝累遷禮部尚書參知政事兼同知樞密院事葉紹翁四朝聞見錄稱開禧初韓平原欲興兵遣張嗣古覘敵張還大拂韓旨復遣先生先生還與張異詞階是進政府云云是先生附和平原以致顯要令人歎文字之爲虛車然其爭邱宗卿之賢用張威以平寇亂雖功不足掩罪而知人之明則不容沒也嘉定時卒諡文懿先生嗜學如飢渴羣經百氏搜抉靡遺于典章制度尤綜練所著有雁湖集一百卷消塵錄三卷中興戰功錄三卷中興奏議若干卷內外制二十卷援毫錄八十卷臨汝閒書百五十卷先生父子與弟文肅𡌴皆以文學知名蜀人比之三蘇云 參史傳

雲濠謹案謝山劄記文懿有雁湖集消塵錄臨汝閒書百餘卷
梓材謹案真西山跋劉靜春與南軒帖云是歲淳熙戊戌眉山參政李公年甫冠其季今制閫侍郎十有八耳靜春皆以蜀中師表許之又屬宣公成就之侍郎謂文肅參政即先生也據此則在南軒門者不獨文肅矣

附錄

□□□曰大參蘖背海內虓氣方其壯年銳于立事議論豈無少差要于大義無媿中閑維持善類破除姦黨厥功不細至于淹貫古今臨事商摧憂國憂君一飯不忘今世如斯人者幾希補

文肅李悅齋先生𡌴

李𡌴字季允丹稜人文簡第七子也學者稱爲悅齋先生文簡以史學傳家七子俱有文名而雁湖與先生最達受業于樓迂齋劉靜春遂從張南軒遊時先生求道甚銳南軒戒以勿急于求成自是循序而進紹熙庚戌進士聲華籍甚以召試爲館職廷對忠讜累官至知潼川府改知常德府以安靜爲治當時蜀患未靖潰卒內訌先生繕兵訓戒盜不敢犯卒以自斃改知夔州時與士子講學夔人愛之內召累遷爲禮部侍郎理宗眷倚甚至將引之參豫而先生正色立朝

持論侃侃政府忌之出爲沿江制置副使兼知鄂州金人犯蘄黃甫退朝議將總領所招親效軍強勇軍參酌軍皆隸制司而制司又別有帳前一軍其漢口舟師則鄂州守所屬也先生以諸軍皆因烏合之衆未訓未練而舟師亦惰于講習大爲振刷武昌士氣始奮然先生卒與諸司爭曲直不相能請罷詔知遂寧府遂寧故文簡文懿所治有遺愛聞先生至曰吾舊郎君也其政不肅而成蜀事日壞朝臣亦多不願往者乃以先生爲四川制置使兼知成都府漫塘劉文清公貽之書曰制使以世家子帥梓里人望所屬甚不易副此政府內懼爲諉以分責尙謹旃哉然先生以安靜鎭之蜀中稍治已而以禮部尙書召還淳祐元年奏請以周程張子從祀又言王安石雖罷享而因循未黜乞亟進三人者以易之詔可梓材案先生以嘉熙二年卒淳祐在嘉熙之後當是端平元年故其次年詔議胡孫邵歐周馬蘇張二程十人從祀孔子廟廷累遷資政殿學士知眉州卒諡文肅

先生父子兄弟以文章著眉人比之三蘇後溪劉文節公爲老泉請賜諡雁湖助之故得一字之典曰文或諧先生曰吾子卽他日之卯君也然先生立朝始終一節不肯詭隨所以終不登二府者有得于伊洛之正傳而其所至皆有吏聲要屬有用之才固不徒以文章亦

非迂談道學者比也所著有李文肅集蓋元祐有洛蜀之爭二百年中其學終莫能合及後溪與先生兄弟出鶴山繼之遂合其統焉時蜀有張福之亂逐制使戕總領剽殺縱橫吏或死或逃無敢抗者已殘削且及潼先生疾馳至任提刑曹叔遠方謀死守見先生至大喜亟集義壯治諸縣隍堞設木隔礮凡可以壞賊之具無不集上下激厲賊覘知有備取他道去先生之兄文懿守遂亦蹙爲禦賊之計用是以困賊使自斃而成都亦以此得安城西牛頭山極險先生謂叔遠曰昔者相里貴據此山以攻城幾爲所破今可委此山于城外邪乃跨山包之通西溪之渠以達武江而天險爲城中所有遂恃之無恐從蔣氏所藏稾底錄入

附錄

□□□曰侍郎疇昔立朝稍稍附致則立致卿相在鄂渚日置是非不問則亦可綏西歸而一節凜然可謂不媿出處之義者補

祖望謹案時季允以鄂州制置副使改知遂寧尋改四川制置遂寧巽巖所舊治也又案時漫堂薦荊門張元簡荊湖機幕羅愚文恭子

運判劉退庵先生強學

劉強學字行父衢之西安人也刑部侍郎穎之子侍郎受知張忠獻公令與其子宣公爲友其後嶽麓之教大興宣公帥泉州令彪先生德美掌書院事先生既納拜宣公授以伊洛源流而德美又爲言其詳甚悉以太學生奏補官累遷至知南康軍饑民嘯聚爲亂向多以招安得官者姦宄益豔之至是復嘯聚先生大發粟賑之而僇其幸亂始禍者建祠以祀周程以近思錄教士子擢爲廣東提刑改運判尋爲湖北提刑嘗曰今吏多骫法以活人此東坡所謂外邀雪冤之賞內希陰德之報者也豈辟以止辟之意故先生于獄事最盡心焉尋復改運判以卒先生學有原本嘗誦孟子求在我之言以之名齋又自署曰退庵其于仕宦泊如也補

鹽事宋西園先生甡附子自適

宋甡字茂叔金華人也初從呂成公學論通鑑貫穿不窮成公大奇之已而學于宣公卓然自立成紹熙進士主高安簿江西帥漕如王公藺邱公密尤公袤皆重之引爲上客邱公使金引爲書狀官歸除融州掾秩滿辟爲廣西鹽事司主管官諸司亦皆拭目待之周益公稱之曰茂叔氣象和平論議堅正明敏足以決事廉勤足以厲俗其于經史皆究本原年四十餘卒官君子惜之先生雅工爲詩嘗次放

翁韻曰欲求平易多成拙稍涉新奇却未工得句直須參造化此身何必問窮通西山謂先生詩之閑淡蓋亦得之宣公者多子自適字亦佳 補

學博潘先生友端

潘友端字端叔金華人年十七即從張呂 補

雲濠謹案會稽續志載先生淳熙甲辰進士爲太學博士

彭氏家學 胡劉三傳

知州彭澹齋先生欽

彭欽字仲恭一字仲敬忠肅公龜年子也以任入官忠肅作初筮箴勉之曰處事必公舉職必勤馭吏以正撫民以仁誠以事天和以接人惟儉與廉治家及身嘉定四年以忠肅恩擢軍器監主簿次年輪對其略曰人才者治功之本學術者人才之本今貪冒奔競欺罔苟且爲害極矣古人幼學壯行本諸仁義忠信後世專以科目取士所學非所行所行非所學宜明示好惡風勵四方時于科舉之外表顯實行以激昂之尋乞外通判嘉興移潭州所至監司皆薦之而京西制使趙方尤力差知峽州練軍實譏閑諜戮盜魁正祀典卒爲忌者所中被劾奉祠鶴山魏文靖公深惜之先生嘗自書座右曰懲忿如

擢山窒欲如塡壑遷善如風速改過如雷烈所著有澹自鏡一卷愛蓮堂官箴一卷補

直閣彭先生鉉

彭鉉字仲誠忠肅次子以父澤錄用嘗爲寧都幹辦累知贛州蠲逋賦二十萬擢直寶謨閣湖南漕所著臨川可否錄備寇議事錄參臨江府志

梓材謹案謝山原底于南軒學案卷端劄記云廣東提刑彭鉉卽仲誠否

彭先生汯別見二江諸儒學案

游氏門人

文清劉漫塘先生宰

劉宰字平國號漫塘金壇人也紹熙元年進士主江陵簿調眞州司法詔仕者非僞學不讀周程等書才得考試先生喟然歎曰平生所學者何首可斷此狀不可得卒弗與累進直顯謨閣主管玉局觀召奏事訖不爲起尋卒謚文清先生隱居三十年平生無嗜好惟書靡所不讀旣竭日力猶坐以待雖博考訓注而自得之爲貴有漫塘集語錄行世參史傳

祖望謹案先生宋史有傳顧不詳其學術之源流潤州舊志則曰先生與王正肅遂同受學勉齋子考之乃默齋游氏弟子非勉齋也先生少志伊洛之學其時丹陽有竇文卿兄弟湯叔永皆嘗從晦翁游從之講習顧未嘗稱弟子及與周南仲爲同年又從之問水心之學至于慈湖則雖未嘗登門而亦究心于其說最後尉江寧乃得默齋而師之然則先生當爲南軒再傳也先生文集序中俱是鶻突說過不知何故觀先生于默齋稱夫

子于勉齋稱丈則可見矣宋史又略其諫史鄭二相之大節而序其任卹之小事不知何以草率至此時朝臣喬行簡等皆薦之禮部侍郎袁燮又舉先生自代史彌堅奉祠家居亦薦之

祖望又案漫塘本有語錄十卷吳禮部師道嘗跋之而惜文集之不得見今予得見其前集而徧求語錄未有得也漫塘尚有後集幷京口耆舊傳今亦亡

漫塘文集

勿止二字一是聖學之門一爲聖學堂奧止者至善之地不可有加勿之後工夫甚多方到得止地來諭所謂資勿之義以止其妄竊謂未然人能止于至善則妄去矣如何回滕主簿

世閒無求于人亦有兩有可爲世用而不屑求者亦有自知其不可用而不敢求者若某真是自知不可故甘心屏處 回趙御幹

有身之窮達有道之窮達古人固有疏水終身而曳紫紆朱不能終日者窮達果安在哉 回惲上舍

世通旣降中行之士益少世閒一種立仗馬轅下駒置不足道東京諸賢視此身如秋葉而欲手援一世之溺斯亦奇矣然率意行之少有長慮却顧相與切磋如聖門所謂臨事而懼好謀而成則後日之事亦非計之得也抑嘗讀黄叔度郭林宗傳有契焉欲學之未能也 回友

前輩風流不可及然到叩門乞食處便覺氣象衰索須要不到此地乃得 回友

惟今之士巧于進而拙于退知所以奉其身而不知所以重其身 回袁大著甫

文以氣爲主年來士大夫苟于榮進冒于貨賄否則喔咿嚅唲如事婦人類皆奄奄無生氣文亦隨之 通徐申

士友當親而賢否不可不辨財利當遠而會計不可不明折獄以情毋爲私意所牽薦士以才毋爲權要所奪當言則言不視時而退縮

可去則去不計利而遲回 贈王實齋

□□□焉而不□□□無謂去□□而不計後來 贈權溧水張佳

史直翁錢師魏皆世所謂善官者直翁平生持殺人之戒必欲吾手不殺一人其鎮三山凡故殺謀殺劫殺一切求其說而出之三山之人至今傳以爲笑師魏以扶弱抑強爲事其守京口小人識其意衣敝衣飾虛詞呻吟啼號以謁于郡郡不加詰信而行之善良驚懼有破家者此皆立說之過立說之過如緩催科非不美而小人乘之或因循于可以輸納之時而狼狽于杼柚既空之後輕刑罰非不美而或至于善無所伸惡無所懲吾汲汲于正名分彼則借名分以爲欺吾拳拳于別流品彼則冒流品以見惑若事至而應可緩可急或重或輕酌而行之則吏不能窺民不能乘 政說

古昔盛時家有塾黨有庠遂有序朝夕所講明皆五典之敘于天四端之根于心六德六行之施諸日用故平居則孝弟忠信和順輯睦有警則幼思衛長下思衛上其衆不約而同其令不嚴而治蓋發于天理之自然本于人心之至公故衛靈問陳孔子答以俎豆舉本以見末也獻馘必于泮宮報本而反始也或者謂夫子不答靈公之問過矣 梁縣學記

祭法有功于民則祀之能禦大災則祀之能捍大患則祀之以其生有是功故死不忘也今也生無其人而崇其祀死無所考而爲之辭則王制所謂假于鬼神以疑衆而可乞靈乎否也新淦縣社壇記

梓材謹案謝山所錄漫塘文集二十二條今移爲附錄一條又爲游默齋附錄一條王實齋附錄一條又一條爲黃教授立傳于後又移入滄水學案一條移入晦翁學案一條移入水心學案一條移入嶽麓諸儒一條移入槐堂諸儒一條移入鶴山學案一條

附錄

辭通判建康謝史丞相書云宰荷大丞相特達之知而病埶其足惟大丞相曲貸之重受生成之賜抑聞施必有報物之常理竊有私憂過計或可裨議論之所未及欽惟大丞相于先越王秉國鈞軸其位遇同輔導先帝翼贊嗣皇其眷倚同先越王再處台司不俟温席晚歲篤安車策靈壽杖爲孝皇一出天下顒顒謂且留相天子曾未幾時即榮衮繡之歸是以福祿壽考極于人臣德業勳勞傳于子嗣今大丞相弼亮兩朝十九年矣而不敢一日失此重負自同于先越王何哉豈非以勛名已盛權勢已隆欲奉身而退不可得乎竊謂爲此

說者左右前後自爲身計者之謀非所以爲大丞相計也夫當上下未有厭斁之心一朝褰裳而去主上必曰是嘗建大功定大業禮不可以不隆公卿百執事亦曰是嘗持國家紀常守朝廷法度待士大夫以至公無私禮不可以不厚恩誼終始身名兩全萬世之下歆豔嘆慕以爲不可及今議不出此而惟狃目前咈然忿異議之來而幸其同則止戚然慮事變之作而幸其平則止縻之以爵祿而恩意有時而窮壓之以刑威而勢力有時則屈防之以知術而事常出于意料之表當是時左右前後之人志得意滿皆將自擇其身之利而大丞相獨誰與同其憂乎宰病廢以來得自適其適雖無爵位之安而危不迫其身憂不入其心每欲持此以獻于有位者而無其階伏念左右前後之人希容悅者多能直致其辭者寡輒因敘謝裁具申獻儻幸致座側時一致思是大丞相拔士疏賤不爲無益宰受大丞相超擢之恩不爲無報不然異時追憾左右之不能盡言宰亦有悔不及矣大丞相果能從赤松之遊尋緣野之勝從容天台四明之閒以訪先越王經行之舊某雖衰疾不任衣冠猶冀幅巾藜褐拜謁道左以自附于賓客之下陳不勝愛助之至

祖望謹案彌遠遜詞答之

除太常丞謝鄭丞相云宰病乃棄官夫豈潔身而去少而不學亦非應變之長期不負于陶成惟少殫于忠告不可失者惟中原今日之機會不可搖者尤南渡累朝之本根豈應恃一二才俊之人而輕用億萬生靈之命且空帑庾之陳積以供軍旅之急需已凜乎乏爨之憂況遲之經久之給誘曰及此閑暇儲之會通或新敵捷出而因糧或姦民乘閒而投隙竊恐方來之患有非偷度可知宜敕臨邊之臣先爲固圉之計必我疆我理舉無太息之聲庶自北自西皆起來蘇之望又況建議者甫離脣吻之閒而閒謀者洞見腹心之蘊要須申戒飭謹隄防愧書生之不識時務幸智者之或擇狂言

祖望謹案時清之先以書勸行先生答之

旣喪師先生貽書李尚書壐曰三京之入但乘其虛頒賞之厚震蕩耳目汝蔡之敗喪失幾何而悉委不問豈不欲四方之知邪

先生志夫人墓曰予繼室梁氏家故奉佛其來猶私以像設自隨時若有所諷誦予旣與論釋老之害道及鬼神之實理恍若有悟自是遂絕

蒙齋袁正肅公銘墓謂其德慮周密才力精謹坐之廟堂可以躋世三代任之方面可以折衝千里拔乎流俗銖視軒冕

正肅王實齋先生遂

王遂字去非號實齋金壇人嘉泰初進士爲監察御史疏奏極論進君子退小人遷右正言後以華文閣直學士知隆興府召還特權工部尚書先生與劉漫塘宰素同志漫塘嘗稱先生爲文雄健無世俗浮靡之氣云卒謚正肅參姓譜

祖望謹案實齋本字頴叔西山改爲去非其云勉齋弟子亦非也

附錄

劉漫塘送王頴叔官富陽曰頴叔尚論古人今且親至坡仙眠石之地予欲以坡仙生平高節勁氣寧甘心困躓不一首肯奸諛爲頴叔法以風流放逸不屑就繩墨未免小異于程門爲頴叔戒

竇先生從周別見滄洲諸儒學案

鄭先生節夫

鄭節夫嘗往從游默齋遊劉漫塘送之曰予尉江寧時建安游夫子實在帥幕將別夫子蹙然曰世惟作好人難作凡人易予問其故夫子曰凡人世不之重亦不之責苟有一言一行則亟稱之曰是人似能是故易好人則一言一動皆當中節曰是固應耳萬一涉于疑乃

之閑則責備至矣故難如節夫者信爲好人而不爲游夫子之所憂者乎補

附錄

陳北溪與書曰知爲四明之行彼持敬苦行一節誠可欽羨然所持者只是一個死敬所苦者只是一個死行只是禪家宗派已易數千言無一句是嚴陵詹郎中乃其朋儕九峯寺僧惠覺者詹郎中悟道時嘗造請證印得朝聞夕死一言不勝欣榮其平日從遊趨向如此願三思焉

又答趙季仁書曰載伯話別道及節夫已求書爲四明之行可謂狂妄載伯又說袁侍郎欲著書尊其師全是禪宗假如推尊之極亦不過傳燈錄上添一位耳若說去聖千五百年得其傳者惟象山但見其無忌憚之甚一大笑也

趙氏家學

忠敏趙先生范

忠靖趙庸齋先生葵並見滄洲諸儒學案

蘇氏家學

蘇先生國台別見滄洲諸儒學案

周氏家學

忠文周先生端朝

周端朝字子靜永嘉人嘉定進士其學本出于仲父去非得南軒之傳已而學于蔡行之于百氏無不通尤熟于典故又學于葉水心又嘗學于劉後溪趙昌甫或以爲晦翁弟子者非也趙忠定公去國天爲雨血京師人以盆盎貯之殷然先生爲太學生帥其儕叩麗正門侂胄欲斬其爲首者寧宗不可但使聽讀而已是時爲首者六人而先生受禍尤酷初大理令聽讀于衢州已次半道侂胄矯旨再入大理先生自分必死果百輩拷掠欲斃之然卒不死復聽讀于信州從章泉游已而押歸本貫尋有詔聽自便侂胄終忌之先生避之入蜀從後溪游蓋自上書後轉徙者十七年授徒自給侂胄誅有詔褒錄免解策進士爲國錄先生性介以女妻當陽令之子親迎之夕有持諸生刺以入者先生曰暮矣來朝于崇化堂當相見諸生曰我來爲國錄事非私也有書在此書入則述令爲史氏私人恐先生官職駸駸天下以爲出于姻亞之力先生愕然則已奏樂行酒亟告女以其故女素嫻禮教遽稱疾請展日行禮令子登車悃然已而先生以女廢疾請停昏令訴于臺罷先生所居官于是終彌遠之世二十三年

浮沈下吏復入爲國博不十年至侍從端平開邊力爭之于是丐去論者謂先生一不合于侂胄再不合于彌遠三不合于清之雖官至九列蕭然孤榻不營一椽有負郭田五十畝捐以與兄其卒也諡忠文修

李氏門人

知州高先生崇別見鶴山學案

劉氏門人胡劉四傳

教授黃先生復

黃復官高郵教授嘗請學于漫塘漫塘答其書曰今人患在言不顧行行不顧言口誦堯舜行如市人得喪分于目前而惑取舍定于俄頃而亂甚至奪攘而不忌相傾相詐而不知恥則雖曰從先生長者遊不過如先朝邢恕輩是亦小人而已執事有志斯道而倒及于衰孱歸而求之有餘師僕方將觀焉補

王氏門人

文潔黃於越先生震別爲東發學案

二江諸儒學案表

宇文紹節　程公說
　　　　　程公碩
　　　　　程公許

陳欒
附兄粟

楊知章　子子謨

李修己　子義山　彭汯

張仕佺

范仲黼　蘇在鎔
　　　　張鈞
　　　　師遇
　　　　高載

范子長

范子該

魏了翁 別爲鶴山學案
范氏所傳

范大治
范氏續傳

范蓀

宋德之
並南軒門人
五峯劉氏王
氏紫巖再傳
龜山和靖譙
氏武夷得全
三傳
二程元城子
文四傳

—高崇 別見鶴山學案

虞剛簡

—從子䟼 別見鶴山學案

曾孫汲 別見草廬學案

程遇孫
附兄壬孫

薛紱

鄧諫從

張方

並南軒私淑

黃裳——楊泰之

平甫講友　父虞仲

宋元學案卷七十二

鄞縣全祖望補本　後學慈谿馮雲濠校刊

鄞縣王梓材重校

道州何紹基重刊

二江諸儒學案

祖望謹案宣公居長沙之二水而蜀中反疏然自宇文挺臣范文叔陳平甫傳之入蜀二江之講舍不下長沙黃兼山楊浩齋程滄洲砥柱岷峨蜀學之盛終出于宣公之緒述二江諸儒學案梓材案蜀中之爲張學者謝山盡入是卷其有本非蜀人而相與講學蜀中者亦附焉

南軒門人胡劉再傳

忠惠宇文顧齋先生紹節

宇文紹節字挺臣成都人祖虛中簽書樞密院事父師瑗顯謨閣待制父子皆以使北死無子孝宗愍之命先生以族子爲之後補官仕州縣既第進士累遷寶謨閣待制知廬州時韓侂胄方議用兵先生至郡議修築古城創造砦柵專爲固圉計淮西運判鄧友龍諂于侂胄謂先生但爲城守徒耗財力無益于事侂胄以書讓之先生復書

謂公有復讎之志而無復讎之略有開邊之害而無開邊之利侂胄得書不樂乃以李爽代之召爲兵部侍郎兼中書舍人直學士院以寶文閣待制知鎮江府吳曦據蜀趣先生赴闕任以西討之事先生至謂大臣曰今進攻則瞿唐一關彼必固守若駐軍荆南徒損威望聞隨軍轉運安丙者素懷忠義若授以密旨必能討賊成功大臣用其言遣丙所親以帛書達上意丙卒誅曦權兵部尚書未幾除華文閣學士湖北京西宣撫使知江陵府統制官高悅在戍所肆爲殺掠遠近苦之先生召實帳前收其部曲俄有訴悅縱所部爲寇者先生杖殺之兵民皆懽陞寶文閣學士試吏部尚書尋除端明殿學士簽書樞密院事安丙宣撫四川或言丙有異志語聞廷臣欲易丙先生曰方誅曦初安丙一搖足全蜀非國家有顧不以此時爲利令乃有他邪吾願以百口保丙丙卒不易朝廷于蜀事多所咨訪先生審而後言皆周悉事情嘉定六年正月甲午卒訃聞上嗟悼爲改日朝享進資政殿學士致仕又贈七官爲少師非常典也謚曰忠惠 參史傳

進士陳平甫先生概 附兄栗

陳概字平甫普城人也乾道進士對策慷慨魏艮齋讀而奇之告以君鄉有張敬夫者醇儒也先生遂以書問學與兄栗同刻志于聖賢

之道予讀南軒集答平甫書及所作潔白堂記蓋友朋之列其時蜀士除宇文樞密外尚未有從南軒遊者平甫請益最先自是范文叔范季才始負笈從之則皆平甫倡導之功也而宋史竟以平甫為南軒門人或者請益既久遂執弟子之禮乎平甫之官爵無從攷見而兼山黃氏之源流實由此出淳熙嘉定而後蜀士胥續燈雨聚笠以從事于南軒之書湖湘間反不如也然則平甫之功大矣平甫嘗言于南軒欲自漢唐以來諸儒之嘉言懿行萃為一編以明道統又欲訪周程張子之後人而周卹之惜其著述之無所傳也修

楊雲山先生知章

楊知章潼川人號雲山老人累舉不仕而得張宣公之學于廣漢歸而喜以授其子曰欲造聖門當從此入造深養熟內外合一治己治人之道備于此矣

知州李先生修己

李修己字思永豐城人也乾道進士參興國軍事陸復齋為教授盡告以躬行之說謂當息其已學求所未學遂知聖賢源流已而得見朱子學益進先生故與彭止堂為同年相善因介紹之從南軒遊兩令寧鄉衡陽皆有聲當路多薦之將召以哭趙忠定公忤宰相通判

成都府二江范月舟者南軒高弟也方聚同志講學先生與上下其議論時蜀中後進盛從事于南軒之教而先生與延平張仕佺子真參焉尋知成州韓侂冑聞其名使人諷其附己先生笑而不答竟不得召先生居官一介不取而友愛任卹不計有無故歿無私蓄有李成州集十卷子義山

通判張先生仕佺

張仕佺字子真延平人南軒高弟

雲濠謹案朱子爲先生父左司維墓志云公字振綱一字仲欽劍浦人紹興八年進士官至左司郎中屢與權幸忤致仕卒子士佺通判融州從張敬夫官學有聞驗其操執器能信其有似公者據此則先生之學問淵源可攷矣

知州范月舟先生仲黼

范仲黼字文叔成都人正獻公祖禹之後也仕至通直郎爲國子博士兼皇姪許國公府教授初南軒雖蜀產而居湖湘其學未甚通于蜀先生始從南軒學杜門十年不汲汲于進取鶴山謂其剖析精微羅絡隱遁直接五峯之傳晦翁東萊皆推敬之後以著作郎知彭州學者稱爲月舟先生晚年講學二江之上南軒之教遂大行于蜀中

其時二江有九先生之目，謂范蓀、范子長、范子該與先生，皆成都人；薛紱、鄧諫從，皆漢嘉人；虞剛簡、程遇孫，仁壽人；宋德之，唐安人。或亦有未及事南軒者，皆從先生私淑得之。而南昌李修己、延平張仕佺亦同講習其間。修

梓材謹案：此傳與陳先生平甫傳，梨洲原本在南軒學案，自謝山修改以入是卷。

知州范雙流先生子長

范先生子該合傳

范子長，字少才，成都人也。二江先生從子。與其弟子該，字少約，同遊南軒之門。以進士官太學。有要人慕而候之，先生避焉。鶴山魏文靖公嘗序其事，所云閉干木之門，或謂迫斯可見，卻陽貨之餽，乃復拜以其亡，是也。嘉泰末，北闕門鴟尾及省部相次災。先是赤眚為沴，太陰犯權星，天子避殿求言。先生與李仲衍、趙全道、魏鶴山皆上疏，極陳韓侂胄之惡，以為爵及輿隸，權移主上，請退之。侂胄大怒，諸公相繼罷官。吳曦告變，上頗思諸正人言，有詔召蜀中三人。時侂胄尚未死，先生與鶴山皆謝不赴，惟李季允至。已而更化，又召蜀中三人，先生亦與鶴山豫焉。史彌遠忌之，先生至京不得入對，以吏部郎知瀘

州瀘爲夷境酋長楊粲請開白錦堡爲錦州前帥許弈持之未得寢而弈去先生力言其不可乃置平泉寨以鎮之夷人不敢妄動瀘以大治然卒不得入朝以殿撰知崇寧鶴山之初志學也由先生兄弟及薛符溪以得門戶及入中原始友李敬子輔潛庵今語學派者莫知淵源所自出而蜀中之爲南軒高弟者皆泯然無傳文獻不足可勝嘆哉少約與陳同甫善

知州范華陽先生蓀

范蓀字季才成都人也乾淳以後南軒之學盛于蜀中范文叔爲之魁而范少才少約與先生並稱嫡傳時人謂之四范仁壽虞提刑剛簡嘗請先生講學滄江書院鶴山魏文靖公初爲考索記問之學先生以斂華就實語之故鶴山之稱先生有曰學本誠一論不籧篨自浩氣養心以求道腴不茹剛吐柔而求聲利了翁敢不勉希前輩益勵後圖或可代諸老先生之對庶不貽吾黨小子之羞者也太府李蘩薦士于朝曰黃公裳李公舜臣與先生由太府寺簿晉大理寺丞累官宗正寺丞知邛州

知州宋彭山先生德之

宋德之字正仲唐安人也慶元二年外省第一爲山南道掌書記召

除國子正遷武學博士與諸生論八陳本乎八卦皆動物也奇正之變往來而不窮知此然後可以致勝遷樞密院編修嘉泰未平原已有開邊之說而外人未之知也會赤眚見太陰犯權星未浹旬而北門鴟尾災延及省部天子下詔求言于士多指平原之橫以及時政諸弊而已先生謂離爲火爲日爲甲冑坎爲水爲月爲盜爲隱伏故火失其性赤氣見濫炎起則憂在戎兵之事水失其性太陰失度犯權則憂在隱伏之盜因陳七事且曰人火小變不足慮天象變臣竊危之是歲沿邊帥守始盡用武臣吳曦既久在蜀皇甫斌在襄陽郭倪李爽在兩淮先生又進言敵未動而輕變祖宗之舊制命武臣帥邊以自貽患晉叛將唐藩鎮之禍將起又言蜀帥權重宜及今防微侂冑惡之先生請外有留之者遷太常丞次年出知閬州吳曦變作託傷足以避事曦誅始赴閬而楊后用事侂冑殛邊事大壞無不如先生之言者擢本路提刑安沂公丙素有不快于先生以不俟代者至輒用觀察使印泣事劾先生傲視君命詔降一官歷湖南湖北提刑入爲兵部郎時中朝頗疑沂公史彌遠以問先生對曰蜀無安丙朝廷已無蜀夫人有大功不敢以私嫌毀之執政不悅未幾罷官沂公嘆曰嗟乎丙不知正仲正仲知丙丙負正仲正仲不負丙乃遣人

請昏先生謝之論者益服其公已而起知眉州卒先生學于南軒之門少與范文叔輩講道故其風節凜然而所養極粹惜乎未竟其用云

南軒私淑

提刑虞滄江先生剛簡

虞剛簡字仲易一字子韶仁壽人忠肅公允文孫也爲趙文定公雄壻文定子昱志士也好讀周程張邵呂謝楊尹之書先生因知學統所在潛心體認以郊恩任官再舉禮部歷仕知華陽縣二江范教授仲黼者南軒先生高弟也方會文講學以明湖湘之緒先生因是得和齊斟酌盡聞胡文定公父子以至南軒所討論于嶽麓者而致精焉喟然嘆曰洙泗之學堯舜以來之學也伊洛之學洙泗之學也而乃以爲一家之言乎凡再知永康軍招諸生講學境爲大治以安撫使黃疇若薦召赴都堂不果奉祠未幾起用未上遭劾罷嘉定十一年詔知簡州金人犯邊制置使董居誼辟爲參議官先生經濟之略得之家傳至是固辭不行或曰將王事何先生黽勉從之請收人才厚軍犒以結士心抽還忠義人之配內郡者以紓邊人之憤又請緩科三路鑲夫之直皆得施行大散關陷東路帥李貴遯去天水一帶

皆被兵西路帥莫肯行先生慨然請往次魚關遂自移金平督帥前進人心恟恟先生謂曰我師既出敵必不能越大安已而大安果以勦敵聞會居誼召還先生亦抵簡利州潰卒作亂由果閬以趨簡大書其幟曰破簡入西川時先生至任甫五日驚奔相屬閣學劉文節公方家居貽書相約效死先生阻江固守賊知有備去之而張威歸軍過城下賑其匱乏軍士大喜劉文節上言剛簡保守一城遮蔽西川遂有夔州提刑之命兼提舉常平俄改利州先生召軍帥劉昌祖謀曰必復皁郊湫池然後敵氣可奪雖圖秦鞏可也昌祖曰諾遣人焚湫池之糧遂復之先生曰未也時樞府慮生事每以越境爲戒昌祖猶豫不敢行先生督之如南谷遣其親將進屯皁郊于是階鳳成和之民皆荷戈赴之得兵三十萬軍聲動天地內薄乘障斃其大將郭贇敵之壻也先生得皁郊之捷正欲擣秦州有以密劄勒昌祖還者忠義人大憤散而爲盜皁郊復受兵先生夜出撫定士民復募軍擣鞏之青野原以牽制之敵師始退于是先生請集保甲之民以爲守禦三年之間團集三十九萬二千餘人自是閬蜀有備又請修屯田之利而墾田百餘萬邊儲以足魏文靖公除工部侍郎舉以自代不報先生與制置使鄭損不相得損小人也先生乃上歸休之請五

上報可旣歸而損竟誣劾先生罷祠先生罷之三年而損棄階成五州先生猶貽書諸司力言不可其始終憂國如此是年卒所著有易傳論語解詩說尤致精者易本邵子之學參以周程諸書及漢上朱氏說論著十有六年不以示人卜居成都之合江范季才蘂梓材案蘂當作蓀卽華陽先生謝山稿有華陽別傳云滄江先生虞剛簡亦師事之亦南軒高弟也爲題曰滄江書院學者稱爲滄江先生長沙吳制使德夫曰湖中親炙胡張者多而得其學如此者鮮矣魏文靖公稱其學以爲由博致約浩然獨得云先生以故相之孫著效危疆顧未嘗得登朝一展其抱負君子于是知宋之終于不競也先生論學之大旨曰乾之九二龍德而正中庸言之信庸行之謹閑邪存其誠而坤之六二言敬以直內然則中庸誠敬是乃天地自然之則古今至實之理帝王所以扶世之極聖賢所以明德新民未有不由之者楊伯昌聞之嘆服張亨泉先生方亦同學易于滄江

漕使程先生遇孫附兄壬孫

程遇孫字叔達仁壽人也累官太常寺丞潼川漕使少年雄于文已而折節爲南軒之學范文叔居二江所謂九先生者先生其一也先生有兄壬孫官至雅州簽判亦躬行君子與先生最友愛及卒于官

貽書以玉環爲訣先生每見玉環則嗚咽流涕其至性如此

祕書薛符谿先生紱

通判鄧先生諫從合傳

薛紱字仲章龍游人也于書無所不讀嘗見朱子所注楚詞于黃棘之柱策以爲策杖黃塵荊棘之間笑曰楚王初盟秦于黃棘再盟于武關而被執故原其禍始耳其知黎州州爲羣蠻所居而能興起其民築玉淵書院以講學學者稱爲符谿先生二江講學九子之一也史彌遠旣死鶴山魏文靖公嘗以後進禮上之書曰如執事者在今寡儔嘗欲一拜下風因循不果起家爲吏益遠聲華聖學不講士棄其德性之知以怵于見聞之陋其酣身利祿者固無足言也稍知自好者亦以纂詞緝句爲學問之極功俗流世敗莫知正救乃至養疴枕席臥制四海舉朝薦紳之士奔走後先莫以爲非今天去積年之疢是治亂安危之幾也或爲地節之親政或爲天寶之踵亂皆未可知也而朝會無白首大儒可備顧問則天下事誠未可知也某欲乞身以去卒酬讀書之願未知見日臨紙悄然鶴山又題其則堂詩云卓哉符谿老吾道資禦捍萬殊錯標中獨識一理貫反躬事省察憒世興寤嘆揭堂闡斯則絕識陋秦漢以進士由成都教授召爲祕書

郎廷對極言韓侂胄之奸坐劾去所著有則書十卷皆談易理鶴山自以爲不及同時有鄧諫從者字元卿亦漢嘉人亦豫二江九子之一嘗通判黎州見于周益公集不知其後官階所至

提刑張亨泉先生方

張方字義立資中人也二江范氏滄江虞氏講明南軒之學先生與焉以慶元進士官簡州教授爲諸生痛陳佛老之妄使不惑于趨向其于時學徇名失實好高忘本之弊尤痛切入膏肓歷知邛州眉州果州遷直祕閣四川制置使參議官充利夔成都路提刑劾去墨吏數人又開新渠以殺三江之怒疏條急務六事皆直陳時政之失又疏言大本大剛大勢大務聞者悚栗改帥漢中以兵復天漢武休虎頭之險蠲錢三十萬緡米二千斛給田以卹死節之家進尚書兵部郎以母老乞歸養用郊恩官其弟鶴山魏文靖公極重之學者稱爲亨泉先生有亨泉稿一百卷予讀鶴山祭先生文則先生以母喪哀毀不起者

平甫講友

忠文黃兼山先生裳

黃裳字文叔普城人少穎異能屬文第進士調閬州新井尉未赴罹

外艱邑子從受業先生語以經義又爲之講解其後學益詣悉焚其稿服闋授巴州通江尉三年杜門潛究經傳出入古今默而精思或達旦不寐人與語若無聞然于是剖微析幽宏深四達文譽日甚總領趙公公說聞其名俾諸子從之遊光宗卽位制帥留公正薦五士公爲之首進對謂中興規模與守城不同因論大利害凡數千言上極異之除大學博士進祕書郎遷嘉王府翊善每勸講必援古證今嘗作八圖以獻曰太極圖曰三才正性曰天文曰地理曰王霸學術曰九流學術曰帝王紹運而終之以百官文武每曰爲學之道當體之于身本之于心總宜以心爲嚴師于心有一毫不安者皆所不可爲也紹熙二年二月雷雪交作先生上封事語特切深擢起居舍人未幾瘡發于背少瘥卽奏人君納諫不可執以己私因私心而生勝心因勝心而生忿心是以臺諫不得其職而去上領之先生見王向學日益因作渾天儀輿地圖勉以進學如天之運行不息居數月除中書舍人尋除給事中進侍講貴近一限以法後值侍臣進用不當繳論甚切遷兵部侍郎先生不受命乞去改除顯謨閣待制仍爲翊善太上見嘉王學問殊進謂先生曰此皆卿力也先生曰臣伎止此朱熹四十年學問陛下宜收召使備寮屬且言蜀士楊輔劉光祖相

繼在選可充學官上嘉納焉時上以憂疑成疾不過重華宮先生苦諫及壽皇不豫復抗聲切諫隨以號泣宮門閉掩涕而出自是先生瘡復作連章請外不報乃移疾關外聞壽皇遺詔亟入臨瘡遂大作寧宗卽位不能朝再除給事中改禮部尚書兼侍講入謝奏曰孔子曰有始有卒者其惟聖人乎詩曰靡不有初鮮克有終所謂有始有卒者由其持心之一也反覆告誡一主此意蓋先生絶筆之作也先生三歲病瘡以國事積憂遂至不起年四十九贈資政殿學士謚忠文先生爲人簡易端純每講讀隨事納忠氣平而辭切事該而理盡與人言傾盡底蘊恥一書不讀一物不知所爲文明白條達有王府講義及兼山集雲濠案宋志稱兼山集四十卷論天人之理性命之源皆足以發明伊洛之旨嘗與其鄉人陳平甫兄弟講學平甫南軒高弟也師友淵源蓋有自來云參樓攻媿集

雲濠謹案宋黃先生裳有二一字冕仲南平人元豐五年進士第一累官禮部尚書所著有演山集六十卷

宇文門人胡劉三傳

教授程克齋先生公說

程公說字伯剛眉山人積學苦志以春秋經傳倣司馬遷書爲年表

世譜歷法天文五行地理禮樂征伐官制諸書自周魯而下及諸小國夷狄皆彙次之時有所論發明成一家之學卒年三十七參直齋書錄解題

謝山程氏春秋分記序曰南軒先生講學湘中蜀人多從之而范文叔宇文正甫最著眉人程克齋兄弟並遊于宇文之門而克齋之學最醇所著春秋分記九十卷左氏始終三十六卷通例二十卷比事十卷又纂輯諸儒說爲春秋精義未成而卒別有詩古文詞二十卷語錄二卷士訓一卷程氏大宗譜十二卷弗盡傳也獨分記則其弟滄洲閣學上之祕府行于世克齋官邛州教授方爲此書未卒業聞吳曦以蜀叛毀車馬棄衣冠抱經逃歸奉其父入山時其次弟仲遜亦掌教益昌誓不屈賊而克齋悒悒尤甚遂病病中急就其所著幸得成編而卒年尚未四十也

掌教程先生公碩

程公碩字仲遜兄弟三人皆以科第進先生嘗掌教益昌同上

龍學程滄洲先生公許

程公許字季與一字希穎克齋先生之弟由進士積官至權刑部尚

書生平沖澹寡欲人不得干以私與故相史嵩之不合鄭清之尤忌之所建多格不行其知袁州時新周茂叔祠葺南軒書院聘宿儒胡安之爲諸生講說及婺州召還疏請復京學類申之法以養士氣清之嗾言者劾之出知隆興未拜命而卒贈龍圖閣學士宣奉大夫所著有壓缶集雲濠案四庫書目滄洲壓缶編十四卷內外制奏議奉常擬謚掖垣繳奏金革講義進故事行世參史傳

楊氏家學

祕閣楊浩齋先生子謨

楊子謨字伯昌潼川人也其父雲山老人得張宣公之學以授先生先生朝夕究圖凝然一室往往踰月不出戶自是默識聖賢下學上達之序動靜語默不違乎誠淳熙七年省試胡文靖公晉臣得其文以爲有格君氣象列優等入對孝宗發策問之曰帝王躬行之學莫大于學學者政事之本也欲極乎學之用不可不求其要何謂要行之以至誠要之以不息是也大學之道自正心誠意以至乎平天下中庸之道自尊賢以至于來遠人皆不外乎至誠之一言臣不知陛下之躬行誠與未與試以天人之應而卜陛下之誠而知容有未至也又曰臣聞之道路謂陛下左右近習之人雖無顯然害治之迹而

詔諛欺矯實繁有徒故凡速于求售者率造宦寺之門珠玉錦繡以充苞苴絡繹于道而陛下有所不知此非細患也孝宗嘉其直擢置甲科第八累官通判成都府吏部侍郎李壁舉以自代權發遣黎州適有吳曦之亂誓以死守移書方請討賊願以義勇爲前驅無應之者而曦所遣逆黨至成都分遣其將至黎先生以計遣之使又至先生與之文移遷延以待其變而曦已誅以薦召入對首論權臣誤國叛將干紀願鑒端往之已事開維新之令圖其二論皇太子既正儲宮之統宜使親正人授正學王者之學果何學也大學之所謂正心中庸之所謂謹獨是也惟輔導得人而後有所受其三乞招填黎州土軍分番上寨給緡糴粟以備緩急除吏部郎因轉對請于淮上荊襄關表漢中空閑之地招募軍民雜耕以省運餉節濫賜捐內帑以充糴緡以收末楮嚴責州郡實常平之儲歸廣惠倉以備凶歉罷軍興一切科斂之法復師旅饑荒之地以紓民力又曰民之困苦極矣易失者人心難諶者天意修人事以符天意其要在養民除軍器監復兼侍左郎官上言學術國家之壽脈公論天下之元氣所以扶持皇極主張國是者必歸諸此更化以來衆正之路方啓而羣枉之門漸開善類雖進而忠鯁之士有相繼引去者矣姦黨雖斥而貪緣勢

要有拂拭敘用者矣君子小人猶薰蕕不可同器今顧欲調停參用之幾何不爲國家之禍寧宗蹙額頷首者久之而小人側目矣先生知不容請補外除大理少卿有坐僞告者事連中官先生移文內省索贓小人忿恨除直華文閣提刑成都再兼知嘉定府皆有善政尋請老進直徽猷閣奉祠起知隆州不赴臥家十年召赴行在屯田郎度正貽書強起之力辭詔晉祕閣修撰致仕先生自奉祠講學于雲山書院與諸生敷陳論孟學庸大義平生不輕著述欲使人精體實踐以造于得其遺文有浩齋退稿四十卷

李氏家學

中正李後林先生義山

李義山字伯高豐城人知成州修己之子嘉定十三年進士授大宗正兼金部輪對言爲善不可有疑心去惡不可有悔心并陳進善不能無疑者三去惡不能無悔者三由是罷出知吉州後以湖南提舉攝帥漕楚俗尚鬼有妖覡譚法祖假禍福惑人先生曰此張角孫恩之漸也斬法祖燬其祠歷階至中正大夫所著有後林遺稿思過錄

參江西通志

梓材謹案萬姓通譜以先生爲嘉魚人且言其師事朱仲晦張

敬夫儒林宗派因之以列于朱張之門梨洲學案原本亦存其名于南軒門人攷先生爲嘉定庚辰進士魏鶴山誌其母蔣恭人墓言先生逾冠擢乙科當生于慶元間而朱子卽卒于慶元庚申南軒先生卒于淳熙庚子其不及事朱張明矣故爲易著于南軒再傳云

月舟門人

常幹蘇先生在鎔

蘇在鎔字和父鄆人受學范文叔之門淹貫諸書晚而斂華就實以主敬教學者其精神氣貌能使惰者肅譁者默毋敢慢焉以進士官魏城縣丞縣民仇其長官鼓衆入城將爲亂先生聞變挺身出諭之民爲散去長官得免死顧反以是忌之先生卽引去其後爲潼川常平司幹以自寃獄忤上官遂請致仕剛決不撓不媿其師友之教者也退居七年益講學臨終以五峯遺書授其子曰此吾從范先生得之手自讎校汝可細觀當自得之題詩而逝補

提刑張先生鈞

張鈞字子和江源人也少厲名行一時鉅人元夫率從請益孫巖老松壽蜀名儒也尤器之受業范文叔之門光宗初政以布衣上書論

國家大恥列聖深仇踰六十年而未復其言沈痛又言古有四禍中宮外戚閹寺朋黨而夷狄不與焉紹熙四年大對首言舉朝克己而後可以論一人進德之機末謂皇子萬世攸繫豈可以世俗學者之事責之有司第爲舉首尋置乙科主西鄉簿調爲隆州教授已而知什邡縣大書堂上曰奉公如上帝克己如勍敵愛民如赤子防吏如餒狼境內稱治通判瀘州吳曦之亂守川陸以待王師開禧三年以李參政雁湖薦召對先生奏曰陛下初卽位劉光祖嘗以五箴進讀至思箴陛下作而曰當從原頭上理會大哉王言天下國家之大本也乃陛下所謂原者皆爲一權臣所湮而使天地人之憤塞乎天地之內抑鬱不得申以兆其變因祀隱喪而禮樂之原湮以臣掩君而忠孝之原湮殺賢進姦而威福之原湮廢經反常而學術之原湮相恐以權相招以利而命義之原湮主竊于前僕貨于後而爵賞之原湮湮法度之原而本朝美意盡廢湮廉恥之原而人才良心盡壞陛下卽其所湮者以爲規模之要其序有六一者體乾而總萬化之目二者法祖以還舊制之良三者用禮樂之實以破曩日之餘氛四者修仁義之實以淪曩日之乖氣五者救活生靈以補權臣之掊斁六者振厲士夫以補權臣之斲喪則原之湮者徹何物驕敵能勝陛下

澄源進德之功哉其二曰今日之最急者莫如活百姓蜀中自紹興末年以來一塵不驚百姓歲輸贍軍近二千萬緡洎權臣忽開邊于大饑之後用度繁興內郡廩庾取之無錙粒之積調夫繁夥倍于常賦激賞畸零既減又復陛下赤子或死于餒或死于兵可謂已極若非陛下以愛肌膚之心愛百姓以畏夷狄之心畏百姓使此念充塞彌滿以起天地悔禍之心則國家豈不岌岌然今亦不過取之天取之人取之地以爲吾用而已取之天者欲使實德散爲雨暘雨暘結爲百穀取之人者當散權臣之家貲以拯百姓之窮困取之地者欲舉鄭剛中營田之法爲蜀民除對糴之害推之荊襄以及南淮無不可行其三曰天地之間惟忠義二字以之經天文使三光不失其序以之緯地理使岳瀆不失其宗以之立人極使彝倫不失其道惟陛下力行君師之職于一身以起忠孝之心于天下苟欲更化莫此爲切不然何以謂之化也除太常寺簿遷國子監丞以旱求直言上書謂陛下當求之一己不可求之天地因條更化之說一更弊之說六遷太常丞嘉定三年輪對言仰視俯察以見天心未復近采遠取而見民情不寧泝大計所自而貨源欲窮聽四方動息而寇憂難置皆人所難受者除祕書丞兼兵部郎以君臣父子夫婦之大倫而上精

言之然皆不能用也先生乃請外除潼川提刑力行常平以甦民困已而罷爲運判尋奉祠卒

孝子師先生遇

師遇字厚卿成都人也二江先生范文叔之壻有篤行紹定元年被貢以母疾不就嘗禱于上下神祇曰苟造物許一齒名于進士籍則貤祿吾母俾壽且寧不願仕也已而母卒踰三年成進士以前誓不欲仕親黨強之乃受官歸而得疾嘆曰是蓋食言以干天怒也遂致仕生平守南軒之教至爲醇固

雙流門人

縣令高先生載別見鶴山學案

范氏所傳

文靖魏鶴山先生了翁別爲鶴山學案

宋氏門人

知州高先生崇別見鶴山學案

虞氏家學

虞先生𠍣別見鶴山學案

黃氏門人

大理楊克齋先生泰之 父虞仲

楊泰之字叔正青神人也祕閣修撰虞仲子世有家學少受業于黃兼山藏書數萬卷手自讎校臥不設榻者幾十年以躬行自矢舉世聲利無足動心初以郊恩補官已而奏名類省試吳曦叛先生方攝成都教授安撫使楊輔集議先生昌言今日之事當計順逆不當計禍福正名討罪曷爲不克不然願與閣下死此以報國輔不能用先生致其事而去曦誅其事上聞詔起爲羅江丞吳獵諭蜀先生上書曰吳曦爲亂而士大夫不從必不敢發既亂而有抗之者必猶有所憚夫亂者曦之爲也亂所以成則士大夫之爲也于是安丙薦諸朝曰蜀中名儒楊虞仲之子當逆臣之變勉有位者無動言不用拂衣而去使得尺寸之柄必能見危致命詔赴都堂以親老辭特授知廣安軍丁艱免喪知富順監三日卽告寮吏士民其勤攻吾之闕發廩粟以濟民知普州蠲賦二萬減省浮用以輸邊又二萬賑貧半之安丙再薦之召赴行在而先生固辭知果州減浮費以蘇民困如普州時一切禮饋貯之庫以賑貧寶慶二年再召入對首請法天行健奮發英斷總攬威權無牽于私意奪于邪說以救蠱敝次謂本朝德澤邇來斲喪無餘民無常心何恃爲國次論陛下以直言求人而以直

言罪之言路益梗士氣益消上奇之除工部郎中時真魏諸公方相次去國人方縮舌而先生自遠方來首及之言事者稍吐氣已而又輪對言三十年間士大夫之說有三爲安靜爲用中爲更化安靜則苟偷也用中則模棱也更化則紕政尙多何更之有又謂兵端作于開禧之初民力未困故常心未失今民力已窮常心喪矣識者以爲篤論遷軍器監入對謂去歲風雨爲暴水潦潰溢此陰盛陽微之徵而臺臣諉曰霅川水患之慘桀之餘烈也嗚呼尙忍言哉又言疫氣僨作盜賊肆行淮楚之間狐狸跳梁徵狀曰異不可謂細故也願進君子退小人一掃賄賂貪墨之習而爲禮義廉恥之歸上首肯之除大理少卿先生遂申前說謂巴陵追降之命重于違羣臣而輕于絕友愛不思天倫之至痛乃曰不當立後以貽他日憂何示人之不廣乎又曰今日不言後必有言之者與其追恤于後固不若舉行于今也初先生三被召再申命四辭不得乃至甫三月即求歸未得是日詔以直寶謨閣知重慶府先生遺書宰相謂呂夷簡末年孫沔上書謂天下將有土崩瓦解之勢是張禹不獨生于漢李林甫且復見于今又引其先相國越王事勉之聞者爲之變色先生嘗以宰相生辰壽之詩有云潭潭仗台鼎既閱二十年治效何悠悠民瘼殊未痊近

甸饑餒接三垂烽火連人意苦不紓生理絶可憐先生之得罪于權相者非一而獨免于禍則亦幸也其治重慶豈弟如普果二州時期年乞歸先生時已病道卒所著有克齋集百卷大易要言二十卷論語解三十卷老子解二卷雜著五卷類集經史百餘卷南軒私淑之傳以先生爲第一宋史列之儒林而不知其源流所自且于其大節亦尙未詳爲可惜也

伯高門人胡劉四傳

彭先生汯

彭汯清江人忠肅孫李義山郎忠肅長子欽壻而先生又爲義山壻

范氏續傳

縣丞范先生大治

范大治者成都人也幼時常及從學滄江書塾官崇仁丞宋亡不仕與學者語舉書傳常連卷數千百言不遺一字天文地理律曆姓氏職官一問輒數千百言不止虞集猶及見之當是華陽之後人也

虞氏續傳

編修虞井齋先生汲別見草廬學案

麗澤諸儒學案表

葉邽 — 子 榮發 — 孫 霖 — 曾孫 審言

徐僑 別見滄洲諸儒學案

樓昉 — 李壁 / 李𡌴 並見滄洲諸儒學案

王撝 — 子 應麟 別爲深寧學案 / 子 應鳳 別見深寧學案

鄭清之 — 趙范 / 趙葵 並見滄洲諸儒學案

應𢡟 附弟傃

樓昞

葛洪

喬行簡

李誠之
王介——子埜別見西山真氏學案
喬夢符
王瀚——子柏別爲北山四先生學案
王洽
石範
朱質
葉秀發
潘景憲
潘景愈
潘景夔
潘景尹
鄒補之
杜旟

戚如琥——孫紹——曾孫象祖——元孫崇僧
附師王元章別見北山四先生學案

戚如圭

戚如玉

夏明誠

鄭宗強

汪淳

汪大度——孫開之別見北山四先生學案

汪大章

汪大亨

汪大明

黃渙 父敦義

黃謙

陳黼
詹儀之
邢世材
郭澄
胡子廉
康文虎
康文豹
趙善談
趙彥秬
羊永德——子哲
李大同
時瀾——子少章
時澐
郭頤

鞏豐
鞏嶸
鞏峴
周介
彭仲剛
盧汝琰
盧汝琯
樓孟愷
樓仲愷
樓叔愷
樓季愷
汪仲儀
郭粹中
父口

郭敏中

郭允中

郭時中

葉誕

徐文虎父時乂

陳錫

徐侃

徐倬

王深源——鄭聞別見北溪學案

並東萊門人白水玉山三山芮氏再傳元城龜山譙氏武夷紫微橫浦三傳涑水二程滎陽了翁廌山

宋元學案卷七十三

餘姚黃宗羲原本　後學慈谿馮雲濠校刊
男百家纂輯　鄞縣王梓材重校
鄞縣全祖望補定　道州何紹基重刊

麗澤諸儒學案

祖望謹案明招學者自成公下世忠公繼之由是遞傳不替其與嶽麓之澤並稱克世長沙之陷嶽麓諸生荷戈登陴死者十九惜乎姓名多無攷而明招諸生歷元至明未絕四百年文獻之所寄也述麗澤諸儒學案梓材案東萊學派二支最盛一自徐文清再傳而至黃文獻王忠文一自王文憲再傳而至柳文肅宋文憲皆兼朱學爲有明開一代學緒之盛故謝山云四百年文獻之所寄云

東萊門人林汪再傳

主簿葉先生邽

葉邽字子應金華人大治主簿受業呂成公之門以所得于成公者授徐文清公僑文清後爲朱文公門人高弟而于先生執弟子禮沒身不衰參黃文獻集

雲濠謹案文獻集未舉先生之字其字子應見吳正傳所題徐

文清手書雜稿後且稱爲鄉先生云

軍守樓迂齋先生昉

樓先生昞合傳

樓昉字暘叔號迂齋鄞縣人與弟昞俱以文名雲濠案先生弟字季

文從東萊于婺嘗以其學教授鄉里從遊者數百人李悅齋學士王

厚齋尚書其高弟也後守興化軍卒

梓材謹案李悅齋爲紹熙庚戌進士厚齋尚書以嘉定癸未生

相去三十四年且其父温州已是幼從迂齋尚書未必再及樓

門王厚齋云云當是王厚齋尚書之父之譌脫耳

端獻葛先生洪

葛洪字容父東陽人從呂成公學登進士第歷官爲尚書員外郎上

書言今之將帥非必奮不顧死冒水火蹈白刃而後謂之忠也第職

思其憂謂之忠公爾忘私謂之忠純實不欺謂之忠乞嚴飭將帥申

儆軍實累遷參知政事封東陽郡公援王素諫仁宗卻王德用進女

事以止備嬪御世多稱之卒謚端獻杜清獻範稱其侃侃有大臣風

有奏議雜著二十四卷

文惠喬孔山先生行簡

喬行簡字壽朋東陽人學于呂成公之門登紹熙進士歷宗正少卿祕書監權工部侍郎兼國子司業兼史院兼侍講理宗即位貽書丞相請法孝宗行三年喪應詔上書曰求賢求言二詔之頒果能確守初意則人才振而治本立國威張而姦宄銷臣竊觀近事似或不然其所召者非久無宦情決不肯來之人則年已衰暮決不可來之人耳彼風節素著廉介有守者論薦雖多固未嘗收拾而召之也端平二年朝議收復三京又上疏曰臣不憂出師之無功而憂事力之不可繼有功而至于不可繼則其憂深矣自古英君必先治內而後治外陛下視今日內治其已舉乎其未舉乎不聽師果敗績進知樞密院事後加少師保寧軍節度使醴泉觀使封魯國公卒于家年八十六諡文惠先生歷練老成識量宏遠居官無所不言好薦士多至顯達至于舉錢時吳如愚又皆當時隱逸之賢者所著有周禮總說孔山文集

正節李先生誠之

李誠之字茂欽東陽人受學于東萊釋褐爲饒州教授歷知蘄州金人犯淮南黃州不保力戰死之先生嘗謂眞西山曰篤信好學守死

善道吾輩八字箴也至是果不負所學贈朝散大夫祕閣修撰封正節侯

謝山答諸生問思復堂集帖曰西河謂宋儒講學者無一死節夫宋儒死節多矣蘄州死事李誠之最在理度二朝忠臣之先東萊之高弟也歐陽巽齋爲朱門世嫡其弟子爲文山徐徑畈爲陸氏世嫡其弟子爲疊山二公爲宋之大忠其生平未嘗有語錄行世故莫知其爲朱陸之私淑者文山尤不羈留情聲色而孰知其遠有源流也是豈空疏之徒所得語此況朱子後人有浚南軒後人有唐而趙良淳者雙峯之高弟也許月卿者鶴山之高弟也其餘如唐震呂大圭之徒不勝屈指而曰無一死節是夢中囈語也潭州之陷嶽麓三舍諸生荷戈登陴死者尤多史臣不能博訪附之李芾傳後今乃反見謗譏于妄人可爲軒渠

忠簡王渾尺先生介

王介字元石金華人從朱文公與呂成公遊紹熙元年廷對陳時弊光宗嘉其直擢居第三人歷國子錄上久不朝重華宮先生上疏極諫孝宗崩又力請過宮執喪言甚激切人歎其忠寧宗立以忤韓侂

胄坐劾奉祠久之累遷國子祭酒會旱詔求直言先生手疏論時政又言漢法天地降災策免丞相乞命史彌遠終喪後以集英殿修撰知襄陽府京西安撫使以疾奉祠卒謚忠簡子埜從真西山遊

梓材謹案姑蘇志載先生爲郡人從起居舍人出知嘉興府又尹臨安改知慶元府卒年五十六又言先生初學于呂東萊徙居金華娶鄭僑女僑實壻汪玉山應辰故其問學有源委蓋本真西山所作墓誌西山又言先生子埜裒其平生所爲詩文奏議外制春秋臆說通鑑解標爲渾尺集蓋先生嘗自號渾尺居士取后山詩雖有千丈清不如一尺渾意也

御史喬先生夢符

喬夢符字世用東陽人嘗從東萊學淳熙二年進士知歙縣有大逵當水衝居民歲苦霖先生爲築堤鑿渠人免水患號喬公街後除大理正奉旨鞫郭倬獄于宿州不畏權勢進監察御史參金華先民傳

朝奉王定菴先生瀚

王瀚字伯海金華人龜山弟子師愈之子而文憲公柏之父也師呂成公亦逮事朱文公仕至朝奉郎主管建昌軍僊都觀參可言集考

梓材謹案先生號定菴金仁山題魯齋文集目後云僊都公早

從麗澤又以通家子登滄洲之門朱子別集棲賢磨崖題名有
門人丁克王翰王翰蓋即先生翰瀚古今字爾

縣令王先生洽

王洽字伯禮金華人侍講師愈之子天資粹雅操行潔修嘗知當塗縣真西山薦狀言其爲邑也心乎愛人用刑督賦常有不得已之意士民稱誦翕然一詞云參真西山集

梓材謹案宋史道學王柏傳父瀚兄弟皆及朱呂之門是先生爲東萊弟子之證

通判石先生範

石範字宗卿浦江人從東萊遊以進士尉奉化歲饑貧民將爲變先生賑之不誅一夫而定遷知婺源縣有月樁錢二萬皆取之民先生請蠲其十之二俄權通判袁州峒獠弄兵袁當其衝先生攝州事練軍旅廣儲蓄博訪守禦之策峒獠不敢近轉通判泉州卒參浦陽人物記

侍郎朱先生質

朱質字仲文義烏人受學于成公及唐說齋仲友中紹熙進士第二人累官至右正言左司諫兼侍讀權吏部侍郎著有易說舉要

知軍葉南坡先生秀發

葉秀發字茂叔金華人師事東萊以進士爲慶元府教授著論語講義以訓諸弟子一時鉅儒皆相器重願與之交而楊慈湖簡問難尤詳謂得所啓發後知高郵軍

雲濠謹案宋景濂爲先生傳言其師事呂東萊唐說齋極深性理之學以餘爲文輒擢慶元丙辰進士第弟子慕之從其學者歲至數百人又言其教授慶元時與之交者慈湖而外則樓攻媿史獨善樓迂齋鄭安晚袁絜齋也又言學者尊之曰南坡先生所著有易說周禮說及論語講義等書

梓材謹案宋世葉秀發有二其一仁和人名時字秀發官龍圖閣學士謚文康

教授潘先生景憲

潘景憲字叔度金華人九歲以童子貢京師後入太學益自刻厲學官汪玉山芮國器王梅溪皆推重焉隆興元年進士請爲南嶽祠官秩滿力請太平教授遠次以歸始爲浮屠說既而學于東萊先生與東萊同年而齒長聞其論說行身探道之意慨然感悟遂棄所學學焉父喪服除不復仕日遊呂氏之門誦詩讀書旁貫史氏尤盡心于

程易朱晦翁子塾其壻也參朱子文集

太學潘先生景愈

潘景愈字叔昌叔度之弟嘗為太學解魁年三十餘甚有志趣東萊稱其有意務實參東萊遺集

潘先生景夔

潘先生景尹合傳

潘景夔景尹松陽人其父朝散好謙篤于教子越數百里遣從東萊遊且謀徙家于婺以便其學同上

府判鄒先生補之

鄒補之字公袞開化人受業朱呂之門淳熙初舉進士判江寧府著有春秋語孟注兵書解宋朝職略等書參浙江通志

薦辟杜橋齋先生旟

杜旟字伯高金華人登成公之門同時陸務觀陳君舉葉正則陳同甫咸稱其文淳熙開禧間兩以制科薦所著有橋齋集參姓譜

知州戚貞白先生如琥

戚如琥字少白金華人從呂東萊遊篤于修齊之道以進士授郴州教授遷國子博士出知台州尋改袁州政績大著甫受代而卒門人

私謚曰貞白先生從兄如圭如玉皆從東萊游同上

雲濠謹案金華府志載先生云其學務以修身齊家見諸實用不爲空言東萊每歎異之

縣尉戚先生如圭

進士戚先生如玉合傳

戚如圭金華人以進士爲嵊縣尉弟如玉亦遊太學毋周氏晚時觀書輒能舉大義嘗讀上蔡語錄顧諸子曰既不爲祿利復不求人知斯所謂問學者邪其期諸子如此參東萊遺集

梓材謹案黃文獻志道一山長戚君墓言二先生連起進士乾道淳熙閒

推官夏先生明誠

夏明誠字敬仲金華人其學本自呂東萊而自負甚高登慶元丙辰進士第三人一爲安慶推官遂致仕嘗作八詠樓賦序直斥沈休文爲是樓之辱吳禮部敬卿特稱之百家記

朝請鄭坦溪先生宗強

鄭宗強字南夫金華人遊于東萊之門講貫理道篤志根源蔡久軒稱其學業精深履行純篤後以朝請大夫致仕著有坦溪集行世參

教授汪先生淳

汪淳金華人受業東萊勵志于學授吉州教授講學者咸歸重焉 參浙江通志

汪獨善先生大度
汪約叟先生大章 合傳

汪大度字時法金華人受業于呂東萊慶元初大愚觸權奸貶韶州先生往送之伴送者淩辱大愚先生以義折之直欲與之坐獄從至貶所久之乃還經紀其家事甚至晦翁致書深加歎敬弟大章號約叟亦從東萊遊大愚之卒也約叟距秋試纔四日舍之就道護喪以歸 參金華先民傳

梓材謹案時法號獨善吳禮部跋汪元思固窮集云大愚謫廬陵獨善裂裳裹足送之後從卒高安其弟約叟輟試往護其喪兄弟遂以義聞士大夫王忠文公跋大愚帖則謂時法人稱爲西山先生而儒林宗派又以西山屬之其兄大亨恐誤

梓材又案東萊爲汪灌慶衍墓志云男五大任大亨大度大明大聲大度大明久從予遊據此則約叟大章之于獨善蓋從弟

也

汪先生大亨

汪先生大明合傳

汪大亨字時升汪大明字時晦西山先生大度之兄也皆成公門人

參王忠文集

州守黃先生渙父敦義

黃先生謙合傳

黃渙字德亨光澤人父敦義以六經教子七子皆有成立先生志篤學博嘗從呂東萊遊淳熙戊戌南省第二人後守岳州罷廚傳蠲魚稅毀淫祠卒年八十兄謙字德柄亦遊朱呂之門補

著作陳先生黼

陳黼字斯士東陽人少從呂東萊遊永康林大中聞其賢妻以女先生未嘗倚爲重也淳熙八年登進士不汲汲進取以恬靜自守林欲召爲樞密院先生力辭嘉定元年大中卒乃還國子博士著作郎凡三十年偃蹇宦途而不改其樂後丐祠歸貧無室廬僦居永康以終

參東陽縣志

侍郎詹先生儀之

詹儀之字體仁遂安人也張宣公守嚴州東萊分教先生俱從之遊又嘗從朱文公問學累官吏部侍郎知靜江府已而以蜚語謫袁州光宗登極以其嘗爲宮寮許自便時閩中有詹元善者亦朱氏弟子也而以體仁爲名 補

附錄

□□□曰詹體仁慤實肯講學不易得但未免弱蓋膽薄而少決今曰善類多有此病每力振之以此思剛明之質誠不易得

又曰舊在嚴陵體仁頗惑佛學今卻不然亦得伯恭之力

又曰豈第愛民凡事可以商量趨向甚正□□□學 並補

縣丞邢先生世材

邢世材字邦用其先自青州徙汴紹興閒始家會稽先生既舉進士得官盡棄故學徧從長者遊深思力索有所未達憤悱見于辭色退則汲汲求踐其所聞于東萊有連從之講學非一日出爲南康軍司戶參軍遷從政郎金華縣丞未上卒于家年三十七 參東萊遺集

主簿郭先生澄

郭澄字伯清東陽人以父將仕郎良臣紹興末軍興入貲佐縣官者賜爵視任子補將仕郎調南昌黃巖主簿皆不行先生少時將仕奇

其敏悟爲築西園舍旁延名士講授鄉之秀民願請業者悉聚而館焉先生既用力于學益知師友之可親辭氣悃穎未嘗不以善其身迪其族衣被其鄉閭爲主退而驗其語隨其力之所至皆有以自見云同上

梓材謹案說齋學案吳主簿傳云郭氏有西園南湖石澗三書院招延呂成公薛象先之徒教授子弟先生爲西園學者是亦呂薛門人也

雲濠謹案葉水心誌先生父將仕墓言其嘗使先生出從大師歸而與其師學又言先生靜而敏所論質皆能記憶所舉發皆能推見所得非一師爲之師者多自以爲不及也又案陳龍川爲郭德鄰哀詞云德鄰之子曰澄伯清者歷從一世士君子遊德鄰先生父字惜先生所得諸師多不可考見云

胡先生子廉

胡子廉者淳安人博極羣籍不屑科舉之學從東萊先生遊終身不仕補

康先生文虎

康先生文豹合傳

康文虎字炳道與弟文豹字蔚道皆東萊弟子補
梓材謹案謝山奉臨川帖子五引大愚遊侯濤山記云康炳道
兄弟會於王季和家謝山自注如是
安撫趙先生善談
趙善談東萊門人官安撫
通判趙先生彥秬
趙彥秬字周錫東陽人師事呂東萊擢取應科授右選精春秋左氏
傳作發微一百篇以進上嘉之旋借和州觀察使充接伴副使隆興
元年登進士第換宣義郎終眉州通判
通判羊先生永德
羊永德縉雲人紹興進士官奉議郎徽州通判師事成公著春秋發
微子哲見括蒼彙紀
尚書李先生大同
李大同字從仲東陽人學于成公與朱文公之門登嘉定進士第官
至工部尚書以寶謨閣直學士知平江府有羣經講義
朝散時南堂先生瀾
時先生澐合傳

時灤字子瀾蘭溪人師呂東萊淳熙辛丑進士累官朝散郎通判台州東萊輯書說自秦誓訢洛誥未畢而卒先生補完之有南堂集若干卷兄澐字子雲亦師東萊著尚書周官餘論未成卒參金華賢達傳

監簿郭固齋先生頤

郭頤字養正嚴之壽昌人也進士從東萊先生遊官至軍器監主簿學者稱固齋先生補

提轄鞏栗齋先生豐

鞏豐字仲至號栗齋其先鄆州須城人渡江爲婺州武義人少遊成公之門淳熙進士嘗知臨安縣稍遷提轄左藏庫卒葉水心銘其墓

祖望謹案胡紘以高科求進不得怨忠定鞏栗齋亦以舍選前列訴京鏜京之對之無異忠定而栗齋極歎鏜言之是反自引咎毫無怨尤

司封鞏厚齋先生嶸

鞏先生峴合傳

鞏嶸字仲問梓材案水心爲仲至墓志云季氏仲同栗齋弟也淳熙二年進士累官至太學博士大理寺丞上書言兵端不可開忤宰相

出知嚴州陛辭力言外攘當先內修已而直祕閣歷遷司封郎奉祠致仕先生靜正夷博居官未嘗澤辭色貫聲光以媒進而儒術吏治所至皆有聲詳見洪平齋墓志所著有厚齋集八十卷先生之母楊氏通毛詩論語孝經知大義故自長子峴而下皆知師東萊傳正學有聞于時惟峴失其事而不別爲之傳補

梓材謹案水心文集楊夫人墓表云嫁東平鞏法鞏君死夫人年二十六子長曰豐三歲幼嶸也始生是楊止二子所謂長子峴豈即栗齋之改名耶然又謂峴失其事何也疑楊夫人爲鞏君繼室長子峴當是前夫人之子故不之數耳

周先生介

周介字叔謹括蒼人也從東萊晦翁遊補

提舉彭先生仲剛

彭仲剛字子復平陽人也乾淳之際永嘉儒者林立而平陽稍爲別派徐忠文公子宜以心學起其說合于金溪王信州道甫以事功之學起其說合于永康先生徧遊其閒及以進士釋褐主金華簿始聞麗澤之教東萊謂其用力甚銳先生之學不事論說以實踐爲宗旨尢有吏才衢州大水憲司檄下金華令先生往覆視先生請曰衢水

高者出屋搶殺稼溺人行道共知既再檢實矣猶往覆視者防吏之欺將使民實得食也然恐待覆視而民已死矣憲司感其言即出米恣所賑移臨海令均其民之力役圖縣鄉之地幾都幾保合爲一圖而物數其地之所有有以圖上者先生曰善猶有遺其人曰無先生指曰某地方嶺有某某居之某地有松林水步今胡失之其人大驚不知先生何以得之也由是整廢墜甚多先生善聽訟然不自以爲明每諭之曰雖訟而直所屈多矣民愛信之訟爲衰止提刑薦其政召付都堂審察授兩浙運司均斛官以近臣薦召爲詳定一司敕令所刪定官遷國子監丞以試進士與知舉者忤罷官已而起知全州時陳公君舉詹公元善任漕使首爲減月樁錢十三四先生又減繁費以甦民力然後戢豫借寬省限商稅止取正錢帶納者蠲其大半輸租得自概量吏胥不敢取斛面而擇其耆老之有學行者師長其子弟先生于聽政之暇親執經而教之以外艱歸凡先生所至去後無不思者紹熙五年明越大饑特令先生爲常平提舉蓋且向用矣是年病卒葉水心曰子復之爲學以爲非同聲趨和所能至也故不敢以意之爲是而獨以力之能者試之常左經而右律目驗而耳覈考實以任重先難以致遠非其心之所通雖誠聞之不苟從也非其

行之所至雖審知猶慭置之故其材爲實材德爲實德此先生之學
之大致也先生不著書賴有水心之文得以見其本末云補

盧先生汝琰

盧先生汝琯合傳

盧汝琰汝琯淳安人子權大經之叔季子也東萊爲新定校官季子
實綴弟子員後其叔介季以見東萊蓋叔季遊居數年參東萊遺集

樓先生孟愷

樓先生仲愷合傳

樓先生叔愷合傳

樓先生季愷合傳

樓孟愷仲愷叔愷季愷義烏人並從東萊遊父蘊卒東萊志其墓同
上

汪先生仲儀

汪仲儀金華人嘗從東萊遊母卒請銘于東萊同上

縣尉郭先生粹中父口

主簿郭先生敏中合傳

鄉貢郭先生允中合傳

鄉貢郭先生時中合傳

郭粹中敏中允中時中武夷人朝散大夫戶部員外郎知常州總領湖廣京西財賦某之諸子也東萊與戶部遊再世諸子相從講學粹中嘗爲龍游尉敏中主江山簿允中時中皆應進士舉同上

縣令葉先生誕

葉誕字必大蘭溪人乾道進士從東萊遊嘗主清江簿其父卒東萊爲之志墓官至吳縣令同上

徐先生文虎父時乂

徐文虎分水人從東萊遊相與居者數年其父時乂趣之從師友講習甚篤同上

陳先生錫

陳錫烏傷人嘗執經于東萊同上

徐先生侃

徐先生倬合傳

徐侃徐倬義烏人文清公僑之兄也皆學于呂成公而文清師事朱子參王忠文集

王先生深源

王深源婺州人東萊之徒也鄭聞在呂氏家塾從先生爲學參陳北溪集

梓材謹案東萊學案監嶽祖泰傳語其友王深厚深厚當作深原原爲源之本字蓋因原而譌爲厚爾

葉氏家學林汪三傳

隱君葉先生榮發

教授葉先生霖合傳

葉榮發金華人其父邽爲徐文清公師先生深自韜晦罕與物接子霖始復以家學授徒端明殿學士王埜知南康軍葉閶咸敬禮焉官終蘭溪儒學教授

州同葉先生審言

葉審言字謹翁金華人蘭溪教授霖之子先生于書無所不讀卓然自立父子相爲師友嘗仕浦江義烏二縣教諭所至以興壞起廢爲務任衢州之明正書院山長復道流冒占之田二百餘畝及爲吉水教授士論翕然主晉江簿同寮有與之不合者力搆陷之使者得其冤狀而莫能直竟去官改婺州路司獄以年請老詔晉秩同知瑞安州致仕先生學以寡欲爲宗治家有法吉凶諸禮一遵成公家範曰

吾有所受之也室廬再厄于火僑寓唐氏說齋精舍久之乃得老屋數椽教子之餘日以種時爲事所入不足自給處之晏然卒之日有書數卷田數畝而已許文懿公謙柳待制貫吳禮部師道張修撰樞皆雅重之

葉氏門人

文清徐毅齋先生僑別見滄洲諸儒學案

樓氏門人

文懿李雁湖先生壁

文肅李悅齋先生埴並見嶽麓諸儒學案

知州王先生撝

王撝字謙父其先浚儀人徙居于鄞先生博學耿介爲樓迂齋高第復從史獨善遊文藝深醇善議論壯歲試詞學科不中輒棄去自誓曰他日必令二子業有成後登進士第同年余天錫參知政事屬教其子弟歲終致束脩以謝先生不受拱而言曰二兒習詞學鄉里無完書願從公求尺牘往借周益公傅內翰番陽三洪公暨往昔習詞學者凡二十餘家所藏書余欣然許之後二子果俱中詞科爲安吉丞攝令長興捐俸周水災再攝新城爲貧民完賦遷國子正將作監

主簿通判婺州御史劉晉之誣衢州掾慮囚受賕先生得實力白其誣晉之不敢犯晉之蓋史相黨人也後攝郡去日以羨財留于官改祕書丞守徽州遷吏部郎中兼崇政殿說書疏言羣臣遜志之言多逆耳矯拂實未之見其議剴切深中時病後直祕閣知温州淳祐十一年上書汲古傳忠又書竹林二字賜之明年卒年六十九子應麟應鳳參延祐四明志

忠定鄭安晚先生清之

鄭清之字德源雲濠案先生初名爕字文叔別號安晚鄞縣人少從樓迂齋學能文樓攻媿亟加稱賞登嘉泰進士第調峽州教授帥趙方嚴重斬許可先生往白事爲置酒命其子范葵出拜掖先生無答拜且曰他日願以二子相累遷國子學錄理宗即位累官至參知政事史衛王卒先生爲右丞相慨然以天下爲己任召還真西山等十五人雲濠案十五人者真文忠與魏文靖了翁崔清獻與之李文肅𡌴徐文清僑趙尚書汝談尤尚書焴游觀文似洪忠文咨夔王正肅遂李文清宗勉杜清獻範徐忠簡清叟袁正肅甫李觀文韶也時號小元祐遺逸如劉漫塘趙章泉皆見旌異入洛師潰乞罷不可拜左丞相丏去益力授觀文殿大學士提舉洞霄宮封申國公賜御書輔

德明謨之閣淳祐四年拜少保兼侍讀五年拜少傅進少師奉國軍節度使賜第于西湖之漁莊進讀仁皇訓典謂仁祖之仁厚發爲英明孝宗之英明本于仁厚二者相須此仁祖孝宗之所以爲盛也六年拜太保七年拜太傅右丞相先生方放浪湖山每寓僧刹帝勉諭有加軍國事仍自先生決之十一年感疾乞罷政拜太傅保寧軍節度使充醴泉觀使進封齊國公致仕卒贈尚書令追封魏郡王謚忠定先生不好立異湯仲能巾嘗論事侵之及再相仲能求去先生曰己欲作君子使誰爲小人力挽留之徐清叟嘗論列先生乃引之共政先生與彌遠議立理宗駸駸至宰輔然端平之閒召用正人先生之力也參史傳

參政應蓴芷先生䌛 附弟傃

應䌛字之道昌國人刻志于學嘗從樓迂齋遊文聲日振嘉定十六年試南省第一遂舉進士爲臨江軍教授歷遷祕書郎請早建太子入對帝問星變先生請修實德以答天戒帝問藏書請訪先儒解經注史因及程迥張根書皆有益世教帝善之淳祐初遷宗正寺丞端平閒邊兵敗先生預議邊事坐斥後復用以起居舍人權兵吏二部侍郎兼直學士院掌內制理宗一夕召之草麻夜四鼓五制皆就帝

奇其才翌日拜翰林學士八年授同知樞密院事九年拜參知政事封臨海郡侯以疾乞歸卒于家弟儀字自得六歲能詩紹定四年進士調烏程尉議毀淫祠獨存徐孺子廟鄰邑有沈氏兄弟訟財郡檄自得案實自得委曲開諭適沈子魁鄉薦因賦詩儆之兄弟感悟爭遂息仕至文林郎參史傳寧波府志

謝山翁洲書院記曰應參政葺芷由昌國遷鄞其貴也建翁洲書院于故居以興起後進穆陵賜御書以榜之元時以昌國爲州書院置山長參政之孫全軒領之因祀葺芷于中而以其子蘭坡附焉其後又增祀全軒詳見應奎翁碑記中明時以倭難廢昌國隸定海書院亦圮今昌國復置縣改定海曰鎮海而以昌國稱定海于是復立翁洲書院奎翁曰翁洲爲海外諸番所觀聽使爲彼之徒推其尊禮仙佛之念而知尊孔子之道廓其求聞清淨寂滅之念而返諸六籍之學則其有補于聖教者固非淺也奎翁之言至矣予更何以益之但考穆陵之時甬東書院實與翁洲並置甬東出于安晚其與葺芷皆迂齋之徒也故二公並以文章名

簽樞王潛齋先生埜 別見西山真氏學案

朝奉家學

文憲王魯齋先生柏 別見北山四先生學案

羊氏家學

羊先生哲

羊哲承德子師呂成公之子伯愚問學該博才思深遠著指南集 參括蒼彙紀

時氏家學

書記時所性先生少章

時少章字天彝號所性金華人父朝散郎瀾師事呂東萊先生天才絕出博極羣書談經多出新意而于史學尤精詩由盛唐而追漢魏文泝宋東都以前而逮古作者吳師道稱其峻潔精工豈惟雄視吾邦蓋一代之偉人也由鄉貢入太學年踰五十登寶祐進士由麗水主簿歷諸教授山長用薦擢史館檢閱有忌者改授保寧節度掌書記所著有易詩書論孟大義六十卷雜詩文數千篇總名所性集 參金華先民傳

王氏門人

鄭先生聞 別見北溪學案

王氏家學 林汪四傳

尙書王厚齋先生應麟 別爲深寧學案

常博王默齋先生應鳳 別見深寧學案

鄭氏門人

忠敏趙先生范

忠靖趙庸齋先生葵 並見滄洲諸儒學案

戚氏家學

隱君戚貞孝先生紹

戚紹婺州人知袁州如琥之孫也入元隱居不仕同志之士相與號爲貞孝先生 參黃文獻集

教諭戚先生象祖 附師王元章

戚象祖字性傳貞孝先生之子少服家庭之訓弱冠師事王元章益達于命義年幾五十乃用舉者得東陽縣學教諭遷紹興之和靖書院山長年未七十輒求致仕弗許復用爲信之道一書院山長訖辭不受僑居永康之太平 同上

戚朝陽先生崇僧 別見北山四先生學案

汪氏家學

汪先生開之別見北山四先生學案

宋元學案卷七十三

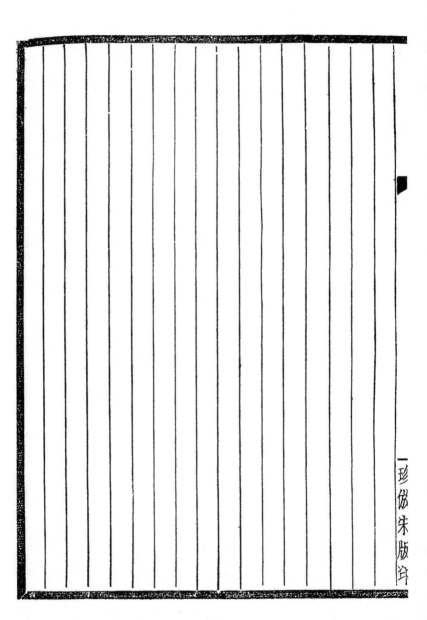

慈湖學案表

楊簡 老楊子 象山門人
子 恪
五世孫 芮
六世孫 伯純
七世孫 圭

袁甫 別見絜齋學案
馮興宗
馮國壽
史彌忠 父漸
史彌堅
子 賓之 別見邱劉諸儒學案
史彌鞏
孫 蒙卿 別為靜清學案
王撝 別見麗澤諸儒學案
史彌林

父涓
錢時

子櫍
從子允文
洪揚祖
夏希賢

子溥
子清之
子潛之
吳瞰

鄭玉別爲師山學案
趙汸別見草廬學案
汪汝懋
沈源
唐轅

鄭玉別爲師山學案
汪汝懋別見上大之
門人

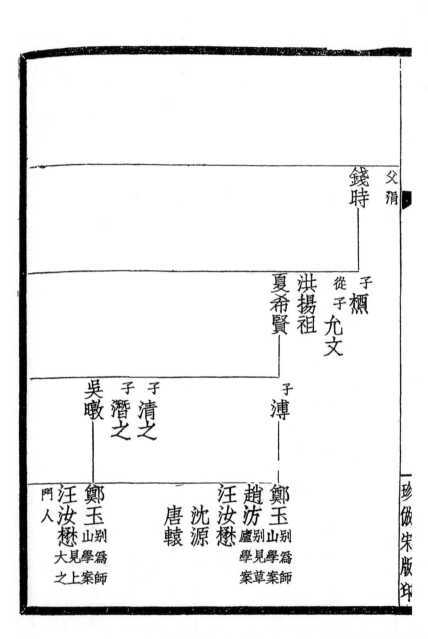

呂人龍

方道叡

洪震老 並大之同調學案 — 鄭玉 別爲師山

陳苑 別爲靜明寶峯學案

以下慈湖融堂續傳

宋夢鼎

魯淵

洪源 — 子 璵

張復 宋魯同調

洪夢炎 — 族孫 瓆 — 汪汝懋 見上 大之門人

史守之

史定之

陳塤

子蒙

張端義見上慈湖門人

全謙孫父汝梅兄鼎孫附弟頤孫

從子耆

全晉孫

子彥

黃潤玉詳見明儒學案

族子整

桂萬榮

從子錫孫

四世孫同德

桂彥良別見明寶峯學案靜明

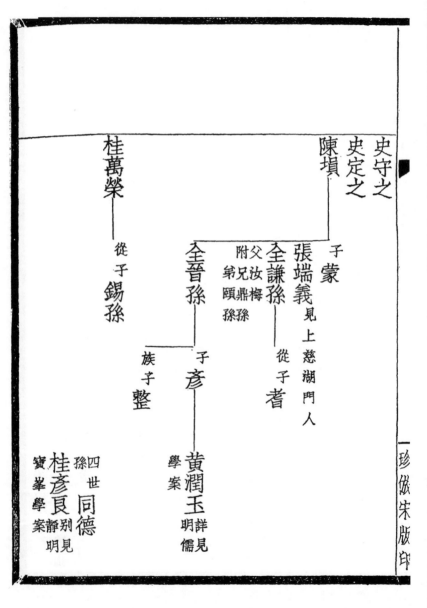

桂璪　並石坡續傳

童居易　附師李耸王休
　子　鐘
　　孫　金
　子　鋐
曹漢炎
嚴畏
黃震　別爲東發學案
曹嚴講友

趙彥悈
曾熠
鄒近仁
　子　曾
鄒夢遇
葉祐之
　張端義　見上慈湖門人
徐鳳

曹夙

張渭

張汾

孫明仲

沈輦

許孚

朱介

魏榘

沈民獻

四世孫

世輝卿

五世孫

世源

見上遯齋

門人

劉厚南

舒銑

別見廣平定川學案

方溥

王子庸
馬樸——子夔見上慈湖門人
馬應之
馬夔
王琦——鍾季正
舒益
洪簡
舒衍別見絜齋學案
吳塤
吳垌
余元發
鍾宏
曹正
邵甲——子大椿——鄭棠

王震
鄭節夫 別見嶽麓諸儒學案
顧平甫 別見槐堂諸儒學案
張端義
王晉老
何元壽
傅正夫
傅大原 別見說齋學案
薛疑之——子據
夏希賢
洪揚祖 並見融堂門人
錢櫄 見下融堂家學
趙與篙——孫偕 別爲靜明寶峯學案
私淑 真德秀 別爲西山真氏學案

劉宰別見嶽麓諸儒學案

舒璘

沈煥並爲廣平定川學案

袁燮別爲絜齋學案

韓宜卿別見清江學案

蔣存誠

沈文彪——子民獻見上慈湖門人

湯建並慈湖講友

葉秀發別見麗澤諸儒學案

韓度別見清江學案

並慈湖學侶

宋元學案卷七十四

餘姚黃宗羲原本　後學慈谿馮雲濠校刊
男百家纂輯　鄞縣王梓材重校
鄞縣全祖望補定　道州何紹基重刊

慈湖學案

祖望謹案象山之門必以甬上四先生爲首蓋本乾淳諸老一輩也而壞其教者實慈湖然慈湖之言不可盡從而行則可師黃勉齋曰楊敬仲集皆德人之言也而未聞道予因采其最粹且平易者以志去短集長之意則固有質之聖人而不謬者述慈湖學案

梓材案慈湖學派梨洲原本附列金溪學案自謝山始別爲慈湖學案

象山門人

文元楊慈湖先生簡

楊簡字敬仲慈溪人乾道五年進士調富陽主簿嘗反觀覺天地萬物通爲一體非吾心外事陸象山至富陽夜集雙明閣象山數提本心二字先生問何謂本心象山曰君今日所聽扇訟彼訟扇者必有一是有一非若見得孰是孰非即決定爲某甲是某乙非非本心而

何先生聞之忽覺此心澄然清明亟問曰止如斯邪象山厲聲答曰更何有也先生退拱坐達旦質明納拜遂稱弟子已而沿檄宿山閒觀書有疑終夜不能寐曈曈欲曉灑然如有物脫去此心益明淳熙元年母喪去官營葬車廏更覺日用酬應未能無礙沈思屢日一事偶觸始大悟變化云爲之旨交錯萬變而虛明寂然服除補紹興府理掾差浙西撫幹知嵊縣外艱不赴起知樂平召爲國子博士以爭趙汝愚之去主管台州崇道觀嘉泰四年權發遣全州未上論罷主管仙都觀嘉定元年累遷至著作佐郎兼兵部郎官二年除著作郎遷將作少監面奏陛下自信此心即大道乎寧宗曰然問日用如何寧宗曰止學定耳先生謂定無用學但不起意自然靜定是非賢否自明他日又言陛下意念不起已覺如太虛乎寧宗曰是如此問賢否是非歷歷明照否寧宗曰朕已照破先生頓首爲天下賀出知溫州督賦之吏不入縣庭但移文罷妓籍訪賢人崇孝養而已架鑼戟門令投牒者自鳴鳴即引入剖決無時縣官賢否即雜訪之小民之至庭下者言人人同乃行黜陟其待僚屬方據案書判有喏于庭者無問誰何即釋筆拱答務以德化感人民自悅服除駕部員外郎改工部除軍器監將作監兼國史院編修官實錄院檢討官丐祠而歸

以寶謨閣學士慈谿縣男太中大夫致仕寶慶二年卒年八十六謚文元築室德潤湖上更名慈湖遐方僻嶠婦人孺子亦知有所謂慈湖先生也所著有甲稾乙稾冠記昏記喪禮家記家祭記釋菜禮記己易啓蔽等書

慈湖己易

易者己也非有他也以易爲書不以易爲己不可也以易爲天地之變化不以易爲己之變化不可也天地我之天地變化我之變化非他物也私者裂之私者自小也包犧氏欲形容易是已不可得畫而爲一於戲是可以形容吾體之似矣又謂是雖足以形容吾體而吾體之中又有變化之殊焉又無以形容之畫而爲--一者吾之一也一者吾之--也可畫而不可言也可以默識而不可以加知也一者吾之全也--者吾之分也全卽分也分卽全也自生民以來未有能識吾之全者惟覩夫蒼蒼而清明而在上始能言者名之曰天又覩夫隤然而博厚而在下又名之曰地清明者吾之清明博厚者吾之博厚而人不自知也人不自知而相與指名曰彼天也彼地也如不自知其爲我之手足而曰彼手也彼足也如不自知其爲己之耳目鼻口而曰彼耳目也彼鼻口也是無惑乎自生民以來面牆者比比

而不如是昏之甚者見謂聰明也夫所以爲我者毋曰血氣形貌而已也吾性澄然清明而非物吾性洞然無際而非量天者吾性中之象地者吾性中之形故曰在天成象在地成形皆我之所爲也混融無內外貫通無異殊觀一畫其指昭昭矣厥後又繫之辭曰乾乾健也言乎千變萬化不可紀極往古來今無所終窮而吾體之剛健未始有改也言乎可指之象則所謂天者是也天卽乾健者也天卽一畫之所似者也天卽己也天卽易也地者天中之有形者也吾之血氣形骸乃清濁陰陽之氣合而成之者也吾未見夫天與地與人之有三也三者形也一者性也亦曰道也又曰易也名言之不同而其實一體也故夫乾象之言舉萬物之流行變化皆在其中而六十四卦之義盡備于乾之一卦矣自清濁分人物生男女形萬物之在天下未嘗不兩曰天與地曰晝與夜曰夫與婦曰君與臣曰尊與卑曰大與小曰貴與賤曰剛與柔曰動與靜曰善與惡曰進與退曰實與虛博觀縱觀何者非兩⚋者所以象此者也又繫之辭曰坤坤順也明乎地與妻與臣與柔之類也然非有二道也坤者兩畫之乾乾者一畫之坤也故曰天地之道其爲物不貳則其生物不測又曰明此以南面堯之所以爲君也明此以北面舜之所以爲臣也又曰吾道

一以貫之則夫乾坤之象雖有大哉至哉之辨以明君臣上下之分而無二元也坤爻又曰直方大又曰以大終也又以明大與至之無二旨乾與坤之無二道也乾何以三一也天此物也人此物也地此物也無二一也無二己也皆我之爲也坤何以三⚋也天有陰陽日月明晦也地有剛柔高下流止也人有君臣夫婦貴賤善惡也☳天下固有如此者也聖人繫之辭曰震明乎如此者陽爲主自下而動且起也此我之變態也☴天下固有如此者也聖人繫之辭曰巽明乎如此者陰爲主陰入于下柔隨之類也此又我之變態也☵天下又有如此者也聖人繫之辭曰坎言陽陷乎兩陰之中內陽而外陰水之類也此我之坎也☲天下又有如此者也聖人繫之辭曰離言陰柔不能以自立麗乎兩剛又有陽而中虛爲火之類也此我之離也天下又有☶者陽剛止截乎其上故繫之辭曰艮艮止也明乎我之止也天下又有☱者陰柔發散乎其外故繫之辭曰兌兌說也明乎我之說也舉天地萬物萬化萬理皆一而已矣舉天地萬物萬化萬理皆乾而已矣坤者乾之兩非乾之外復有坤也震巽坎離艮兌又乾之交錯散殊非乾之外復有此六物也皆吾之變化也不以天地萬物萬化萬理爲己而惟執耳目鼻口四肢爲己是剖吾之全體

而裂取分寸之膚也是梏于血氣而自私也自小也非吾之軀止于六尺七尺而已也坐井而觀天不知天之大也坐血氣而觀己不知己之廣也元亨利貞吾之四德也吾本無此四者之殊人之言之者自殊爾人推吾之始名之曰元又曰仁言吾之通名之曰亨又曰禮言吾之利名之曰利又曰義言吾之正名之曰貞又曰固指吾之剛爲九指吾之柔爲六指吾之清濁爲天地指吾之震巽爲雷風指吾之坎離爲水火指吾之艮兌爲山澤又指吾之變而化之錯而通之者爲六十四卦三百八十四爻以吾之照臨爲日月以吾之變通爲四時以吾之散殊于清濁之兩閒者爲萬物以吾之視爲目以吾之聽爲耳以吾之噬爲口以吾之握爲手以吾之行爲足以吾之思慮爲心言吾之變化云爲深不可測謂之神言吾心之本曰性言性之妙不可致詰不可以人爲加焉曰命得此謂之德由此謂之道其覺謂之仁其宜謂之義其履謂之禮其明謂之智其昏謂之愚其不實謂之僞其得謂之吉其失謂之凶其補過謂无咎其忻然謂之喜其慘然謂之憂悔其非謂之悔嗇而小謂之吝其不偏不過謂之中其非邪謂之正其盡焉謂之聖其謂盡焉未之賢言乎其變謂之易言乎其無所不通謂之道言乎無二謂之一今謂之己謂之己者亦非

離乎六尺而復有妙己也一也二之者私也梏也安得無私與梏者而告之姑即六尺而細究之目能視所以能視者何物耳能聽所以能聽者何物口能噬所以能噬者何物鼻能嗅所以能嗅者何物手能運用屈伸所以能運用屈伸者何物足能步趨所以能步趨者何物血氣能周流所以能周流者何物心能思慮所以能思慮者何物目可見也其視不可見耳可見也其聽不可見口可見噬者不可見鼻可見嗅者不可見手足可見其運動步趨者不可見血氣可見其使之周流者不可見心之爲臟可見其能思慮者不可見其可見者有大有小有彼有此有縱有橫有高有下不可得而一其不可見者不大不小不彼不此不縱不橫不高不下不可得而二視與聽若不一其不可見則一視聽與噬嗅若不一其不可見則一運用止趨周流思慮若不一其不可見則一是不可見者在視非視在聽非聽在噬非噬在嗅非嗅在運用屈伸非運用屈伸在步趨非步趨在周流非周流在思慮非思慮視如此聽如此噬如此嗅如此運用如此步趨如此周流如此思慮如此不思慮亦如此晝如此夜如此寐如此寤如此生如此死如此天如此地如此日月如此四時如此鬼神如此行如此止如此古如此今如此前如此後如此彼如此此如此萬

如此一如此此聖人如此衆人如此自有而不自察也終身由之而不知其道也爲聖者不加爲愚者不損也自明也自昏也此未嘗昏此未嘗明也或者蔽之二之自以爲昏爲明也昏則二明則一明因昏而立名不有昏者明無自而名也昏明皆人也皆名也非天也天卽道天卽乾天卽易天卽人天與人亦名也大傳曰鼓萬物而不與聖人同憂此非先聖之言也憂卽天萬物卽天孔門之徒聞聖人之言而差之以己意參其閒而有是言也此非吾孔子之言也吾道一以貫之此孔子之言也其曰易與天地準此亦非孔子之言也何以明之天地卽易也幽明本無故不必曰仰觀俯察而後知其故也死生本無說不必原始要終而後知其說也是皆非吾孔子之言也其徒之己說也神卽易道卽善其曰繼之者善也離而二之也離道以善莊周陷溺乎虛無之學也非聖人之大道也孔子曰易其至矣乎夫易聖人所以崇德而廣業也此孔子之言也聖人卽易也德業卽易也繼曰天地設位而易行乎其中又非孔子之言也何者離易與天地而二之也子曰之下其言多善閒有微礙者傳錄紀述者之差也其大旨則善也不繫之子曰者其言多不善非聖人之言故也乾卽易坤卽易其曰乾坤毀則無以見易易不可見則乾坤或幾乎息又

曰形而上者謂之道形而下者謂之器其非聖言斷斷如白黑如一二之易辨也凡如此類不可勝紀善學易者求諸己不求諸書古聖作易凡以開吾心之明而已不求諸己而求諸書其不明古聖之所指也甚矣自古聖指東學者求西讀書者滿天下省己者千無一萬無一孔氏之門學者不知其幾而日至者無幾也月至者又無幾也三月不違者顏氏子一人而已他日子夏子張子游以有若似聖人矣而況于不在孔門者乎幸有一曾子獨不然曰不可江漢以濯之秋陽以暴之皜皜乎不可尚已此豈訓詁之所能解也知之者自知也不可以語人也所可得而語人者曰吾無行而不與二三子者而已終不可得言也曰吾有知乎哉無知也而已實無得以告人也何爲其然也尚不可得而思也矧可得而言也尚不可得而有也矧可得而知也然則昏者亦不思而遂已可乎曰正恐不能遂已誠遂已則不學之良能不慮之良知我所自有也仁義禮智我所自有也萬善自備也百非自絕也意必固我無自而生也雖堯舜禹湯文武周公孔子何以異于是雖然思亦何害于事箕子曰思曰睿孔子曰學而不思則罔周公仰而思之夜以繼日思亦何害于吾事也庸言之信庸行之謹不可以精粗論也儆戒無虞罔失法度正易道之妙也

堯舜允執厥中執此也兢兢業業弗敢怠也禹之克艱不敢易也湯改過不吝去其不善而復于善也文王翼翼小心也信吾信謹吾謹儆戒吾儆戒執吾執兢兢吾兢兢業業吾業業艱吾艱改吾改翼翼吾翼翼無二我也無二易也既曰天下何思何慮而又曰執曰兢兢業業曰艱曰改過曰翼翼無思無慮者固如此乎但兢兢但業業但克艱而弗易但改過但翼翼方兢兢業業克艱而不易時此心果可得而見乎果不可得而見乎果動乎果不動乎特未之察耳似動而不移也似變而未嘗改也不改不移謂之寂然不動可也謂之無思無慮可也謂之不疾而速不行而至可也此天下之至動也此天下之至賾也象也者像此者也爻也者傚此者也非賾自賾動自動也一物而殊名也一人而姓名字行之不同也此非沈虛陷寂者之所能識也亦非憧憧往來者之所能知也然而至易也至簡也或者自以爲難近取諸身殊不遠也身猶遠耳近取諸心卽此心而已矣曾子傳之曰夫子之道忠恕而已孟子學之曰仁人心也又曰惻隱之心人皆有之羞惡之心人皆有之又曰今人乍見孺子將入于井皆有怵惕惻隱之心非所以內交于孺子之父母也非所以要譽于鄉黨朋友也於戲此足以指明人心之本良矣而學者往往遂領孟子

之意而不復疑其有他者千萬而不一二也故孟子言必稱堯舜于以知孟子之言雖諄諄而當時之聽之者多藐藐此道甚明甚易甚簡而人自疑自惑不信使當時聞言而遂信者衆必不至勞孟子諄諄如此也能識惻隱之真心于孺子將入井之時則何思何慮之妙人人之所自有也純誠洞白之質人人之所自有也廣大無疆之體人人之所自有也此心常見于日用飲食之間造次顛沛之間而人不自省也孔子曰造次必于是顛沛必于是子思曰道也者不可須臾離也可離非道也當曰道也者未始須臾離也非曰造次閒爲之顛沛閒爲之無須臾而不爲也是心本一也無二也無嘗斷而復續也無嚮也不如是而今如是也無嚮也如是而今不如是也晝夜一也古今一也少壯不強而衰老不弱也可強可弱者血氣也無強無弱者心也有斷有續者思慮也無斷無續者心也能明此心則思慮有斷續而吾心無斷續血氣有強弱而吾心無強弱有思無思而吾心無二不能明此心則以思慮爲心雖欲無斷續不可得矣以血氣爲己雖欲無強弱不可得矣雖欲造次于是顛沛于是無須臾不于是勉強從事不須臾而罷矣況于造次乎況于顛沛乎書曰作德心逸日休作僞心勞日拙如此則亦僞而已矣非誠也孔子曰主忠信

忠信者誠實而已無他妙也而聖人以是爲主本或者過而索之外
而求之必反失忠信之心卽道心卽仁義禮智之心卽不勉而中不
思而得之心通于一萬事畢差之毫釐繆以千里不遠復此心復也
頻復頻放而頻反也亦危矣然已復則如常矣无咎也得此則吉失
此則凶無虞他日之吉凶但觀一念慮之得失當乾之初而不肯潛
此心放也當五而不能飛此心固也當三而不惕此心慢也當四而
不疑此心止也循吾本心以往則能飛能潛能疑能惕能用天下之
九亦能用天下之六能盡通天下之故仕止久速一合其宜周旋曲
折各當其可非勤勞而爲之也吾心中自有如是十百千萬散殊之
正義也禮儀三百威儀三千非吾心外物也故曰性之德也合內外
之道也故時措之宜也言乎其自宜也非求乎宜者也孔子曰道不
遠人人之爲道而遠人不可以爲道人之爲道似善矣而孔子截截
斷斷甚言其不可孟子窺之亦曰人之所不學而能者其良能也所
不慮而知者其良知也孩提之童無不知愛其親者及其長也無不
知敬其兄也此豈計度而圖之也此豈擬議而成之也擬議而成其
變化此非聖人之言也學者之臆說也孰知夫君子終日乾乾而非
意也頻復獨復而非反也利于不息之貞而非升也震來虩虩非懼

也其亡其亡非慮也何天之衢亨非通也括囊无咎无譽非閉也三日不食非窮也揚于王庭非得志也介于石非止也出門同人非往也若終日用之而鬼神莫我識也聖智莫我測也雖我亦有所不自知而況于他人乎如秋陽之暴至白而無瑕也如江漢之濯至潔而無滓也混混乎無涯無畔無始無終也天地非大也毫髮非小也晝非明也夜非晦也往非古也此非今也他日非後也鳶飛戾天非鳶也魚躍于淵非魚也天下被日月之明照而不知其自我也天下霑雨露之潤而不知其自我也天下畏雷霆之威而不知其自我也日夜行乎我己之中而以爲他物也其曰範圍天地發育萬物也非過論也孔子曰哀樂相生雖使正明目而視之不得而見也傾耳而聽之不得而聞也哀樂必有形哭笑必有聲而曰不可見不可聞何也此非心思之所能及也非言語之所能載也我之所自有也而不可知也不可識也書不盡言言不盡意未有知近而不知遠也未有知小而不知大也遠近一物也小大無二體也閨門之內若近而實遠也若小而實大也卽敬卽愛無不通矣有倫有敘無不同矣放之東海之東而準也放之西海之西而準也放之南海之南而準也放之北海之北而準也不可思也不可遠也

絕四記

人心自明人心自靈意起我立必固礙塞始喪其明始失其靈孔子日與門弟子從容問答其諄諄告戒止絕學者之病大略有四曰意曰必曰固曰我門弟子有一于此聖人必止絕之毋者止絕之辭知夫人皆有至靈至明廣大聖智之性不假外求不由外得自本自根自神自明微生意焉故蔽之有必焉故蔽之有固焉故蔽之有我焉故蔽之昏蔽之端盡由于此故每每隨其病之所形而止絕之曰毋如此毋如此聖人不能以道與人能去人之蔽爾如太虛未始不清明有雲氣焉故蔽之去其雲氣則清明矣夫清明之性人之所自有不求而獲不取而得故中庸曰誠者自成也而道自道也孟子曰惻隱之心人皆有之羞惡之心人皆有之恭敬之心人皆有之是非之心人皆有之仁義禮智非由外鑠我固有之也何謂意微起焉皆謂之意微止焉皆謂之意意之爲狀不可勝窮有利有害有是有非有進有退有虛有實有多有寡有散有合有依有違有前有後有上有下有體有用有本有末有此有彼有動有靜有今有古若此之類雖窮日之力窮年之力縱說橫說廣說備說不可得而盡然則心與意奚辨是二者未始不一蔽者自不一一則爲心二則爲意直則爲心

支則爲意通則爲心阻則爲意直心直用不識不知變化云爲豈支豈離感通無窮匪思匪爲孟子明心孔子毋意意毋則此心明矣心不必言亦不可言不得已而有言孔子不言心惟絶學者之意而猶曰予欲無言則知言亦起病言亦起意姑曰毋意聖人尙不欲言恐學者又起無意之意也離意求心未脫乎意直心直意匪合匪離誠實無他道心獨妙匪學匪索匪粗匪精一猶贅辭二何足論十百千萬至于無窮無始無終非衆非寡姑假以言謂之一貫愈辯愈支愈說愈離不說猶離況于費辭善說何辭實德何爲雖爲非爲我自有之不可度思矧可射思周公仰而思之夜以繼日非意也孔子臨事而懼好謀而成非意也此心之靈明踰日月其照臨有甚于日月之照臨日月能照容光之地不能照蔀屋之下此心之神無所不通此心之明無所不照昭昭如鑑不假致察美惡自明洪纖自辨故孔子曰不逆詐不億不信抑亦先覺夫不逆不億而自覺者光明之所照也無以逆億爲也嗚呼孔子亦可謂善于發明道心之妙矣亦大明白矣而能領吾孔子之旨者有幾鑑未嘗有美惡而亦未嘗無美惡鑑未嘗有洪纖而亦未嘗無洪纖吾心未嘗有是非利害而亦未嘗無是非利害人心之妙曲折萬變如四時之錯行如日月之代明何

可勝窮何可形容豈與夫費思力索窮終身之力而茫然者同何謂必必亦意之必必如此必不如彼必欲如彼必不欲如此大道無方奚可指定以爲道在此則不在彼乎以爲道在彼則不在此乎必信必果無乃不可斷斷必必自離自失何謂固固亦意之固固守而不通其道必窮固守而不化其道亦下孔子嘗曰我則異于是無可無不可又曰吾有知乎哉無知也可不可尙無而況于固乎尙無所知而況于固乎何爲我我亦意之我意生故我立意不生我亦不立自幼而乳曰我乳長而食曰我食衣曰我衣行我行坐我坐讀書我讀書仕宦我仕宦名聲我名聲行藝我行藝牢堅如鐵不亦如塊不亦如氣不亦如虛不知方意念未作時洞焉寂焉無尙不立何者爲我雖意念既作至于深切時亦未嘗不洞焉寂焉無尙不立何者爲我蓋有學者自以爲意必固我咸無而未免乎行我行坐我坐則何以能範圍天地發育萬物非聖人獨能範圍而學者不能也非聖人獨能發育而學者不能也聖人獨得我心之同然爾聖人先覺學者後覺爾一日覺之此心無體淸明無際本與天地同範圍無內外發育無疆界學者喜動喜進喜作喜有不墮于意則墮于必不墮于固則墮于我墮此四者之中不勝其多故先聖隨其所墮而正救之止絕

之其誨亦隨以多他日門弟子欲記其事每事而書則不勝其書總而記于此某卽其所記推見當日之事情坦然灼然而先儒未有發揮其然者先儒豈不知毋義非無而必以毋爲無者謂此非學者所及惟聖人可以當之故不得不改其義爲無而獨歸之孔子先儒不自明己之心不自信己之心故亦不信學者之心吁賊天下萬世之良心迷惑天下萬世至靈至明之心其罪爲大某大懼先聖朝夕諄諄告戒切至之本旨隱沒而不白使後學意態滋蔓荊棘滋植塞萬世入道之門不得已故書

梓材謹案以上二篇梨洲原本謝山序錄云采其最粹且平易者知此外尙多采錄蓋其稿未全

附錄

陳北溪答陳師復書曰浙間年來象山之學甚旺由其門人有楊袁貴顯據要津唱之不讀書不窮理專做打坐工夫求形體之運動知覺者以爲妙訣又假託聖人之言牽就釋意以文蓋之慈湖纔見伊川語便怒形于色朋徒私相尊號爲祖師以爲眞有得于千載不傳之正統嚴陵有詹喻輩護法其或讀書卻讀語孟精義而不肯讀集註讀中庸集解而不肯讀章句或問讀河南遺書而不肯讀近思錄

讀通書而不肯讀太極圖而讀通書只讀白本不肯讀文公解本某極口爲之明白剖晰邦人始有知邪正所由分者異端曲學贓證暴露補

又答陳伯澡書曰楊敬仲持循篤而講貫略補

袁蒙齋記樂平文元遺書閣曰慈湖先生平生履踐無一瑕玷處閨門如對大賓在闇室如臨上帝年登耄耋兢兢敬謹未嘗須臾放逸學先生者學此而已若夫掇拾遺論依放近似而實未有得乃先生之所深戒也差之毫釐繆以千里敬之哉補

王深寧困學紀聞曰慈湖謂文士之言止可謂之巧言補

宗羲案象山說顏子克己之學非如常人克去一切忿慾利害之私蓋欲于意念所起處將來克去故慈湖以不起意爲宗是師門之的傳也而考亭謂除去不好底意見則可若好底意見須是存留畢竟欲除意見則所行之事皆不得已去做才做便忘所以目視霄漢悠悠過日下梢只成得箇狂妄也案慈湖之告君曰此心卽道惟起乎意則失之起利心焉則差起私心焉則差起權心焉則差作好焉作惡焉凡有所不安于心焉皆差卽此虛明不起意之心以行勿損勿益自然無所不照然則不起意之旨亦略可識

矣又何曾若考亭之言邪但慈湖工夫入細不能如象山一切經傳有所未得處便硬說闢倒此又學象山而過者也

祖望謹案慈湖嘗改定太極圖以爲周子之說詳簡之說易蓋亦不取無極之說以爲道始于太極而已

謝山碧沚楊文元公書院記曰文元之學先儒論之多矣或疑發明本心陸氏但以爲入門而文元遂以爲究竟故文元爲陸氏功臣而失其傳者亦有之愚以爲未盡然夫論人之學當觀其行不徒以其言文元之齋明嚴恪其生平踐履蓋淶水橫渠一輩人曰誠曰明曰孝弟曰忠信聖學之全無以加矣特以當時學者沈溺于章句之學而不知所以自拔故爲本心之說以提醒之蓋誠欲導其迷途而使之悟而非謂此一悟之外更無餘也而不善學者乃憑此虛空之知覺欲以浴沂風雩之天機屏當一切是豈文元之究竟哉

雲濠謹案謝山又爲淳熙四先生祠堂碑文云慈湖齋明嚴恪非禮不動生平未嘗作一草字固非特扇訟一悟以爲究竟也又云慈湖於諸經俱有所著垂老更欲修羣書以屏邪說而未就

慈湖講友

文靖舒廣平先生璘

端憲沈定川先生煥 並爲廣平定川學案

正獻袁絜齋先生燮 別爲絜齋學案

韓先生宜卿 別見清江學案

太學蔣先生存誠

蔣存誠字秉信鄞縣人金紫少子琚之孫也爲慈湖先生講學之友聞歌有省德性清明其卒也慈湖爲誌其墓 補

沈清逸先生文彪

沈文彪鄞縣人號清逸居士以奧學峻行與慈湖爲忘年交 補

湯藝堂先生建

湯建字達可樂清人不爲制舉業天文地理古今制度考覈精詳篤意兢省深造理窟學者稱藝堂先生夙興必齋沐讀易一卦鼓瑟自娛所著詩衍義論語老子二解藝堂文集 修

梓材謹案梨洲原本列先生傳於陳止齋之門謝山修之並不明著其受學止齋溫州府志載先生以其學授徒又稱其退與朋友商論欣欣自得年踰八十卒亦未詳其師承朱氏經義考

引胡一桂說言先生交於楊慈湖著有周易筮傳則以爲慈湖講友可也故自止齋學案移列於此

慈湖學侶

知軍葉先生秀發別見麗澤諸儒學案

隱君韓蕺山先生度別見清江學案

慈湖家學象山再傳

承務楊礬齋先生恪

楊恪字叔謹慈湖長子慈湖爲作礬齋記官承務郎沿海制置司準備差遣錢融堂稱其克承家學勉進未艾云參慈湖遺書

慈湖門人

正肅袁蒙齋先生甫別見絜齋學案

堂長馮先生興宗

馮先生國壽合傳

馮興宗字振甫慈溪人慈湖高弟于書無所不讀每聆誨言輒心領神會袁蒙齋甫持節江左延爲象山書院堂長羣士信嚮蓋先生忠信篤敬毫髮無僞訓警懇至語自肺腑流出故人之感悟者亦倍深切慈湖誘掖後進許與固多至其稱先生謂于聖道獨有啓發晚益

融貫表裏洞然殆知及而進於仁守者矣其卒也蒙齋爲誌其墓從弟國壽梓材案慈湖遺書有爲馮似宗壽樓文昌詩未知即國壽否亦師事慈湖時號二馮未竟其學早卒參袁蒙齋集

梓材謹案蒙齋言先生居慶元之慈溪七世矣蒙齋集又有先生言行記云築室金川之湖濱蓬戶甕牖氣浩如也

文靖史自齋先生彌忠父漸

史彌忠字良叔鄞縣人第進士初爲鄂州咸寧尉官滿歸里橐中裝視之官時良多其父漸怒先生懼召里人畢集悉發篋以示皆書帙也監文思院門以慈湖薦宰廬陵有能名後守南安會盜甫平爲政尚安輯蠲白撰錢以便民守吉州治如南安蠲田租十有八萬閩寇大作提舉福建常平鹽茶事薦陳韡爲招捕事定功賞一不受真西山遺書美之時從弟彌遠久在相位數勸其歸年未七十首乞致仕以子爲丞相累除資政殿學士贈少師謚文靖參延祐四明志

忠宣史滄洲先生彌堅

史彌堅字固叔忠定浩幼子文靖之從弟也與諸兄並學于慈湖以軍器監尹臨安兄彌遠入相以嫌出爲潭州湖南安撫使平湖寇羅孟傳守建寧行義倉法真西山紀其政績守鎮江力薦劉漫塘于朝

以兄久在相位數勸歸不聽遂食祠祿于家十六年以資政殿學士卒謚忠宣吳鶴林泳行詞有云在熙寧則不黨于熙寧如安國之于安石在元祐則不趨于元祐如大臨之于大防同上

附錄

□□□日予嘉定初年官浙東鹺幕時史丞相以禮部滄洲以浙漕同案視壽成山陵昆仲職位未至大相遠及丞相當國以尚書處滄洲誠未爲過而滄洲懇辭十數不止丞相亦終不強之天下仰其高溧水在太學以丞相故不得成校定者累年及既出官循序而進未嘗超躐在溧水爲郡所抑自他人處之千造物求速化溧水終安之此某所以于二公願執鞭而不可得也補

又曰滄洲以丞相親嫌卷懷而去海內觖望聞其當國勢危疑人心渙散之際有言人所難言者補

華文史獨善先生彌鞏

史彌鞏字南叔文靖從弟也從慈湖遊好學彊記入太學升上舍時衞王柄國寄理不獲試淹抑十載始登進士第李悅齋皇開鄂閫辟諮幕府事壽昌戍卒失律欲盡誅其亂者乃誅倡者一人軍心感服端平初入監都進奏院轉對有護蜀保江之奏嘉熙元年都城火先

生應詔上書謂天倫之變世孰無之洪咨夔所以蒙陛下殊知者謂霅川之變非濟邸之本心濟邸之死非陛下之本心其言深契聖心耳以先帝之子陛下之兄乃使不能安其體魄于地下豈不干和氣召災異乎出提點江東刑獄歲旱饒信南康三郡大祲俾釐戸為五甲乙以等第振糶丙為自給丁糶而戊濟全活百餘萬口徽民操戈劫人財逮捕法曹以不傷人論罪先生曰持兵為盜貸之是滋盜也推情重者僇數人一道以寧饒州兵籍溢數請汰冗兵令下營門大譟呼諸校謂曰汰不當許自陳敢譁者斬咸叩頭請罪諸營帖然廪給亦大省召為司封郎中以兄子入相引嫌丐祠遂以直華文閣提舉崇禧觀里居絕口不道時事卒年八十真西山嘗曰史南叔不登宗袞之門者三十年未仕為其寄理已仕則為其排擯皭然不汚有如此 參史傳

附錄

□□□曰溧水惠書敘述平生有擺脫世務退然以寒畯自處之意

補

史和旨先生彌林 父涓

史彌林號和旨文惠同產弟刪定涓之子也文惠之存刪定獨能辭

其官不拜而恬然用累舉恩致祿以終其身刪定沒授官者必欲以貤其子先生又辭不拜參戴剡源集

梓材謹案和旨先生與饒州君定之皆楊袁門人之傑然者見謝山所作甬東靜清書院記文惠即忠定之初諡也

帥屬錢融堂先生時

錢時字子是淳安人慈湖高弟讀書不爲世儒之習以易冠漕司既而絕意科舉究竟理學江東提刑袁蒙齋甫建象山書院招主講席學者興起大抵發明人心指擿痛決聞者皆有得焉丞相喬行簡薦之授祕閣校勘詔守臣以其所著書來上未幾出佐浙東倉幕召入史館檢閱以江東帥屬歸所著書有周易釋傳尙書演義學詩四書管見春秋大旨兩漢筆記蜀阜集冠昏記百行冠冕集人稱爲融堂先生

新安州學講義

顏淵問仁子曰克己復禮爲仁一日克己復禮天下歸仁焉爲仁由己而由人乎哉顏淵曰請問其目子曰非禮勿視非禮勿聽非禮勿言非禮勿動顏淵曰回雖不敏請事斯語矣

洙泗問仁隨問而答縱橫參錯初無異旨然其地步各有淺深而所

以教之者不容于躐等至此一章明白洞達精詳的切此先聖特以語顏氏子歟仁人心也此心卽仁虛明渾融本無虧闕爲意所動始失其所以爲仁爲物所遷始失其所以爲仁爲習所移始失其所以爲仁爲欲所縱始失其所以爲仁狂迷顚倒醉生夢死昏昏憒憒日用而不知皆己私爲之窟宅非本心然也先聖曰改而止又曰過以改除夫所謂用力于仁者果安所用其力哉用力于克己而已如月之明雲翳之卽昏如水之清泥滓之卽渾雲散天空淵澄海淨則其本清本明者固自無恙禮者天則之不可踰者也一踰此則無非己私有一毫己私卽不足以爲禮有一毫非禮卽不足以爲仁先聖于此不曰克己爲仁而曰克己復禮爲仁非于禮之外而他有所謂仁也曰復禮爲仁者所以明復禮之卽仁也大哉禮乎分而爲天地者此也轉而爲陰陽者此也變而爲四時者此也列而爲鬼神者此也此卽本心之妙卽所謂仁也克己卽復禮矣復禮卽爲仁矣夫以天地之廣大陰陽之闔闢四時之運行鬼神之變化而此禮實爲之則一日克己豁然清明道心大同範圍無外謂之天下歸仁良不爲過然而此事斷斷在我實非他人所能致力古訓每曰自強曰自修曰自成曰自牧曰自昭明德皆由己之謂若不由己其見必不決其進

必不勇其發必不果其行必不力必搖于外誘必亂于意見必動于浮論虛說支離纏繞必不能斷割故態惡習必不能掃除倀倀然中無定守而欲倚人言爲之主宰必不能特達先聖既以克己答顏淵之問遂斷斷曰爲仁由己又斷斷曰而由人乎哉所以截外馳之路使之彷徨四顧略無倚仗而斬截決裂一斷諸己也一斷諸己直心而用無所回撓安得受制于外物也哉顏子至此聞言不疑卽求就實工夫而請問其目其爲問也密矣人之日用應酬萬端舉不外乎視聽言動之四者各四實一無非天則非禮則勿是之謂克雖然不特接于目而後爲視也暗室屋漏一念之邪而不正之色已雜然乎在目知其非禮隨卽泯然則視無所蔽矣不特接于耳而後爲聽也暗室屋漏一念之妄而不正之聲已譁然乎在耳知其非禮隨卽泯然則聽無所蔽矣以至于言以至于動不特宜之于口發之于事而後見也念慮隱微之地大明澄照微過則改則言動無所蔽矣克己工夫全在一勿字上行之而熟守之而純變化虛明略無所累則雖縱目而視縱耳而聽肆口而言隨感而動安往而非仁哉顏子方皇皇然欲從末由發鑽堅仰高之歎一聞斯語如旅而歸請事之言其應如響是以有不善未嘗不知知之未嘗復行不遷怒不貳過以至

三月不違無往而非事斯語之時矣故曰顏氏之子其殆庶幾乎

附錄

趙寶峯示子弟曰錢某小人行己著書趨時悖道罔衆干名乃斯文中所當誅斥史臣乃贅某于道統之後未知其似是而非 補

梓材謹案是說與本傳相背謝山蓋以爲然故於石坡書院記亦有微辭云

司農洪默齋先生夢炎

洪夢炎字季思淳安人寶慶元年進士端平閒禁軍搆逆命先生撫諭旣受旨索飲至醉臥省廡下徐以單騎入軍或引斧斫其導卒血濺衣而色不爲動曉以逆順皆安堵聽命會高沙軍變命先生綏之至維揚閫帥趙葵詭以指日可破先生曰攻討者制閫之大義撫諭者天朝之至恩殊恩曲赦非愛閧卒愛百姓也遂入城宣詔進叛酋開以自新之路一軍以安尋以大宗丞贊浙幕召拜司農差知衢州卒于任著有文集二十四卷奏錄三卷高沙撫錄荆襄語稾各一卷

參萬歷嚴州志

梓材謹案先生號默齋嘗以桃源酒官入郡幕爲本一族祖與融堂並登慈湖之門詳見本一傳先生父承務郎璜袁蒙齋誌

其墓

朝奉史先生守之

史守之字子仁忠定之孫忠宣之從子也先生未嘗見陸子而從楊敬仲袁和叔游得于私淑所聞仲父彌遠當國先生心弗善也作升聞錄以寓規諫退居月湖之陽遂以朝奉大夫致仕寧宗御書碧沚二字賜之彌遠甚畏之每有所作輒戒其家勿使十一郎雲濠案一作十二郎知之補

祖望謹案史子仁居碧沚不與時諧以道自任所著書曰世學以闢異端爲第一義别署九六子

梓材謹案謝山答萬編修問史學士諸公遺事帖子云子仁方叔之子心非叔父所爲中年避世遠嫌退居月湖之松島杜門講學又學古文於樓攻媿方叔名彌大吏部侍郎忠定長子

知州史先生定之

史定之鄞縣人嘉定間知饒州廣濬城隍著鄉飲酒儀太極圖論易贅著說饒州志二卷參饒州府志

梓材謹案先生亦楊袁高弟忠定第二子彌正之子也

司業陳習菴先生塤

陳塤字和仲鄞縣人嘉定十年登進士第調黃州教授喪父毀瘠考古禮行之歎曰俗學不足學乃師事慈湖攻苦食淡晝夜不怠再調處州教授累官至太常博士獨爲袁絜齋議謚餘皆閣筆論政切直史彌遠問之曰吾甥殆好名邪先生曰好名孟子所不取也夫求士于三代之上惟恐其好名求士于三代之下惟恐其不好名耳出判嘉興府彌遠卒召爲樞密編修官尋守衢州監司閩浙者久之入爲國子司業知溫州未上而罷臥疾抽架上書占之得呂東萊文集其墓誌曰祖謙生于丁巳歲沒于辛丑歲先生曰異哉我生於慶元丁巳今歲在辛丑於是一甲矣吾死矣夫

附錄

史彌遠爲先生母黨舅氏先生於轉運司及禮部兩試第一彌遠當國將爲先生謀加恩數先生卻之

教授處州理宗求直言先生上封事直聲聞天下爲學錄爲宗正寺簿俱奏對盡言切直賈貴妃入內先生又言乞去君側之蠱媚以正君德彌遠駭曰吾甥殆好名邪先生云云

爲太常博士朱端常子乞謚先生曰端常居臺諫則逐善類爲藩牧則務刻剝宜得惡謚曰榮愿

先生嘗與御史蔣峴講中庸不合判福運爲峴所劾

謝山同谷三先生書院記曰吾鄉前輩於朱呂陸三家之學並有傳者而陸學最先楊袁舒沈江右弟子莫之或京楊袁尤多昌明之功顧其大弟子自袁正肅公而外陳侍郎習庵其最也

直閣桂石坡先生萬榮 附從子錫孫

桂萬榮字夢協慈溪人以進士授餘干尉邑多豪右先生一以紀律繩之馭民則用慈愛子弟獲訓迪者恥爲不善秩滿民乞留調建康司理參軍鄉人史彌遠爲相欲招致之先生以分定固辭差主管戶部架閣除太學正輪對奏絕敵選將二事除武學博士改宗學出判平江府累官直祕閣遷尚書右郎除直寶章閣奉祠歸先生嘗問道慈湖慈湖告以心之精神是謂聖 梓材案是語本孔叢子 遂築石坡書院讀書其中從子錫孫通春秋十歲試童子科號爲神童登紹定進士歷官御史兼崇政殿說書忤旨罷尋以集英殿修撰召不起 參寧波府志

謝山石坡書院記曰慈湖弟子徧於大江以南宋史舉其都講爲融堂錢氏予嘗攷之特以其著述耳若其最能昌明師門之緒者莫如鄞之正肅袁公蒙齋侍郎陳公習庵及慈之桂公石

坡顧袁陳以名位著而桂稍晦今慈湖東山之麓有石坡書院
即當年所講學也桂氏自石坡以後世守慈湖家法明初尚有
如容齋之敦樸長史之深醇古香之精博文修之伉直聲聞不
墜至今六百餘年猶有奉慈湖之祀者香火可爲遠矣石坡講
學之語實本師說曰明誠曰孝弟曰顏子四勿曰曾子三省其
言樸質無華葉蓋以躬行爲務非徒從事于口耳故其生平踐
履大類慈湖宋史言慈湖簿富陽日講論語孝經民遂無訟石
坡尉餘干民之聞教者恥爲不善慈湖守溫州力行周官任卹
之教豪富爭勸勉石坡在南康感化驕軍知以衞民爲務慈湖
史氏累召不出石坡方嚮用力辭史氏之招丐祠終老方石坡
之官平江也朱侍郎在知府事征輸鹽課急迫牽連拘繫甚繁
石坡力言其無辜爲請寬不得乃挾行牀至獄中願與所拘繫
者同處侍郎不得已縱遣之論者以爲石坡不愧其師而侍郎
有慚其父其所請絕敵選將諸奏皆名言也嗚呼慈湖之心學
苟非驗之躬行誠無以審其實得焉否今觀石坡之造詣有爲
有守豈非眞儒也哉石坡晚年最爲耆壽東浙推爲楊門碩果
並于蒙齋習庵蓋其道之尊如此

郡守童杜洲先生居易 附師李聳王休

童居易字行簡慈溪人也嘗從鄉先生李聳學古文又學小戴禮于校書郎王休一日參楊敬仲與語大奇之遂舍所學學焉登嘉定十六年進士鄭忠定清之柄國舉補登仕郎朝議欲使諸路置買浮鹽司除擬已定先生詰執政歷陳利害命遂寢相國趙忠靖葵開閫淮東以先生攝天長簿時諸路屯兵每棗熟禁民採取民失其利先生上書乞弛其禁旁九郡皆獲免既而元兵攻城急邑令與主將不協軍民疑阻先生力爲陳解遂協力捍防城賴以全調諸暨簿惡少攻剽爲姦尉莫能致先生以計悉擒之上績課最轉宣義郎知邵武之泰寧移判夔州遷太學博士以身爲教學者仰之以言會子事忤上出判吉州未幾還本州同知陞中奉大夫知廣東德慶府蠻獠雜居民悍難化先生撫以愷悌三載民樂耕桑門不夜闔獄囚屢空尋上章乞歸居杜洲之濱學者從之稱杜洲先生參寧波府志

謝山杜洲六先生書院記曰慈溪縣鳴鶴鄉者杜洲童先生居易家焉慈湖世嫡弟子石坡而外卽推童氏累代不替諸家學錄中所未有也書院則先生之孫副尉金始肇造之而得朝命于其子桂嘉興顧嵩之吾鄞孫元蒙俱來爲山長其時甬上書

院多設長者而以杜洲爲最盛有先聖碑亭有禮殿有講堂有六齋曰志道曰尚德曰復禮曰守約曰愼獨曰養浩其中爲慈湖祠旁爲六先生祠有書庫有祭器門廊庖湢纖悉畢備有田租以資學者蓋彷佛四大書院規制而爲之耳意良厚矣

尚書趙先生彥悈

趙彥悈字元道餘姚人累官吏部尚書兼給事中以華文閣直學士知平江府卒先生言人疑象山爲禪是未之思也誠意正心以至治國平天下原于致知二字禪矣乎其題己易曰聖人之易不離先生此書不離斯人篤好欲刊之心不離刊者之手不離觀者之目不離誦者之口不離聽者之耳又不離不刊不觀不誦不聽者之耳目手口斯旨也先生實有覺于事親從兄喜怒哀樂兢兢業業日用之閒

曾先生熠

曾熠字定遠廬陵人得慈湖己易閑居解二書刊之謂西銘之意認天地爲一家己易一書悟天地爲一己其流行發見精粗必備厥功益大然先生之意欲學者于良知良能苗裔之發見體察而用力慈湖以爲才言體察是未信此心之卽道也先生復問曰平常正直之心雖人所固有然汨沒斲喪憧憧利欲之塗須體察于膠擾之中而

後能不失今懼其起意也不敢體察坐聽是心之所發則天理與人欲並行何以洞識乎慈湖答曰定遠猶未覺未信也易曰百姓日用而不知日用豈無膠擾膠擾乃變化卽天地之風雨晦冥也君子見善則遷有過則改改卽足矣故孔子曰改而止改而不止是謂正其心反成起意耳先生乃喟然曰今而後知此心虛明萬理萬化盡在其中君子所以用力于仁學而不厭者必有事焉初非臆度料想之謂也

縣丞鄒歸軒先生近仁 附子曾

鄒近仁字魯卿一字季友德輿人以特恩爲靜江法曹再調龍陽丞問學于慈湖與語從容良久卽了然無疑滯嘉定二年疾革語其子曾曰吾心甚明無事可言爾曹修身學道則爲孝矣言訖而瞑雲濠案先生子曾字伯傳慈湖云因元祥而亦覺所著有歸軒集先生一再語頓覺人告之過斂衽受教所當爲不畏強禦非道非義一介不取 修

附錄

先生父尉建德甫三歲生母去又五歲父卒嫡母董氏撫之先生思其生母不敢言又三十年董氏卒乃求之謂兄弟曰近仁方寸亂矣

諸建德物色多端竟不獲時先生同母弟永之出繼董氏宰濡須先生涉江訪之亦不知乃反建德私自念曰吾生母鄧宣教女也乃求戶籍閱之則尚有鄧宣教戶大喜及入鄧鄉而鄧氏已無人矣兩足煸折旁皇不復能去一鄰婦聞而蹙然出謂先生曰妾亦鄧女也前此記有姑流離自外歸後適九華童氏儻斯人乎如其言求之果在焉先生相抱流涕留數日謀奉以歸其生母不可乃出金以奉母歸而問慈湖以處之之道慈湖曰歲時往省可矣補

鄉貢鄒艮齋先生夢遇

鄒夢遇字子祥雲濠案子祥一作元祥樂平人也從祖近仁慈湖高弟故先生亦從學焉慈湖嘗曰自孔子沒學者陷溺于文詞論議喪本靈而事意見寥寥二千載自知自信者少若夢遇者其庶幾乎又曰心之精神是謂聖百姓日用而不知鄒氏二子其殆知之者乎一字艮齋慈湖知樂平先生以鄉貢生從容接論久之而有覺隔礙未除慈湖益導之遂徹底澄明其言曰事親從兄之閒不思不勉無非實地變化云爲張弛闔闢宇宙在吾手又曰渾然之中品節調理粲然以列又曰人皆以兀坐端默爲靜吾獨以步趨應酬爲靜人皆以步趨應酬爲動吾獨以兀坐端默爲動嘉定四年赴禮闈而疾作將

卒歌曰嘉木扶疏兮烏鳴關關暑風舒徐兮庭中閑閑起視天宇兮浩乎虛澄修

鄉貢葉同庵先生祐之

葉祐之字元吉雲濠案一本名元吉字祐之吳縣人弱冠鄉貢有志于學凡先儒所是者依而行而訶者必戒如是者十有七年終未相應得慈湖絕四記讀之知此心明白廣大異乎先儒繳繞回曲之說自是讀書行己不敢起意寐中聞更鼓聲而覺全身流汗失聲歎曰此非鼓聲皆本體光明變化而目前常若有一物慈湖至吳先生摳衣求教一聞慈湖言其物泯然不見慈湖之詩曰元吉三更非鼓聲慈湖一夜聽鵝鳴是同是異難聲說何慮何思自混成爐炭幾番來煖熱天聰一點吐圓明起來又覩無窮景水檻澄光萬里清學者稱爲同庵先生忍窮四十年一日酣飲極醉而卒以手鈔詩一卷付其内弟張端義且自爲跋引李長吉詩爲中表投廁中以諧之端義以師事先生不敢用中表禮也修

附錄

元吉儀矩峻潔癯然如玉樹家素貧典衣賣書潛心性理之學誦諸尊宿語錄先後次序數百言尤工于詩其喜而作云木葉臨風皆好

色稻田流水亦新聲佳句也補

祕監徐先生鳳

徐鳳字子儀浦城人生四歲知讀書七歲能屬文十四五閱古今書略徧二十第進士累得國子監書庫官始先生試博學宏辭垂中矣以一字疑而黜及是再試又以一事疑而黜朝論雜然稱詘官至朝散大夫祕書少監直顯謨閣知贛州嘉定十七年卒年四十八其教授温州温多士爲東南最而好訾議難帖服先生年甫二十餘渾然端且重善開迪不嚴而威名卿大夫爭遣子弟從之遊至宅郡縣士亦輻湊更三太守皆敬之慈湖謂可與語道著有內制十卷十歲一卷文集二十卷參真西山文集

曹先生夙

曹夙字叔達餘干人見慈湖于縣庠聞其提唱晝忘食夜忘寢旬有四五日而忽覺

張先生渭

張先生汾合傳

張渭字渭叔張汾字清叔新昌人渭叔少有俊譽富戸欲妻以女笑不顧師事呂大愚及慈湖以僞學罷歸渭叔清叔皆不遠數百里問

學慈湖告之曰心之精神是謂聖孟子仁人心也人心卽道故舜曰道心日用平常之心卽道故聖人曰中庸庸常也于平常而起意始差始放逸渭叔領會無疑及歸而有覺嘉定元年卒年三十七

里正孫先生明仲

孫明仲富春人慈湖爲富陽簿先生從學閫執事敬一言日夜從事至右手運用左手猶拱其專如此如此者閱兩旬時召爲里正公移方急而日出入阡陌奔走應辦憂勞辛苦則甚矣而實未嘗微動也紹熙三年卒

沈先生鞏

沈鞏字元吉嘉禾人也學于慈湖稱上弟與吳之葉元吉齊名補

徵君許止齋先生孚

進士朱先生介合傳

布衣魏先生集合傳

許孚字□□號止齋昌國人也與徐都曹恭先爲同里受業楊文元公終身不仕以孝義倡鄉閭屢徵不赴其時昌國儒者尚有朱進士介魏布衣集皆爲楊袁之學者補

沈先生民獻

沈民獻鄞縣人清遐居士文彪子清遐嘗別築亭館招慈湖講學其中命先生執經問難于其閒補

朝請劉寶山先生厚南

劉厚南字子固慈溪人沈清遐壻也與民獻皆事慈湖嘉定進士授瑞安尉邑瀕海多盜先生涖政慈惠盜遂息慈湖出守温州以其勤於奉職奏之累階進秩皆有能聲以國子博士召館下喜得師會日食詔求直言上疏有云陛下自登大寶今將二紀凡懼災罪己導人使諫不知幾詔叩閽投匭應詔來諫不知幾疏求言於今日人未必不指爲玩獻言於今日人未必不視爲常惟因言以見於用尊聞以行所知斯爲得之言極剴切帝加獎諭遷著作郎轉朝散大夫知台州轉朝請大夫致仕卒參寧波府志

雲濠謹案先生號寶山見程撫州士龍所作行狀

舒先生銑別見廣平定川學案

方先生溥

方溥字成大樂平人慈湖有誠確正直之譽補

王先生子庸

王子庸錢塘人慈湖爲浙西撫屬先生問學自謂有疑慈湖告以不

假更求本無可疑先生曰非不知之而疑自若也積十八九年淑景揚輝躍然如脫從此不復疑矣再見請益慈湖曰云何先生曰意猶有所未盡慈湖曰習氣之未易消釋也如此猶有未盡者意也先聖之所止絕也止絕此意者又意也又先聖之所止絕也卽疑卽意何思何慮縱心盡意匪動匪止孝於親友於兄弟信於友恂恂於鄉里自先聖曰吾無知也而某亦安得所知以告子庸也

主簿馬先生樸

馬先生應之合傳

馬先生燮合傳

馬樸字季文樂平人主廣昌簿猶子應之字定翁子燮字敬叔俱受學於慈湖許以有得且曰武城宰得人矣敬叔尤有得於持敬之說

學官王先生琦

王琦字表文與余丞之元發皆樂平人慈湖稱先生爲直友而丞之亦有志者先生爲學官丞之亦以薦入仕

舒先生益

舒益字裕父樂平人也慈湖嘗訓之曰孔子且發憤忘食況後學之昏能無隨物而遷其日夜思省己過兢兢而已其後慈湖稱之以爲

度越流輩 補

縣令洪先生簡

洪簡字子斐 雲濠案一作子裴 樂平人忠宣公皓曾孫也以任子知茶陵縣慈湖先生稱之曰子斐於道有覺若在孔門曾皙父子之儔也 補

舒先生衍 別見絜齋學案

吳先生墳

吳先生垧 合傳

吳墳字仲和樂平人與弟垧俱學於慈湖嘗曰墳敏不踰月而至矣垧踰年亦當知德垧字仲郊 補

庶官余先生元發

余元發字永之樂平人也學於慈湖母卒不能舉葬洪文敏公贈之序曰永之葬母求助而於士夫不仁之粟又以義不受以故僕僕經年予爲之悲傷其意昔李方叔亦以葬親之故乞憐於東坡東坡以一馬與之且爲立券曰如有好事能周君肯捐二十萬錢則并券付之予老退無閑馬又不能虛立二十萬券坐視元發之急嘆息而已後以薦入仕 補

學錄鍾了齋先生宏

鍾宏字遠之一字子虛樂平人慈湖爲邑宰從之遊嘉定進士官太學錄雲濠案江西人物志先生以進士主建德簿再任貴溪丞著惠政同門袁蒙齋表諸朝稱其學有淵源竇得故閣學楊簡之傳由兩浙漕屬入爲太學錄供職甫一月謁告省親累擢皆不起所著有論語約說了齋綴稾

縣尉曹先生正

曹正字性之樂平人鍾宏稱其寂靜弗忘酬應非擾亦慈湖高弟也

官丞明尉補

邵先生甲

邵甲壽昌人也慈湖弟子嘗與陳北溪論學不合補梓材謹案謝山所補稿底載先生號顧齋又言其門人曰鄭棠字景召明初尚存考嚴陵志顧齋乃先生子大椿之號鄭爲顧齋門人爲慈湖三傳弟子不得爲先生門人故別載之

附錄

北溪與之書曰賢者講鬼神之事偏執異端死而不亡之說滯而不化續出江西至言乃知賢者病根所在而於諸老先生之言枉用許

多工夫補

王先生震

王震嚴陵人陳北溪稱其九歲已能文十二三已志道又言其學淵源祖象山北溪寓嚴陵郡學先生欲往四明求師北溪因作謹所之以贈之參北溪文集

附錄

北溪與之書曰四明持敬苦行一節爲可美而學術議論只是一老禪伯看之不破寧無潰亂極爲良資美質痛惜補

鄭先生節夫別見嶽麓諸儒學案

顧先生平甫別見槐堂諸儒學案

直言張荃翁先生端義

張端義字正夫鄭州人也居於吳郎朱長文樂圃故址少讀書兼習技擊嘗師項平齋於荊南一時耆艾如慈湖說齋鶴山菊坡習庵皆從之遊而尤服膺其中表葉元吉亦慈湖高弟也愛作詩兼工詞其賦蜨云不因花退盡必是夢殘時極爲時所傳誦書其圃曰江湖日過用浮屠家所謂日過寮也端平更化應詔上第一書次年再應詔上第二書三年明堂震應詔上第三書有詔龍州安置執政謂詔以

直言罪以直言非祖制得免乃自笑曰故事宰執侍從用安置庶官用居住士子用聽讀軍將用自效予小臣而用大臣之法乎晚自號荃翁所著有荃翁集亡矣又有雜記曰貴耳集今存顧其論真文忠公晚節不終失民望則有足與黃氏日鈔相證明者惜其亦惑於浮屠之言耳補

王先生晉老

王晉老字子康樂平人樞密剛中孫也以任子仕從慈湖遊

州守何先生元壽

何元壽補

謝山司馬温公光州祠堂碑跋曰宋紹定中州守何元壽所建節推葉祐之爲之記祐之乃慈湖先生門人也元壽向但知其爲吳產而不知其淵源及讀祐之碑文有云蘇公君藁悽愴之論固也詩曰鳧鷖在涇公尸來燕來寧祐之因是詩悟中庸之旨曰微之顯誠之不可揜也慈湖夫子嘆以爲千古不傳之妙夫子沒絕口不敢道者五年於茲何侯亦夫子之門人也因公之祠敢復誦之乃知元壽亦出慈湖之門

傅先生正夫

傅正夫佚其名建昌人象山高弟子淵之從子也爲慈湖門人慈湖卒將葬先生不遠千里訪眞西山於粵山之麓以銘爲請　參眞西山集

梓材謹案先生有所錄慈湖訓語西山跋云非正夫之心與先生之心通貫爲一豈能傳之簡牘不失其眞哉然則先生之言固有功于後學而正夫所錄又有功于先生者也是先生爲慈湖高弟又絜齋先生訓語亦先生所錄而西山跋之則先生又爲絜齋弟子矣絜齋集中有贈先生書勉其善學慈湖之學絜齋又跋子淵兄弟行實有子淵化行百里不勞施爲自然感動和父居官率由此道子野老于韋布其子正夫親炙慈湖有得于中氣脉相續無有閒斷云云

傅先生大原　附見說齋學案

薛玉成先生疑之

薛疑之字季常號玉成永嘉人薛氏世學蓋三百年先生學於慈湖刊華據實猶程以緒餘僞學禁興隻手衞道著伊洛源流各爲譜傳又以弓冶授其子云　參林霽山集

梓材謹案先生平陽人宋俞文豹吹劍錄外集云永嘉玉成先

生薛季常疑之作伊洛源流譜自孔子子思顏曾孟子至濂溪
周子以下凡九十餘傳慶元閉書始成而學禁正嚴樓攻媿題其端曰玉成以吾道方屯恐數十年後老成彫喪後生小子不知根柢耳濡目染日變而不復還故作此書林霽山集未言其名與字卽據吹劍集補之

隱君夏自然先生希賢

正字洪錦溪先生揚祖 並見融堂門人

錢誠甫先生槱 見下融堂家學

少師趙節齋與𥲅

趙與𥲅字德淵湖州人嘉定十三年進士累官至觀文殿學士歷知七府景定元年卒贈少師嘗見慈湖而問曰某於日用應酬都無一事只未知歸宿之地慈湖曰心之精神是謂聖人皆有是心心未嘗不聖何必更求歸宿求歸宿乃起意反害道德淵奉教終身

宗羲案慈湖所傳皆以明悟爲主故其言曰此一二十年以來覺者踰百人矣古未之見吾道其亨乎然考之自錢融堂陳和仲以外未必皆爲豪傑之士也而況於聖賢乎史所載趙與𥲅以聚斂稱而慈湖謂其已覺何也夫所謂覺者識得本體之謂也象山以

是爲始功而慈湖以是爲究竟此慈湖之失其傳也

附錄

德淵知平湖嘉熙四年大饑分場設粥以寓公方萬里爲長者請董其役全活者數萬人寶祐三年再守修舉學校行飲射禮尹臨安十三年城中見口計日食文思院米三千石嘗籍北關米船每日四千石入城則米價減二千石則價貴適入三千石則價平無不中者乃於鹽橋置平糴倉二十有八歲儲浙西米六十萬石皆精鑿視米價貴輒平糴之竟十三年中民食其惠補

謝山奉臨川帖子四曰讀陸子學譜至趙與𥲅袁韶傳心有疑焉四先生之講學吾甬句東無不從之遊者故其中不無非種之苗慈湖弟子則有史丞相彌遠及與𥲅絜齋弟子則有袁參政韶卽史嵩之亦嘗與和仲講學閣下學譜於史氏二相不錄而趙袁則裒然大書但與𥲅少年慈湖所以許可者甚備觀其因求師之故自茗霅遷居從學是慕道誠勇矣自其尹臨安以後則大改素行而本傳紀之不詳又曰吾鄉自元延祐至正以至明成化舊志幷滎陽南山文獻諸錄皆不爲與𥲅作傳至嘉靖志始有之時則其裔孫有爲達官者故也與𥲅原籍青田永

樂處州府志有與籛傳亦言其善理財以佐國用而又言其尹京善發擿有趙廣漢之風愚謂宋季之臨安亦豈可以廣漢之治治之者不過借此以恣其聚斂之威而已至袁韶本傳不詳其過而卷末總論以爲時相私人其見于諸家奏疏者皆指以爲彌遠之黨似皆不當爲之諱者也且大儒之門下不必竟無不肖前之則有朱子之傳伯壽又前之則有楊文靖公之陸棠又前之則有程子之邢恕與其進不與其退斯亦聖賢之所無如何也

慈湖私淑

文忠真西山先生德秀 別爲西山真氏學案

文清劉漫堂先生宰 別見嶽麓諸儒學案

清退家學

沈先生民獻 見上慈湖門人

滄洲家學 象山三傳

通奉史先生賓之 別見邱劉諸儒學案

獨善門人

知州王先生撝 別見麗澤諸儒學案

融堂家學

錢誠甫先生槱

錢槱字誠甫融堂之子慈湖嘗曰誠甫近於嘉定十有二年元夕後一日有覺至晦日又大通又贈言曰誠甫遠訪從容近月問答亦詳矣將歸侍復求言孔子曰天有四時春秋冬夏風雨霜露無非教也地載神氣神氣風霆風霆流形庶物露生無非教也誠甫領斯教也毋或昏 參慈湖遺書

縣令錢竹閒先生允文

錢允文淳安人也融堂從子咸淳九年進士武岡令傳其家門之學學者稱爲竹閒先生 修

融堂門人

正字洪錦溪先生揚祖

洪揚祖字季揚嚴州人也徧從慈湖絜齋游而卒業於融堂累官至正字輪對者三以講學正心誠意爲啓沃學者稱爲錦溪先生有集漫塘雅稱之 修

梓材謹案梨洲原本金溪學案附傳謂先生淳安人袁甫之門人也據此則先生嘗從袁氏父子遊也

隱君夏自然先生希賢

夏希賢字自然淳安人也融堂弟子雲濠案一本作慈湖弟子攷嚴陵志言先生之學嘗會其極于象山慈湖之要未言受學于慈湖究明性理洞見本原杜門不出者三十餘年家無隔宿之儲而泰然自如學者皆稱爲自然先生三子皆承其學而仲子溥最著補

庶官呂鳳山先生人龍

呂人龍字首之淳安人景定進士融堂之高弟也胸次灑落日與學者指點浴沂風雩之樂仕止小官學者稱爲鳳山先生有集修

習庵家學

侍郎陳先生蒙

陳蒙字□□和仲子年十八上書萬言論國事爲太府寺主簿入對言賈似道爲相時國政闕失貶建昌軍簿錄其家惟青氊耳德祐初以刑部侍郎召不赴卒參史傳

習庵門人

直言張荃翁先生端義見上慈湖門人

全真志先生謙孫父汝梅附兄鼎孫弟頤孫

全本心先生晉孫合傳

全謙孫字貞志鄞縣人與弟晉孫字本心皆學於陳侍郎和仲之門為陸文安公楊文元公私淑高弟其再傳為黃南山明初大儒也自先生父菽和汝梅伯兄本然鼎孫以及季弟頤孫本然子耆三世置義田以贍其宗謂之義田六老補

杜洲家學

童松詹先生鍾

童聲伯先生鉉合傳

童鍾號松詹杜洲子也弟鉉號聲伯為杜洲六先生之二參鮚埼亭集外編

謝山杜洲六先生書院記曰六先生者首杜洲次松詹蓋杜洲子鍾也次㦤山曹山長漢炎則杜洲之徒最稱耆宿曾掌慈湖書院者也次東發黃提刑及與杜洲講道者也次草堂嚴高士畏亦杜洲之徒也次聲伯松詹弟鉉也曹黃嚴三氏其居在鳴鶴鄉中當日聚處於講堂最多故並祀之

副尉童先生金

童金字子丹慈溪人杜洲先生之孫也至元間以才能薦授進義副尉歲督海運秩滿歸所居曰一閑即先廬側築室百餘楹為義塾割

腴田四頃延名師以淑來學參兩浙名賢錄

杜洲門人

堂長曹棥山先生漢炎

曹漢炎字久可慈溪人也慈湖杜洲二院堂長補

高士嚴草堂先生畏

嚴畏號草堂亦杜洲之徒也參鮚琦亭集外編

梓材謹案先生慈溪人紹熙年右榜進士謝山稱之曰高士

曹嚴講友

文潔黄於越先生震別爲東發學案

同庵門人

直言張荃翁先生端義見上慈湖門人

馬氏家學

馬先生燮見上慈湖門人

王氏門人

鍾先生季正

鍾季正者樂平人也從王琦遊嘗跋慈湖謝過遺墨云慈湖以訂頑二字用諸文告先生謂良知良能人皆可爲堯舜請無以頑斥慈湖

亟改自謝不謹嗚呼今之令有慈湖否今之友有先生否補

邵氏家學

教諭邵顧齋先生大椿

邵大椿字春叟壽昌人也號顧齋梓材案謝山原稿作顧齋之子此從嚴陵志改正所著有四書講義官爲龍游教諭元初士子宗之補

玉成家學

薦舉薛先生璩

薛璩字叔容平陽人也其父受業於慈湖而先生所著孔子集語二十卷又著宅揆成鑑嘗進之朝時人稱之補雲濠謹案溫州府志先生名據淳祐閒臺省交薦賜出身嘗爲天保采薇末議二卷

獨善續傳象山四傳

教授史果齋先生蒙卿別爲靜清學案

自然家學

教授夏大之先生溥

夏溥字大之自然先生仲子博通經學兼工詩爲安定書院山長一以安定學規課士遷龍興教授鄭師山學於淳安自言得大之啓發

之功趙東山亦嘗師之其詩自成一家當時稱爲夏體而東山謂其大似誠齋師山亦稱其古文先生在龍興與道園善補

夏先生清之

夏先生潛之

夏清之潛之大之兄弟皆承家學參嚴陵志

大之同調

修撰吳朝陽先生暾

吳暾字朝陽淳安人也八歲能詩文留心性理之學嚴陵自融堂講學後弟子極感入元則夏自然爲大師而先生接之而出以春秋教授成泰定進士其官番陽也士貢皆以金然非滇中葉金則不中格民苦之先生力言於朝始得以常金入貢陞鎮平尹兼知軍事轉峽州路經歷所至皆有聲未幾解印綬去授徒講學以終其身追贈翰林修撰先生弟子最盛鄭師山之侍其父於淳安也受業三年其後師山雖爲朱子之學然追溯生平得力必曰自朝陽先生云所著有吳修撰集補

隱君洪復翁先生震老

洪震老字復翁淳安人也私淑慈湖之學延祐中以薦入上都與時

相書陳時事鯁直不諱已而棄去隱居不仕講道授徒尤長於詩有曰白波九道自流雪青玉一峯長拄天世咸傳之所著有觀光集一卷鄭師山之學於淳安世嘗曰朝陽先生吾師之復翁大之二先生吾所資而事之本一吾友之補

楊錢續傳

隱君陳靜明先生苑別爲靜明寶峯學案

知州宋先生夢鼎

宋夢鼎字翔仲淳安人也私淑慈湖融堂之學至順進士累官知奉化州補

提舉魯岐山先生淵

魯淵字道源淳安人也學者稱爲岐山先生私淑慈湖融堂之學成至正進士出爲華亭丞新安失守行省檄先生與監郡脫脫引兵而西焚賊壘六十餘遂會大軍於新安與富山巡檢邵仲華共守豪嶺賊再犯衆驚將潰先生以忠義相激始定已而終敗爲賊所得守節不屈被羈於白石源先生吟詠自若豫作自祭文誓以必死其後賊敗先生得逃復歸華亭以春秋傳學者起爲浙江儒學副提舉以疾歸洪武初累徵不起所著有春秋節傳策府樞要補

教授洪先生源附子璵

洪源字子泉淳安人也私淑慈湖融堂之學洪武中以薦舉入太學授安仁教諭其謂諸生曰講學須明聞道須行無騖於外以叨虛名歷滁州邵武福州學者極感侍郎璵其子也補

宋魯同調

司訓張書隱先生復

張復字明善淳安人也德性宏毅尤精春秋之學太守聘爲學宮司訓學者稱爲書隱先生所著有春秋中的一卷時與吳朝陽宋夢鼎魯道原齊名曰四先生補

默齋續傳

洪本一先生曠

洪曠字君實其後字本一淳安人也淳安自融堂爲慈湖高弟而先生之族祖夢炎亦登其門故淳安之士皆爲慈湖之學先生少肆力於羣書延祐中慕太史公之所爲將北遊燕薊以求中原文獻之盛涉江抵維揚有感而止歸而遊於杭越之閒周仁榮杜本柯九思張翥皆名士也雅重先生柯公爲文宗所向用以書招之欲以國子助教處之先生答曰嚴陵山水以子陵顯吾將買扁舟荷草笠以追其

躅至正十二年平章以兵討紅巾於新安將校欲自淳安以西卽耀兵以樹威先生上謁爲陳脅從罔治之說所以招徠人心平章是之欲留先生以自助力辭不得乃往甫一日竟以疾歸是冬元帥退軍新安先生上書謂自新安至淳安、一卻二百里非古人退無疾走之謂幸而寇不我追若乘勝而來我之退何時已又說以單車克復新安之策不能用也先生爲學要於本領端厚不使支離曲碎破壞心術嘗語學者曰爲學當以求仁爲先聖人言仁雖多然皆因門弟子之問隨其淺深高下而答之獨里仁爲美以下七章皆夫子之所自言門人以其序而記之知記言之有序則知求仁之有方矣其說甚長其所著曰庸言稟諸經皆有考釋鄭師山方游淳安與先生善自謂得往復討論之功其後再見於錢唐師山已爲朱子之學漸不同矣然師山銘先生之墓則曰是天下之公言不以此而廢彼也補

真志家學

全味道先生著

全著鄞縣人本然長子而真志先生之從子也受學于真志自署味道子補

本心家學

徵君全遯翁先生彥

全彥號遯翁本心先生子也本心傳慈湖之學以世其家先生爲洪武中徵士辭不就而傳其學於南山黃氏南山嘗曰吾幸識理趣於穉年者皆吾師遯翁先生之教也補

隱君全修齋先生整

全整字修齋本然本心二先生族子也少受業於二先生修明慈湖之學而受詩於丁鶴年之門有明草昧初開士爭趨風雲之會而先生獨承先人之教不樂仕進其所居在剡源第五曲曰三石草堂永樂初徵修永樂大典不就年八十餘卒所著有三石山房集四卷補

顧齋門人

鄭先生棠

鄭棠字景召邵顧齋門人明初尚存補

節齋續傳

隱君趙寶峯先生偕 別爲寶峯學案

慈湖續傳

徵君楊小隱先生芮 附子伯純孫圭

楊芮字大章慈溪人文元五世孫文行素優性尤坦易好施衣食僅

自給少有餘則分賑其貧者非義不苟取與元學士危素御史余嘉賓交薦不起洪武初有司特起之以病不行子伯純授南康都昌縣丞孫圭知南陽郟縣世篤先訓不喪所守參成化四明志

梓材謹案先生號小隱見烏春草文集

雲濠謹案寶雲堂集有寶峯先生送楊大章往江西詩因尋訪先世楊文元公遺書云

大之門人象山五傳

隱君鄭師山先生玉別爲師山學案

隱君趙東山先生汸別見草廬學案

縣尹汪遯齋先生汝懋

汪汝懋字以敬本歙人後徙淳安其父斗建受業方蛟峯之門而先生從遊吳朝陽夏大之洪本一三君之門以鄉薦爲推官攝淳安縣事尋爲定海縣尹以慈恕簡靜稱而折獄如神明境內無寃此縣多虎或入市郭爲民害先生齋戒禱之社明日居民見虎浮江去嘗宿南鄉廣嚴寺夜聞虎聲衣冠起禱之詰朝有虎死山中張承旨翥記其事暇則與諸生講學在定海凡五年以老病請致仕不許先生一夕扁舟宵遁客於鄞之沈氏因講學焉所著有春秋大義百卷深衣

圖攷三卷禮學幼範四卷善行啓蒙四卷歷代紀年四卷山居四要四卷遯齋稾三十卷其弟子曰沈源唐轅皆鄞人補

朝陽門人

隱君鄭師山先生玉別爲師山學案

縣尹汪遯齋先生汝懋見上大之門人

員外方愚泉先生道叡

方道叡字以愚淳安人也蛟峯曾孫受學朝陽之門以春秋召成至順進士授翰林編修入史局出爲嘉興推官再調杭州判官以歸尋除江西行省員外郎明初再召不出所著有春秋集釋十卷愚泉詩稾十卷文說二卷詩說一卷補

復翁門人

隱君鄭師山先生玉別爲師山學案

本一門人

縣尹汪遯齋先生汝懋見上大之門人

遯翁門人

僉憲黃南山先生潤玉詳見明儒學案

石坡續傳

教授桂容齋先生同德

桂同德慈溪人石坡先生萬榮四世孫謹厚敦樸篤信好學聞于遠邇請益者無虛日教授郡庠以德行爲本懇懇言曰窮經窮史固學者事而入孝出弟九所當先今日之孝即他日之忠忠孝兩全人道備矣故一時親炙其教者咸有成立所著有容齋集參兩浙名賢錄

文裕桂清溪先生彥良別見寶峯學案

桂古香先生璵

桂璵字懷英慈溪人倜儻不羣詩書充積方正學慕其名不遠數百里而至及與議論驚服既卒學者尊之曰古香先生參慈谿縣志

清遐續傳

沈先生輝卿

沈輝卿字明大鄞縣人清遐居士五世孫而民獻之元孫也沈氏累世富饒至先生而家益落能削衣貶食以度艱虞儉設薄施以致充裕其子源將從祿藩閫先生斥之曰吾家以詩禮相傳棄儒而即吏非吾志也立止之參戴九靈集

沈先生源見下遯齋門人

遯齋門人

沈先生源

唐先生輳合傳

沈源鄞縣人清遐居士六世孫明大之子唐輳明大壻皆事汪遯齋

補

梓材謹案戴九靈志明大墓云使其子源與其壻唐輳受業于定海尹汪汝懋以敬之門後又延致以敬于家俾子若壻以卒業焉是先生之從遯齋非一時矣又案唐先生字伯度句章人嘗率其弟輪字仲規轂字叔直輻字季齊學于戴九靈九靈爲作唐氏四子字說其父復禮以擅匿官鹺事被陷執拘以歸京師伯度請代父梏叔直又奪而代之叔直抵京近臣奏其非罪免歸九靈又爲作唐二子傳

宋元學案卷七十四

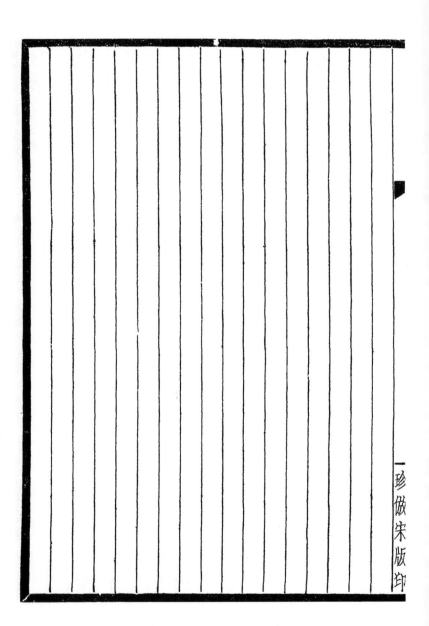

絜齋學案表

袁燮　東山復齋、山門人、白水玉山三氏、再傳、元城傳、氏武夷、橫浦紫、涑水三傳、川滎明道、鷹陽了翁、傳山和靖伊四

子　肅

子　甫

孫　傒

曾孫　宸

洪揚祖　別見慈湖學案

陳宗禮

真志道　別見西山真氏學案

朱元龍　別見滄洲諸儒學案

史彌忠

史彌堅

史彌鞏

史彌林

史守之

史定之　並見慈湖學案

胡誼

胡謙

朱震

徐愿

舒衍

孫枝 別見滄洲諸儒學案

朱介

魏䂓

洪揚祖

傅正夫 並見慈湖學案

鄭節夫 別見嶽麓諸儒學案

邵叔誼 別見槐堂諸儒學案

袁韶

曾孫桷 別見深寧學案

私淑

真德秀 別爲西山真氏學案

劉宰 別見嶽麓諸儒學案

陳傅良別爲止齋學案

舒璘

沈煥並爲廣平定川學案

楊簡別爲慈湖學案

趙師淵別見滄洲諸儒學案

並絜齋講友

宋元學案卷七十五

餘姚黃宗羲原本　後學慈谿馮雲濠校刊
男百家纂輯　鄞縣王梓材重校
鄞縣全祖望補定　道州何紹基重刊

絜齋學案

祖望謹案慈湖之與絜齋不可連類而語慈湖泛濫夾雜而絜齋之言有繩矩東發先我言之矣述絜齋學案（梓材案絜齋學派梨洲本亦附金溪學案謝山始別爲絜齋學案又案絜齋一作潔齋潔經典多作絜省文爾）

呂陸門人（汪許再傳）

正獻袁絜齋先生燮

袁燮字和叔鄞縣人知處州轂之元孫也先生生而端粹專靜乳媼置槃水其前玩視終日夜臥常醒然少長讀東都黨錮傳慨然以名節自期乾道初入太學時陸復齋九齡爲學錄先生望其德容肅然亟親炙之同里沈叔晦楊敬仲舒元質皆聚于學朝夕相切磨登淳熙辛丑進士第授江陰尉寧宗即位爲太學正是時黨禁興朱文公及趙忠定汝愚等相次去國先生亦以論去久之歷司封郎官因對

言陛下追思彭龜年臨朝太息今正人端士不乏願常存此心急聞愷切崇奬樸直天下何憂不治爲國子祭酒延見諸生必迪以反躬切己忠信篤實爲道本每言人心與天地一本精思以得之兢業以守之則與天地相似聞者竦然有得士氣益振爲禮部侍郎史彌遠主和議先生與同鄉相好與力爭被論罷後知温州進直學士奉祠卒疾革猶著述弗倦或勸之少休先生曰吾以此爲笙鏞筦磬不知其勞也初先生遇象山于都城象山即指本心洞徹通貫先生遂師事而研精覃思有所未合不敢自信居一日豁然大悟因筆于書曰以心求道萬別千差通體吾道道不在他慈湖與先生同師造道亦同而每稱先生之覺爲不可及學者稱之不以爵氏而曰絜齋先生賜謚正獻子甫

雲濠案先生伯子喬嘗錄家庭所聞爲絜齋家塾書鈔十卷四庫收入經部釐爲十二卷又絜齋集二十四卷

梓材謹案真西山爲先生行狀云東萊呂成公接中原文獻之正傳公從之遊所得益富永嘉陳公傅良明舊章達世變公與從容考訂細大靡遺是先生嘗師東萊友止齋而究其所歸宿者則象山也先生訓語爲建昌傅正夫所錄見西山文集

人生天地閒所以超然獨貴于物者以是心爾心者人之大本也此心存則雖賤而可貴不存則雖貴而可賤

大哉心乎與天地一本精思以得之兢業以守之則與天地相似

直者天德人所以生也本心之良未嘗不直回曲縈繞不勝其多端者非本然也

中庸曰天地之道可一言而盡也其爲物不貳則其生物不測大雅曰上帝臨汝無貳爾心維此大本不必他求卓然不貳萬善咸具古人所以兢兢業業不敢少懈者懼其貳也

心本不偏制行而原于心斯不偏矣

道不遠人本心卽道知其道之如是循而行之可謂不差矣然未能爲一則猶有閒也執柯伐柯睨而視之猶以爲遠謂其未能無閒則雖近猶遠爾惟夫全體渾融了無閒隔則善之至也吾道一以貫之非吾以一貫之也舜由仁義行非行仁義若致力以行之則猶與仁義爲二也

人心至神翳之以欲則不神矣

此心此理貫通融會美在其中不勞外索

凡身外之物皆可以寡求而易足惟此身與天地並廣大高明我固

有之朝夕磨勵必欲追古人而與俱若徒儕于凡庸而曰是亦人爾則吾所不敢也

觀內不如觀外觀物不如自觀 補

附錄

王深寧困學紀聞曰呂成公讀論語躬自厚而薄責于人遂終身無暴怒絜齋見象山讀康誥有感悟反己切責若無所容前輩切己省察如此 補

又曰絜齋先生爲樓名以是亦曰直不高大爾是亦樓也以至山石花木衣服飲食貨財隸役亦莫不然至于宦情亦薄曰直不高顯爾是亦仕也凡身外之物皆可以寡求而易足惟此身與天地並廣大高明我固有之朝夕磨礪必欲追古人而與俱若徒儕于凡庸而曰是亦人爾則吾所不敢也 補

百家謹案真西山言絜齋之葬慈湖銘之其大節摹寫盡矣考之慈湖遺書無有也卽舒廣平墓誌亦慈湖所作廣平言行錄載之而遺書亦闕古來文集既多不傳傳者又復不全若此可嘆哉

謝山城南書院記曰四先生之中長庚曉日最光顯于暮年者

文元與正獻也而文元之教不如正獻之密蓋槐堂論學之宗旨以發明本心爲入門而非其全力正獻之言有曰學貴自得心明則本立是其入門也又曰精思以得之兢業以守之是其全力也槐堂弟子多守前說以爲究竟是其稍有所見卽以爲道在是而一往蹈空流于狂禪以文元之齊明盛服非禮不動豈謂于操持之功有闕而其教多以明心爲言蓋有見于當時學者陷溺功利沈錮詞章極重難返之勢必以提醒爲要故其說偏重而不自知其疏豈意諸弟子輩不善用之反謂其師嘗大悟幾十小悟幾十泛濫洋溢直如異端而幷文元之學而誣之可爲浩歎者也使其如正獻之教寧有是乎正獻之奉祠而歸日從事于著書或請小閒則曰吾以之爲笙鏞筦磬不知其勞其答文靖諸子書惓惓以多識前言往行豈非與建安之教相脗合乎且夫有宋以來大儒林立其子弟能守其緒言者甚多而再世竝爲大儒則不槪見蓋前惟武夷胡氏籍溪致堂五峯茅堂連枝接葉以大文定之傳其後惟袁氏實生正肅以爲晚宋無先之者則書院之建也微特非袁氏之學統所得而私抑豈吾鄉之學統所得私哉

雲濠謹案謝山爲四先生祠堂碑文云絜齋謂當通知古今學者但慕高遠不覽古今最爲害事又爲碑陰文云絜齋之父通議公予曾見甕牖閑評一書特說部耳至其折節忘年問道于定川因使絜齋嚴事之則知其從事于躬行之實非徒洽聞者流也通議名文其所著又有名賢碎事手鈔三十巨帙無一字不楷見絜齋所作墓表

絜齋講友

文節陳止齋先生傅良別爲止齋學案

文靖舒廣平先生璘

端憲沈定川先生煥並爲廣平定川學案

文元楊慈湖先生簡別爲慈湖學案

常丞趙訥齋先生師淵別見滄洲諸儒學案

絜齋家學汪許三傳

少卿袁晉齋先生肅

袁肅字□□絜齋之子也從廣平于新安其後知名于世

梓材謹案先生號晉齋慶元五年進士官至少卿嘗知江州蒙齋文集有和晉齋兄韻云晉齋作詩誨語勤劬觀詩末章荷兄

嘗余又和晉齋兄韻三章其首章云不愛金章紫綬紆欣然玉局自燕居其卒章云家塾提綱屬晉齋絜齋氣脈遠乎哉

正肅袁蒙齋先生甫

袁甫字廣微絜齋之子也嘉定七年進士第一累官權兵部尚書卒贈通奉大夫謚正肅少服父訓謂學者當師聖人以自得爲貴又從慈湖問學自謂吾觀草木之發生聽禽鳥之和鳴與我心契其樂無涯云著有蒙齋中庸講義四卷所闡多陸氏宗旨陳宗禮洪揚祖其門人也修

經筵講義

子曰君子成人之美不成人之惡

臣聞欲善惡惡人人所同此上帝降衷之良心也今語人曰汝爲天下之善人則莫不躍然而喜推己欲善之心人之有善則必喜談而樂道之又從而左右羽翼之惟恐其美之不成也又語人曰汝爲天下之惡人則莫不拂然而怒推己惡惡之心人之有惡則必哀矜而憫念之又從而訓誨正救之惟恐其惡之終成也此其用心洞洞乎其公也休休乎其大也是真可以爲君子人也乃若小人則反是人之有美惟恐其成也嫉之壞之而已耳人之有惡惟恐其不成也誤

之陷之而已耳此其用心知有己而不知有人知有私而不知有公是真可以謂之小人也嗚呼人主每病于君子小人之難察也豈知觀人之道不必觀諸他而當觀諸心人孰無善善惡惡之心哉能視人猶己者則爲君子不能視人如己者則爲小人此觀人之法也

曾子曰君子以文會友以友輔仁

臣聞聖門所謂文者非詞華之謂也夫子曰文王既沒文不在茲乎顏淵曰博我以文所謂文者卽道也彝倫之懿粲然相接者皆文也三千三百待人以行者皆文也孔子振木鐸于衰周正將以續斯文之將墜耳一時以文會友莫盛于洙泗麗澤之兌何往而非斯文之講習哉既曰文而又曰仁同乎異乎曰文者其所著見而仁者其根本名異而實同也會之以文蓋所以輔吾之仁也聖人切切于求仁造次顛沛未嘗暫舍終食之閒未嘗或違孔子告顏淵曰爲仁由己而由人乎哉蓋言爲仁專在乎反己己不自力他人奚預焉今曾子取友以爲仁亦曰輔之而已雖用力在己而又得良輔則切磋琢磨之益日增而克己復禮之功亦多助矣噫後世師友之道不明學者但知雕蟲篆刻破碎經旨以是爲文所謂輔仁者漠然不知爲何事平居既無講貫之素一旦出而事君不仁而在高位斲喪國脈戕賊

師友皆不仁者之爲也爲國家者果何賴于若人哉然則修明師友講習之學豈非人主之急務乎

顏淵問仁子曰克己復禮爲仁一日克己復禮天下歸仁焉爲仁由己而由人乎哉顏淵曰請問其目子曰非禮勿視非禮勿聽非禮勿言非禮勿動顏淵曰回雖不敏請事斯語矣

臣案顏淵問仁孔子告以克己復禮夫具耳目口鼻四肢百骸而有此身此身本與天地相似與萬物一體如之何而克己曰己與天地萬物本無隔也而認八尺之軀爲己則與天地萬物始隔矣故惟克己則洞然大公不見有己矣何謂克曰以艮卦所謂艮其背不獲其身行其庭不見其人觀之則是內不見己外不見物而克己之義瞭然矣克己何以能復禮曰禮者周流貫通乎天地萬物之閒無體無方無不周偏人惟恐八尺之軀爲己于是去禮始遠苟不認己爲己則天高地下萬物散殊皆禮也吾亦天地萬物中一物耳無往非禮而何有于己哉故不克己則禮失既克己則禮復又發明之曰一日克己復禮天下歸仁焉玩一日字正所謂朝聞道也正所謂我欲仁斯仁至矣凡人昏昏于物欲之中如醉如夢一日勇決無牽制無拘滯無二三此身與天地萬物了無阻隔人卽己也己卽人也天地萬

物皆非形軀之所能閑也故曰天下歸仁焉言天下皆在吾仁之內
也禮之復也非是外復仁之歸也非是外歸本一而非二也又發明
之曰爲仁由己而由人乎哉前之己而曰克此之己而曰由豈有二
己哉曰非有二己也塵去鑑明而卽此鑑也雲消月皎而卽此月也
未克己之前雲也塵也皆蔽我累我者也烏可以不克既克己之後
月也鑑也本如是光明本如是瑩潔動靜闔闢變化運用何所不可
故曰由言爲仁在我而已豈由他人哉顏淵既領會夫子之大旨而
猶問其目者蓋聖門師弟子之閑學聚問辨不造其極不止也克己
復禮特大綱也又有條目焉所以再叩夫子夫子舉視聽言動四者
告之蓋四者卽己內事也己視己聽己言己動皆己也然微有非禮
則是爲己所蔽也爲己所累也夫惟非禮則勿視非禮則勿聽非禮
則勿言非禮則勿動無斯須頃刻不在禮中則是耳目鼻口心知百
體皆由順正以行至此尙何己之足累哉顏淵卽慨然承當此任曰
請事斯語事云者言從事于此也聞聖言而不能行者不足以言事
矣嗚呼顏淵陋巷匹夫耳聖師勤勤啓發猶有天下歸仁之言況人
主奄有四海必欲人人皆歸吾仁可不奮一日克己之勇置此身于
禮度之中哉如曰此事由人而不由己則雖聖人亦無所用其力矣

仲弓問仁子曰出門如見大賓使民如承大祭己所不欲勿施于人在邦無怨在家無怨仲弓曰雍雖不敏請事斯語矣

臣觀夫子答仲弓問仁與答顏子之意一也說者但知夫子告顏子以克己復禮而不知告仲弓者亦克己復禮而初無異旨也禮器曰一獻之禮不足以大饗大饗之禮不足以大旅大旅具矣不足以饗帝夫大祭之禮至于饗帝則無以復加此可以觀禮矣仲尼燕居曰兩君相見揖讓而入門入門而縣興揖讓而升堂升堂而樂闋下管象武夏籥序興陳其薦俎序其禮樂備其百官如此而後君子知仁焉夫大賓之禮至于兩君相見則無以復加此又可以觀禮矣此章所謂大祭大賓者皆禮之盛也一出門之閒而儼然如見大賓一使民之際而肅然如承大祭當是之時此心之清明靜瑩爲何如哉故曰如此而後君子知仁焉而春秋左氏傳載臼季之言亦曰出門如賓使民如祭仁之則也由是言之仁禮本一源禮在是仁即在是矣而人之所以不能動合乎禮者何也有我之私累之也人有不欲而施于我我必有所不平我有不欲而可施于人乎通人己爲一則己之所不欲人亦不欲也非人之所欲者斷斷乎不可施于人如是則此心洞然大公了無閒隔施之于家邦人人在春風和氣之內而又

何怨之有然則勿施不欲卽克之謂大祭大賓卽復禮之謂而邦家無怨卽所謂天下歸仁夫子之告仲弓卽其告顏子之旨也回雍皆在德行之科足以傳夫子之道故雍也請事斯語亦奮然承當與顏淵一同熟誦此章深味厥旨于無怨一語尤當玩索蓋怨不在大亦不在小小人怨汝詈汝則皇自敬德爲國家而使一夫有怨心則足以感傷和氣矣欲人之無怨惟仁者能之而爲仁之要不外乎克己復禮聖人垂訓萬世其明白的切如此

蒙齋文集（補）

慈湖先生之訓曰舜曰道心明心卽道也何道也熙帝之載亮采惠疇凡流行乎事物之閒理當如是而不容不如是者何往非帝載乎非道心乎從五典敘百揆穆四門納大麓是帝載也皆道心也察璣衡覲羣后舉元凱去四凶是帝載也皆道心也舜命禹昌言禹自敘刊木濬川暨稷益播奏艱鮮與凡懋遷之事是帝載也皆道心也嗚呼果可以有精粗本末論哉果可以無精粗本末論哉果可以置有無精粗本末之論哉（樂平楊文元公遺書閣記）

梓材謹案謝山所錄蒙齋文集二條其一條移入慈湖學案

雲濠謹案謝山輯二袁先生文鈔引曰二公之文頗相肖較之

慈湖則平正而視廣平尤暢達焉其在南宋亦名家也清容居士在元文中爲眉目接剡源之文統然觀其集源流頗自二公而出清容之祖衞公絜齋之徒也衞公得師而不能傳其學而清容亦僅傳其文云

附錄

蒙齋題慈雲閣詩曰不見慈湖二十年憂心如醉復如顛我來忽見慈雲閣恍若慈湖現我前補

絜齋門人

左司朱勵志先生元龍別見滄洲諸儒學案

文清史自齋先生彌忠

忠宣史滄洲先生彌堅

華文史獨善先生彌鞏

史和旨先生彌林

朝奉史先生守之

知州史先生定之並見慈湖學案

胡先生誼

胡先生謙合傳

胡誼字正之胡謙字牧之奉化人師事絜齋兄弟文學皆爲鄉黨表式

宗羲案眞西山言與袁肅同年視絜齋爲丈人行而于其德學則願師焉是絜齋門人之盛亦可知也而簡編殘缺安得起故老而問之梓材案梨洲原本惟二胡先生與朱左司袁彥淳爲絜齋門人故有是語

朱坦齋先生震

朱震字震之號坦齋安吉人也少從父宦青陽朱子一見奇之受業于絜齋袁氏嘗與友人論顏子一閒未達曰以心體之其閒自見或論持敬先生以爲只須言存誠晚年嘯傲林泉讀書自樂義理精洽有益泉集二十卷補

都曹徐先生愿

徐愿字恭先昌國人也開禧進士受業袁正獻公之門爲高弟蒙齋昆友俱推服之故其學爲有本其任福建提舉勘定黃勇之難所至涖事精勤而操守介潔出其緒餘爲文辭亦超出流輩補

舒先生衍

舒衍原名沂字仲與鄞縣人初從袁正獻公遊氣貌清臞若不勝衣

而志念殊不碌碌習禮經作舉子業屬辭奔放不爲場屋程度所窘束正獻甚異之曰此子未易量也與之深語益知其勉自植立修身進德之要未嘗忘于心嘗登名禮部試輒不利發憤讀書青燈熒然夜分未寢正獻謂其非徒擷菁華膏筆端而止古人堂奧將策而進焉後親炙沈端憲楊文元二公又從東萊呂忠公子約質疑請益聞見日廣智識日明而踐履不倦色養以孝聞侍疾彌旬衣不解帶執喪哀毀寢處不離次蔬食三年兄弟自爲師友非義理不談論古人物分別邪正如辨黑白聞善人爲時用則喜苟非其人憂見於色表裏眞淳鄉黨信重之稱其賢無異辭參絜齋文集

監嶽孫先生枝別見滄洲諸儒學案

進士朱先生介

布衣魏先生榘

正字洪錦溪先生揚祖

傅先生正夫並見慈湖學案

鄭先生節夫別見嶽麓諸儒學案

機宜邵先生叔誼別見槐堂諸儒學案

太師袁彥淳韶

袁韶字彥淳鄞縣人淳熙中進士官左司郎中常爲伴官使者不敢慢語後爲浙西制置使卒贈太師越國公

謝山跋宋史袁韶列傳曰袁越公韶爲執政世皆指爲史氏之私人而卒以史氏忌其逼己而去蓋嘗考其事而不得也延祐志云李全反山陽時相欲以靜鎮公言揚失守則京口不可保淮將如崔福卞整皆可用適崔以閫命來樞府公夜與同見故事相府無暮謁者公力言崔可用相疑不悅卒罷政歸是傳出于越公曾孫清容之手宋史亦本此及讀清容集則公尹行都築射圃以馮將軍射法每旬校閱山陽弄兵公責時相不發兵坐視以至去國于時領兵殿巖者幾欲承受風旨襲夏震事以報私恩然則史袁相逼果有不可言者讀宋史者所不知也越公少爲絜齋之徒不能承其師傳呈身史氏以登二府其晚節思扼其吭而代之進退無據雖所爭山陽事史屈袁申然以越公之本末言之要非君子也

絜齋私淑

文忠真西山先生德秀 别爲西山真氏學案

文清劉漫堂先生宰 别見嶽麓諸儒學案

蒙齋門人 汪許五傳

正字洪錦溪先生揚祖 別見慈湖學案

文定陳先生宗禮

陳宗禮字立之南豐人少貧力學從袁蒙齋遊登淳祐進士積官至參知政事理宗時嘗言星變在修德布政以回天意度宗即位上疏言恭儉之德自上躬始清白之規自宮禁始上曰孝宗家法惟賞善罰惡爲尤謹因言有功不賞有罪不罰雖堯舜不能治天下信不可不謹又言天命人心因其警戒而加敬畏天命未有不可回因其未墜而加綏定人心未嘗不可回及卒贈開府儀同三司追封盱江郡侯諡文定所著有寄懷斐稿曲轅散木集兩朝奏議經筵講義經史明辯管見人物論 參史傳

監稅真先生志道 別見西山真氏學案

蒙齋續傳

教授袁先生裒 父傒

袁裒字德平絜齋之曾孫蒙齋之孫也父傒通判潭州先生以安定書院山長授海鹽州儒學教授未拜而卒族子清容桷表其墓曰方至元十五六年閒故家猶亡恙時君年二十桷年十四五私相議曰

宦族久嘗圯宦斬爲傳遠計未幾正獻宅火留城南遂各盡晝夜濬源鉤思探索幽隱以黜陳辭爲己任考閩蜀東浙永嘉湖南江西之儒先合其異同不在于貴耳雜書襲訛輯言行者尊之吾與子所當辨更二十年各宦遊四方君以憂窘困躓酒酣語豪卒不少貶折詩筆益溫雅簡潔察其學猶以昔所言自任參清容居士集

梓材謹案謝山學案劄記云袁裒有贈仇仁近詩攷兩浙名賢錄仁近名遠號山村爲溧陽州教授工有文

彥淳續傳

文清袁清容先生桷別見深寧學案

宋元學案卷七十五

廣平定川學案表

- 舒璘 德觀子童持之壻晦翁南軒東萊象山老楊門人延平白水籍溪屏山五峯紫巖庇民息齋劉氏王氏玉山三山芮氏再傳元城龜山和靖譙氏武夷得全紫微豫章橫浦三傳涑水明道伊川榮陽了翁鷹山子文四傳
  - 子鈃
  - 子鉦
  - 子銑
  - 子鍇
  - 子鐻
- 李元白
  - 從孫津
    - 李淯孫
  - 從孫滸
  - 子以稱
  - 子以制
  - 安劉
  - 王艮學 別見深寧學案
- 袁肅 別見絜齋學案
- 羅子有

舒琥 廣平兄

舒琪 廣平弟並象山門人

沈煥 公權子復齋門人大涵襄陵再傳伊川三傳

鄧夢真

汪行簡

戴泳

諸葛生

子傳曾

子魯曾

子省曾

子敏曾

竺大年

舒衍 別見絜齋學案

舒銒 見上廣平家學

呂喬年 別見東萊學案

沈炳 定川弟 象山門人

楊簡 別爲慈湖學案

袁燮 別爲絜齋學案

呂祖儉 別見東萊學案

廣平定川講友

楊琛 廣平同調

宋元學案卷七十六

餘姚黃宗羲原本　　後學慈谿馮雲濠校刊

男百家纂輯　　鄞縣王梓材重校

鄞縣全祖望補定　　道州何紹基重刊

廣平定川學案

祖望謹案楊袁之年輩後于舒沈而其傳反盛豈以舒沈之名位下之與嘻是亦有之然舒沈之平實又過于楊袁也四先生中沈先生師復齋宋史混而列之述廣平定川學案梓材案舒沈二先生梨洲本並在金溪學案謝山始立爲廣平定川學案

張陸門人胡汪再傳

文靖舒廣平先生璘

舒璘字元質一字元賓奉化人也婦翁爲同里童大定楊文靖公弟子也故先生少得聞伊洛之說先生狀貌不踰中人而雅有大志恥以一善自名每自循省苟不聞道何以爲人汲汲乎如飢者之索食遊太學結交皆良友時張宣公宦中都請益焉有所開警朱子與呂成公講學於婺徒步往從之以書告其家曰僘牀疏席總是佳趣櫛風沐雨反爲美境又與其兄琥弟琪同受業陸子之門兄弟皆頓有

省悟先生則曰吾非能一蹴而至其域也吾惟朝夕於斯刻苦磨厲改過遷善日有新功亦可以弗畔云爾於是躬行愈力德性益明其學以篤實不欺爲主成乾道八年進士爲江西轉運司幹官有志之者望風心議及與之處了無疑間教授徽州徽之士習久壞先生奮然曰士之美惡獨不在我乎則以身率之教以日用常行之道諸生漸知所向方先生不憚勤勞日日詣講隆冬酷暑未嘗少怠築風雩亭以時會集暮夜亦間往日有講求涵泳之功質有頑鈍不善者循循善誘不敢加忿疾端渠矱以感格之謂諸生曰某亦幼不知學及壯入成均藉師友發明以拯淪胥之患今欲以其所同然者公之君輩新安宿儒楚椿汪廷佑等先生以書幣延之爲學正有辭不至者卑詞宛轉託其親友以致之使學者知所矜式又著詩禮二解以授學者時沈公叔晦爲國錄先生曰師道尊嚴吾不如叔晦若啓迪後進吾不敢多遜於是司業汪逵首欲薦先生或謂舉員已足逵曰吾職當舉教官舍元質其誰先卒薦之留丞相正曰天下第一教官也而徽人亦曰吾鄉學問之途賴先生窒而復通先生素以天下爲己任雖居冷官未嘗忘世事時時爲徽之牧守言荒政茶鹽常平義倉役法皆鑿鑿可見之施行牧守雖不能盡用間有所採尤留心中朝

治亂之故樓宣獻公授舍人先生貽之書曰十月震雷甚異大防當思所以爲宗社久安計不致以賀詞進寧宗卽位先生貽徐忠文公書曰聞山陵地尚未定聞大安宮只就南內又聞新君猶未得躬問寢禮不審遲疑何故某憂國之念搖搖如懸旌又曰民命病極矣水災甚廣中朝曾作利害事拈出否又貽陳郎中英仲書曰集賢總百官晦翁侍講席諸君子亦次第位乎朝矣而傳聞時政尚猶泮渙事固不可以驟然今日諸賢大約回護之功多而誠實之意少上焉者議論不切事情下焉者秖欲相安無事雖有憂國之心未有善後之機曰復一日機不再來甚可憂也及聞諸公多求退先生又貽之書曰某不勝杞國野人之憂若皆相時潔身以退緩急將誰任已而朱文公等相繼去國先生歎曰吾輩短氣矣呂忠公南竄先生貽之書曰所冀緝熙學力不磷不緇否泰循環吾道未必終窮也蓋先生之惓惓世道者如此初諸公欲薦先生皆力止之曰是非吾志也其後自禮部尚書尤袤以下推挽者衆不得已受之然不稱門生嘗答諸舉主書曰利欲之移人孔門自顏閔之外如仲弓子夏子路子張之徒皆未免厥後士益失己僥倖於富貴利達者衆而孟軻氏灼見義理之原欲挽其弊而返之於是有龍斷之喻墦間之喻鑽穴之喻所

以起天下羞惡之心而世莫之聽上之所謂旁求俊彥既喪下之所謂素位而行又乖故上則挾富貴以臨下下亦冒廉恥而干上薦之者既自以爲恩於彼而受者亦以爲恩於我遂使聖人舉賢之公道一變而爲干祿之私情拜爵公朝謝恩私室門生恩府之稱自唐以來數百年名卿大夫亦未能變豈不曰人皆有欲貴之心人應有報德之事彼既以知己遇我吾不委己而歸之非人情歟抑不知古人之事上苟理義相同則志意交孚其合也講道於一堂其暌也晤對於千里出處用舍禍福利害其關節脈理之相應雖無私情之感而斷金之利蓋有終其身而不忘者苟其舍是而必欲委己以露其感恩之狀所舉賢邪知己之報固當不然見利則逝見便則奪而亦何恩之有蓋勢利之交出乎情道誼之交出乎理情易變理難忘也諸舉主得書亦雅重之遷平陽縣以太守政頗苛舉民病上告辭嚴義正太守爲之改容聽斷訟獄人服其平踰年自喜曰簿書鞅掌幸不至以勞勩喪本心蒙雜而著聖言豈欺我哉秩滿通判宜州未赴卒徽之士子祠之學宮楊文元公嘗曰元質孝友忠實道心融明袁正獻公則曰元質平生發於言語率由中出未嘗見其一語之妄所謂有孚盈缶者樓宣獻公亦曰元質如熙然之陽春所著有詩學發微

詩禮講解廣平類稾雲濠案史傳詩禮講解作于教授新安時今佚文靖集二卷行世

淳祐中賜謚文靖先生嘗自言樸拙不能文章然淳祐詔正文體特舉先生文稱其厚重質實以爲世鵠予求得其類稿殘本讀之則固德人之言也五子曰鈃鉦銑鍇鐻皆能傳其家學未嘗一毫苟求鈃爲沈端憲壻銑爲楊文元壻修

祖望謹案甬上四先生之傳陸學袁楊以顯達其教大行然較其年齒資格則在舒沈之下宋史作舒沈傳寂寥短簡不足以見其底蘊梨洲始求得廣平類稿殘編其中有足資考證者予因據之別爲舒傳又近得定川言行錄因據之別爲沈傳微特學案所闕他日有重修宋史者亦將有所采也夫

廣平類稿

成物之道咸在吾己我念無虧精神必契一或有欠無限格言總成虛語端知爲己之學誠不宜一毫有虧損也

持敬之說某素所不取我心不安強自體認強自束縛如篾箍桶如藤束薪一旦斷決散漫不可收拾理所宜然夫子教人何嘗如是入孝出弟言忠信行篤敬出門如見賓使民如承祭此等在孩提便可致力從事無斁則此心不放此理自明以上答葉養源

家庭鄰里蕩子弟耳目者不少所藉以浸灌者特指授閒示之言行規矩俾觀感於精神之妙同上〇補

此身不過天地閒數十年之物而昭然理義蓋千古不磨平時要著明處不可以數十年之物而失其所謂不磨者與呂子約

本原既明是處流出以是裕身則寡過以是讀書則畜德以是齊家則和以是處事則當答袁恭安

郡庠規模只如家塾日導其良心俾與聖賢不異就日用閒知簡易明白處與之講究勉焉孜孜不敢責效同上〇補

平時以聖賢經書前輩議論妝裹作人自己良心先不明白一旦處外境不動難矣哉答劉淳之

書曰德惟純一動罔不吉純一是心乃克主善善爲吾主動稱皆應雖酬酢萬事罔有他適則向之所謂雜者自無所容立矣不然雖外境若相宜而失己殊甚欲其日新難矣答趙公夫

宗羲案廣平之集久不傳矣近得之其子孫所論常平茶鹽保長義倉荒政皆鑿鑿可見之行事而言學者甚寡則其遺逸者尚多也今删節一二亦可以知其大概矣

梓材謹案梨洲所錄廣平類稿八條今以其一條移附西美傳

後又一條移入晦翁學案又謝山續錄二十一條今移附沈季文傳後一條又爲羅子有立傳一條又移入徐陳諸儒一條

象山行狀載有子伊川事鄙意謂此等未易輕以告人人情欺蔽道心不著不知者徒生矛盾既知之彼自能辨此間尊晦翁學甚篤某不暇與議良心既明往往不告而知用是益知自反不敢尤人 與楊敬仲○以下補

祖望謹案此條不無可議末二句則聖學之至醇者

某人去國彈章與所聞皆合不知此老何事至此隨物變遷學問不見實地吾儕正自可畏相與勉進以堅己道爲幸 與袁和叔

吾友筆下取科第有餘然所歉不在此只大本未明故筆下多□□□□□

耳根易熟要須成德爲行乃爲實地 答楊叔中

與世不偶此不在他人更須自反使在我日用嚴密人當自信若彼此立見非無我之道

六經旨趣深長平時學有根源發之自不可揜近人欲務新奇巧於穿鑿輕躁浮露殊乏器識 以上通答都漕

吳兄趨向甚佳更乞相與切磋毋逐外毋守氣反觀內省以充厥德

與江司法

平生荷師友箴警至頑不入處雖叱罵亦欣受 答徐主簿

人之良心本自明白特患無所感發一朝省悟邪念釋除志慮所關莫非至善

爵祿甚輕名義爲重 以上與樓大防

窮達外境無累厥心 與黃子耕

良心之粹昭如日月無怠惰鹵莽之念則聖賢可策而到 與汪清卿

人心易明亦易惰 與徐子宜

朋友在利達者類不滿人意故□官不敢入都□□□□

平生志趣不敢爲矯激事但覺汲汲於利祿求薦與夫委身人門皆中心所不安故不爲 答薛象先

好樂貪羨之心掃除不盡是心終不獲與聖賢同蓋天之付與於我者其良心之粹無好樂無貪羨擴然大公惟理之順聖賢先獲我心之同然故窮達用舍安於理義之常 謝傅漕薦舉劄子

祖望謹案先生有謝薦舉啓云欲貴雖人心所同枉道則君子所恥苟非其義而祿以千駟寧爲之範而不獲一禽故道可爲邦甘居陋巷人爭言志獨樂舞雩固非矯激以沽名是乃從容

而就義某質則甚陋學不自強尙論古人雖信有爲亦若是退省終日欲求寡過而未能一覘顏風益乖雅志富貴是所欲亦何至求龍斷而登妻妾尙知羞又豈可乞墦間之祭方將辭尊居卑而辭富居貧敢意以賢詔祿而以功詔爵忽蒙特達莫稱獎提所到未可量殆使益堅其素履我心不可轉庶幾無負於殊知若乃私第公朝古人至戒門生恩府叔世鄙辭旣非先進所樂聞亦豈後生之敢效先生不以文自命然如此駢語非浮溪野處所能爲也

謝山廣平先生類稿序曰舒文靖公之學得於其婦翁童持之故楊文靖公高弟也文靖未成進士又受業於張公南軒因徧求益於晦翁東萊而卒業於存齋四先生之中莫若文靖之淵源爲最博其行亦最尊其生平所著詩說禮說皆爲經學之宗廣平類稿則其文也寶慶志云嘉定初朝廷革文弊選前輩之文以範後學舒文靖公實冠編首世知文靖之理學而不知其文爲當時宗仰若此當文靖時巨公元夫甚多乃以其文冠者蓋其心氣和平而議論質實足以消詭誕之習俗嘗聞諸清容之言以爲淳熙以後多竊取國策莊周之詞事遽起而輟語未

畢而更斷續鉤棘荒唐變幻淪胥而莫能以拔斯其所以亟取於文靖之文也夫行狀稱文靖於舉主無稱門生者今觀其謝薦諸啓皆引古誼以相規大儒風節不肯少屈如此是豈可以區區文字目之哉

雲濠謹案謝山為四先生祠堂碑文云廣平經術深于詩禮而尤為吾鄉說詩大宗又案謝山奉臨川帖子一曰舒公廣平之在陸氏猶朱子之有勉齋也聞人有詆朱子者廣平輒戒以不可輕議則必欲排朱以申陸者非真有得于陸可知

象山門人

鄉貢舒先生琥

舒琥字西美文靖兄也鄉貢進士共學於陸子兄弟家居講貫若合符契罔有差別陸子稱其樸茂無他蹊徑云

附錄

廣平答劉淳之書曰西美先兄進學之初親庭甚喜先妣未能無疑一日問曰為學儘好萬一飢餓如之何曰飢餓自當順受若不知學必須隕穫失措寡廉鮮恥惟知學乃能安於義命隨順區處終不至喪身失節子曰君子固窮小人窮斯濫矣妣氏聞之乃釋然大喜 補

舒先生琪

舒琪字元英文靖弟也共學於陸子家居教授鄉曲子弟亹亹可觀慈湖雅重之

復齋門人焦許再傳

端憲沈定川先生煥

沈煥字叔晦定海人也父鎮東簽判銖嘗受業焦氏以私淑程子之學里中奉爲人師先生少卽潛心經籍精神靜專未嘗驁於末習頎而美鬚髯偉儀觀尊瞻視音吐鴻暢試入太學時師友道喪學校絕無講磨之功先生始一振其弊臨川陸文達公九齡同在齋舍先生以師禮事之文達曰叔晦挺然任道之資也益以取友爲急嘗曰此天子學校英俊所萃當擇賢而親不可固閉有初入學者告以同遊中可爲師爲友者甚悉時謂先生開師友講習之端得古人相勸爲善之義僉判每對客先生拱立其旁或侍酒則竟席不敢卻簽判性嚴不合意卽誨飭之先生自以資稟剛勁非所以侍庭闈疾自砭劑大書祭義深愛和氣婉容愉色數字於壁自觀省焉門人弟子決疑請益者自遠而至啓告簡嚴初若不可親已而昏者明柔者立鄙吝者意消師道益尊授上虞尉府檄所委非其義不往帥亦不敢強未嘗

遣吏輕至民家政聲以最著或傳參知龔茂良意令往見之卒不赴調揚州教授未上除學錄先是教官不甚與諸生接先生以所躬行者淑諸人日暮延見司業不樂也又言三舍取士當參以平日譽望不當秪決於一試司業不以爲然先生持之自如會充殿試考官序立庭下孝宗偉其貌遣內侍問姓名而丞相趙雄盛稱先生居官匪懈以諷切其餘忌者滋甚或謂先生姑營職道未可行也嘆曰道與職豈有二乎因發策試諸生引孟子之言曰立乎人之本朝而道不行恥也今赧然愧於中者可無其人乎於是聞者俱恨嫉御史言先生與長官爭議非安靜者宜少裁抑之以養其器他日更拔用之遂外補高郵軍教授居官僅八十日方會食監中夷然不驚敘別而去謂同事曰吾豈不知詭隨苟容以取光寵朝夕兢兢論胥是憂故不爲也初先生之與司業爭也或謂司業深情厚貌宜少防之先生曰司業遇我厚豈敢逆詐哉既得罪乃知下石者不獨一人也而司業與焉先生曰果厚貌深情乎亦無怨也充浙東安撫司幹官高宗山陵有司次舍供帳酒食之需供給不暇先生以爲國有大戚而臣子宴樂飲酒自如安乎亟言於安撫鄭汝諧郎屬先生條奏且薦爲修奉官先生移書御史謂當先治喪紀使貴戚公卿之心動則茇舍菲

食自安不煩彈劾需索自絕於是治吏之並緣爲奸者追償率斂者歲旱分賑上虞餘姚無復流殍部使者與大帥交章薦侍從亦請召之孝宗猶記其風度曰是向爲學官人物甚偉者乎將用之而丞相趙雄已去小人百計思阻之乃作爲朋黨論列圖爲三疏士大夫三十四人姓名於下某已去某猶在以爲先生所作欲激衆怒而共排之謗議果喧有一從臣以百口保其不然得稍息而從此不復召矣改知婺源三省合前後薦章以聞詔還通判舒州待缺里居與鄉老史文惠王浩汪莊靖公大猷舉行義田文惠割其竹洲之別業以居先生尋病不廢讀書垂絕拳拳以母老爲念善類彫零爲憂丞相周必大聞其訃曰追思立朝不能推賢揚善予愧叔晦益者三友叔晦不予愧也先生於辭受取舍尤嚴嘗遊中都其帥雅知先生以其貧欲厚貽之先生曰義不可受來則難卻卽日出關故人典方面贈以金先生曰向也閒居嘗受君賜今有微祿不當兼受富人欲以女妻先生子固辭之永嘉薛象先在太學頹然衆人中無知之者先生一見稱之以爲學問見地在行輩中無其匹聞者未信其後果有威名所著有定川集五卷寧宗官其子省曾理宗贈直華文閣賜諡端憲修

宗義案楊簡舒璘袁燮沈煥所謂明州四先生也慈湖每提心之精神謂之聖一語而絜齋之告君亦曰古者大有爲之君所以根源治道者一言以蔽之此心之精神而已可以觀四先生學術之同矣文信國云廣平之學春風和平定川之學秋霜肅凝瞻彼慈湖雲閒月澄瞻彼絜齋玉澤冰瑩一時師友聚於東浙嗚呼盛哉

祖望謹案甬上四先生之傳陸學楊袁舒皆自文安而沈自文達宋史混而列之非也四先生之遺文亦惟沈集絕不可見惜夫

定川言行編袁正獻公所輯補

吾儕生長偏方聞見狹陋不得明師畏友切磋以究之安能自知不足前無大敵短兵便爲長技甚可懼也

學者工夫當自閨門始其餘皆末也今人驟得美名隨即湮沒者由其學無本不於閨房用力焉故曰工夫不實自謂見道秖是自欺

晝觀諸妻子夜卜諸夢寐兩者無愧始可言學

啜菽飲水貧寠所不免惟盡其歡則可盡歡二字學者當熟味之

嬰兒戲於親旁呼之則至撫之則悅了無閒隔學者此心常存可謂孝矣

錢盡再來事幾一失不可復得李宰相綘之言也
吾儒急務立大本明大義耳本不立義不明雖討論時務條目何爲學者無以精神凋喪於陋巷偏僻之習

梓材謹案謝山所錄定川說九條其末條移入晦翁學案

附錄

袁絜齋狀其行曰考君生平大節寧終身固窮獨善而不肯苟同於衆寧齟齬與時不合而不肯少更其守凛然清風振聳頹俗使時見用必能震朝廷之綱折奸回之萌屹立中流爲世砥柱亦可爲難矣然世之知君者如此而已至於日進其德駸駸自期於純全博大者鮮能知之君雖人品高明而其中未安不苟自恕知非改過踐履篤實其始面目嚴冷清不容物久久寬平可敬可親面攻人之短退揚人之善切磋如爭歡愛如媚古所謂直而溫毅而宏者殆庶幾乎始居家塾非聖哲書未嘗誦習及遊太學亦然嘗作詩箴其友曰爲學未能識肩背讀書萬卷空亡羊每稱陶靖節讀書不求甚解會意欣然忘食此眞讀書者史籍傳記采取至約後與東萊呂公伯仲極辯古今始知周覽博考之益凡世變之推移治道之體統聖君賢相之經綸事業孜孜講求日益深廣有足以開物成務者其可敬也夫

又編言行曰君天資高邁語勁而氣充足以祛人鄙吝之習養人正大之氣憂國發於至誠語及時事常頻顣處心積慮未嘗不在斯世始予與君還往時方務記覽恥一不知日夜勞苦君爲予言吾儒之學在植根本無妄敝其精神予恍然異之聽君議論宏大平直坦乎如九軌通衢而反視予所習者縈紆繚繞直荒蹊曲徑而已乃盡棄其舊業精思一意求所爲根本者君又爲予引之諸師友閑以恢廣其所未至君之成就友朋而大有功於吾道者若此

雲濠謹案謝山爲四先生祠堂碑文云定川與東萊兄弟極辯古今閎覽博考晚年雖病中不廢觀書

象山門人

徵君沈先生炳

沈炳字季文端憲之弟也年未四十棄去場屋師事象山務窮性理趙忠定公以遺逸薦之不就固窮終身 補

附錄

舒廣平答季文書曰所示太極說謂易之極即心之極甚善人皆有此極而不自明無他私念障之也 補

謝山竹洲三先生書院記曰竹洲在鄞西湖之南蓋十洲之一

三先生沈端憲公暨其弟徵君季文參之以金華呂忠公也史忠定王歸老御賜竹洲一曲壽皇爲書四明洞天之闕以題之即所稱真隱觀者也忠定最與端憲厚故割宅以居之而徵君亦授徒於忠定觀中於是端憲兄弟並居湖上其時忠公方爲吾鄉倉監昕夕與端憲兄弟晤顧公治在城東還往爲勞有船場官王季和者忠公友也曰是易耳乃以場木爲製船每忠公興至輒泛棹直抵湖上端憲從水閣望見之輒呼徵君曰大愚來矣相與出竢於岸上或竟入講堂討論終日或同泛湖上忠公爲詩以紀之曰湖光拍天浮竹洲隱然一面城之幽中有高士披素裘我欲從之恐淹留探囊百金辦扁舟又煩我友著意修徵風一動生波頭飛棹來往倦則休是也方端憲遊明招山中忠公之兄成公尚無恙相與極辯古今以求周覽博攷之益凡世變之推移治道之體統聖君賢相之經綸事業孜孜講論日益深廣期於開物成務而後已則夫忠公之來所以商量舊學而證明新得當不知其若何也端憲之父簽判故程門私淑弟子端憲則受陸文達公之傳而徵君師文安其兄弟分宗二陸宋史竟以端憲系之文安門下誤也端憲尤睦於成公及其

家居忠公又宦於鄞切磋倍篤故沈氏之學實兼得明招一派而世罕知之者

舒沈講友

文元楊慈湖先生簡別爲慈湖學案

正獻袁絜齋先生燮別爲絜齋學案

忠公呂大愚先生祖儉別見東萊學案

廣平同調

博士楊先生琛

楊琛字獻子奉化人負器識富文學紹熙四年進士嘗爲江東提刑司幹辦公事經學淵源鄮陽士多師事焉拜國子博士召試館職時韓侂胄專政遂拂袖歸杜口不言時事端平初特官其子斯立參寧波府志

廣平家學胡汪三傳

學士舒先生銒

舒銒字和仲文靖之長子純仲其弟也袁正獻公嘗與先生書曰賢昆仲朝夕歡聚浸淫磨礱有日新之益此乃兄弟爲友朋也甚善更宜日課一經一史尤佳學者但慕高遠不覽古今最爲害事子路曰

何必讀書然後爲學夫子曰是故惡夫佞者是雖聖人於書不敢廢況他人乎純仲近讀何書更在賢伯氏程督之耳補

祖望謹案正獻公與先生帖蓋在守江州之時帖尾諄諄勸讀書嘗見延祐慶元志中載正獻一帖亦荅舒氏兄弟者大略與此相同深戒學者騖高遠而不覽古今此是當時爲陸學者之習氣正獻及之不一而足可以知陸學本不如此及其流弊至於如此則是傳子淵包顯道之徒有以致之而楊袁不爾也故延祐志所載帖極稱慈湖之讀書此帖正可彼此互相證明陸學精處正在戒學者之束書不觀游談無根學者可不戒乎

舒先生鉦

舒先生銑合傳

舒先生鍇合傳

舒先生鐻合傳

舒鉦舒銑舒鍇舒鐻皆文靖子而和仲之弟文靖既沒諸子壹遵先訓秩然有倫相勉以善道鄉黨中以爲儀表云參袁絜齋集

梓材謹案文靖之子有字敬仲字純仲者未知于四先生何當也

廣平門人

博士李三江先生元白 附子以稱以制

李元白字景平本奉化人遷居鄞之三江口其大父俟烈士也建炎之難張俊劉洪道棄郡走蔣安義迎降列城瓦解俟奮然曰河北二十四郡豈無人乎因與董之邵任戩共起義兵於奉化之泉口女真兵至三戰三卻之奉化以是得完事定不言功而恩賞亦弗及至先生始以儒術起初受業於蔡文懿公幼學傳其經制之學已而受業廣平文懿爲舍人以先生上世起兵事聞進論其功有詔贈俟修武郎先生累官至國子博士深於詩禮其論荒政賑卹極有條理皆得之廣平者也三江舊有李朝散祠蓋先生講學之地元時尚存鄭真嘗言於當事重葺之而今不可問矣先生子以稱以制以益從弟□伯誨伯森皆踵世科而以稱與先生同登第時人傳爲佳話以制嘗爲徽州教官人皆稱其有廣平遺法

少卿袁晉齋先生甫 別見絜齋學案

羅先生子有

羅子有新安諸生之一也廣平與徐子宜書有云羅氏子進學不怠向所得全是釋今轉得甚端的 補

鄧先生夢真

汪先生行簡合傳

戴先生泳合傳

鄧夢真汪行簡戴泳與羅子有皆廣平之徒也廣平在新安與慈湖書言與學中諸生自得羅子有鄧夢真汪行簡戴泳皆有起發可進今皆不可考矣

元英門人象山再傳

諸葛先生□

梓材謹案謝山奉臨川帖子五引呂大愚遊候濤山記云舒元英亦與其徒諸葛生來元英廣平弟也攷諸葛氏為越中藏書三家之一後以其書入四明四明志紹熙元年進士諸葛安節貫紹興與豐宅之同榜宅之與元英為同門嘉定十三年進士諸葛十朋安節從子元英之徒當卽其人

定川家學焦許三傳

沈先生傳曾

迪功沈先生魯曾合傳

別駕沈先生省曾合傳

沈先生敏會合傳

沈傳曾魯曾省曾敏曾並叔晦子皆業儒傳父業魯曾改名木山用本宗蔭爲迪功郎參周益公集

雲濠謹案省曾爲端憲第三子字智甫官別駕袁蒙齋嘗贈以序爲言端憲之宏智淵識

定川門人

竺先生大年

竺大年字耕道奉化人性行嚴重長於說禮鄉人皆化之爲沈氏之入室也著有禮記訂義楊琪銘其墓

宗羲案竺氏先世服田大年之父竺頎始遣其子從師他日喜而語舒廣平曰諸子自得師粗厲之習變而爲儒雅暴慢之氣轉而爲溫厚非曩日比矣蓋頎之意亦淺鮮矣而豈知追源學脈者乃及大年哉然則人亦何必羨夫貴仕也

舒先生衍別見絜齋學案

舒先生鉼見上廣平家學

呂先生喬年別見東萊學案

舒氏續傳

郡守舒先生津

太學舒先生滸合傳

舒津字通叟文靖之從孫也登景定三年進士第遷太學博士知平江府弟滸字平叟景定八年入太學通叟讀書績學平叟清苦獨立皆傳其家學者也補

三江門人象山三傳

吏部安先生劉

安劉汴人居鄞之小溪以詩義冠多士善清言二歷祕丞郎官嘗爲賈相客而以科名自持卒不得用按先生官至吏部其詩學得慶源輔氏之傳補

梓材謹案是傳本之袁清容師友淵源錄謝山詩話以先生爲廣平再傳弟子蓋三江門人也

王先生艮學別見深寧學案

通叟門人胡汪五傳

州判李霽峯先生洧孫

李洧孫字甫山寧海人師事舒通叟登宋咸淳甲戌進士第授迪功郎黃州司戶參軍未上而宋亡大德六年爲杭州儒學教授以黃巖

州判致仕人稱爲霽峯先生修

宋元學案卷七十六

槐堂諸儒學案表

傅夢泉——從子道夫
　　　　從子正夫別見慈湖學案

陳苑別爲靜明寶峯學案
　曾潭續傳

鄧約禮——子泳
　　　　傅子雲見上象山門人

鄧遠

傅子雲——葉夢得

黃叔豐

張商佐

熊鑑

黃裳

彭興宗——陸持之別見象山學案

詹阜民——喻仲可
　　　　顧平甫
利元吉
陳去華
諸葛千能——高公亮
諸葛受之
石斗文
石宗昭——鍾穎
孫應時——史彌堅別見慈湖學案
　　　　胡衍見下崇禮家學
胡拱
胡撙——子衞

石余亨石氏續傳

黃奇孫別見潛庵學案

陳剛

朱桴

朱泰卿

李伯敏

符初

周清叟

嚴滋

林夢英

張孝直

饒延年

鄒斌——吳淵
　　　——吳潛

趙師雍

一子衍

趙師蔵
包揚—子恢
包約
包遜—羅必元見下鸝塘門人
高商老
孟渙
李雲
豐有俊
潘友文
張明之
周良
董德修
危稹—羅必元
羅晉君

柴中守 別見邱劉諸儒學案

歐陽鎮——羅晉君 見上驪塘門人

馮曾

並北谷講友

吳紹古

章節夫

游元

高宗商

李肅——子 復 見上象山門人

李復

徐子石——弟 元德

晁百談

王允文

黃栴

父文晟
黃椿
黃棐
俞廷椿
邵叔誼——子魯子
繆文子
江泰之
徐仲誠
趙子新
邱元壽
□顯仲
劉堯夫
並象山門人
危和——羅必元

驪塘學侶

羅晉君　並見驪塘門人

宋元學案卷七十七

餘姚黃宗羲原本　　後學慈谿馮雲濠校刊
男百家纂輯　　鄞縣王梓材重校
鄞縣全祖望補定　　道州何紹基重刊

槐堂諸儒學案

祖望謹案槐堂之學莫盛于吾甬上而江西反不逮如曾潭如琴山以及黃鄧之徒今其緒言渺矣甬上之西尚有嚴陵亦一大支也述槐堂諸儒學案（梓材案金溪學派自吾鄉諸家慈湖絜齋廣平定川而外謝山序錄盡歸槐堂諸儒學案嚴陵一支自錢融堂而咸融堂爲慈湖高第故併入慈湖）

象山門人

通判傅曾潭先生夢泉

傅夢泉字子淵號若水建昌南城人（雲濠案一本作盱江人）爲人機警敏悟疏通洞達學于象山（雲濠案南城志云嘗遊陸象山朱晦庵張南軒之門）自言少時知舉業觀書不過資意見後因困志知返適陳剛自槐堂歸因問象山所以教人者剛曰首尾一月先生諄諄只言辨志又言古者入學一年早知離經辨志今日有終其身而不知

自辨者可哀也已先生私心識之一日讀孟子公孫丑章忽然心與相應胸中豁然尚未知下手處及見象山始盡知入德之方謂剛曰陸先生教人辨志只在義利嘗謂人曰人生天地間自有卓卓不可磨滅者在果能于此涵養于此擴充良心善端交易横發塞乎宇宙貫乎古今象山論及門之士以先生爲第一登淳熙二年進士分教衡陽士人歸之者衆太守亦加禮焉有一二同官頗與違言先生處之裕如也時陳止齋爲漕使先生與之講學止齋心折其言象山臨卒前數日或自衡陽來呈先生與周平園論道五書象山嘆曰子淵擒龍打鳳手也宰寧都邑號難治先生一化以道不踰年俗大變平園以爲有西漢循吏之風遷清江判卒于官所著有石鼓文嘗講學曾潭之滸學者稱曾潭先生先生性地剛毅然多偏自言初見象山即聞艮背行庭之教已而見張南軒于荊州見朱子于南康不安于象山之說者十年及在衡陽乃深信之先生于朱子尤多相左象山言其疏節闊目佳處在此其病處亦在此及其卒也或言其以喪心而死然眞西山跋其行狀謂先生之卒縣大夫繪像祠于學而祝之其後四十餘年部使者以其學行聞于朝有詔建祠于邑之玉虛觀側則喪心之言不足信也 修

附錄

張南軒與朱元晦書曰澧州教授傳夢泉來相見乃是陸子靜上足剛介有立但所論學多類揚眉瞬目之機子靜此病曾磨切之否亦殊可懼 補

又曰夢泉守師說甚力此人若肯聽人平章他日恐有可望 補

宗羲案陸子之在象山五年間弟子屬籍者至數千人何其盛哉然其學脈流傳偏在浙東此外則傳夢泉而已故朱子曰浙東學者多子靜門人類能卓然自立相見之次便毅然有不可犯之色然則此數千人者固多旅進旅退之徒耳今傳數十人于此其概可睹矣

推官鄧直齋先生約禮 附子泳

鄧先生遠 合傳

鄧約禮字文範本盱江人以壻于李侍郎橘園遂家臨川橘園于陸子爲前輩而論學最契故先生與其妻弟肅皆師象山在槐堂中稱齋長有求見象山者象山或令先從先生問學登淳熙五年進士官德化丞兼攝邑事葺理凋敝得民心象山貽書當路盛稱其治爲温州教授與葉水心相得甚懽調常德府推官卒于官先生篤于庸行

嘗謂人曰某得一官但能少濟諸貧困兄弟耳象山嘗稱夢泉宏大約禮細密學者稱直齋先生先生嘗與同門生利元吉彙建昌自有科舉以來進士爲題名碑而請朱子爲之記且言願發明國家所以教人取士之意有異于古欲使學者讀之而知所警朱子甚善其言因謂二君蓋皆嘗有所學而得其所貴于己者但推其說以告于鄉之後進使之因所感發以求夫古人之所以教者盡心而有得焉則聲名文字之盛彼將有所不屑而況不義之富貴也說者但見朱子晚年多排象山然觀記中之語則其以公義相取者又未嘗不在也元吉紹熙元年進士先生次子泳字德裁嘉定十三年進士累官淮西帥幕措置江防佐大帥孟珙解齊安圍功第一歷遷刑部侍郎所至以廉見稱晚年坐累遷謫自號巽坡先生羣從有名遠者亦師陸子修

主簿傅琴山先生子雲

傅子雲字季魯號琴山金溪人成童登象山門以其少使先從鄧文範尋晉弟子之位象山歸自京師先生亦入太學道相值共泛桐江答問如響應天山精舍成學者坐以齒先生在末席象山令設一席于旁時命先生代講或頗疑之象山曰子雲天下英才也及出守荊

門使居精舍象山執手語之曰書院事俱以相付其爲我善永新傳謂諸生曰吾遠守小郡不能爲諸君掃清氛翳幸有季魯在願相親近象山嘗謂先生骨相寒薄道雖明恐不得行晚奉大對葛丞相邲期以首選不果先生曰場屋之得失窮達不與焉終身之窮達賢否不與焉時人以爲名言主甌寧簿決訟必傳經義人人服之先生嘗作保社議其中言鄭康成註周禮半是緯語半是莽制可取者甚少象山最是其言紹定四年袁甫持節西江修明象山之學爲建象山書院時槐堂高足惟先生在巋然上座所著有易傳論語集傳中庸大學解童子指義離騷經解撫州守葉夢得故先生弟子建二陸祠于金溪以先生配 修

黃先生叔豐

張先生商佐 合傳

熊先生鑑 合傳

黃叔豐字元吉金溪人象山仲兄九敘之壻師事象山最久象山詳其及門之士首傳子淵次鄧文範次卽先生善學不自發問每誘致諸生來授學令其各以疑義前請而從旁聽之象山知荊門軍先生從之記所答問之語題曰荊州日錄時陳止齋始以漕至貽書象山

論學而傳子淵亦分教衡陽先生往焉止齋初有疑于子淵之言及先生至始深信之象山嘗曰元吉相從一十五年最得老夫鍛鍊之力其前數年方逐外中閒數年換入一意見窠窟去數年換入安樂窠窟去近年痛加鍛鍊始壁立無依傍而同門生嚴松直言先生之學當出子淵之上先生諸寮壻張商佐字輔之周清叟字廉夫能鑑字□□俱師象山而廉夫所記陸子語錄最佳修

郡守黃先生裳

黃裳字元吉寧德人少有奇節師事象山應淳熙二年武舉魁南宮三歷郡守俸入多以給親舊任子恩必先其兄之子而後己子

梓材謹案梨洲原本此下有不自發問與陳止齋講學象山鍛鍊等語皆屬金溪黃元吉事蓋因其同字元吉而誤

彭世昌先生興宗

彭興宗字世昌金溪人受業槐堂文安令其教授諸子稱其有法淳熙十四年文安奉祠歸家先生登應天山樂之因爲建一精舍以居文安卽所謂象山者也文安旣卒先生以丙辰訪朱子于家問其何故而來先生以書院頗少書籍因購書故至此朱子曰緊要書亦不須幾卷某向來愛如此其後思聚者必散何必役于物自文安論心

學以來議者多以爲不講讀書之功然朱子告先生語卻合文安之旨世人不盡知也先生之行朱子又贈之以詩曰象山聞說是君開雲水參天瀑響雷好去山頭且堅坐等閒莫要下山來以時方嚴黨禁也修

祖望謹案劉季章嘗言告子是孟子弟子世昌曰孟子于弟子皆姓名之告子獨稱子蓋同時著書之人象山于告子之說亦未嘗深非之而或有省處考亭謂其滿腔子是禪蓋以此則先生晚年亦爲朱學矣

知州詹默信先生阜民

詹阜民字子南梓材案先生號默信見其門人喻可中傳遂安人累官宗正寺丞兼駕部郎中知徽州府先生初見象山象山言後世學者溺于文義知見繳繞蔽惑愈甚先生退而盡屏諸書後來疑其不可問之象山曰某何嘗不教人讀書他日侍坐象山曰學者能常閉目亦佳先生遂學靜坐夜以繼日如此者半月一日下樓忽覺此心已復澄瑩中立竊異之擬質象山象山曰子何以束縛如此乃自吟曰翼乎如鴻毛遇順風沛乎若巨魚縱大壑豈不快哉先生釋然

附錄

陳北溪答趙季仁書曰象山本得自光老道光號佛照今楊袁門下多是引接僧道等人來往以爲覺者甚多此閒九峯僧覺惠者詹喻顧皆以其得道之故與之爲朋詹悟道時嘗謂他證印法門傳度從來如此然則此一家學問分明是空門宗派縱待說得精微玄妙不過是彌近理而大亂真補

祖望謹案子南以淳熙六年侍學于陸子自言初見請教大旨以當識義利公私之辨又案子南嘗從張南軒游以所類洙泗言仁者察之終不能仁及見陸子始解然子南所言漸近頓悟絕類慈湖遺書中語是乃陸子之學所以招後人之議者

縣丞利先生元吉

利元吉字文伯盱江人文安高第也梓材案先生紹熙元年進士互見鄧直齋傳佐邑金溪文安子伯微將師事之先生謝不敢參魏鶴山集

陳先生去華

陳去華廣中人象山問之尋常與點一段如何理會答以理會未得屢問屢答如前象山強之說曰三子只是事上著到曾點卻在這裏著到象山詰之曰向道理會不得今又卻理會得從此頓有省自敘

聽話一月前十日聽得所言皆同後十日所言大異又後十日與前所言皆同因作十詩而別是時廣中皆得南軒之教謂之南方之學先生歸而變之學人謂之北方之學

進士諸葛誠之先生千能

諸葛受之先生□合傳

諸葛千能字誠之會稽人淳熙進士以乾道八年見陸子遂學業焉先生嘗以書貽朱子論曹立之墓表事欲解兩家之爭先生有兄字受之佚其名亦師陸子同邑胡達材亦以乾道八年侍陸子稱其資質甚美天常亦厚及其問學以爲若有神明在上在左右則陸子非之修

宗羲案諸葛誠之問學于朱陸二家相難誠之以學徒競辯爲非言之于晦翁亦悵然其言也象山言誠之嗜學甚篤又有筋力朋友閒尤所賴者

梓材謹案謝山爲俞默翁傳云山陰胡達材兄弟亦師象山而諸葛誠之往來諸儒之閒又奉臨川帖子二明言諸葛誠之非陸子之徒而其修傳云云蓋據象山年譜而言

附錄

□□□曰誠之資質確實有志世故心實受之但恐未免爲才使 補

又曰誠之明決有力向來亘得其助但義理儘少涵泳辭色閒多與人忤 補

又曰誠之誠長進但向來相聚見其病多在矜之一字嘗力告之若不痛于此下工夫則思慮雖親切終必失之 補

知軍石天民先生斗文

石斗文字天民新昌人也隆興進士臨安府學教授史丞相薦其學行遷樞密院編修上書論曰朝事譬之千金之家必嚴大門以司出入一日疑守者而捌開便門不知其私之滋甚于大門也知武岡軍

補

侍從石應之先生宗昭

石宗昭字應之新昌人與兄斗文同問學于朱呂陸三氏之門初爲象山所喜復感于異說而祭東萊之文以爲石火電光是區區者之不足恃象山見之駭其迷繆尋先生異時書問一束封之題曰石應之公案已而會于臨安以公案示之先生欲持去象山曰不可觀足下神思今不能辨此此書非吾相對剖決亦長物耳以進士第授無爲軍教授積官至侍從象山謂高宗商曰觀應之容貌言論與曩者

判若二人今遂居臺閣益令人憐之耳

祖望謹案石應之由祕書正字直華文閣侍御史公揆孫也公揆以劾秦檜廢然嘗攻伊川之道

判軍孫燭湖先生應時

孫應時字季和餘姚人也學者稱爲燭湖先生父介胡宗伋高第以古道著所稱雪齋先生者也先生八歲能文師事象山以進士尉黃巖朱子持常平節一見即與定交任滿士民欲置田宅留居之辭不受邱忠定公帥蜀辟先生以行是時吳氏世將蜀人畏之會吳挺疾忠定遣先生視之以覘其軍情挺感有所贈先生辭不受歸告忠定曰挺行且死然其子曦必叛宜因其死遣統制權領其軍而檄總領楊輔兼利州安撫以節制之別選將才以革其世將之弊忠定然之及挺死如其策知常熟縣已代矣太守以私憾捃摭之謂其負倉粟三千斛其實前令積逋也士民爭擔負爲償而太守愈不喜竟坐貶秩尋起判邵武軍未赴卒其後吳曦復入蜀竟叛朝臣訟言先生閎學深醇行誼修飭見微慮遠能爲國家弭患請錄其後詔補其子下州文學先生家門雍睦合膳同居所稱世友堂者也修

宗羲案季和問學于朱陸之閒而所師者則陸也

季和改常熟令大興教化立子游祠朱子記之以爲武城絃歌之化復見于今

季和以乾道八年見陸子其後親詣槐堂受業亦嘗問學于朱子

中散胡達材先生拱

胡拱字達材東浙人象山言其資甚美天常亦厚但前此講學用心多馳騖于外而未知自反

梓材謹案姚江胡氏譜載先生爲紹興壬午鄉舉贈中散大夫

提舉胡崇禮先生撙

胡撙字崇禮達材之弟質性類于其兄孫燭湖稱其天資如古人樂善急義若嗜欲官至浙西提舉茶鹽司幹辦二子衞衍修

教授陳先生剛

陳剛字正己盱江人雲濠案一作建昌之歐江人以進士官教授初見象山而歸傅子淵問之先生曰先生諄諄只言辨志象山言涵養是主人翁省察是奴婢先生不以爲然象山曰足下才氣邁往而學失其道凡所經營馳騖者皆適以病其心耳晦庵謂學者曰象山之喜正己者何事葉賀孫曰喜其有才

祖望謹案正己早與劉淳叟同師陸子甚稱許之已而先生遊浙中師同甫又師東萊陸子貽止齋書嘆其半塗異志慕用才術者也朱子亦深不喜之言其輕薄資質本自勞攘又爲同甫伯恭教以權數其叛陸子于諸人爲最甚其錄象山論學之語示人謂顏子悟道後于仲弓孟子無如告子何易繫辭決非夫子作朱子謂正己甚乖蓋卽譏其輕薄之習今觀陸子集中全無此等議論

朱先生桴

朱桴字濟道金溪人與其弟亨道泰卿年皆長于象山而師事之先生言象山所以誨人者深切著明大概是令人求放心不復以言語文字爲意其有意作文者令收拾精神涵養德性根本既正不患不能作文矣一日問自見先生後臨事惟恐有失反不能如前之勇決象山曰子卽今自立正坐拱手自作主宰萬物皆備于我有何欠闕先生嘗與象山亨道同與鵝湖之會亨道以元晦不能無我不能如伯恭之虛中也

附錄

朱濟道力稱贊文王象山謂曰文王不可輕贊須是識得文王方可

稱贊濟道云文王聖人誠非某所能識曰識得朱濟道便是文王

朱先生泰卿

朱泰卿字亨道金溪人與其兄濟道偕事象山先生嘗從鵝湖之會謂朱子欲人先博覽而後返之守約象山欲先發明其本心而後使之博覽以此不合然發明之說未可誣也元晦見二詩有不平語似未能無我又曰伯恭慮陸與朱議論猶有異同欲會歸于一其意甚善然伯恭蓋有志于此謂自得則未也先生之言在象山弟子中蓋亦錚錚者視濟道當過之然直言東萊未能自得亦似乎易其言先生之自得者其已足與東萊角乎象山弟子坐累在此 修

李好古先生伯敏

符先生初 合傳

李伯敏字敏求一字好古高安人也少時嘗與其宗人交訟于官劉靜春清之見之爲說易之訟家人二卦先生瞿然即以訟貲市程傳歸遂爲學者先生又嘗以書通問朱子朱子答云向來見陸删定所聞如何若以爲然當用其言專心致志庶幾可以有得不當復引他說以分其志若有所疑亦當且就此處商量不當遽舍所受而遠求也東問西聽以致皇惑徒資口耳空長枝葉是以有問而未敢對也

先生得書遂終身爲象山之學不復名他師同時有符初者字復仲蓋符敘之族人也亦師象山而以書問朱子答云見陸丈回書其言明當且就所持守自見功效不須多疑多問卻轉迷惑也修

宗羲案敏求問下手工夫象山曰能知天地之所以予我者至貴至厚自然遠于非僻敏求曰非僻未嘗敢爲象山曰此是硬制將來甚費力敏求曰以今年較之去年殊無寸進象山曰當爲者有時而不能爲不當爲者有時而爲之此是不長進若泛然求進不過欲以己先人此是勝心他日謂敏求曰吾友近來精神都死卻無向來亹亹之意不是懈怠便是被異說壞了夫人學問當有日新之功今吾友守定如何得活敏求由是精進嘗有詩云紛紛枝葉漫推尋到底根株只在心莫笑無絃陶靖節箇中三嘆有遺音象山首肯之

附錄

問伯敏云作文如何伯敏云近日讀得原道等書猶未成誦但茫然無入處先生云左傳深于韓柳未易入且讀蘇文可也此外別有進否吾友之志要如何伯敏云所望成人目今未嘗敢廢防閑先生云如何樣防閑伯敏云爲其所當爲先生云雖聖人不過如是但吾友

近來精神都死卻無向來亹亹之意不是懈怠便是被異說壞了夫人學問當有日新之功死卻便不是邵堯夫詩云當鍛鍊時分勁挺到磨礱處發光輝磨礱鍛鍊方得此理明如川之增如木之茂自然日進無已今吾友死守定如何會爲所當爲防閑古人亦有之但他底防閑與吾友別吾友是硬把捉告子硬把捉直到不動心處豈非難事只是依舊不是某平日與兄說話從天而下從肝肺中流出是自家有底物事何嘗硬把捉吾兄中閒亦云有快活時如今何故如此伯敏云固有適意時亦知自家固有根本原不待把捉只是不能久防閑稍寬便爲物欲所害先生云此則罪在不長久上卻如何硬把捉種種費力便是有時得意亦是偶然伯敏云卻常思量不把捉無下手處先生云何不早問只此一事是當爲不當爲當爲底一件大事不肯做更說甚底某平日與老兄說底話想都忘了伯敏云先生常語以求放心立志皆歷歷可記先生云如今正是放其心而不知求也若果能立如何到這般田地伯敏云如何立先生云立是你立卻問我如何立若立得住何須把捉孔門惟顏曾傳道他未有聞蓋顏曾從裏面出來他人外面入去今所傳者乃子夏子張之徒外入之學曾子所傳至孟子不復傳矣吾友卻不理會根本只理會文

字實大聲宏若根本壯怕不會做文字今吾友文字自文字學問自學問若此不已豈止兩段將百碎問近日日用常行覺精健否胸中快活否伯敏云近日別事不管只理會我亦有適意時先生云此便是學問根源也若能無懈怠暗室屋漏亦如此造次必于是顛沛必于是何患不成故云君子以自昭明德古之學者爲己所以自昭其明德今之學者只用心于枝葉不求實處孟子云盡其心者知其性知其性則知天矣心卽是一箇心某之心吾友之心上而千百載聖賢之心下而千百載復有一聖賢其心亦只如此心之體甚大若能盡我之心便與天同爲學只是理會此誠者自成也而道自道也何嘗滕口說伯敏云如何是盡心性才心情如何分別先生云如吾友此言又是枝葉雖然此非吾友之過蓋舉世之弊今之學者讀書只是解字更不求血脈且如情性心才都只是一般物事言偶不同耳伯敏云莫是同出而異名否先生曰不須得說說著便不是將來只是滕口說爲人不爲己若理會得自家實處他日自明若必欲說時則在天者爲性在人者爲心此蓋隨吾友而言其實不須如此只是要盡去爲心之累者如吾友適意時卽今便是牛山之木一段血脈只在仁義上所以令吾友讀此者蓋欲吾友知斧斤之害其材有以

警戒其心日夜之所息息者歇也又曰生息蓋人之良心爲斧斤所
害夜閒方得歇息若夜閒得息時則平旦好惡與常人甚相遠惟旦
晝所爲梏亡不止到後來夜閒亦不能得息夢寐顛倒思慮紛亂以
致淪爲禽獸人見其如此以爲未嘗有才焉此豈人之情也哉只與
理會實處就心上理會俗諺云癡人面前不得說夢又曰獅子咬人
狂狗逐塊以土打獅子便徑來咬人若打狗狗狂只去理會土聖賢
急于教人故以情以性以心以才說與人如何泥得若老兄與別人
說定是說如何樣是心如何樣是性情與才如此分明說得好剗地
不干我事須是血脈骨髓理會實處始得凡讀書皆如此又問養氣
一段先生云此尤當求血脈只要理會我善養吾浩然之氣當吾友
適意時別事不理會時便是浩然養而無害則塞乎天地之閒是集
義所生者非義襲而取之也蓋孟子當時與告子說告子之意不得
于言勿求于心是外面硬把捉底要之亦是孔門別派將來也會成
只是終不自然孟子出于子思則是涵養成就者故曰是集義所生
者孟子之言大抵皆因當時之人處己太卑而視聖人太高不惟處
己太卑而亦以此處人如是何足與言仁義也之語可見不知天之
予我者其初未嘗不同如未嘗有才焉之類皆以爲才乃聖賢所有

我之所無不敢承當著故孟子說此乃人人都有自爲斧斤所害所以淪胥爲禽獸若能涵養此心便是聖賢讀孟子須當理會他所以立言之意血脈不明沈溺章句何益

伯敏云伯敏于此心能剛制其非只是持之不久耳先生云只剛制于外而不內思其本涵養之功不至若得心下明白正當何須剛制且如在此說話使忽有美色在前老兄必無悅色之心若心常似如今何須剛制並象山語錄

周先生清叟

周清叟字廉夫雲濠案一作周廉夫字清叟黃元吉叔豐之僚壻也同師象山所記象山語多論書易其祭象山文有云天爲斯文乃生先生指學者之膏肓示入聖之門庭不繳繞而支離誠坦然而可行暴之以秋陽之白濯之以江漢之清繼孟子之絕學舍先生其誰能

縣丞嚴守軒先生滋

嚴滋字泰伯臨川人端重明敏象山嘗曰始吾聞泰伯賢今觀其氣象聽其談論乃可與適道者累舉進士不第嘗著十論叩閽言事不得用郡守禮請爲學正大新講舍屬周平園記之晚主彬陽簿調縣丞嘉定八年列狀請于本州以象山謚法爲言卒得賜云所著有寄

附錄

象山言泰伯只是好勝見一好事便直前余以爲卽做得亦不是事好心卻不好

祕丞林山房先生夢英

林夢英字叔虎一字子應大父自閩清徙臨川先生與象山年相若而篤信其學遂師事之登淳熙二年進士授祁陽簿再調衡州法曹所至整飭嚴明爲部使者及郡守所知每遇改官五剡俱集知武陵縣大修學宮教士太守嘗延至郡庠講學誨諸生曰今之士涉獵以爲博組繪以爲工淪胥陷溺本心日喪何學之云聞者感發通判靖州討平洞蠻知武岡軍未上退居城西金石臺建樓藏書徜徉其閒薛叔似辟爲安撫司參議官甫六月隨司罷歸召除國子監丞還宗正丞權工部郎又還祕書丞權司封郎奉祠歸年踰八十學者稱山房先生 修

張先生孝直

張孝直字英甫臨川人性孝友恬于利欲師事象山窮理最密其于先儒經學心有未安雖伊洛諸儒議論亦不肯爲苟同晚年與章節

夫齊名蔡介軒亦重之梓材案蔡介軒疑是蔡久軒傳寫之譌卒年七十七所著有周易詩書語孟中庸口義五十餘篇又有要言渾象原意雜詩等藏于家修

隱君饒止翁先生延年

饒延年字伯永號止翁崇仁彭原人家臨川魁岸倜儻初師文達公子壽繼師象山嘗稱其開豁有力量先生淹貫經學旁究律歷方輿技數之書眞西山極重之隱居不仕值歲歉穀價翔涌先生以錢米和糴指天自誓穀價定于此矣捧斗概量以米中錢數爲準時斗米百錢而先生所得僅六十五遂爲定價鄉人德之太守欲薦于朝固辭而止紹定三年以避寇難卒于金陵雲濠案梨洲原本云明燭焚香趺坐而逝年八十一訃至太守爲位于寺哭之魏華甫題其石曰有宋長者饒止翁之墓修

司戶鄒南堂先生斌

鄒斌字俊甫臨川人博記敏識初受學于李德章陸氏門牆之盛自德章師文達公復齋始而先生爲德章高弟尋得鄧名世春秋學嘗應省試士多未省汝陽田所由失先生曰陽虎居鄆入于讙以叛端以奔喪經不書諱之也一日見象山問平日何學以求放心對一語

契合鵝湖之會先生從行登嘉定四年進士授德安司戶黃榦守漢陽貽書叩所學答曰人能識孟子第一義然後可以死見象山而不辱其門制使使經理三關措置有方初開禧閒金犯應城進士陸桂迎降之邑免于屠會宣司補官事覺先生以春秋誅心之法定其罪至決魚湖訟平漢陽獄皆當人心制使欲薦之留于幕府辭曰制使性剛某亦性剛恐不相容漕使吳柔勝命二子淵潛往師之丞耒陽武岡有寃獄辭連州縣先生勘契咸服辜人稱神明袁蒙齋甫作象山書院欲延先生主其事以老病辭端平更化趙汝談薦之有旨都堂審察不赴除嶽祠致仕所居南堂藏書萬卷陸子之門稱多學者秖先生一人而已有南堂稿學者稱南堂先生修

直閣趙先生師雍

趙先生師蒧合傳

趙師雍字然道黃巖人淳熙十四年進士雲濠案台州府志然道官至朝議大夫直寶章閣與弟師蒧字詠道俱師陸子亦兼學于朱子先生嘗言諸公傷于著書而其心反有所蔽意指朱子陸子聞而非之以爲必其心先有蔽而言之蔽因之故敢于著書豈可言因著書而反蔽其心陸子卒先生致書朱子言惜不及見兩家論辯有所底

止朱子答之有敝帚千金之語蓋亦諷之先生兄師淵字幾道卽爲朱子修綱目者弟師夏字致道則朱子孫壻也近作考亭淵源錄者目先生爲叛徒據先生之學原是陸子分位多然其于朱子不過意見不盡合今置之胡紘傅伯壽之列則繆矣修

包克堂先生揚

包先生約合傳

包先生遜合傳

包揚字顯道號克堂南城人雲濠案一作建陽人兄約字詳道弟遜字敏道皆師象山初先生在南豐時嘗詆朱子有讀書講學充塞仁義之語朱子以告象山象山亦大駭答以此公好立虛論須相見時稍減其性後遺先生書責其怪及象山卒先生率其生徒詣朱子精舍中執弟子禮蔡季通之貶也朱子將爲經營先生以福禍已定不必徒加勞攘朱子善之然先生嘗葺朱子語爲四卷今多載入語類中其閒有先生平日之言託于朱子如所載胡子知言一章以書爲溺心志之大穽者後黎靖德編朱子語始削去之象山嘗曰某何嘗教人不讀書故一聞先生在南豐時之語斥之不遺餘力而先生少時之見埋藏八識田中且欲以誣朱子是眞陸氏弟子之失傳者固

宜後世之人直言文安師弟以讀書爲大禁也敏道喜譚禪見劉後村集修

宗羲案包顯道詳道敏道同學于朱陸而趨向于陸者分數爲多

州守高先生商老

高商老括蒼人登進士第歷官至撫州守刻象山集并其兄復齋集于郡學自言嘗從象山游頗自奮勵今老矣學不加進然而默識心通豈欺我哉初先生知宜興縣時朱子社倉之法新奉詔施行閒有應者莫能遠也先生實始爲之而治故瀆疏積水以防水旱新縣中社稷之位并作風雨雷師于其側以虔祀事又修學宮籍閑田以爲廩斥長橋僦金以附益之朱子皆爲之記又稱其能教人從事于爲己之學而不汲汲乎誇多鬭靡之習以追時好而取世資蓋亦深許其學也先生守撫州時嘗辟黃榦爲清江令云修

通判孟先生渙

孟渙字濟父自澶淵徙臨川淳熙二年進士授徽州教授淮西總所幹官知華容縣通判陽州知荊門軍奏罷馬梁歷新店三稅務蠲削浮征人皆德之再知饒州除倉部員外郎不赴除廣東提舉還運判調奏利民五事皆見施行官未滿乞納祿奉祠卒先生性孝友執喪

三年雖有疾不敢飲酒食肉田廬遜諸弟外舅芮氏無嗣族人分其貲留以待先生先生曰此芮氏物吾何與焉居官未嘗飾廚傳以公清方正見稱先生少學于臨汀楊方又學文于莆田劉夙兄弟長師象山補

李先生雲

李雲者興國人也將家子少時欲合數百人爲盜一日見象山翻然自悔遂請業焉亦嘗往見朱子朱子以書告象山曰李子誠不易知向學但亦漸覺好高鄙意且欲其著實看得目前道理事物分明將來不失將家之舊庶幾有用若便如此談玄說妙卻恐多無所成反壞其天性氣質卻未必如乃翁樸實頭地無有許多勞攘也先生復見用于畢再遇帳下稱良將其家祠祀象山以報其成就之恩補

軍帥豐先生有俊

豐有俊字宅之鄞縣人學于象山先生常遊酒家偶見小妓疑其爲故人女累目之酒罷女入曰豐官人識妾否詰之果故人女先生曰子且需之先生與臨安尹有契明日以告之曰吾僅有錢百千從公更貸二百千以爲嫁費尹嘉其誼卽召入府厚奩具嫁尹卽王宣子佐也補

謝山跋豐宅之傳曰四明諸志俱不爲豐吏部立傳秖上虞志有之然不能具其顛末吏部爲槐堂高弟而傳不言其承學統其贖孤女事見行營雜錄而傳不言其篤行案後村哭吏部詩曰江表依公稍自強訃聞朝野共淒涼轟移北府兵皆散笳返西州宅已荒又曰康時才業未全伸晚建油幢白髮新畚士爲城塵滿面握拳猶戰膽通身則吏部由京朝官出守藩時蓋開禧嘉定之閒江淮方有兵事而吏部蓋有勛績者也其夢吏部詩曰老猶奮筆排和議病尚登陴募敢兵天奪偉人關氣數時無好漢共功名又曰朝給賻錢方掩骨家無餘帛可爲衾然則吏部之節壯矣其廉又可知也他日當博訪其事附之宋史

提舉潘先生友文

潘友文字文叔金華人德鄜時之從子象山稱其慈祥懇惻一意師慕善人服行善事嘉定中官至提舉福建常平茶鹽公事先生亦嘗貽朱子書論學有不敢向外馳求不作空言解會之語亦槐堂之教也補

張先生明之

張明之字誠子貴溪人世居龍虎山中父琬爲高宗扈從勞臣先生

其四子也先生之母周氏爲陸氏中表兄弟故先生從象山先生有才氣象山嘗貽書謂其鄉人有斷斷不可志祿勳之意雖不必學爲鄉原而迫切糾急之失所當戒云補

進士周先生良

周良字元忠南城人嘉定七年進士其師象山最久象山謂其心志專誠故與言者必有感動行檢嚴整故與處者必有絕行應天山書院既成象山與彭興宗書曰世昌相信之意甚篤鄙意每欲世昌降意與元忠講切元忠之學固未可謂便是然其篤實躬行之日久有非泛泛所能及者其所長處如某亦就而取決焉世昌未易輕之也先生亦嘗問學于朱子所謂把持此心一念忽生則此心反爲所引去者也平時尤與羅樞密點善補

隱君董心齋先生德修

董德修字仲修樂安人也三赴漕試不第遂絕意仕進曰吾族自有顯庸者矣何必入官隱居力學終日靜坐潛心理窟從之遊者多有成就學者稱曰心齋先生補

知州危驪塘先生稹

危稹字逢吉臨川人舊名科淳熙進士孝宗更名稹歷知潮州漳州

卒學者稱爲驪塘先生嘗遊陸子之門陸子嘗問學者曰有自信處否對曰只是信幾箇子曰陸子徐語之曰漢儒幾個杜撰子曰足下信得過否學者不能對問曰先生所信者若何曰九淵只是信此心驪塘嘆曰學子所對所問亦佳只是象山又高一著此老極是機辯然亦嫌其近于禪也補

祖望謹案驪塘此言則晚年非純爲陸子者

梓材謹案萬姓統譜言先生以詩名著歷屯田郎官上言國家治亂之故忤用事者出知漳州後歸與鄉老爲率真會所著有巽齋集蟾塘和其弟也又案謝山劄記有驪塘說一條今移入龍川學案

幹辦吳先生紹古

吳紹古字子嗣安仁人也從象山遊任茶鹽幹辦官補

梓材謹案先生棚齋象山與之書云草廬在二池之間欲名以濯纓當爲書之其一池曰浸月見象山年譜

章從軒先生節夫

章節夫字仲制學者稱從軒先生臨川人從陸子在象山中終日不倦以夜繼之陸子嘗勉以硬豎脊梁深造遠到先生嘗取朱陸辭異

旨同之處集而疏之名曰修和管見晚年從學者益衆著書數十萬言皆發明諸經之旨蓋自朱陸爭辯以來陳止齋葉正則皆嘗欲調和之卒莫能得先生之書實爲趙東山諸人之祖補

縣丞游先生元

游元字淳夫撫州人直祕閣經之曾孫爲人外和易而中介特讀書必求古人用心之所在尤深于易嘗讀坎卦有契幾忘寢食服膺象山之學論議平實爲文健贍以進士主安化簿攝邑事以理學訓士子議減泉司鐵課以利民邑鄰溪洞凡訟鬬風化必懇惻開諭令其愧服調縣丞以長子鑾主南嶽祠就養卒陸氏門人自傅鄧諸子而外以鄒南堂章從軒與先生爲著補

教授高先生宗商

高宗商字應朝浙江人也乾道八年侍學尤與楊敬仲舒元賓相契常任邕川教授朱子與詹元善書曰高教授所留意學校甚善渠從子靜學有意爲己必能開導其後先生以講義寄示朱子朱子謂其發明深切遠方學者得所未悉必有感動而興起者然但可謂初學一時之計當更教以日用平常意思涵養玩索工夫弗使流于欲速助長之病先生之官邕川楊敬仲方在浙西蓋淳熙十年以前也其

官階所至未考補

教授李仲欽先生肅

李先生復合傳

李肅字仲欽橘園侍郎浩之子其先世自南城徙臨川橘園在高孝兩朝爲名臣然最服象山之學象山少年無意應舉橘園力勸始以周禮應試先生少讀史記至晏子御者曰以富貴驕人者雖妻子亦笑之邪人服其識登淳熙八年進士授漢州司戶攝理掾獄以平反稱調江西運使帳司秩滿例有送還錢卻不受當事因以廉吏舉先生笑曰是足爲廉乎監文思院中門調衡州教授訓士諄至齋舍無所容則闢武侯祠以居之子復字信仲亦隨其父學于象山補

知州徐先生子石附弟元德

徐子石字勁仲臨川人性簡易力學嘗聽象山講集義義襲之說具有省發與范應鈴爲文字交登慶元五年進士主閩簿再調鄂州錄事參軍講邊防著外治論十二篇上之授西外宗教改知溧陽判光州薦統領萬文勝可用逆全寇淮欲窺浮光先生與太守嚴備賊不敢犯知賀州陛辭極言保邦防邊之要上首肯改幹辦諸司審計丏外得澧州而卒先生視貨利若有所浼不以窶貧少有所動其居室

壁閒無非前輩訓戒之詞所著有西銘章句雜著弟元德字靜甫學于其兄寶慶二年進士漢梁令補

知軍晁先生百談

晁百談雲濠案西江人物志作伯談字元默臨川人太中大夫詠之曾孫深于春秋登淳熙二年進士授吉州教授周平園稱其文主管官告院時權臣開邊先生輪對言內修不可忽大舉不可輕當舉剛正士以強本朝丐外知南康軍陛辭猶以除戎器飭邊備爲言至郡適旱蝗後首罷科率之令貴粟薄征民無流徙會奉祠杖屨游廬阜賦詩集爲歸田雜著再起知道州嘆曰吾嘗慕元結爲舂陵當使萬物吐氣惜老矣恐不能踐斯言也入仕籍四十年家無餘財有帶川集二十卷先生學于象山其授受言論不可考補

進士王先生允文

王允文字文伯豐城人乾道中進士從象山遊尤爲彭子壽所知嘗介之于楊誠齋示以所作虞雍公碑有諒彼高宗之語先生引詩涼彼武王正之誠齋謝曰一字之師也子壽以論韓侂冑死貶所嘉定初先生袖諫章謁樓攻媿于京師具劄籲冤攻媿爲請于上得邀贈卹時人義之有棲碧類稿補

黃先生枏 父文晟

黃先生椿 合傳

黃先生棐 合傳

黃枏字達材南豐人其父文晟篤學高行當世稱壺隱先生嘗與象山通書論學故先生與其弟椿字康年棐字彥文並學于象山先是壺隱嘗得李延平所授朱子講義鈔成一卷其後先生請朱子跋之云彥文最爲陸子所稱嘗令其誦屈子覽冀州兮有餘橫四海兮安窮之語以厲其益壯之志 補

梓材謹案先生父字世成象山誌其墓謂余不識世成而得其爲人比十數年辱余以書無曠時若所嚴事云

縣令俞先生廷椿

俞廷椿字壽翁臨川人乾道八年主南安簿調懷安兩易古田令秩滿充金國禮物官還特旨差江西安撫使幹會大治奸民盜鑄因緣生變大帥及漕使奏爲節制軍馬先生廣布耳目以獲盜爲鄉導凡十八日平之復富民監再除新淦令先生師事象山倜儻多大志博通經術嘗言周禮司空之官多散見于五官之屬先儒汨陳之故因司空之後而六官之譌誤亦遂可以類考著復古編其使金而還也

因紀次其道路所經山川人物與夫言語事物之可考據以備采聞者爲北轅錄補

機宜邵先生叔誼

邵叔誼雲濠案朱子文集作叔義象山之徒也官機宜象山嘗與之書云君子之道夫婦之愚不肖可以與知能行唐周之時康衢擊壤之民中林施罝之夫亦帝堯文王所不能外也又云今謂之學問思辨而于此不能深切著明依憑空言傳著意見增疣益贅助勝崇私重其狷忿長其負恃蒙蔽至理扞格至言自以爲是沒世不復此其爲罪浮于自暴自棄之人矣又與之書云蓋後世學者之病多好事無益之言假令記憶言辭盡無差爽猶無益而有害況大乖其實盡失其實邪又云茲得來示方知窒塞如初此乃向來不得眞實師友講貫傳授類皆虛見空言徒增繆妄今能盡棄前非務明正理則此心之靈此理之明誰得而蔽之又云得元晦書其蔽殊未解然其辭氣窘束或恐可療也參象山文集

繆先生文子

繆文子象山之徒也嘗云某始初來見先生若發蒙然再見先生覺心下快活凡事亦自持只恐到昏時自理會不得象山云見得明時

何持之有人之于耳要聽即聽不要聽則否于目亦然何獨于心而不由我乎

附錄

象山語錄曰繆文子資質亦費力慕外尤𥐝每見他退去一似不能脫羅網者天之所以予我者至大至剛至直至平至公如此私小做甚底人須是放教此心公平正直無偏無黨王道蕩蕩無黨無偏王道平平無反無側王道正直某今日作包顯道書云古人之學不求聲名不較勝負不恃才智不矜功能今人之學正坐反此耳

又曰人須是閒時大綱思量宇宙之閒如此廣闊吾身立于其中須大做一箇人文子云某嘗思量我是一箇人豈可不爲人卻爲草木禽獸先生云如此便又細了只要大綱思且如天命之謂性天之所以命我者不殊乎天須是放教規模廣大若尋常思量得臨事時自省大不到得被陷溺了

江先生泰之

江泰之亦象山之徒嘗問某每懲忿窒慾求其放心然能暫而不能久請教象山答曰但懲忿窒慾未是學問事便懲窒得全無後也未是學學者須是明理須是知學然後說得懲窒知學後懲窒與常人

懲窒不同常人懲窒只是就事就末

徐先生仲誠

徐仲誠□□人嘗請教于象山象山使思孟子萬物皆備于我矣反身而誠樂莫大焉一章仲誠處槐堂一月一日問之云仲誠思得孟子如何仲誠答曰如鏡中看花答云見得仲誠也是如此顧左右曰仲誠真善自述者因說與云此事不在他求只在仲誠身上既又微笑而言曰已是分明說了也少閒仲誠因問中庸以何爲要語答曰我與汝說內汝只管說外良久曰句句是要語梭山曰博學之審問之慎思之明辨之篤行之此是要語象山答曰未知學博學箇什麽審問箇什麽慎思箇什麽明辨箇什麽篤行箇什麽

趙先生子新

趙子新亦象山之徒也象山稱歎其美質謂人莫不有夸示己能之心子新爲人稱揚反生羞愧人莫不有好進之心子新恬淡雖推之不前人皆惡人言己之短子新惟恐人不以其失爲告羣居終日默然端坐陰有以消夫氣習之澆漓者多矣可謂人中之一瑞但不能進境可憂耳或云年亦未壯答云莫道未也二十歲來一日子新至語之曰莫堆堆地須發揚車前不能令人軒車後不能令人輕何不

發揚

邱先生元壽

邱元壽邵武人從象山聽語累日自言少時獨喜看伊川語錄象山曰一見足下知留意學問且從事伊川學者既好古如此居鄉與誰遊處元壽對以賦性冷淡與人寡合象山云莫有令嗣延師否元壽對以延師亦不相契止是託之二子耳象山云既是如此平生懷抱欲說底話分付與誰元壽對以無分付處有時按視田園老農老圃雖不識字喜其真情四時之閒與之相酬酢居多耳象山顧學者笑曰以邵武許多士人而不能有以契元壽之心契心者乃出于農圃之人如此是士大夫儒者視農圃閒人不能無愧矣象山因言世閒一種恣情縱慾之人雖太狼狽其過易于拯救卻是好人剗地難理會嚴松云如邱丈之賢先生還有力及之否象山云元壽甚佳但恐其不大耳人皆可以爲堯舜堯舜與人同耳但恐不能爲堯舜之大也元壽連日聽教方自慶快且云天下之樂無以加于此至是忽局蹴變色而答曰荷先生教愛之篤但某自度無此力量誠不敢僭易象山云元壽道無此力量錯說了元壽平日之力量乃堯舜之力量元壽自不知耳元壽默然

梓材謹案此從梨洲所節象山語錄移入爲傳語錄原本元壽默然愈惑退嚴松別之元壽自述自聽教于先生甚樂今胸中忽如有物以梗之者姑鈔先生文集歸而求之再來承教傳文未足備錄之

□先生顯仲

□顯仲佚其氏嘗問象山云某何故多昏象山曰人氣稟清濁不同只是完養不逐物卽隨清明纔一逐物便昏睡了顯仲好懸斷都是妄意人心有病須是剝落剗落得一番卽一番清明後隨起來又剝落又清明須是剝落得淨盡方是

梓材謹案以上六先生並移象山語錄而爲之傳

通判劉淳叟堯夫

劉堯夫字淳叟金溪人年十七師象山第三兄庸齋尋師文達最後師文安嘗好閉目靜坐乾道己丑入太學四試兩優遂釋褐時號走馬上舍淳熙二年進士除國子正遷太博陛對極言時相之失以爲天子有私人則外廷有具位外廷有具位則公卿有他徑又口奏治天下在明辨乎邪正是非之大者退朝上目送之曰監司須得此人時楊誠齋薦士于王淮列朱子等六十人淳叟與焉謂其立朝敢言

劉光祖亦極稱之言其排斥權倖甚勇通判隆興府已而淳叟忽背象山之學言其大謬朱子責之以爲子靜之學即有未當堯夫不可如此詆之是其質薄淳叟尋學禪遂爲僧陸子深嘆惜之未幾卒所著有井蘘齋集 補

謝山奉臨川帖子二曰撫州府志言淳叟以隆興通判卒官而或傳其晚年嘗爲僧觀陸子與止齋書言其冒暑歸自臨江病痢踰旬不起可哀此即年來避遠師友倒行逆施極可悼念春夏之閒某近抵城闉見其臥病方將俟其有瘳大振拔之不謂遂成長往然則府志卒官之說似諱其事而爲之辭者不然何以有歸病城闉之語也朱子謂淳叟不意變常至此某向往奏事時來相見極口說陸子靜之學大謬某因詰之云若子靜學術自當付之公論公何得如此說他此亦見他質薄然其初閒深信之畢竟自家不知人然則淳叟先已叛陸子之學後乃歸佛乘耳攷淳叟年十七即爲陸子弟子始師庸齋繼師復齋其于槐堂講席之誼最深故朱子責之以薄也朱子又言向年過江西與子壽對語淳叟獨去後面角頭坐都不管學道家打坐某斥之曰便是某與陸丈言不足聽亦有數年之長何故作怪

愚嘗謂陸子之教學者諄諄以親師取友爲事且令人從事于九容而弟子輩多反之雖以高足若傅子淵俱有未免斯所以累與朱子相左要不可謂非弟子之失傳也陸子嘗論門下之士以爲淳叟知過最早今觀草廬所作井蘗齋集序稱淳叟天資超特人物偉然而深悲其早達不得久于親師有微詞焉則其叛教亦早也淳叟之判隆興事跡不著而朱子論治三吏事云淳叟太撅揭故生事是卽陸子所云淳叟事殊駭聽以爲後生客氣者也淳叟與陳教授正己爲莫逆交正己初學于陸子已而學于同甫已而又學于東萊最後亦與淳叟同學佛然朱子謂當淳叟用功時過于正己故及其狼狽也甚于正己則以淳叟直爲僧而正己不過學其學也淳叟初爲誠齋所薦得預于六十人之列稱其立朝敢言風節固非苟然孰意其末造之遷喬入谷一至于此是又與石應之曹立之諸君之以意見不同而更學于他人者不可同年而語

驪塘學侶

主簿危蟾塘先生和

危和字應祥臨川人驪堂之弟開禧乙丑進士主上元簿再調隆興

之南昌未至官而卒年六十四先生與袁蒙齋善其在上元也簿舍爲明道舊遊大闢祠宇廣養士員眞西山爲記其事始築書堂于臨川取陶靖節語自號閒靜居士參袁蒙齋集

梓材謹案先生又號蟾塘見劉後村大全集

曾潭家學象山再傳

傳先生道夫

傳道夫子淵從子正夫之兄也嘗問答于慈湖參魏鶴山集

附錄

慈湖遺傳道夫書云濂溪明道康節所覺未全伊川未覺道夫昆仲皆覺補

傳先生正夫別見慈湖學案

直齋門人

主簿傅琴山先生子雲見上象山門人

琴山門人

知州葉是齋先生夢得

葉夢得貴溪人號是齋琴山之徒也由進士授祕書丞建石林書院延盧玉溪陸梭山講學其中有著述行于世參江西人物志

梓材謹案先生與吳人字少蘊號石林者同姓名黄文潔云先生知撫州日嘗刻琴山文于郡齋

世昌門人

迪功陸先生持之 別見象山學案

默信門人

喻先生仲可

喻仲可字可中嚴陵人陳北溪與黄寅仲書稱喻可中資質極是純粹惜乎學問一偏纏肌入骨無可轉回者初間相訪開懷說其學問來歷及詹郎中悟道一段殊無隱情與他詳細剖析確然固執其祭詹文道孟子千五百年後得其傳者惟象山象山之傳惟默信未說默信未嘗死全用佛莊死而不忘底意更何暇責云默信即詹也補

梓材謹案先生又爲趙復齋高第弟子復齋著易說先生爲之跋言復齋疾革時入省復齋謂曰余病中見處甚有進始知平時之言無一句用得亦無一句用不得

附錄

陳北溪答李公晦書曰浙間年來象山之學甚旺以楊袁爲陸門上足嚴陵前輩有趙復齋詹郎中者爲此學種下種子趙詹雖已爲古

人而中輩有喻顧二人者又繼之護衞少年多爲薰染大抵全用禪家意旨使人終日默坐以求本心更不讀書窮理

祖望謹案此段詆陸學都似有病

又答黃先之書曰嚴陵喻丈者舊雖造師門而後卻爲象山之學趙復齋者舊雖來往師門後亦從此學士之爲薰染者長者有顧平甫少者有邵甲王震

顧先生平甫

顧平甫喻可中之流也北溪與黃寅仲書云平甫資質亦莊靜叩其所學乃詹楊所傳授欲因其偏而爲之救絕口不出一言累叩但乂手唱喏而已又不如可中之無隱其堅默如此 補

誠之門人

高先生公亮

高公亮字和叔餘姚人也父國任篤學信道及登尹和靖高思齋之門力行所聞窮老不衰先生師事諸葛誠之從淳熙閒諸先生長者遊咸嘉其志業 參孫燭湖集

應之門人

知軍鍾先生穎

鍾穎字元達丹陽人也石應之弟子從事于有用之學金人內犯豐有俊帥淮西薦其強敏廉白時先生通判濠州行守事招來山東策應之士資其策力預從餉司得十萬石米因修城練兵以待之食有餘而幣不足乃創憑由以待之俟道通易以官楮已而金人至內固城守外成曹莊之捷自是凡三至濠皆不得逞召赴都堂已而知建昌軍以疾不能赴詳見漫塘劉文清公所作墓志補

燭湖門人

忠宣史滄洲先生彌堅別見慈湖學案

知軍胡先生衍見下崇禮家學

崇禮家學

侍郎胡先生衞

知軍胡先生衍合傳

胡衞字衞道累官禮部侍郎弟衍字衍道知溧陽軍皆胡撙子補

梓材謹案衍道一字晉遠孫燭湖先生之壻也葢即受學于燭湖胡氏譜載其爲嘉定辛未進士知漢陽軍事但謂贈中散大夫拱之子云

南堂門人

參政吳退庵先生淵

吳淵字道夫宣城人祕閣修撰柔勝之子也幼端重力學五歲喪母哀慕如成人嘉定七年進士調建德簿丞相史彌遠與之語欲授以開化丞先生對曰甫得一官何敢躁進彌遠改容不復強丁父憂詔起復力辭不許復辭且貽書政府曰人道莫大于事親事親莫大于送死冒哀求榮大節掃地何以事君時丞相史嵩之方起復或曰語得無礙乎先生不顧服除差浙東提舉茶鹽司幹辦公事進權工部侍郎歷知太平州兼江東轉運使兩淮民流徙入境者四十餘萬慰撫而賙濟之境內肅然又知隆興府歲大歉講行荒政全活者七十八萬九千餘人知鎮江府歲亦大祲因先生全活又六十五萬餘人丁母憂服除歷遷兵部尚書知平江府兼浙西兩淮發運使歲又大祲因先生全活者四十二萬餘人拜資政殿大學士封金陵侯賜袞繡堂忠勤樓大字進爵爲公丐祠復起爲觀文殿學士寶祐五年拜參知政事卒贈少師 參史傳

丞相吳履齋先生潛

吳潛字毅夫參政淵之弟嘉定十年進士第一紹定四年都城火先生疏請修省恐懼以回天變又貽書丞相史彌遠論事以格君心爲

先端平初歷官至江東安撫留守嘗陳九事曰顧天命植國本篤人倫正學術廣畜人才實恤民力邊事當鑒前轍楮幣當權新制盜賊當探禍端以直論忤時相罷奉千秋鴻禧祠改祕閣修撰後以工部侍郎知慶元府兼沿海制置使建築隄堰以備旱潦至今民食其利及知臨安府乃論艱屯塞困之時非反身修德無以求亨通之理淳祐十一年由紹興府入爲參知政事拜右丞相兼樞密使明年以水災乞解機政又四年授沿海制置大使判慶元府累章乞歸田里進封慶國公判寧國府還家以醴泉觀使兼侍讀召入對論畏天命結民心進賢士通下情帝嘉納拜特進左丞相進封許國公鄂州被兵疏劾丁大全等論國家安危治亂之原由近年公道晦蝕私意橫流仁賢空虧名節喪敗忠嘉絕響諛佞成風時羣小側目國事日非適將立度宗爲太子先生密奏云臣無彌遠之材忠王無陛下之福帝怒先生以沈炎論劾落職責循州安置賈似道使武人劉宗申毒之先生鑿井臥榻下毒無從入復開宴趣赴辭之者再不數日移庖就先生遂得疾曰吾將逝矣夜必雷風大作已而果然四鼓開霽撰遺表作詩頌端坐而逝時景定三年五月也循人聞之咨嗟悲慟德祐元年復官贈少師著有履齋遺集雲濠案先生遺集四卷采入四庫

先生四綰郡組所至民不能忘其在政府時時以畜人材儲邊防爲亟遺疏雖不盡傳然其與史彌遠諸書具載集中猶想見嶽嶽不撓之概詩詞激昂悽切在南宋亦不失爲佳手是固不但其人品足重矣同上

祖望謹案吳毅夫疏言徐庚金等事曰強敵入我堂奧奸黨猶在衽席外廷紛紛蓋爲社稷陛下若以正人不當收召則是君子不足恃六經不足信而孔孟之道可廢萬一宗社輕搖恐天下後世書之曰亡國自臣潛始上爲之斂容而隙由此開

克堂家學

文肅包先生恢

包恢字宏父父揚世父約叔父遜皆從朱陸二子學先生弱冠即聞心性之旨成嘉定十三年進士累以軍功擢知台州誅妖僧號活佛者及知建寧嚴禁淫祠民俗丕變數膺劇郡所至破豪猾去姦民治蠱獄課鹽政聲赫然積官至刑部尚書簽書樞密院事封南城縣侯以資政殿學士致仕卒年八十七贈少保諡文肅先生在理宗時經筵奏對誠意懇惻至身心之要未嘗不從容諄至度宗至比先生爲程顥程頤少時文譽藉甚既登仕籍轉爲功業所掩史傳亦不及

其著作元劉壎隱居通議稱先生學爲時師表爲文下筆汪洋根據義理由其學力深厚不可涯涘故推重于後進如此著有周禮六官辯微帚稿略等書參史傳

敏道門人

寶章羅北谷先生必元見下驪塘門人

驪塘門人

寶章羅北谷先生必元

羅必元字亨父進賢人嘉定中進士累官撫州司法真西山入參大政先生移書謂老醫嘗云傷寒壞證惟獨參湯可救先生其今之獨參湯乎通判贛州上疏論賈似道後以直寶章閣致仕參姓譜

雲濠謹案先生自號北谷山人劉後村大全集先生墓誌云公少師驪塘危公蟾塘危公壯爲性理之學與柴中守歐陽鎮馮會講切是則先生之師友可見矣

梓材謹案宋史先生本傳云卒年九十一且言先生嘗從危稹包遜學最爲有淵源見理甚明風節甚高至今人猶尊慕之則先生又爲包氏門人也

羅先生晉君

羅晉君字晉伯進賢人寶章必元從子也早從危驪塘積蟾塘和柴蒙堂中守歐陽東谷鎮學所居東偏萬竹中作樓聚書萬卷扁曰經訓江古心萬里記之 參劉後村集

北谷講友

柴蒙堂先生中守 別見邱劉諸儒學案

歐陽東谷先生鎮

歐陽鎮字伯禹號東谷嘗遺陸伯微書自謂于象山之學有會心處馮聖與吳規甫亦極稱之清修篤孝臨終翛然 參袁蒙齋集

梓材謹案蒙齋文集止稱歐陽伯禹攷之劉後村集誌羅北谷文蓋即東谷先生鎮也又案蒙齋所稱馮聖與即後村集之馮曾爾

馮先生曾

馮曾字聖與

仲欽家學

李先生復 見上象山門人

機宜家學

邵先生魯子

卲魯子其父從陸子袁絜齋游劉漫塘送之序云今之學者喜立言以自見夫太極氣之始大衍洪範數之元不爲之圖未易曉而近世精一之傳有圖心性之分有圖皆爲蛇畫足

梓材謹案謝山節錄漫塘集此條而識云魯子恐是邵機宜之子故云其父從陸子袁絜齋遊當查今姑如其說補爲之傳以俟再攷

蟾塘門人

寶章羅北谷先生必元

羅先生晉君並見驪塘門人

東谷門人

羅先生晉君見上驪塘門人

魯潭續傳

隱君陳靜明先生苑別爲靜明寶峯學案

石氏續傳

州屬石遯翁先生余亨

石余亨字成己新昌人也石氏世爲講學家先生守先緒以咸淳進士官明衢二州見宋且亡棄去隱沃洲自號休休翁丙子之亂轉徙

萬山嘆曰吾家累世傳正學雲濠案兩浙名賢錄作吾家更八九世皆不失素業至予身益窮然不死于盜賊得奉遺體以從先人于九原幸矣又號遯翁且爲銘曰膠膠乎申申乎將久存以瘁予形乎寧亟歸以全吾真乎悲夫時以致曲先生並稱云補

遯翁門人

黃先生奇孫別見潛菴學案

宋元學案卷七十七

張祝諸儒學案表

張行成——呂凝之
譙氏門人

王卿月
並百源續傳

祝泌——廖應淮見下杜氏門人
傅立——程直方
祝氏續傳

朱元昇——子仕可
並邵學之餘
子仕立

杜可大——廖應淮——彭復初——傅立見上祝氏續傳
王氏續傳
附吳浚

荆□——李俊民別見明道學案
並邵學別派

宋元學案卷七十八

鄞縣全祖望補本　　後學慈谿馮雲濠校刊
鄞縣王梓材重校
道州何紹基重刊

張祝諸儒學案

祖望謹案康節之學不得其傳牛氏父子自謂有所授受世弗敢信也張行成疏通其紕繆遂成一家玉山汪文定公雅重之其後如祝子涇又稍不同至于廖應淮之徒則益誕矣康節本出于希夷其後卒流而爲應淮所謂必復其始者與述張祝諸儒學案梓材案張呂二先生傳黃氏本附康節學案謝山序錄別定爲張祝諸儒學案

百源續傳

郎中張觀物先生行成

張行成字文饒臨邛人乾道間由成都府路鈐轄司幹辦公事丐祠歸梓材案下文云乾道二年表進其書中閱著述十年則其丐祠當在紹興間杜門十年著成述衍十八卷以明三聖之易翼玄十二卷以明楊氏之易元包數義三卷以明衞氏之易潛虛衍義十六卷以

明司馬氏之易皇極經世索隱二卷觀物外篇衍義九卷以明邵氏
之易先生之學歸宿在康節故又別著周易通變四十卷取自陳希
夷至邵氏所傳先天卦數等四十圖敷演解釋以通諸易之變始若
殊塗終歸一致共七種凡七十九卷先是康節之學有所傳十四圖
者世莫之傳先生得于蜀中估籍吏人之家因演解之以爲象數之
用皆起于交交則變故曰通變乾道二年六月表進其書詔獎之除
直徽猷閣先生之自序曰康節先生謂圖雖無文吾終日言而未嘗
離乎是蓋天地萬物之理盡在其中矣謂先天圖也先生之學祖于
象數二圖象之變爲交泰圖體極于一十二萬九千六百而以八萬
六千四百爲用在觀物爲以元經會以會經運以運經世之數其要
則總于四象運行之一圖數之變爲既濟圖體極于一十二萬二千
八百八十而以三萬四千四十八爲用在觀物爲日月星辰水火土
石聲音律呂倡和之數其要則總于八卦變化之八圖四象運行者
天數也八卦變化者物數也處乎其閒上以承天下以生物者地數
也故二者之用全在卦氣之一圖以動植通數布爲九位中五斡旋
卦乃生焉二百五十六卦會分十二位分十六具一十三萬八千二
百四十之體九萬二千一百六十之用而天之運行物之變化自一

至千八百萬之數皆在其中衍而伸之逐類而長之以至于坤之無極之數陰陽之消息運世之否泰人物之盛衰可得而攷矣夫天垂象河洛出圖書伏羲因之而畫卦伏羲之意傳天之意也先生之書盡寓乎十四圖先生之意推明伏羲之意也僕不自揆輒敷演解釋命曰通變庶幾學先天者得其門而入焉李氏心傳嘗曰行成謂三陳九卦者明天用二十七也序十三卦者明地用七十八也二十七者卦體也其爻用則百六十二者九九之合也七十八者爻用也其卦體則十三者閏歲之月也蓋亦牽合也祝泌亦爲康節之學者謂先生之書其發明固多其支蔓亦多獨魏文靖公則盛稱之而惜其書之不盡傳嘗曰行成大意謂理者太虛之實義數者太虛之定分未形之初因理而有數因數而有象既形之後因象以推數因數以知理是則論易之名言也先生官至兵部郎中知潼川府汪文定應辰帥蜀薦其有捐軀殉國之忠而又善于理財梓材案玉山帥蜀在隆興二年學者稱爲觀物先生。修

祖望謹案陳本堂云張文饒自謂精數及其立身行事則大悖于易與汪玉山之言異當雲濠案謝山學案劄記有此條蓋案語而未及歸者特爲附入

梓材謹案儒林宗派列先生于譙天授之門蓋因譙先生傳云馮時行張行成得先生之餘意故與馮先生牽連及之則亦伊川私淑也

附錄

王深寧困學紀聞曰張文饒曰處心不可著著則偏作事不可盡盡則窮先天之學止此二語天之道也愚謂邵子詩夏去休言暑冬來始講寒則心不著矣美酒飲教微醉後好花看到半開時則事不盡矣

尚書王醒庵先生卿月

王卿月字清叔祥符人也南渡卜居天台累官至太府卿其提刑蜀中時從康節後人傳其易學論人窮達壽夭甚中及以吏部尚書充金國生辰使語家人曰今年吾當厄萬里之行其能免乎已而疽發于背或勸之辭曰君命也行次揚州卒先是取其所著書盡焚之遂無傳

雲濠謹案先生乾道進士樓攻媿誌其墓云隆興改元試入右庠乾道二年中其科官漢陽都巡檢非其志也益進于學五年遂登進士第

梓材謹案先生號醒庵居士台州府志作臨海人

張氏門人

太府呂先生凝之

呂凝之字澤父蜀人也淳熙八年以知閬州入覲奏陳經世之學阜陵大喜以問周必大對曰此必從張行成講學者上曰行成所著頗略必大對曰凝之以卦爻配年所以加密留爲太府丞其觀物篇隔眼大書云康節手筆也

邵學之餘

提幹祝子涇先生泌

祝泌字子涇德興人自稱觀物老人著有皇極經世書鈐袁蒙齋贈之以序曰康節觀物篇其學自老氏乎致虛極守靜篤萬物並作吾以觀其復斯道也豈獨老氏易繫辭曰設卦觀象物皆象也又曰聖人見天下之動而觀其會通物皆動也老氏守靜觀復乃動也易觀其動乃靜也何動非靜何靜非動陰陽剛柔互爲其根知此者可以觀矣祝君好康節書余大書觀物二字遺之非觀物也自觀也觀我生觀民也大觀在上何物何我 參袁蒙齋文集

梓材謹案先生一字涇甫德興縣志載先生以進士授饒州路

三司提幹傳邵氏皇極之學于廖應淮年老乞休御書觀物樓扁額賜之元世祖詔徵不赴是先生元初尚存然攷黃瑞節題蔡西山皇極經世書纂圖指要云邵子之書伯温略發其微至祝氏而其說詳其用異蔡氏蓋由博而約之也又云若夫以聲起數以數合卦則具祝氏鈐而邵子未言蔡氏未用云似先生與蔡氏及見然者且與袁蒙齋往來在紹定嘉熙閒如及元初則當百餘歲矣

皇極經世書鈐自序

易繫曰天生神物聖人則之天地變化聖人效之天垂象見吉凶聖人象之河出圖洛出書聖人則之制法垂教祖道鉤元是極也先高厚而肇始運萬有而不遺推其動靜得兩儀之本沿其始交得四象之元循其變化識卦位之分得河圖洛書而證其擬議形容之實傳十四圖而悟布卦用卦之旨今探賾索隱儻不明其所由肇是康節之學且入于術矣不揣其本而齊其末可乎粵疏造物之圖達于取卦之妙而後備列先天之所由運行動植之所以感應而要之以折衷之法庶幾覽者由門及序升堂入室識其條貫是編也尚少裨好古博雅之君子若鄭夬所謂泄天之藴豈無禍福不可謂之知言今

但虞絕學之無傳亦何暇慮乎禍福之閒哉

巡檢朱水詹先生元昇 附子仕可仕立

朱元昇字日華號水詹平陽人所著三易備遺家鉉翁表進之別有邵易略例今不傳其言曰孔安國馬融鄭康成關子明諸儒皆謂自一至十爲河圖自一至九爲洛書惟劉牧反是牧非無見而然也河以通乾出天苞洛以流坤出地符河圖本天宜得奇數洛書本地宜得耦數此其據依以爲左驗者也由是因往順來逆之八卦推五行納音以明四十五數之爲河圖因起震終艮之八卦推五行生成以明五十五數之爲洛書而三易之大綱定矣連山夏易也賈公彥謂連山作于伏羲因于夏后氏夏易不可見卽羲易可見矣連山易卽春首純艮之義也說卦曰艮東北之卦也萬物之所成終而成始也又曰終萬物始萬物者莫盛乎艮邵子雖以此一節爲明文王之卦要之首艮之祕已具此兩言是以述連山象數圖以備夏后氏易之遺歸藏黃帝易也商人用之黃帝命大撓作甲子使伶倫造律呂曰辰有十幹十二枝而其相承之數究于六十律呂有五聲十二律而其相承之數亦究于六十乾之策三十六坤之策二十四此六十也震坎艮之策三十二巽離兌之策二十八亦六十也稽之以納音定

之以策數巳亥爲陰陽之終子午爲陰陽之始納音遇巳亥子午之閉數必交音必藏交則生生之機不息藏則化化之迹不露一象一數莫不與圖書合大傳曰顯諸仁藏諸用說卦曰乾以君之坤以藏之是以述歸藏象數圖以備商易之遺卦之象不易者四反易者二此以六變而成八也重卦之象不易者八反易者二十八此以三十六變而成六十四也其說尙矣未有究先天後天之體用因象數之合以驗羲文之合者乾坤之體不互夬姤剝復具乾坤之體不互既濟未濟具坎離之體不互其餘互卦五十六其說尙矣未有悉以卦爻彖象之辭證之者是以演反對互體圖例備周易之遺先生登右科官政和縣巡檢長子仕可字起予亦登右科次子仕立字起潛皆能卒業于其父之書

邵學別派

杜道士可大

杜可大蜀道士也廖應淮配漢陽軍抵漢江濱遇之可大揖曰子非廖應淮邪應淮愕然曰道士何自知之可大曰宇宙太虛一塵爾人生其閒爲塵幾何是茫茫者尙了然心目閒矧吾子邪然自邵堯夫以先天學授王豫天悅天悅死無所授同葬玉枕中未百年而吳曦

叛盜發其冢得皇極經世體要一篇內外觀象數十篇余賄盜得之今餘五十年數當授子吾俟子亦久矣乃言于上官脫其籍盡教以冢中書其算由聲音起應淮神鑒穎利可大指畫未到者應淮已先意逆悟可大自以爲不及云參宋文憲文集

荊口

隱君荊先生口

梓材謹案先生河南隱士嘗授皇極數學于李鶴鳴見黃氏補本李鶴鳴傳

祝氏門人

廖溟涬先生應淮見下杜氏門人

杜氏門人

廖溟涬先生應淮附吳浚

廖應淮字學海南城人也自號溟涬生抱負奇偉年三十遊杭上疏言丁大全亂政狀配漢陽軍先生荷校行歌出都見者壯之蜀人杜可大者客漢陽言之嘗將脫戍籍授以邵子先天易數其算由先天起數先生神警一授即了自是能洞知未知乃坐臨安市樓賣大衍卜卜已輒閉樓危坐取一鐶按劍自鍛之當火少休復危坐以爲常

賈似道延之先生直言宋鼎將移語畢徑出常過曾淵子家索酒飲酣抵掌放歌有國子監簿吳浚者以先天易箋陰符經注六花陳法欲上之朝先生擲之曰嘻誤天下國家者此書也浚請受易罵曰若黃口小兒耳若能此則人人安樂翁矣其後以所傳授進士彭復之再傳爲鄱陽傅立所著有歷髓星野指南象滋說會補畫前妙旨諸書先生數學雖近于方伎然亦畸士有不可泯滅者故附之康節弟子學案梓材案謝山始以是卷合王張諸儒爲康節弟子學案故云爾以存其別派

雲濠謹案德興縣志言祝泌傳邵氏皇極之學于廖應淮是溟涬兼得祝氏之傳者也

荆氏門人

莊靖李鶴鳴先生俊民別見明道學案

廖氏門人杜氏再傳

進士彭先生復初

彭復初安福人精于易嘗本朱子邵子之說著易學源流參江西通志

梓材謹案廖溟涬傳所謂進士彭復之蓋卽先生一名一字爾

祝氏續傳

文懿傅初庵先生立

傅立字權甫德興人也刻意經學先是祝氏有皇極元元集之作其說多與張氏異同而進士彭復之從溟涬生別有所得先生受之頗有與祝氏異同者遂通其學入元累官集賢院大學士諡文懿學者稱爲初庵先生而程直方其高弟乃有皇極續元元集之作

雲濠謹案饒州府志言先生得里人祝泌皇極數學元史世祖本紀至元十六年遣使訪求通皇極數鄱陽祝泌子孫其甥傅立持泌書來上蓋先生爲祝氏後人之甥而續其傳又可見德興縣志所云詔徵不赴者謂泌後人也

彭氏門人杜氏三傳

文懿傅初庵先生立見上祝氏續傳

傅氏門人

程前村先生直方

程直方字道大婺源人讀書十年不下樓尤深于易入元絕意仕進行部至者必造請或敦延至學宮執禮受教參安徽通志

梓材謹案經義考引董時乂之說言先生號前村嘗闢書室曰

觀易堂與初庵傳先生爲莫逆交盡得邵氏不傳之祕又言其通諸經平生著述易則有程氏啓蒙翼傳四聖一心觀易堂隨筆書則有蔡傳辨疑詩則有學詩筆記春秋則有諸傳考正春秋旁通是先生所著不獨續元元之作其于初庵蓋在師友之閒

宋元學案卷七十八

邱劉諸儒學案表

- 邱崈　南軒東萊同調
  - 史賓之
- 劉光祖　晦翁同調
  - 游似
    - 子汶
  - 周端朝　別見嶽麓諸儒學案
- 樓鑰　附師王默、李鴻漸、鄭鍔
  - 孫枝　別見滄洲諸儒學案
  - 史守之　別見慈湖學案
- 柴中行　並晦翁私淑
  - 饒魯　別爲雙峯學案
  - 湯千
  - 湯巾
  - 湯中　並爲存齋晦靜息庵學案
  - 湯漢　別見存齋晦靜息庵學案
- 崔與之
  - 洪咨夔
    - 程掌　別見鶴山學案

父世明
攻媿講友

柴中守

羅晉君 別見槐堂諸儒學案

柴元裕

饒魯 別爲雙峯學案

湯漢 別見存齋晦靜息庵學案

李伯玉

並南溪學侶

林大中

游仲鴻

子似 見上後溪門人

趙鞏

並慶元之學

宋元學案卷七十九

鄞縣全祖望補本　　後學慈谿馮雲濠校刊

鄞縣王梓材重校

道州何紹基重刊

邱劉諸儒學案

祖望謹案自淳熙至嘉定疏附先後諸家者有若邱忠定公劉文節公樓宣獻公之徒雖不入諸先生之學派然皆能用先聖之道而柴獻肅公尤醇述邱劉諸儒學案梓材案是卷亦謝山所特立第其稿存者無幾多參史傳以足之

張呂同調

忠定邱宗卿先生崈

邱崈字宗卿江陰軍人隆興元年進士歷除國子博士孝宗諭虞允文舉自代者允文首薦先生賜對遂言恢復須遵養十年乃可北向時方祈請陵寢先生言泛使無益孝宗怒先生退待罪孝宗察其忠不譴也還太常博士出知華亭縣修復海堰累遷至樞密院檢詳文字王抃爲樞密先生不少下之以迓客異議抃訾先生不禮金使予祠起知鄂州移江西轉運判官提點浙東刑獄進直徽猷閣知平江

府陞龍圖閣移帥紹興府改兩浙轉運副使以憂去光宗即位除太常少卿兼權工部侍郎進戶部侍郎擢煥章閣直學士四川安撫制置使兼知成都府奏撤吳挺兵權革世將之患先生向主復讎韓侂冑與議北伐以圖功名先生曰中原淪陷且百年此必有夸誕貪進之人攘臂以僥倖萬一宜亟斥絶進敷文閣學士改知建康府將行侂冑曰此事姑爲遲之先生因贊曰翻然而改誠社稷生靈之幸後侂冑移書欲除先生內職宣諭兩淮先生答以不宜輕舉侂冑不悅陞寶文閣學士刑部尚書江淮宣撫使金人犯淮南或勸先生棄廬和州爲守江計先生曰棄淮則與敵共長江之險矣吾當與淮南俱存亡益增兵爲防進端明殿學士侍讀尋拜簽書樞密院督視江淮軍馬時移金書先生謂彼指侂冑爲元謀宜暫免係銜侂冑大怒罷知樞密以資政殿學士知建康府尋改江淮制置大使兼知建康府淮南運司招輯邊民二萬揀爲御前武定軍既成軍伍淮西賴其力以病丐歸拜同知樞密院卒謚忠定先生儀狀魁傑機神英悟嘗慷慨謂人曰生無以報國死願爲猛將以滅敵切齒君父之仇雖其忠義性然而先後建議規切時勢器識宏遠非專恃血氣者比也 參史

雲濠謹案先生諡一作文定黃氏日鈔讀葉水心集云邱文定之父仁不忍校費幾盡產母臧氏既寡力貧教子孫燭湖袁清容集亦俱作文定

附錄

葉水心祭先生文曰自古講學祖性宗命克己復禮終始篤敬惟公本原我則素知授之塵尾張呂同歸

晦翁同調

文節劉後溪先生光祖

劉光祖字德修簡州人第進士除劍南東川節度推官辟潼川提刑司檢法淳熙五年召對論恢復事請以太祖用人爲法除太學正召試正字兼吳益王府教授遷校書郎除右正言知果州以趙忠定薦召入光宗卽位除軍器少監兼權侍左郎官又兼禮部時殿中侍御史闕上方嚴其選宰相留正舉先生上曰久在朕心矣先生入謝因論本朝士大夫學術議論最爲近古咸平景德以來至于慶歷嘉祐盛矣不幸而壞于熙豐之邪說幸而元祐君子起而救之末流大分事故反覆紹聖元符之際羣凶得志絕滅綱常其論既勝其勢既成崇觀而下尙復何言臣始至時聞有譏貶道學之說而實未睹朋黨

之分逮臣復來其事果見因惡道學乃生朋黨因生朋黨乃罪忠諫
嗟乎以忠諫爲罪其去紹聖幾何劾罷戶部尙書葉翥中書舍人沈
揆結近習圖進用言比年以來前輩老成零落殆盡後生晚進議論
無所據依學術無所宗主正論益衰士風不競幸詔大臣妙搜人物
必朝野所共屬賢愚所同敬者一二十人參錯立朝國勢自壯出知
夔州時孝宗不豫上不過宮先生致書留公與忠定曰上未過宮宰
執不可歸安私第孝宗崩又詒書忠定勉以安國家定社稷之事寧
宗卽位除侍御史改司農少卿入對獻謹始五箴進起居舍人遷起
居郎朱子議卜孝宗山陵予祠先生言漢武帝于汲黯唐太宗于魏
徵仁宗于唐介皆暫怒旋悔熹明先聖之道爲今宿儒又非三臣比
陛下初膺大寶招徠者儒此初政之最善者再疏不聽劉德秀劾先
生出爲湖南運判不就主管玉局觀旣而忠定罷相韓侂冑擅朝政
遂目士大夫爲僞學禁錮之先生撰涪州學記謂學之大者明聖人
之道以修其身而世方以道爲僞小者治文章以達其志而時方以
文爲病好惡出于一時是非定于萬世諫官張釜指爲謗訕比之楊
惲奪職謫房州久之起知眉州復職將漕利路以不習邊事辭進直
寶謨閣主管沖佑觀侂冑誅召除右文殿修撰以寶謨閣直學士知

潼川府請改正憲聖慈烈皇后諱日從之陞顯謨閣直學士提舉玉隆萬壽宫引年不許提舉西京嵩山崇福宫嘉定十五年卒謚文節忠定嘗稱先生論諫激烈似蘇軾懇惻似范祖禹世以爲名言所著後溪集十卷參史傳

雲濠謹案真西山誌先生墓云其先句容人居簡州又云公從族兄東溪先生伯熊學其在房州謫居無事取東溪所傳易續之蓋東溪傳止睽公續之始蹇

論道學疏

方今道學伊洛爲宗實非程氏之私言出于大學之紀載大學之教明明德爲先其閑舉詩人之言遂有道學之目曰如切如磋者道學也然則臣所謂以居仁由義爲道以正心誠意爲學者又在于切磋之琢磨之今之道學其得之有淺深其行之有誠僞得之深者固已合大學之明德矣得之淺者又可不切磋而琢磨之使之益深而遽自矜以召禍則無乃亦非躬行之誠者足以爲君子矣行之僞者人將見其肺肝然是固其師友之所不予也而又何爲乎臣每因論學之閑必有至平之說往往僞者色愧淺者心服又安敢一槪輕議而痛疾之也何況其率多善士善人所至人必喜稱又以僞黨若俱擯

斥安得更有好人必取凡才充塞朝路陛下履位之初端拱而治凡所進退率由人言初無好惡之私豈以偏黨爲主而一歲之內斥逐紛紛中閒好人固亦不少反以人臣之私意微累天日之清明方是時大臣無所異同給舍無所封駁侍從無所論救竊歎而已委寄謂何所以斯論益熾今之君子不明大道自是太高而責人太苛自是太高則實將不副責人太苛則衆忿且怨雖然以此窮居議道猶之可也朝廷之上賢才並用名利之途智愚交馳古今然也而或者乃倡爲薦士之舉若區別而封域之夫薦士非不善也然而凡有所取豈無所遺凡有所揚豈無所抑品題既衆則疑怨叢興心雖主于至公迹已涉于朋黨謗毀先喧于羣口進退豈必于一言是以一時之虛名而賈今日之實禍彼既得志決不我容我于窮達進退之閒亦未有充實涵養之素彼如譏誚以修往怨必至過甚而快私情往往忠諫之言指爲沽名之舉至于潔身而退亦曰怨懟而然欲激怒于至尊必加之以訐訕則事勢至此循默成風國家安賴臣欲熄將來之禍故不憚反覆以陳伏幾聖心廓然永爲皇極之主使是非由此而定邪正由此而別公論由此而明私情由此而熄道學之譏由此而消朋黨之迹由此而泯和平之福由此而集國家之事由此而理

生靈之幸社稷之福也如其不然使相激相勝展轉報復爲禍無窮臣實未知稅駕之所

晦翁私淑

宣獻樓攻媿先生鑰 附師王默李鴻漸鄭鍔

樓鑰字大防雲濠案行狀先生舊字啓伯鄞縣人幼從鄉先生王默李鴻漸爲嚴師既冠三山鄭屯田鍔寓館鄉鄰先生又師之隆興元年試南宮考官胡忠簡銓稱之曰此翰苑長才也歷知溫州屬縣樂清倡言方臘之變且復起邑令捕數人歸于郡先生隸其爲首者而驅其從出境民言遂定丞相周益公必大心善之光宗嗣位除考功郎兼禮部吏銓多所壅底先生盡革去之改國子司業擢起居郎兼中書舍人繳奏無所回避禁中或私請上曰樓舍人朕亦憚之不如且已聖政會要書成兼直學士院光宗內禪詔書先生所草也有云雖喪紀自行于宮中而禮文難示于天下薦紳傳誦之遷給事中朱子以論事忤韓侂胄除職與郡先生言鴻儒碩學陛下閔其耆老當此隆寒立講不便何如畀之內祠仍令修史少俟春和復還講筵不報趙忠定謂人曰樓公當今人物也直恐臨事少剛決耳及見其持論堅正歎曰吾于是大過所望矣出知婺州移寧國府罷仍舊職韓

侂胄嘗副先生爲館伴以先生不附己深嗛之侂胄誅詔起先生爲翰林學士遷吏部尚書兼翰林侍講時先生年過七十精敏絕人詞頭下立進草院吏驚詫入朝陛循舊班帝視先生曰久不見此官矣進參知政事位兩府者五年累疏求去除資政殿學士知太平州辭進大學士提舉萬壽觀嘉定六年卒年七十七贈少師謚宣獻先生文辭精博袁清容延祐四明志稱其于中原師友所傳悉窮淵奧承嘉王和叔柟亦嘗以經世之學授之雲濠案行狀先生官丞嘉時聞寺正薛公季宣深于兵略屢請問焉每言儒不知兵無以應猝惟講之有素則緩急可用自號攻媿主人著有攻媿集若干卷參史傳○雲濠案攻媿集載于諸家書目者或作百卷或作八十五卷蓋流傳既久多所佚脫四庫書目稱兩淮鹽政進本作一百二十卷與宋志及陳直齋書錄解題卷帙相符惟中多殘闕並削青詞朱表重編爲百十二卷

攻媿文集

坤利牝馬之貞說者止謂取其順爾曾不知聖人取象皆曲有妙理禽獸之牝者皆順惟牝馬之性最貞游牝率以一牡引十牝雖雜以千百苟非其偶他牡犯之則踶齧不可近坤之卦雖主乎順惟其能

貞乃成地道故曰至柔而動也剛至靜而德方也妻道臣道豈曰順而已哉答楊敬仲論易

書序曰武王有疾周公作金縢讀者遂謂公作金縢之匱殊不知序書者蓋言金縢之篇爲公而作也古之卜筮非若後世之輕易記曰易抱龜南面天子北面蓋聖人齋戒以求蓍龜其求之天也可易乎哉此篇之說既不明似覺文義閒斷又若非可以傳後世者閒有不通先儒多略而不道余熟復之始得其意而後辭意聯屬所謂豐不餘一言約不失一辭者要當先正金縢二字所謂金縢之匱者其中實藏占書自后稷之封于邰分茅胙土授之以龜占書至嚴子孫世守非有大事不啓也武王克商纔二年而疾弗豫召公太公曰我其爲王穆卜穆敬也二公欲卜之于天也周公曰未可不若以戚動我先王遂以告太王王季文王卜三龜而皆吉所謂啓籥見書者正啓先世金縢之匱也既觀占書亦曰吉公納冊于匱中不欲人之見之非聖人欲徼福于後也罪人期得之後又爲鴟鴞之詩以遺王其意切矣史臣書王亦未敢誚公言雖不誚公而不利孺子之讒王之心猶未釋然也雷電以風禾偃木拔王與大夫盡弁以啓金縢之書不知何爲而啓此書也以爲不知則天變于上何爲而啓此以爲知之

則亦不必啓此書也蓋其時正以不知天之所以爲變故啓占書以卜天意及得公代武王之說至于執書以泣王心始大悟首曰其勿穆卜蓋本欲卜而今不必卜也始知天變之意欲彰公之勤勞爾出郊而迎雨反風而歲大熟而後一篇之義煥然孔子定書特存此篇以見周公之制禮作樂以致太平本于此也新莽以平帝有疾作策請命願以身代藏冊金縢莽之譏詐不足言漢去古未遠此說已不明直以金縢之匱爲周公所作而況于後世乎 跋金縢圖

歐陽公于燕兄弟之詩發不如友生之義高矣此詩方以兄弟爲急而毛鄭二氏失其本義得公之言詩意始明而未章猶未甚詳深哉詩人之旨也儐爾籩豆飲酒之飫特一時之適耳使兄弟既具而無他則和樂至于且孺猶孺慕之孺此眞情也妻子人合也苟能好合猶如瑟琴兄弟天倫也如其既翕而無閒則其樂至于且湛猶湛酒之湛其樂尤深矣故又曰如此則可以宜爾室家樂爾妻孥所謂人不閒于昆弟之言而家肥矣是究是圖亶其然乎而後篇終兄弟之道無餘蘊矣 跋周氏棣華編

附錄

中教官選調温州教授範物以躬出入冠帶惟謹日與學者周旋講

明爲學之要務在篤實毋溺浮華學者日益歸心爭執經席下里居賢士大夫稱美一辭相與定交公亦虛心叩擊甚于飢渴于是學問之源委治道之綱目制度之沿革靡不研究胸中之蘊日富秩滿諸公餞送之公請益焉或告之曰前輩有云拆破藩籬即大家君之藩籬不憂不拆直恐過甚耳公正色曰某于無利害事則拆有利害事則否聞者悚服

修淳熙法議者欲降太學釋奠爲中祀與右學等公曰乘輿臨幸于先聖則拜武成惟肅揖厥禮異矣祀可均敵乎遂得無變

遷宗正丞對延和殿言天下之大患每起于細微漢之黨錮始于南北二部之謠唐之朋黨始于二三士大夫不得志之徒今朝廷清明豈復有此然端倪已見不敢不言夫道者天下之所通行學者士君子之所當務秦漢而下此道不明論說相夸去本逾遠國家累聖傳授丕闡大原名儒間出究極微旨然後語道者不涉于異端爲學者不至于無用陛下得執中之傳體克己之仁嚴謹獨之戒篤正心誠意之學躬行此道于上而士大夫諱言于下凡端謹好修談論經理者例指之爲僞學不謂聖世乃有此風詩曰君子實維秉心無競誰生厲階至今爲梗士大夫自相傾軋爲害最大惟人主能用中然後

可以消弭謂宜明詔中外咸推無競之心勿徇偏曲之見精白一意
以仰承人主之休德
會雷雪交作于仲春之月應詔條陳闕政言疏遠之臣惟願陛下之
憂勤親密之臣惟願陛下之逸樂憂勤則幽枉必達下情得通而膏
澤及民矣逸樂則伺候顏色干求恩澤而私意得行矣陛下自雷雪
之變憂形玉色宵旰興歎度數日閉干請必希以是推之聖心憂勤
恩倖自遠誠能日謹一日宸襟泰然淵靜鑑明其視燕遊之惑豈不
相千萬哉又曰今朝行不聞直聲而或以多言見黜士氣消沮無敢
論事豈國家之福哉臣願陛下開忠直之路窒宣諭之門遇災而懼
不諱盡言力行消弭之道遷起居郎直前奏事言進德可以養生養
生可以進德人受天地之中以生氣不可過盛亦不可過弱惟得其
中則養生之要心廣體胖神氣舒暢雖有陰陽之寇豈能爲吾害哉
公夙昔誦顧愷之之言曰命有定分非智力所移惟應恭己守道信
天任運而闇者不達妄意僥倖徒傷雅道無關得喪每以此語爲持
循之要披垣瑣闥風節凜然所養者固矣洎爲執政不忘斯言終身
途轍有一無二遵乎正道而已行險詭遇而他歧是適公所不爲也
榜書齋以攻媿曰人患不知其過知之而不能改是無勇也自號爲

攻媿主人小有過差不敢自恕期至于無媿之可攻諸銘座右曰逆境進德順境誤人

獻肅柴南溪先生中行

柴中行字與之餘干人以儒學顯紹熙元年進士授撫州軍事推官權臣韓侂胄禁道學運司移檄令自言非僞學先生奮筆曰自幼習讀程氏易傳如以爲僞不願考校士論壯之調江州學教授廣西轉運司辟爲幹官帥將薦之使其客嘗先生先生正色曰身爲人師而稱人爲恩主恩帥心竊恥之毋汙我遷太學博士謂太學風化首童子科覆試胄子有挾勢者先生言于長守法無秋毫私遷太常主簿轉軍器監丞出知光州治行爲淮右最遷西京轉運使兼提刑改直祕閣知襄陽兼京西帥仍領漕事江陵戎司移屯襄州兵政久弛先生考覆軍實還江東轉運司判官旋改湖南提刑貪吏豪家一繩以法入爲吏部郎官多所啓沃遇事持正不爲勢屈擢宗正少卿疏請收攬大權又言臣下納說非覬望則希合非回緩則畏避而面折廷諍之風未之多見此任事大臣之責也調祕書監崇政殿說書極論往年以道學爲僞學者欲加遠竄杜絕言語使忠義士箝口結舌天下之氣豈堪沮壞如此又論內治外患辨君子小人願明詔大臣絕

私意布公道進祕閣修撰知贛州軍事踰年請老以歸與弟中守中立講學南溪之上時從遊若東澗湯伯紀雙峯饒伯輿等數百人因稱之曰南溪先生理宗卽位以右文殿修撰主管南京鴻慶宮卒贈通議大夫寶章閣待制謚曰獻肅所著有易繫集傳書集傳詩講義論語童蒙說參史傳

梓材謹案先生之謚謝山序錄作獻肅及言三湯源流又稱柴憲敏云三湯之學並出于憲敏固朱學也

攻媿講友

清獻崔菊坡先生與之父世明

崔與之字正之增城人父世明博學精于醫先生少卓犖有奇節不遠數千里遊太學紹熙中進士廣之士由太學取科第自先生始累知成都府本路安撫使時安丙握蜀重兵久每忌蜀帥之自東南來者至是獨推誠相與丙卒詔盡護四蜀之帥開誠布公兼用吳蜀之士拊循將士人心悅服蜀知名士若家大酉游似李性傳李心傳度正之徒皆薦達之召爲禮部尚書又除參知政事進右丞相皆辭不就卒追封南海郡公謚清獻先生歷仕四十七年清風高節屹然師表未嘗沾一彈墨嘗書座右銘曰無以嗜欲殺身無以財貨殺子孫

無以政事殺民無以學術殺天下後世其卒也遺戒不得作佛事參史傳

梓材謹案先生與攻媿友善號菊坡見王氏困學紀聞真文忠公自箴量未若南海之寬原注又案魏鶴山簡州三賢祠記云成都之天慶觀仙遊閣故有張忠定公繪象嘉定十三年南海崔公與之來守成都劉文節公一見異之語人曰是宜配忠定與趙清獻公崔公之門人洪咨夔等乃即忠定之次圖趙崔二公而並祠焉據此則先生之謚宜與趙公同矣

南溪學侶

柴蒙堂先生中守

柴中守號蒙堂南溪之弟進賢羅晉君早從之學參劉後村集

梓材謹案劉寶山厚南行狀以蒙堂爲中行之號蓋誤

柴強恕先生元裕

柴元裕字益之餘干人通五經尤長于易以窮理盡性爲本四方從學者衆湯伯紀漢饒伯輿魯李純甫伯玉皆其門人所著春秋尚書論語解易繫辭中庸大學說宋名臣傳題所居齋曰強恕門人稱曰強恕先生參饒州府志

梓材謹案萬姓通譜以先生爲元祐殆以字近而譌又案袁蒙齋集稱强恕南溪蒙堂曰三桀南溪名中行蒙堂名中守則强恕必南溪傳所謂中立者矣元裕蓋其改名爾

慶元之學

正惠林先生大中

林大中字和叔永康人入太學登紹興三十年進士第知金溪縣郡督輸賦急先生請寬其期不聽納告敕投劾而歸已而主太常寺簿光宗受禪除監察御史遷殿中侍御史奏言進退人才當觀其趣向之大體不當責其行事之小節趣向果正雖小節可責不失爲君子趣向不正雖小節可喜不失爲小人又論今日之事莫大于讎恥之未復此事未就則此念不可忘此念存于心于以來天下之才作天下之氣倡天下之義此義既明則事之條目可得而言治功可得而成矣陳賈以靜江守臣入奏先生極論其庸回亡識嘗表裏王淮剏爲道學之目陰廢正人黨許入奏必再留中善類鬨之紛然引去非所以靖國命遂寢守侍御史兼侍講知潭州趙善俊得旨奏事先生上疏劾善俊而言宗室汝愚之賢當召上用其言召汝愚而出善俊與郡既以言不行求去改吏部侍郎辭不拜乃除直寶謨閣初占星

者謂朱晦庵曰某星示變正人當之其在林和叔邪至是晦庵貽書朝士曰聞林和叔入臺無一事不中的去國一節風義凜然當于古人中求之尋命知寧國府又移贛州寧宗即位召還試中書舍人遷給事中尋兼侍講知閤門事韓侂胄來謁先生接之無他語陰請內交先生笑而卻之侂胄怨由此始改吏部侍郎不拜以煥章閣待制知慶元府丐祠得請給事中許及之繳駮遂削職罷歸屏居十二年未嘗以得喪關其心及侂胄誅卽召見試吏部尚書除端明殿學士簽書樞密院事卒諡正惠先生清修寡欲退然如不勝衣及其遇事而發凜乎不可犯自少力學趣向不凡所著有奏議外制文集二十卷參史傳

忠公游先生仲鴻

游仲鴻字子正南充人淳熙初進士知中江縣制置使京鏜等薦之召赴闕宰相趙忠定甚重之時光宗以疾久不朝重華宮先生遺忠定書陳宗社計及孝宗登遐遂贊定大策後知嘉定有政績卒諡曰忠參姓譜

修撰趙西林先生鞏

趙鞏字子固錢塘人乾道八年進士官祕閣修撰知揚州嘗奉使金

金主問皇帝清問下民賦非所作乎歎服其文學從游者甚衆號西
林先生慶元禁僞學入黨籍參咸淳臨安志

宗卿門人

通奉史先生賓之

史賓之鄞縣人忠定之孫而忠宣之子也朝議大夫直敷文閣荊湖
北路轉運副使少事邱文定公以政事稱亦爲郡太守贈通奉大夫
參清容居士集

後溪門人

丞相游克齋先生似

游似字景仁南充人嘉定十四年進士累官吏部尚書入侍經幄帝
問貞觀治效何速如是對曰人主一念之烈足以旋乾轉坤或謂霸
圖速而王道遲不知一日歸仁期月已可王道曷嘗不速淳祐中爲
右丞相兼樞密使自南充伯進爵國公卒贈少師子汝

雲濠謹案先生號克齋見劉後村看詳薛氏孔子集評進狀

梓材謹案先生傳本在鶴山學案爲鶴山門人然攷先生乃慶
元黨案忠公仲鴻之子鶴山序忠公鑑虛集言守潼川獲交公
之子似除館舍之似先生特館于鶴山未必在弟子之列又案

先生序鶴山師友雅言云尙憶嘉定十有四載余方家居公致之潼川郡齋聞諸友讀易徧攷舊說切磋究之又云余因及往歲侍後溪先生先生謂劉侍郎招美勸閱注疏以爲不先此而立論恐徒高明而不實公深然之據此則先生本後溪門人而于鶴山特其學侶故于序尾亦未自稱門人也

忠文周先生端朝別見嶽麓諸儒學案

攻媿門人

監嶽孫先生枝別見滄洲諸儒學案

朝奉史先生守之別見慈湖學案

南溪門人

文元饒雙峯先生魯別爲雙峯學案

通直湯存齋先生千

郡守湯晦靜先生巾

侍郎湯息庵先生中並爲存齋晦靜息庵學案

文清湯東澗先生漢別見存齋晦靜息庵學案

菊坡門人

忠文洪平齋先生咨夔

洪咨夔字舜俞於潛人嘉定二年進士授如皐主簿尋試爲饒州教授作大冶賦樓攻媿賞識之授南外宗學教授以言去應博學宏詞科直院夏莊舉自代崔清獻與之帥淮東辟置幕府後通判成都府清獻爲制置使首檄先生自近辭曰今當開誠心布公道合西南人物以濟國事乃一未有聞而先及門生故吏是示人私也卒不受惟以通判職事往來效忠蜀人高之還爲祕書郎遷金部員外郎會詔求直言慨然曰吾可以盡言悟主矣其父見其疏曰吾能喫茄子飯汝無憂史彌遠讀至濟王之死非陛下本心大恚擲于地轉考功員外郎轉對言李全必爲國患于是臺諫交論鐫二秩讀書故山七年而彌遠死帝親政五日卽以禮部員外郎召入見乞養英明之氣及論君子小人之分帝問今日急務對以進君子而退小人開誠心而布公道且言在陛下一念堅凝翌日與王實齋遂並拜監察御史先生感激知遇疏言權歸人主政出中書天下未有不治改元端平時登進諸儒以廣講讀說書之選先生言聖學之實所當講明而推行者有六一親睦本支二正始閨門三警肅侍御四審正邪用舍五儲養文武之才六憂根本無生事邊功擢殿中侍御史中書舍人尋兼權吏部侍郎與真文忠德秀同知貢舉歷進刑部尚書加端明殿學

士卒特贈兩官謚忠文其遺文有兩漢詔令擥鈔春秋說外內制奏議詩文行于世參史傳

梓材謹案魏鶴山集洪氏天目山房記蓋爲先生而作

蒙堂門人

羅先生晉君別見槐堂諸儒學案

強恕門人

文元饒雙峯先生魯別爲雙峯學案

文清湯東澗先生漢別見存齋晦靜息庵學案

尙書李斛峯先生伯玉

李伯玉字純甫餘干人端平二年進士第二授觀察推官召試館職歷詆貴戚大臣直聲暴起改校書郎歷官至權禮部尙書兼侍讀賈似道專國柄度宗以先生舊學進之臥內相對泣下欲用以參大政似道忌之尋病卒所著有斛峯集參史傳

游氏家學

丞相游克齋先生似見上後溪門人

克齋家學後溪再傳

提刑游先生汶

游汶字魯望丞相似之子蜀亂後寓居德清累官江東江西提刑賈似道當國罷官家居入元有薦爲福建總管者不就書其布袍之背曰前宋遺民無寒暑衣之

洪氏門人菊坡再傳

教授程先生掌別見鶴山學案

宋元學案卷七十九

鶴山學案表

魏了翁
潛庵宏齋講友
范氏所傳
晦翁南軒私淑

從弟 文翁

子 克愚

郭黃中

吳泳

游似 別見邱劉諸儒學案

牟子才

子 巘

孫 應龍

趙范

趙葵 並見滄洲諸儒學案

唐震

胡應之

毛振

王濤

屠高

王萬

程掌
史守道
蔣公順
稅與權
滕處厚
蔣重珍
虞兟
唐季乙
蔣山
許月卿 別見介軒學案
史繩祖
葉元老
許玠
嚴植

張端義別見慈湖學案

王爚存齋同調

李芾

趙卯發

唐震見上存齋門人

高載范氏門人南軒再傳五峯紫巖三傳

高稼

子斯得

高崇宋氏李氏門人南軒清江再傳五峯紫巖東萊三傳

高定子並鶴山學侶

真德秀別爲西山真氏學案

輔廣別爲潛菴學案

李燔

張洽並爲滄洲諸儒學案

李坤臣

魏文翁見上鶴山家學

高斯得見上縮齋家學

郭黃中見上鶴山門人

譙仲午

李從周並鶴山講友

魏天祐附兄天啓中父學侶

餘姚黃宗羲原本　後學慈谿馮雲濠校刊
男百家纂輯　鄞縣王梓材重校
鄞縣全祖望修定　道州何紹基重刊

鶴山學案

祖望謹案嘉定而後私淑朱張之學者曰鶴山魏文靖公兼有永嘉經制之粹而去其駁世之稱之者以並之西山有如温公蜀公不敢軒輊梨洲則曰鶴山之卓犖非西山之依門傍戶所能及予以爲知言述鶴山學案梓材案鶴山學案謝山修補甚備其稿具存

范氏所傳朱張再傳

文靖魏鶴山先生了翁

魏了翁字華父邛州蒲江人慶元五年登進士第授簽書劍南西川節度判官召爲國子正以校書郎出知嘉定府在蜀十七年而後入進兵部郎中累官至權工部侍郎降三官靖州居住史彌遠死以權禮部尚書還朝入對首乞明君子小人之辨次論故相十失猶存又及修身齊家六閲月以端明殿學士同簽樞密院事督視京湖軍馬

尋復召還遂知紹興府安撫使而出嘉熙元年卒贈太師諡文靖雲濠案四庫書目有先生九經要義二百六十三卷鶴山全集一百九卷別有經外雜鈔古今考等書

百家謹案宋史言鶴山築室白鶴山下以所聞于輔廣李燔者開門授徒士爭負笈從之由是蜀人盡知義理之學于是嘉興志輔漢卿傳遂謂鶴山是漢卿之門人然攷鶴山集言開禧中余始識漢卿于都城漢卿從朱文公最久盡得公平生言語文字每過余相與熟復誦味輒移晷弗去余既補外漢卿悉舉以相畀又言亡友輔漢卿端方而沈碩文公深所許與乃知友而非師也梓材案二江諸儒學案范雙流先生子長傳云鶴山之初志學也由先生兄弟及薛符溪以得門戶及入中原始友李敬子輔潛庵案雙流弟名子該薛名紱

鶴山師友雅言

博愛之謂仁似未盡次言行而宜之之謂義則非無差等矣

某向來與李微之說六經語孟發多少義理不曾有體用二字逮後世方有此字先儒不以人廢言取之以明理而二百年來才說性理便欠此二字不得亦要別尋一字換卻終不得似此精密以上梨洲

原本

梓材謹案師友雅言梨洲原錄六條今移爲鶴山文集者二條又移入五峯學案一條移入南軒學案一條

湯以前未言仁與信字孔子以前未言恕字

乾坤後屯伏剝蒙伏復所謂雜物撰德

周禮女男巫職須如國語楚昭王問觀射父謂民之精爽齊肅衷正其智能上下比義其聖能光遠宣朗其明能光照其聽能聽徹如是則明神降之在男曰覡在女曰巫又曰使先聖之後有光烈忠信而敬恭者爲祝使名儒之後心率舊典者爲宗巫亦皆抱道懷德之人故孔子曰人而無恆不可作巫醫

周禮與左氏兩部字字謹嚴首尾如一更無疏漏處疑秦漢人所作因聖賢遺言足成之

祧字以廟神之北域爲義非謂祧其親盡之廟也康成以超然訓祧後世承誤不知冠于先君之祧而成公之廟止四世豈祧廟乎

周時天下諸侯無史及衰而齊魯有之故太史公謂史記獨藏周室

明堂無屋只以方明爲壇

離騷作而文辭興蓋聖賢詩書皆實有之事雖比興亦無不實自莊

周寓言而屈原始託卜者漁父等爲虛辭相如又託之亡是公等爲
賦自是以來多謾語

獻田宅者操右契古者鄉井受田有定法安得有獻田宅之理吾嘗
欲著禮記一部專破漢儒曲說

柏舟是傷宗國不容去之義

井田一變于宣王之料民再變于齊桓之內政大壞于渠梁商鞅之
決裂阡陌周人以厲宣幽平並稱其有以夫

左傳所載固未能全粹而格言精義賴此得存者居六七如劉子受
中一節曉然爲聖賢相傳之要

講學須一字一義不放過則面前何限合理會處如先王禮樂刑政
始變于厲宣幽平浸微于春秋戰國大壞于秦不能復于漢而盡亡
于五胡之亂今從殘編中搜討于孔孟王鄭伏杜諸儒訓註中參求
諸儒已是臆度無三代以前規模在胸中只在漢晉諸儒腳跡下盤
旋終不濟事程邵張諸公皆由此而充者

古者明王祭祀親行禮不曾差人東漢有不行禮羣臣爭之只如講
讀是早間到晚要人主不敢自暇逸後世直是以位爲樂

天子統天下而君之諸侯統一國而君之上下相維相親相敬故天

子有迎送諸侯之禮有大饗于廟之禮有故使人致享致幣自秦罷侯置守尊君卑臣無復古意其亡宜矣

凡爲人子之禮冬温而夏凊昏定而晨省在醜夷不爭此二句全在醜夷不爭方是孝子之實妻子好合兄弟和樂而父母其順然則在醜夷而爭者父母心所不樂也

禮失則求諸野向見靖州祭鬼皆以人爲尸蕢桴土鼓皆有存者喪戴片白不茹葷腥二年

敖不可長四句非孔氏語敖不可有豈止不可長哉王肅本敖遊也平聲此義勝鄭

古人位天地育萬物把做己職事天地是我去做五行五氣都在我一念節宣之後世人自人天自天人失其人之職說修德只在于釋囚負等做去天當刑之人卻存之以是感格雨暘偏頗莫感又甚則從事祈禱而已

陰不與陽對地不與天對

據荀悅漢紀田租行百一之稅雖武帝窮兵四夷榷鹽鐵算舟車無所不至有司欲加賦帝不從末年輪臺悔悟下詔而根本不搖皆民力不竭止抬工商之貲耳

禮記祭先脾許氏異義曰今尚書歐陽說肝木也心火也脾土也肺金也腎水也古尚書說脾木也肺火也心土也肝金也腎水也許氏又謹案月令四時之祭與古尚書同鄭駁曰月令祭四時之物及其五臟之上下次之耳愚案以心爲土蓋漢以前大抵皆然考于五行傳以貌言視聽思于五行爲木火金水土于五常爲仁義禮智信思卽心也論填星亦曰中央季夏土信也思也仁義禮智以信爲主貌言視聽以思爲主故四星皆失填星爲之動徐鍇云人心土藏在身之中象形博士說以爲火藏鍇云心星爲大火然則屬火也案此則漢以來原有二說但以水火爲心腎未見所出禮記季夏民驚則心動是害土神之氣

素問人以爲黃帝書但其中云醉後入房決非黃帝時語以六經考之有門有廬有唐有階有陳有督有垂有塾有戺有廉其中爲堂爲室堂室各半大率堂之向北一半爲室室之兩夾爲房乃祭祀享賓之所非人燕休之地謂房爲婦人所在後世語也

坎中一畫卽心體故八卦惟習坎有孚惟心亨心居中虛于坎可見然則心腎皆屬坎水火未嘗離非深于易者不及此以上謝山補

梓材謹案謝山補錄師友雅言四十三條今移爲文集者二條

移爲附錄者四條又移入廬陵學案一條移入涑水學案一條
移入濂溪學案一條移入橫渠學案一條移入漢上學案一條
移入五峯學案一條移入晦翁學案一條移入東萊學案一條
移入荊公新學略四條

鶴山大全集

某向來多作易與三禮工夫意欲似讀詩記之類爲一書比來山間温尋舊讀益覺今是昨非安知數年後不又非今也以此多懼未易輕有著述

又見得向來多看先儒解說不如一一從聖經看來蓋不到地頭親自涉歷一番終是見得不真來書乃謂只須祖述朱文公朱文公諸書讀之久矣正緣不欲于賣花擔上看桃李須樹頭枝底方見得活精神也以上答周子口○梨洲原本

某循環讀經亦以自明此心未敢便有著述來諭拈出禮注中太乙鬼神等說乃下與鄙見合中庸疏中已有氣稟之說亦與先儒相表裏惟所疑其誤以水屬信蓋古來原有二說師傳各異如乾鑿度與緯中皆謂水爲信土爲知故王制禮運等處注疏皆有水主信之說而五行傳許叔重說文之類又有肺火心土等說然亦皆有理蓋水

火相包火土同位各有所據以天文察之以一身驗之亦有合處惟以坎爲腎爲離爲心則聖賢書中未有明文特見之岐黃之說 與眞西山

讀書雖不可無注然有不可盡從者只如鄭注三禮已各隨時爲義不能盡同禮與詩異詩與書異書與易異一事而自爲兩說三說者極多其改字處十有八九不可從最害義者以緯證經以莽制證周公之法 答夔漕趙師恕

梓材謹案以上二條從謝山補錄師友雅言移入

洪範講義明白正大使學之者有所據依以求端用力私淑之功茂矣其間所謂由元妙而至親切由虛無而趨實用由沖漠而至明察區區者未能深曉尙俟面請所教聖人言語蓋欲使人事事理會步步踏實只在君臣父子夫婦昆弟朋友日用飲食間作去 答李侍郎埴

孔門說仁處大抵多有敬意四勿二如之類是也左傳敬德之聚此義極精聖學不傳人多以磬跽拳曲正坐拱默之類爲敬周程所謂主一無適之謂敬方得聖賢本旨來教所謂敬而未仁似以世俗之謬爲恭謹者爲敬蓋敬則仁矣敬而未仁亦未得爲敬 答張大監忠

恕

古人所志所學戰國以後無傳騖于高遠者惟欲直指徑造以步步而行字字而講者爲卑近而安于卑近者又以區區記誦小小辭章爲學問之極功所謂合內外貫精粗者百數十年間始有人講尋以發漢唐之所未及又苦于實未有所見者勦說雷同以爲斯道之病方欲通古今爲一書使後之有志正道者猶可以推源尋流而學未能信不敢輕易下筆也答袁衢州甫

古人格君事業全在觀摩麗習左右前後出入起居無非學也賈生所謂習與知長故切而不媿化與心成故中道若性教于未濫禁于未發薰陶漸漬非一朝夕之功用能愈治愈明愈得愈警雖以九十之武王功成治盛召公猶有一簣之戒後世之君非無天資之美血氣之勇一旦發于憤悱如漢武宣如唐憲武赫然剛斷立底成績然而正本澄源之道未深終有作輟滿除之憂與鄭丞相

吾儒只說正心養心不說明心故于離不言心而于坎言心答蔣大著重珍

易中光明多爲艮發蓋人心還于物則蔽闇止其所則光明是以大象申之曰君子思不出其位止非其所思出其位則志爲氣役物欲

外遷光明內蝕 送左轝

古來禱禳之典于郊于宮于方于社若久雨則有禜祭國門之禮後世乃舍所當事而奔走于浮屠老子之宮 乞行禜祭禮

古者自天子至于士皆有廟廟之子姓以昭穆爲序祭非正主則不厭不嘏不旅不酢非同姓同宗同族則不得與于祭大烝嘗宗雖有他姓之祀而不立同氣之尸與廟祀異自鯀祀于晉相祀于衞周公祀于鄭董安子祀于趙大非先王之舊展禽謂先王制祀有法施于民以勞定國禦災捍患之目然六經終無文漢諸葛公之卒巷祭野祀朝論猶能以禮止之卽墓之近立廟而斷其私祀其後所至郡國爲他人之親立廟不知始于何年非鬼之祭無所無之姑卽夫禮之變而言則有功有德于其國而祠之尚人心之不可已也 諸葛武侯廟碑

宇宙之間氣之至而伸者爲神反而歸者爲鬼在人則陽魂爲神陰魄爲鬼二氣合則魂聚魄凝而生離則魂升爲神魄降爲鬼易所謂精氣遊魂記所謂禮樂鬼神夫子所謂物之精神之著而子思所謂德之盛誠之不可揜者其義蓋若此古之聖賢知之故一死生通微顯昭昭于天地之間生爲賢知沒爲明神安有今昔存亡之間自義

理不競于是鬼神之說不眩于怪則怵于畏禮壞樂廢浮僞日滋而人心之去本愈遠中江縣感應神廟墓記

古者自入小學學幼儀既有以固其肌膚之會筋骸之束而養其良知良能之本其入大學也所以爲教之具非強其所無也凡以上帝所降之衷生民所秉之彝萬物備具而作之君師者特因其固有而爲之品節以導迪之使明其仁義禮智之性以行諸君臣父子兄弟夫婦朋友之倫而無不盡其分耳今之爲教者何如哉利祿之誘梏于其前務記覽爲辭章求合于有司之程爲規取利祿計自始童習以階成人耳目之所濡心志之所之隨事娓娓往而不返以是于澤不得不已幸而得之又以教人蓋不俟其入政而固可前知之石泉軍學記

老聃爲周柱下史著書以自明其說亦不過恬養虛無以自淑其身者之所爲世無得于其約而徒有慕乎其高直欲垢濁斯世妄意于六合之外求其所謂道者于是神仙荒誕之說乘間抵巇蕩搖人主之侈心歷世窮年其說未已開元觀者實始于唐之元宗其始初清明者悛在服二氏之書數加擯抑河南參軍鄭誂朱陽丞郭仙舟投匭獻詩語涉道法以爲不切事情免所居官廢爲道士承平既久怠

荒忽政乃始外事物棄倫理以委其心而方士之說入今日表莊列明日祠玄元崇信方術繕修宮庭若繩以老氏清虛澹泊之旨則此又習訛踵陋愈求而愈失之者而天下靡然向風以訖于今雖然有一于此異端之教揆之吾道皆弗合也而老氏綿綿若存之說蓋有近于大易生生之旨其所謂專氣致柔歸根復命視夫窮大而失居者則又有閑誠能守澹泊去健羨淪神滌慮如潔其庭宇修身謹行如固其垣墉則不惟可進于汝師之道而存體明用吾猶將有望焉尙庶幾歸儒之意 漢州開元觀記

祖望謹案泉州金粟觀記略同

太祖嘗議武成廟之配享所退黜二十有二人陶侃李光弼且不得與嘗跡其事陶特緩于討賊李特稽于赴援一有瑕纇在所不錄節之難于始終也如此 節齋記

房公三王並封之議謂足以褫祿山之氣然既爲之前必慮其後三王之封珙琦未出閤惟璘赴鎮而後五月以江淮判然則分封之策其然邪其不然邪當時如高適且盛言其不可則後日賀蘭之譖固有所入 漢州房公樓記

祖望謹案鶴山謂房太尉三王出鎮之說豐盛二王年少未嘗

出鎮也而丞王一出卽不靜幾誤大事太尉之言未見其有當也此說惜乎深寧未之見愚謂藩王屏翰王室固一定之大義然如梁之湘東能討賊而不勇于赴難竟與邵陵武陵骨肉相殘

帝王盛時其交鬼神有道自顓至舜咸命重黎絶地天通俾高卑小大各有分限毋相侵瀆以帥天地之度儀生物之則正人心防世變周官文史星曆卜筮之職領于春官者皆以大夫士爲之三巫之屬凡以神仕者亦皆精爽不貳之民夫如是鬼神之與人分殊而情通也先事而禱以六祝之祠有事而禳以六祈之禮下逮鄉遂亦各有制水旱之不時則于黨鄙乎禜之而涖之以正師疾癘之不明則于鄰族乎酺之而涖之以師長交神塞明蓋若有洋洋在上在左右者此惟上之人深知鬼神之情狀故能委曲綢繆于幽明之變雖巫覡之人亦皆不諂不誣爲神所依此帝王所以爲民立命立心者也自王政不修聖賢之學不講于是禳禱之事方社不舉而諂非其鬼雖經生學士往往安見聞之陋以疑陰陽之化怵利害之私以怫典則之經敬不以遠遠不必敬況泯泯棼棼之民乎 天慶觀記

古之人任大責重則心愈畏年高德劭則禮滋恭畢公弼亮四世而

罔不惟師言之祗衞武公年過九十而惟懼交戒之不聞下逮秦穆困而後知其言尤爲深切曰責人斯無難惟受責俾如流是惟艱哉此非以身體之不能及此蓋責人甚易受人之責則苟有一毫未克之私橫于其中縱變色受之然未能全無捍格如順流然則猶不受也穆公閱變既久故言之有味 敘州獨役記

地險則易明指其爲山川邱陵矣而獨不名天險爲何物王公所設之險爲何事愚謂盈天地閒截然有等級之辨不域而不可踰不兵而不可犯此天險也昔人以大師爲垣以得道爲助以在德爲險以禮義廉恥爲城皆王者所設之險也威服以禦寇盜幘坐以受使長嘯以卻胡單騎以見敵則是物之效也夫苟不明乎是而專以城郭兵粟爲山川邱陵之守則寧怪夫離合去來之無常也 海州太守題名壁記

近世士各挾其所以溺于人者溺人記問學之末也今又非聖賢之書而虞初稗官矣虛無道之害也今又非佛老之初而梵唄土木矣權利誼之蠹也今又非管晏之道而錐刀毫末矣辭章技之小也今又非騷選之文而淫哇淺陋矣此憂世之士所以慨然也 周元公祠堂記

人物之生有剛柔于是乎有善惡剛之善也其言直以暢惡也其言
麤以厲柔之善也其言和以舒惡也其言闇以弱是則言也者命于
氣稟之剛柔剛柔既分厚薄斷矣雖他日事業之廣狹時位之窮通
亦未有不由之此誠非人力可以升沈者然則為士者果無所用其
力乎曰不然也志有所守而大本先立則氣得其養而生生不窮夫
如是可以變化氣質愚明柔強雖引為聖賢可也省元樓記
聖賢言寡欲矣未嘗言無欲也所謂欲仁欲立欲達欲善莫非使人
卽欲以求諸道至于富貴所欲也有不可處己所不欲有不可施則
又使人卽其不欲以求諸非道歲積月累必至于從心所欲而自不
踰矩然後為至曾子得之明六欲之目孟子傳之開六等之科令曰
自寡欲以至無欲不其戾乎曰性不能無感性之欲也知誘物化則
為私欲故聖人雖使人卽欲以求道而于季康子于由求于申棖曷
嘗以其欲為可乎胡仁仲之言曰天理人欲同行異情以此求之則
養心之說備矣濂溪先生祠堂記
古者祀祭享之別不相僭瀆未有非鬼非族而可以言廟不尸不厭
不腏不綏不旅不繹而可以言享也魯哀公十七年立孔廟于故宅
閱千餘載未嘗出闕里也漢儒所謂立學釋奠未知先聖先師為誰

自戴記之外無聞焉迨魏齊王晉武帝釋奠于學雖昉見史冊而未有原廟也唐武德二年廟周孔于胄監迨貞觀定孔子爲先聖而黜周公于是牲牢器幣日增月益無異廟祧之祀古者弟子之于師子孫之于父祖尊之而無以加也則稱字以別之字之至貴也新莽不知仲尼之爲尊妄爲作謚然宣尼之云未敢削其字也至其典代增則以累謚爲重王封爲貴古者惟功臣與享大烝未聞弟子從祀于師也自建武祠七十二子于孔廟然不出闕里也貞觀末加以左卜諸儒祀太學而武成王祠亦倣之總章開元以來又加諸儒以三等之爵而州縣學宮咸有從祀夫是數者孰非致隆極美之事然則古禮非與大抵先王之時其人則四民也其居則六鄉三采五比四閭也其田則一井二牧三屋九夫也其食則九穀六畜五牲三犧也其服則九文六采五色五章也其官則三吏六聯五侯九伯也其教則五事五典六德六行也其學則五禮六樂五射五御六書九數也民少而習之長而安焉不奪于奇器異物不撓于淫辭詖行不蕩于姦聲亂色族閭所學師友所講無適而非堯舜禹湯文武周孔之道雖以周之叔季而車軌書文行倫莫之或異也自壞田制燔詩書道失民散至漢而不能復詖淫邪遁之言乘虛竊入始也孔老離立久之

而釋氏參焉蓋自天地山川日月星辰風雨雷電下至蟲黽草木皆爲宮室衣冠以肖人類府史胥徒以象官府以至民之日用飲食車服器皿亦無一而不改先王之舊舉世由之不以爲疑也于是時又不爲之建學立師則生民之類幾何不胥爲夷然則學盛而員廣廟隆而祀煩其起于異端曰熾大道寖微之時乎曰生斯世也而必古制之是不其迂乎曰吾固知是古之無益而不可以末之聞也以郡縣之制視邦國以塔廟之儀同庠序以羌胡之教釋聖言今曰無益而竟弗之聞也是孰爲有益乎瀘州學記

善之與慶不善之與殃蓋同出而異名非善惡之外復有所謂慶與殃而亦非有所覬而後爲善有所懼而後不爲惡也夫使行善于家聲孚氣感父父子子兄兄弟弟夫夫婦婦無不各盡其分焉則吾閨門之內固已日由乎吉祥之中何慶如之是慶之傳流及苗裔固其所也而一家所感一國化之仁遜禮義皆由此始則是慶所被又不知其幾矣董子謂人之所爲其善惡之極乃至與天地流通往來無閒然則雖天地閒吉凶妖祥亦一氣之感耳積善堂記

自科舉取士讀聖賢之書者曷嘗不知辭華之喪志記問之溺心權利之倍誼姦邪之病正淫哇之亂雅慘刻之傷恩聚斂之妨民虛無

之害道妖妄之疑衆相與辭而闢之而夷考其朝夕之所孜孜者則不惟實有以事乎此而又出是數者之下焉于是小有才則溺益深居近利則壞愈速蓋其說曰正學以言則有司之所必棄直道而行則斯世之所不容故雖心迹言行顯然不相顧而人不以爲怪以此胥告固已可鄙又有諱其名而踐其實者豈知乖逢得喪有義有名況正學以言安知其不合直道而行安知其不容 黔陽縣學記

多識前言往行所以畜其心之德蓋畜故所以養新而新非自外至也昭昭之多止于所不見是以愈畜而愈新今學士大夫師傳友習晝誦夜講夫孰非前言往行然而實未能以止健之義畜德于其中是以聽其言則若有以事乎此見諸事則亦知所以尚乎此方其才壯氣新席天資之美挾口耳之知往往可以名于人歲月慆邁志隨氣索則前日誦說之功浸非我有或反假其一二以飾辯言以濟私欲則反不若未嘗有口耳之知也 四先生祠堂記

古不以繪象事鬼神不以非族享鬼神戴記謂釋奠于其先師釋者曰如禮有高堂樂有制氏書有伏生詩有毛公記謂釋奠者必有合釋者曰如唐虞有夷夔周有周公魯有孔子各自奠之若國無其人則與鄰國合夫三代之學者有專經授徒如漢儒者乎若有功烈如

夷夔周公則祭于大烝又豈學者所得祠乎審如傳者之說此必為秦漢以後之制而況古所謂庠序皆為鄉民行射飲讀教法之所事已則返于閭塾事親從兄親師取友亦未有越鄉違家羣居聚食如漢中世以來之學校者故予于今之郡國祠先賢于學謂事雖甚美而古未有考惟是世亂民散猶有聖賢在下聚而教之孔孟氏沒猶賴專門名家之儒聚而教之故生則職教于里閭沒則釋奠于學校習是經則祀是師居是邦則祀是賢記禮之儒習見其事而筆之于書而有國有家者相承不廢事雖不純于古猶愈于日降日下師廢而民散者雖然比年以來不惟諸儒之祠布滿郡國而諸儒之書家藏人誦乃剽竊語言襲近似以眩流俗以規取利祿此又予所甚懼者焉六先生祠堂記

子思于中庸撮易之要而言之乾坤性之體離坎性之用坤之正位變乾為離明見乎外者也而曰畜牝牛吉則順以養之乾之正位變坤為坎明根于中者也而曰有孚維心亨則剛以行之此盡心知性之極功也率性堂記

古之學者始乎禮樂射御書數蓋比物知類求仁入德皆本諸此今禮慝樂淫射御及數有其名無其義六書之法惟小篆僅存而莫知

好之爲士者十名九舛不暇問也六經所傳如仁義中誠性命天道鬼神變化此致知格物之要也今往往善柔爲仁果敢爲義依違以爲中鈍魯以爲誠氣質以爲性六物以爲命元虛以爲天道冥漠以爲鬼神虛無以爲變化甚則以察爲知以蕩爲情以貪爲欲以反經爲權以捷給爲才以譎詐爲術流弊乃爾若夫先王之制又在所當講而風氣既降名稱亦訛一事而數說一物而數名去籍于周末大壞于秦觖望于漢盡覆于典午之亂帝號官儀承秦舛矣郊祧廟室踵漢誤矣衣冠樂律雜胡制矣學校養不賓之士科舉取投牒之人資格用自陳之吏刺平人以爲軍而聽其坐食髡農夫以規利而縱其自奉授田無限而豪奪武斷以相尙出泉輸租而重科覆折以相蒙生斯世也爲斯民也讀聖賢之書以求帝王之法始以春秋戰國之壞制束以秦漢晉魏之雜儀終以鄭王諸儒之臆說學者之耳目肺腸爲其所搖而不得以自信于是根本不立而異端得以乘之利祿得以移之于是有口六經而心佛老篤信而實踐者有輯爲文辭隨世以就功名者

天目山房記

聖人之心如天之運純亦不已如川之逝不舍晝夜雖血氣盛衰所不能免而才壯志堅始終勿貳曷嘗以老少爲銳惰窮達爲榮悴文

辭之士有虛憍恃氣之習方其年盛氣強位重志得往往以所能眩世歲慆月邁血氣隨之則不惟文辭衰颯不振雖建功立事蓄縮顧畏亦非盛年之比此無他非有志以基之有學以成之徒以天資之美口耳之知才驅氣駕而爲之耳夫才命于氣氣禀于志志立于學

夢筆山房記

有國故而祀之此禮之經人情之常也合他國之聖賢而祀之此禮之變而人情之義起者也出于義起固不必皆禮之所有然人心世變亦于是有發焉 比干祠記

天地不可量也古今不可度也人以七尺之軀方寸之心立乎兩間形氣所拘僅百年耳然而由百世之上以攷諸太古久遠二帝三王之事隨其心之所之如生乎其時立乎其位與之相周旋也蓍龜不可方物也而是心之動見乎卜筮鬼神不可見聞也而是心之誠行乎祭享萬世之後不可藝極也而是心之靈著乎方冊舟車所至不可限際也而是心之明光乎日月然則心者神明之舍所以範圍天地出入古今錯綜人物貫通幽明其遠若此彼溺于文藝泥于佛老沈于功利者尚爲知所以用其心乎況又文藝之末如纂緝駢麗佛老之弊如梵唄土木功利之下如聲色貨寶抑在所不足言矣胡公

康侯嘗爲學者言或尚友古人或志在天下或慮及後世或不求人知而求天知皆所謂心遠也 心遠堂記

辭章雖末技然根于性命于氣發于情止于道非無本者能之 楊少逸不欺集序

書曰多而說曰明儁慧者勦說浮道可以欺世不必深體篤踐也故予不以喜而以憂 朱文公五書序

人子不必曰踰禮佚義而後爲虧且辱也甘于中晝安于小成怠于爲人此皆自薄其身以忝所受 跋史峴母墓志

古所謂七十而致仕蓋約言之豈必七十仕止久速皆惟其時何謂時止其所而不忘慊于中而無餒則時也 跋江宗博致仕帖

常夷甫晚節鄙賤可笑其欲追帝孔子何但知聖人汙也 跋李清臣疏

言貴于有物無物非言也 跋蘇文忠啓

心之神明則天也此心之所不安則天理之所不可天豈屑屑然與人商校是非邪詩云敬天之怒無敢戲渝違心所安是戲渝也 跋師厚卿致仕詩

世多言學行之士辭章必迂吏事必疏故文士能吏雖不學無術無

害也不知今之爲學負與古異今之文古所謂辭今之政古所謂事今之才則古所謂佞人壬人也夫使學而真知實踐則非今之所謂辭與政者魏嘉父墓志○以上謝山補

梓材謹案謝山節錄大全集四十三條今爲許先生玠立傳一條爲嚴先生植立傳一條又移附魏德先傳後一條移附吳鶴林傳後一條又移入南軒學案一條移入新學畧一條

鶴山奏劄 補

臣聞心者人之太極而人心又爲天地之太極以主兩儀以命萬物不越諸此故天之神明爲春秋冬夏風雨霜露地載神氣爲風霆流形庶物露生其于人也則清明在躬志氣如神蓋貫通上下表裏民物自繼善以及于成性皆一本而分也而人心之靈則所以奠人極人極立而天地位焉孔子曰事父孝故事天明事母孝故事地察子思曰君子之道造端乎夫婦及其至也察乎天地夫天高地下人位乎其中判然三才若不相接也而五行二氣自一而分故上下同流彼動此應行乎宮庭屋漏之閒爛然清明無少愧怍則仰觀俯察光潔昭著前參後倚流布充塞無非此心之發見一有不慊則視上帝而夢夢顧四方而蹙蹙雖日星草木亦若隨人意而不舒者陛下謂

此心之外別有所謂天地神明者乎抑天地神明不越乎此心也正月之朔風來自乾丁丑旣望月蝕于翼占者以爲兵戈之應迫近之象而雷霆先時而發雨雪繼雷而應劉向亦以爲陽不閉陰陰見閉而勝陽之應然此必有感而後爲應旣應則復爲感不可以其變在外而忽之其事已應而幸焉側聞陛下謂講讀之臣夜來雪作朕終夜爲之不安當益恐懼修德大哉聖言此正求端用力之要也且陛下居深宮之中十手十目所不覩聞也而惕然終夜若有臨乎其前者以此見天非蒼蒼之謂也陛下之心與億兆人之心義理所安是之謂天不愧于人是不愧于天也不畏于人是不畏于天也臣願陛下卽此不安之心而益加推廣共見天地也毋專以禱祀爲事常使此心兢兢惕惕如與天陟降如在帝左右可以對越而無愧奉宗廟也毋專以備物爲享常使此心油油翼翼如見乎位如聞其聲可以受終而無怍事太母也毋專以儼恪爲恭常使此心洞洞屬屬如執玉捧盈如將勿勝可以感通而無閒對公卿百執事毋徒以尊嚴爲儀也常使此心平虛寬夷盡下而無所伏對經生學士毋徒以誦說爲功也常使此心緝熙光明日新而不可已播告于萬方有衆毋徒以言語爲化也常使此心明白洞達觀感而無所惑心有未喻必反

覆問辨以求之毋厭煩以自畫也心有未可必熟復思念以圖之毋恥過以成非也夫如是息養瞬存朝習暮益無頃刻之閒則大本既立何事不可爲以徵諸庶民以考諸三王以建諸天地以質諸鬼神以施諸後世何往而不可不然庶民且勿信況其他乎乙酉上殿劄子

今日風俗之弊莫不議其尙同也而臣則議其未嘗有同進焉而柔良退焉而剛方面焉而唯唯否否背焉而戚戚嗟嗟成焉挾其所嘗言以夸于人不成焉而託于所嘗料以議其上省曹之勘當掾屬之書擬有司之按事長吏之舉賢恩則斂而歸己怨則委之曰此安能以自由天象之妖祥時政之得失除授之當否疆場之緩急言而得則矜以爲功否則訕之曰此徒言而無益龍斷而望可左可右踦閭而語可出可入蓋嗜利無恥之人貪前慮後者之所爲其心豈復以國事爲飢渴休戚者哉蹤跡詭祕朋友有不相知情態橫生父子有不相悉使此習也而日長月益見利則逝見便則奪陛下又何賴于此也封章奏疏率循故事曰惡訐以成名惡激以敗事其號爲讜直者亦不過先爲稱贊之辭而後微致規切如論治道則曰大綱已舉而節目小有未備論疆事則曰處置得宜而奉行稍若未至夫齊人

無以仁義與王言而孟子謂其不敬莫大乎是今之爲此說者是敬朝廷乎慢朝廷乎今之建言非如漢唐有駢頸刑戮之甚而知莫敢言言莫敢盡是謂吾君吾相不能行不能受也表順而裏藏面從而腹誹人見其同而臣見其未嘗同也至無禮也大不敬也然士習至此亦有由然者老師宿儒零替殆盡正人端士散漫不合習諛踵陋積久不知臣爲此懼深願陛下與二三大臣察人心邪正之實推世變倚伏之機拓開規模收拾人物苟挺特自守者雖無順適之可喜而決知其無反復難信之憂必假借而納用之雷同相隨者雖無觸忤之可憎而決知其有包藏不測之患必疏遠而芟夷之若是則意嚮所形人心齊奮平居有規警之益緩急必無乏才之憂 論士大夫風俗疏

孽韓柄國學禁既密士習日浮嘉定以來雖曰更轍然後生晚學小慧纖能僅于經解語錄揣摩剽竊以應時用文辭剽淺名節墮頹蓋自始學父師所開導弟子所課習不過以譁衆取寵惟官資宮室妻妾是計及其從仕則上所以軒輊下所以喜悅亦不出諸此古人所爲謂己之學成物之本固不及知也一旦臨小小利害周章錯愕已昧所擇不幸而死生臨乎其前則全軀保妻子之是務雖亂常干紀

有不逞恤平居無直諒多聞之友臨難無仗義死節之臣雖利在盜賊利在夷狄亦委己聽命而已願陛下毋以書生爲迂腐毋以正論爲闊疏敷求碩儒開闡正學使人人知其有禮義廉恥之實知其有君臣父子之親知此身之靈于物而異于禽獸也則見得必思義見危必致命周敦頤曰師道立則善人多善人多則朝廷正而天下治此斷斷然如穀之可療飢也論敷求碩儒開闡正學疏

聞之道路陛下聽政之暇時以辭翰自娛非聖賢之學也必知聖賢相傳者何事朝夕所講者何學自修身齊家治朝設官分士授田建學制賦其規模制度視秦漢以來率意更張之事精粗詳略爲何如既有所見必須審問明辨篤行如生乎其時立乎其位以與聖賢相周旋則持之不怠堯舜不難至也應詔封事貼黃

附錄

嘗曰某自遷渠陽山深日永易詩三禮重下鈍工名物度數音訓偏旁字字看過益知義理無窮而歲月易失使非假以暇日將虛此生今未敢便有著述且温舊讀以發新知

又曰學規以謗訕朝政爲第一此規自蔡京剙爲之專以禁太學諸公議政此規當毀

曾見彌遠論諸賢士彌遠曰恐相激成朋黨鶴山答曰朋黨有君子有小人彌遠曰然鶴山曰不知誰認作小人彌遠沈吟

應懋之問鬼神曰風雨霜露無非教也此天之神風霆流形庶物露生此地之神維嶽降神生甫及申此山川之神清明在躬志氣如神此人之神極其至以爲文武之德 以上師友雅言

祖望謹案鶴山最喜禮記此一段以爲善言天人之道

劉漫堂回魏侍郎書曰張朱呂三先生之亡學者倀倀然無所歸葉水心之博而未免誤學者于有楊慈湖之淳而未免誘學者于無非有大力量如侍郎者孰是正之 並補

鶴山學侶

知縣高先生載

高載字東叔蒲江人也鶴山魏文靖同產長兄鶴山之大母爲高氏其兄黃中無子以其子孝璹後之孝璹有子六人而其魏氏之兄士行又無子故鶴山復歸于魏而高魏稱同產先生八歲能屬文嘗爲犬噬作賦晉之有云逐利不顧則從跖而吠堯爲養所移則事齊而背漢識者奇之于書無所不讀以進士累仕攝丹稜令有兄弟構訟者呼其父至則直其弟曰是能食我先生諭曰天倫所在麗于法則

害于教儻以其不養而繩以令甲奚翅不祥之難姑令百拜以謝幸其翻然返于彝也若猶不悛以干于僇則縣令風之未至將無辭于責敢緩閉閣之思乎于是兄弟感泣而退敦睦如初丁艱去調補瀘州錄事范吏部子長適以帥至先生將歸矣吏部留之入幕府于是朝夕講學知靈泉縣有聲會以母喪自傷不得侍養曰吾何以生爲也哀毀而卒先生嘗語學者曰人若斯須廢學則無所措其身以故孜孜無一日之怠補

祖望謹案鶴山兄弟同時共學鶴山早達而聞道亦最早東叔學于范氏西叔學于李宋之間因以私淑于兄弟各有所成皆南軒之瓣香也而鶴山益旁搜諸家以大之盛矣

忠公高縮齋先生稼

高稼字南叔東叔弟博極羣書嘉定進士眞西山一見以國士期之歷官直祕閣知沔州利州提刑兼參議官始至告于神曰郡當兵難之後生聚撫摩所當盡力去之日誓垂橐以入劍門乃葺理創殘招集流散民皆襁負來歸進三官爲朝請大夫兼關外四川安撫使公事措置西路屯田北兵至城陷死之詔進七官謚曰忠死之日聞者莫不於邑先生爲人慷慨有大志聞人有善稱之不容口不善面折

無所避推轂人士常恐不及著有縮齋類稿二十卷參史傳

知州高先生崇

高崇字西叔蒲江人也鶴山魏文靖公同產叔兄與南叔同成進士時真西山為人言二高不首列是盲有司也會任伯起為詳定官伯起故嘗從朱子至喪其師傳言政事與議論自是兩途不必以人言搖國是于是先生兄弟皆以伊洛之說被抑置下等釋褐眉山尉李雁湖方家居宋正仲為太守從之講學崔公與之薦于朝知什邡縣有惠政通判黎州尋為守兼管內安撫使黎為夷壞先生信賞必罰以作士氣邊警以息先生嘗言潘福不可為將制司不聽已而臺臣反以先生操大閫命帥之權劾之坐罷官先生笑曰是誣天也時已病亟歸尋卒先生兄弟自相師友而淵源則出自南軒教人主于自得嘗因校士謂學者竄拾關洛方言以入舉文絕無領會此膏肓之病也其言深中南宋學者之謬吳侍郎畏齋入蜀先生勸以立周程之祠配以朱張昌明正學以厲人心其在黎故有玉淵書院前守薛仲章所建也修復之以講學顧惜其與長兄東叔俱不永年以歿云著有周官解十二卷補

忠襄高著齋先生定子

高定子字瞻叔忠公稼之弟博通六經嘉泰初進士授鄞縣簿吳曦叛解官歸養宇文公紹薦其忠孝兩全調中江縣丞父就養得疾先生衣不解帶六旬居喪哀毀骨立知夾江縣鄰邑有爭田十餘年不決部使者以屬先生先生察知僞爲質劑其人不伏先生曰嘉定改元詔三月始至縣安得有嘉定元年正月文書邪兩造遂決累官權禮部尚書升兼侍讀入奏言國無仁賢無禮義無政事有類叔世帝竦然歷端明殿學士簽書樞密院事兼參知政事嘗以忤史嵩之謫官退居吳中深衣大帶日以著述自娛卒贈少保諡忠襄先生歷州縣所至以教化爲先務嘗作同人書院于夾江修長興學創六先生祠著有著齋文集北門類稿微垣類稿經說紹熙講義奏議歷官表奏行世參史傳

雲濠謹案謝山學案劄記著齋高忠襄公當時高稼經義考引盧氏熊曰高瞻叔學者稱爲著齋先生則忠襄爲參政而非南叔之諡矣

鶴山講友

文忠真西山先生德秀別爲西山真氏學案

朝奉輔傳貽先生廣別爲潛庵學案

文定李宏齋先生燔

直閣張主一先生洽並爲滄洲諸儒學案

教授李中父先生坤臣

李坤臣字中父臨邛人也大父母及其父普州教授相繼卒歎曰吾無意于斯世矣日夜哭泣遂喪明授徒自給出則門生入則子弟從旁代讀有問焉必答有目者所不如也嘗因痔痛賁心爲詩曰吾道由來貫古今纖毫不假外推尋只因疾病呻吟切識得平生第一心尤邃于易以周程子書參諸邵子每謂太極大衍相爲表裏象繫多述先天心法而人罕知之于三禮最該暢鶴山魏文靖家居讀禮邀之共相討論蓋嘗欲爲易禮二傳而未及也疾甚歎曰君子曰終小人曰死吾今日其庶幾乎鶴山嘗稱之曰中父遭家多難以有左卜之厄然因此動心忍性觸慮增知觀身于艮觀心于復悠然獨得于義理之奧蜀中賢士大夫自後溪劉文節公張東父子震張義立方虞仲易剛簡以至鶴山兄弟皆重之其門人曰魏文翁高斯得郭黄中補

教授譙說齋先生仲午

譙仲午字仲甫臨邛人以進士爲隆州教授鶴山魏文靖公居相鄰

學相友鶴山早貴其帥潼川也以射洪尉授之將倚爲助辭不就書問往復有規警而無請寄及官隆州鶴山以書責隆守曰有賢寮而不舉何也守謝曰非敢遺之先生不欲也五十七歲卽致仕其高致如此嘗論士習之敝不本之踐履不求之經史徒勦取伊洛閒方言以用之科舉之文問之則曰先儒語錄也語錄一時門弟子所傳鈔非文也徒欲以乘有司之闇而紿取之陸氏之學尤爲乖僻宜速止之其歸也監司太守皆言于朝請加旌異以激頹競詔晉一階時鶴山亦還靖以詩貽之喜其以罪行蓋其高節如此所著有孟子旨義漢書補注三國名臣諸論說齋集補

李先生從周

李從周字肩吾臨邛人也不詳其生平鶴山講學之友三禮多質之中父六書多質之先生嘗同在渠陽山中稱其強志精識所著字通能追原篆隸以來流別而惜乎今之不可得見也鶴山門人稅與權作雅言頗引先生之說皆考證經史語其謂古無四聲只共有九韻力糾吳才老之非云宋藝文志有其書補

中父學侶

魏先生天祐附兄天啓

魏天祐字德先蒲江人鶴山族昆也鶴山丱角時嘗欲從之遊既而偕試于春官益加敬焉先生少與兄天啓齊名年四十餘當以恩補官辭不受于是年七十矣益大肆力于學聖經賢傳歷覽博究又即河洛正傳以上溯洙泗之源歷歷乎獨得而的然無所疑也每燕坐輒緩聲微吟曰天何言哉四時行焉百物生焉或問之則曰學者須是識得到此地位方是極至一日忽書紙曰生死事大能當澄心靜意等語凡數十言末及孟氏六等之序卒年八十有二著有論孟中庸大學說巵言贅言信心編雜朋編日錄諸書參鶴山文集

梓材謹案鶴山誌先生墓如此又誌李中父墓言先生安貧樂道與中父爲久敬交

魏德先語

才智有餘者其陷溺深補

鶴山家學 朱張三傳

知州魏果齋先生文翁

魏文翁字嘉父鶴山先生從弟也少學舉子業既而歎曰是足爲學乎同郡李坤臣中父者宿儒也先生從之遊中父喪明與居飲食扶持必親如古師弟子之禮力從事于正學成嘉定進士歷仕至蜀制

置司幹知上津縣鶴山以父喪家居讀三禮招中父與之偕先生辭官侍焉學益進知新繁縣縣有祖宗原廟四每祭則用道流唱舞于庭祭品亦不經先生曰是褻神孰甚焉請于朝得如禮朔望與民講學通判成都政以最知敍州敍為夷境横江砦之諸峒其最蕃曰始鵝始鵝之諸族其最肆曰隔柱歲入為患先生曰是守封者之恥也乃乞師于連帥躬率大軍問夷罪夷拒命先生分軍以入七戰殲其衆戮其渠夷勢蹙乃面縛軍門誓無反歸所侵四十八村地及民畜先生受降班師知安南堡狄厚叔者累有賣國誤師之罪是役也斬以徇捷聞詔增秩且令再任因請移安南堡于風洞市以控諸夷詔可于是帥府正倚先生為助而以病卒先生以千載自期氣方而行和見義必為雅不喜陸氏之學而是時其傳甚廣乃與新都令郭黃中控于提學請有司無得以此取人曰科舉之取舍士風所係也所著有讀書日記二十卷中庸大學講義二卷雜稿十卷補

知州魏靖齋先生克愚

魏克愚號靖齋文靖子寶祐中知徽州為政知先務闢貢闈作橋梁政恬事熙民安其化參姓譜

鶴山門人

縣令郭先生黃中

郭黃中字方叔利州安撫正孫子也嘗往來鶴山之門安撫殉難一門遇害惟先生免爲新都令以學行著 補

尙書吳鶴林先生泳

吳泳字叔永潼川人嘉定二年進士累官權刑部尙書出知寧國溫州泉州而罷輪對嘗言澄源正本使君身之所自立者先有其地夫然後移所留之聰明以經世務移所舍之精神以强國政移所用之心力以卹罷民移所省之浮費以養兵卒所著有鶴林集

梓材謹案勉齋學案吳季永昌裔傳云與兄泳師事黃勉齋知先生本勉齋門人儒林宗派則列先生于鶴山之門

附錄

鶴山答吳寺丞書曰周程諸先生祠堂近世太泛古無此典先聖先師之祀只是漢儒之說先師之廟原不出闕里封謚之類尤不經不知何爲朱張諸先生亦皆謂當然益知讀書窮理工夫無窮此不是矜奇衒博義理所係世變所關不容草草

丞相游克齋先生似 別見邱劉諸儒學案

清忠牟存齋先生子才

牟子才字存叟井研人學于魏鶴山又從李公晦嘉定十六年進士累官權禮部尚書以資政殿學士致仕卒謚清忠

宗羲案宋史文靖傳言游似吳泳牟子才皆蜀名士造門受業

知府王淡齋先生萬

王萬字萬里蒲江人也于鶴山魏文靖公爲寮壻篤學通經術尤善戴氏禮鶴山每稱之曰眞吾徒也嘉定三年省試第一歷仕太常博士史彌遠當國應詔言三事其一曰厚風俗必本于明人倫君臣也父子也夫婦也昆弟也朋友之交也所以彌綸天地扶植人極使不爲禽獸夷狄之歸者以有是倫也人倫明于上小民親于下俗之不厚未之有也書曰惟民生厚因物有遷違上所命從厥攸好今天下風俗可謂薄矣化薄卽厚在陛下一轉移之頃陛下設廉恥以厲臣節明聽斷以強主威赫然如大明正中萬物畢照而君臣之義立矣以四海之歡心爲孝不以一己之服勞念遺大投艱之託思繼志述事之重而父子之恩隆矣致嚴喪紀不邇聲色俟三年終喪求婚士族禮備而後聘而夫婦之道正矣陛下之于兄弟不幸而居人道之變然友愛素深神人所共知也若垂念于死喪之戚致厚于卹終之典而兄弟之愛篤矣日御經幄親近友臣惟正人是親而朋友之化

行矣凡此五者陛下既躬其厚誰忍復趨于薄二曰尊朝廷在于聚賢才漢梅福謂孝武時淮南王安緣閒而起所以計慮不成者以衆賢聚于本朝也孝成時蜀郡山陽亡徒布衣乃窺國家之隙見閒而起者此皆輕量大臣無所畏忌國家之權輕故匹夫欲與上爭衡也賢才足爲國輕重者如此然所以聚之則必有道蓋天地沖和之氣鍾而爲人賢者尤其氣之清也利祿不能誘威勢不能壓惟虛心忘我用其人而行其言則賢者樂爲吾用自靖自獻之恐後寧復有遲回偃仰召而不至知而不言者二曰崇學校在于養士氣士者國之元氣而天下之精神也故可殺可貧而不可辱者謂之士京師者首善之地也太學者賢士之關也士聚其閒豈徒誦說詞章攫取聲利而已哉蓋將講明義理涵養氣質以成其材而待國家之用也上之人宜嬰以廉恥不可恐以戮辱宜閑以禮義不可縄以刑辟今朝廷並建長貳所當專其職任勿煩以他職博士正錄不徒以課試爲事日進諸生相與講論經術陳說古今以作其氣如有佻達不檢則成規具在長貳以次舉而行之誰曰不然今乃郡吏得以縄之下走得以辱之殆非以章好示俗風厲四方也世之論治者鮮不以城郭甲兵田野貨財爲有國之先務而孟軻獨以禮壞樂廢爲憂非闊于事

情也而況揆諸今日之事二邊風寒赤子露立非無城郭不修之患客強主弱誨盜納侮非無兵甲不多之憂兵荒之餘屯墾未就非無田野不闢之慮幣輕物重十室九空非無貨財不聚之歎而臣區區惟前三者是急亦曰人倫薄則世道廢賢才散則主勢孤士氣索則邦家空匱此孟軻所謂上無禮下無學賊民興喪無日者臣之所爲大懼也時有濟邸之獄有蜀邊之擾有山陽之變有郡吏卒繫捕弟子員之辱故先生及之所引蜀郡山陽輕量大臣尤切中時務宰相已深惡之其秋輪對又上疏曰乃者中外之臣指陳得失願忠于陛下而在廷之臣已過憂其沽激逆慮其朋黨夫留班伏閤封章叩匭此在先朝常常見之今以降詔求言久而後應尚曰沽激乎內外小大之臣千數言者無幾尚云朋黨乎今天下議論大概有二勸陛下崇孝道厚天倫篤意儒學以養聖明之資親近正人以杜邪佞之口此愛君憂國之論也其言必懇惻憤主威之撓奪傷國體之搶攘疾貪暴如仇讎惡佞諛如惡臭此憤世嫉邪之論也其言必激切聽其言汪洋汗漫察其意避就回曲此模棱兩可之論也其言必依違臣願陛下以懇惻者施行之激切者獎借之依違者斥絕之則朝廷之是非即天下之是非也何憂乎沽激何慮乎朋黨其二論蜀之利害

謂任梱寄者聞命勇往慨然以功名自任然政令峻急人情惶駭任總餉者承命算寄奮然以了辦自居始謂不以累公上今乃有七百萬緡之請既上欺朝廷又苛取州縣陛下端拱穆清亦知數千里外有歎息愁恨之聲矣乎時鄭損制蜀李景翺司蜀餉故先生及之理宗反覆顧問先生隨事條析理宗領之而宰相益怒于是朱端常疏劾魏鶴山有不食周粟語幷及真希元與先生一時君子皆去國先生既忤柄臣又忤蜀之大吏人皆危之而先生浩然歸里逍遙若將終身焉又二年而起用然不得入朝再分符知紹興府史彌遠歿始有赴闕奏事之命而先生卒矣所著有心銘淡齋規約（補）

祖望謹案宋理宗朝有二王萬其一力排鄭清之者見東發先生杜範傳

教授程先生掌

程掌字叔運眉之丹稜人紹定二年進士授揚州觀察推官再調巴州教授嘗徒步杖策訪魏鶴山于山中曰嘗見洪公咨夔于於潛謁真公德秀于浦城聿求當今名教宗主觀善而歸今見先生志願畢矣先生嗜關洛之書尤精通鑑平生爲人負氣不肯少屈鶴山嘗曰以子剛大之氣而加之直養無害之功則行行之由亦可爲聖門之

高第矣其後先生自贊曰粗厲猛起頗欠時中強矯磨礱晚果有功鶴山喜曰叔運進矣不幸早卒

進士史傳齋先生守道

史守道字孟傳丹稜人讀書一覽不忘發之爲文援據詳明辭辯雄放當時學者託周程諸儒先語以自標榜先生爲詩曰但使躬行爲孔孟何憂吾道不周程每誦先儒語曰士不可多受恩亦不可多受知故所依惟鶴山而已後溪劉文節公雁湖李文懿公皆恨相見之晚考試有欲爲之地者謝不可嘉定十三年將入對忽以疾卒詔附劉渭榜賜同進士出身追授迪功郎所著有傳齋集十卷傳齋有用之學二十卷書略十卷詩略十卷周禮略十卷春秋統會十二卷國朝名賢年譜十卷

縣尉蔣一齋先生公順

蔣公順字成父清湘人研精義理之學從鶴山游者七年築室湘源命之曰一齋稅巽甫嘗謂易上經似指體下經似指用先生云經之有上下本謂造化互相終始于乾坤體用皆不可分如上經坤終于復下經乾終于姤上經坤盡于復又二卦而乾盡下經乾盡于姤又二卦而坤盡乾坤之晝盡于升遂繼以困則上下經不可分體用明

矣此說甚精鶴山亦云成父從子渠陽山中所得甚多在別之傑幕以解安豐之圍補官監施州靜江稅再爲沅州黔陽尉辟桃源令未赴而卒

稅先生與權

稅與權字巽甫巴郡人受業鶴山之門精于經學其所著易學啓蒙小傳自序云文公以伏羲先天理數之原特于易學啓蒙而抉其祕圖象咸本諸邵氏閑與袁機仲談後天易則謂嘗以卦畫縱橫反覆求之竟不得文王所以安排之意是以畏懼未敢妄爲之說與權曩從先師鶴山魏文靖公講究邵氏諸書乃于觀物篇得後天易上下經序卦圖反覆觀之皆成十有八卦然後知乾坤坎離頤中孚大小過不易之八卦爲上下兩篇之幹其互易五十六卦爲上下兩篇之用自漢楊子雲謂文王重易六爻互用兩卦十二爻而唐孔穎達亦謂驗六十四卦二二相偶非覆卽變孔子取上下經名而序其相次之義非邵氏此圖則後天之旨千載不明矣竊嘗因此圖推之上下經皆爲十八卦者始終不出九數而已九者究也萬物盈物于天地閒者究之象也是故易以十八變而起卦元以十八策而生日大抵易六十四卦不越乾坤奇耦之九畫而乾坤奇耦之畫又重爲二九

而窮窮則變故革在先天當十八二九之究也在後天當四十九蓍數之極也四十九而革去故五十而鼎取新開物于寅帝出乎震而循環無窮矣蓋天地五十有五之數河圖洛書實互用之先天則河圖之九而分左右皆疊二九而周乎六十四後天衍洛書之九而分上下亦合二九而總乎三十六邵氏此圖豈非明羲文之易同中異異中同也與嗚呼孔子雜卦傳專以反對而發後天易互用兩卦十二爻之深旨也學者潛玩雜卦而參以子雲穎達之說則于邵氏此圖信其爲寫出天地自然之法象矣文公殆亦留斯義以俟後人邪輒不自揆敬述而申之曰易學啓蒙小傳（雲濠案四庫書目易學啓蒙小傳一卷附古經傳一卷）先生又嘗述鶴山講周禮語爲二卷曰周禮折衷（補）

附錄

史子翬曰巽甫以後天以震兌爲用故孔子謂歸妹天地之大義子因謂艮巽者震兌之反也震東兌西乃天地生成之方日月出沒之位實備乾坤坎離而爲下經之用故泰之六五亦曰帝乙歸妹以互體有震兌耳然則巽甫得于邵子者固深雖然巽甫謂乾九能兼坤六坤不能包乾子謂六之中有一三五焉則九數固藏于六也巽甫

以爲如何

帥幕滕先生處厚

滕處厚字謹仲清湘人鶴山稱爲通經窮理之士原本下有鶴林玉露云云六字嘗答其論易書曰康節先天後天之說所以發明盡心踐形之義而人未盡知也先天之易乾坤以定上下離坎以列左右此天地陰陽之定位而人物之生必得是理必稟是氣是所謂性之體也後天以坎離居南北之正則所以位天地命萬物者莫不本諸此離之二爻自坤來變乾爲離蓋坤道之光而爲離故離火外明以明來自外也元是坤體故曰畜牝牛吉坎之二爻自乾來變坤爲坎蓋乾道之涵而爲坎故坎水內明以明根于中也元是乾體故曰有孚惟心亨乃以剛中也是所謂性之用也大抵陽居尊而陰居卑陰爲虛而陽爲實此性之體卽乾南坤北是也陽以剛實居中而陰以文明發外此不睹不聞之極功爲性之用卽離南坎北是也累官潭州帥幕守正不阿或笑其迂曰迂吾所自取但媿予之不迂耳有謂予迂者予披襟當之矣豈以彼易此哉易簀時賦詩談笑而逝

忠文蔣先生重珍

蔣重珍字良貴無錫人嘉定十六年進士第一簽判建康軍紹定二

年召入對首以自天子至于庶人所當知者本心外物二者之界限爲言火災應詔以親攬大柄盡破恩私爲言後又進爲君難六箴乞召真西山魏鶴山用之每草奏齋心戚服有密啓則手書削稿務積精神以寤上意後以刑部侍郎致仕謚忠文先生本鶴山校試禮部門下士也其後遂問業嘗有心授神子之語 修

虞先生兟

虞兟字退夫仁壽人滄江先生從子也壻于鶴山傳其家學又得婦翁之傳 補

教授唐先生季乙

唐季乙字述之崇慶之晉原人也與高西叔兄弟同居類試高等西叔因以女妻之鶴山與西叔爲同產兄弟先生遂從鶴山游稱其體行醇固官綿州教授不久卒 補

蔣先生山

蔣山字得之靖州人也鶴山以言南遷先生從焉鶴山嘗答其論易之書曰朱子九圖十書之說引邵子以證之但邵子第言圖圓書方不言九十故僕未敢以爲證也得之斷然謂河圖則先天數也洛書則五行生成數也此不爲無見蓋九宮數見之乾鑿度與張平子傳

自是太乙圖而長民取爲河圖誠可疑先天乃天地自然之數必爲古書無疑得之定爲河圖雖未有明證而僕心善之魏伯陽參同契所載月法乾坤坎離震巽艮兌二位相對即先天圖也土王四季羅絡終始青赤白黑各居一方皆稟中宮戊己之功又云太乙乃君移居中州則又似九宮圖矣至于上弦兌數八下弦亦如之則不惟九宮圖亦是後天圖也伯陽所取蓋非一圖故其後又云上察河圖文下序地形流中稽于人心參和考三才其意若取河圖數爲天五行數爲地後天卦爲人雖不明言而一書之中實兼舉錯用然參同之末云履行步斗宿六甲以日辰則道家步斗法地九還七反八歸六居則道家還丹法步斗與還丹亦太乙下行九宮法乃知三圖二法起數雖異其論則一故朱子謂安知圖不爲書書不爲圖此又得之所當知也觀鶴山所以告先生者則其致功于易可知矣

提舉許山屋先生月卿 別見介軒學案

祕監史先生繩祖

史繩祖字長慶官祕監著有孝經解一卷鶴山跋曰朱文公嘗著孝經刊誤公之子在嘗舉元稿以遺予予既授梓與學士共之史長慶又以告予曰昔者繩祖嘗集先正名賢孝經註解今願得刊誤爲之

章指予舉以畀之俾得彙次成編則又以黃直卿孝經本旨及其所輯洙泗論孝合爲一書嗚呼此民生日用之常后王降德之本而由之不知觀是書者其亦知所發哉補

葉先生元老

葉元老吳門人鶴山送其歸浮光序曰元老識度器藻夐出儕類嘗受學于陸伯微具有師法所交多天下賢士子因陳正父識之傾蓋如舊交一日匹馬數童來自浮光爲予數月留每日聚友讀書元老從容出一詞率中要會談古今治忽人物優劣山川險易下至甲兵良窳米粟多少之數皆探原索委蓋有志之士也參鶴山文集

梓材謹案滄洲諸儒學案竇從周傳引劉漫塘云近世吳門葉元老忘其年之長往從鶴山于渠陽謝山原底標云葉元老陸伯微弟子伯微象山子也蓋即據鶴山集言之又案先生逸其名元老其字也攷慈湖弟子葉同庵祐之字元吉吳縣人內弟張荃翁師事之元吉元老其字相似且同爲吳人同爲陸學未知即一人否也

許先生玠

許玠字介之鶴山嘗答其書云來翰稿山筆冢至老未衰駸駸六十

胡不深自收斂以趨于實而多求題識序引爲是無益介之黨以爲然涵泳而體習焉其得也不亦多乎補

嚴先生植

嚴植鶴山之徒也鶴山答其書曰師席易被人推許便少講摩須從勝己者交更從諸經字字看過思所以自得不可只從前賢言語上作工夫補

張荃翁先生端義別見慈湖學案

存齋同調

少保王修齋先生爚

王爚字仲潛一字伯晦新昌人登嘉定進士咸淳八年爲左丞相言賈似道誤國喪師之罪于是始降詔切責似道日食乞罷黜以答天譴京學生上書詆陳宜中或謂先生實使之遂罷職奉祠初先生兼中書時請詔大臣哀恫警省修德行政摧抑陰邪之氣發保護微陽之根本時論壯之度宗詔充上蔡書院山主後進率多成就及登相位卒與宜中不協去生平清修剛勁李芾趙卯發唐震皆從之遊皆以節死忠義之士萃于一門可謂沆瀣相承千載猶勁者矣參史傳

縮齋家學

僉樞高恥堂先生斯得

高斯得字不妄南叔子少從李中父遊成紹定進士官至端明殿學士僉樞兼參政因爭留夢炎庇護賈似道遽罷去而宋亦亡著有易膚說儀禮合鈔增損刊正杜佑通典徽宗長編高孝二宗繫年要錄恥堂文集參史傳

梓材謹案先生本名斯信嘗跋李秀巖學易編誦詩訓云斯得受業于門每念有以廣其傳者來守桐江首以詩易二書刻之與同志共故謝山學案劄記云高斯得李心傳弟子也是先生又爲微之門人

中父門人

知州魏果齋先生文翁見上鶴山家學

僉樞高恥堂先生斯得見上縮齋家學

縣令郭先生黃中見上鶴山門人

存齋家學朱張四傳

提刑牟陵陽先生巘

牟巘字獻甫一字獻之清忠公子才子也以父蔭累歷浙東提刑大理少卿以忤賈似道去官宋亡不出討論六經尤雄于文蜀中自蘇

氏父子後推巽巖李氏父子繼之者牟氏世學者稱爲陵陽先生理宗嘗曰汝名臣之子漢人所謂家之珍寶國之英俊者也以得罪時相幾得大禍國亡三十六年而卒得年八十五歲修

教授牟隆山先生應龍

牟應龍字成父一字隆山陵陽子也咸淳進士賈似道欲引之不受對策極言時弊官定城尉宋亡留夢炎招之不出已而爲溧陽教授

存齋門人

忠敏趙先生范

忠靖趙庸齋先生葵並見滄洲諸儒學案

忠介唐先生震

唐震字景實會稽人少居鄉介然不苟交有言其過者輒喜既登第歷官知饒州所至以神明稱先生爲雲主簿時執弟子禮于牟存齋存齋以其用志堅苦必有所立甚敬之存齋之子陵陽忤權貴幾得大禍于越中先生以書勞之江上論甚偉明年元兵陷饒州死節謚忠介補

修齋門人

忠節李肯齋先生芾

李芾字叔章衡州人生而聰警少時卽自樹立名其齋曰無暴棄魏鶴山一見禮之謂有祖風蓋先生高祖升爲名進士金人破汴與父俱死因易其齋額曰肯齋先生嘗從王仲潛遊以蔭補南安司戶後攝湘潭縣不避貴勢再知潭州敵兵已至城下先生誓以死守城破命帳下沈忠曰吾家人不可辱于俘汝盡殺之而後及我忠泣而徧刃之先生乃受刃忠亦自刎而死事聞謚忠節子裕孫孫輔叔先生初至潭卽遣他適未及于難參史傳

文節趙先生卯發

趙卯發字漢卿昌化人與唐忠介震師事王仲潛咸淳十年判池州攝州事元兵薄城與妻雍氏同縊從容堂先生始爲此堂至是指所題扁謂客曰古人謂慷慨殺身易從容就義難此殆其兆也事聞謚文節參史傳

忠介唐先生震見上存齋門人

唐氏門人朱張五傳

隱君胡先生應之

毛先生振合傳

王先生濤合傳

屠先生高合傳

胡應之字泰來嵊縣人也受業于唐忠介公以明善誠身爲本東發先生一見重之曰古君子也中表諸父爲王衞公爚兄弟亦與爲忘分交平居若與世忘及言天下事自了了宋亡隱居不仕忠介之弟子有名者曰毛振王濤屠高而先生尤爲之魁屠高字仰之王濤字東之本堂云不得其死毛振字翔父補

宋元學案卷八十

西山真氏學案表

真德秀 詹氏門人屏山晦翁再傳
 子志道
 王埜——王應麟 別爲深寧學案
 馬光祖
 金文剛
 孔元龍
 呂良才
 呂敬伯
 江塤
 劉炎
 陳均
 周天駿
 徐元杰
 劉克莊 別見艾軒學案

王邁
程掌 別見鶴山學案
熊慶胄
徐幾——王應麟 別爲深寧學案
湯干
湯巾
湯中 並爲存齋晦靜息庵學案
劉漢弼——弟漢傳 別見九峯學案
忠愍同調 陳策
王天與——子振
西山續傳

魏了翁 別爲鶴山學案
李燔
張洽

李方子並爲滄洲諸儒學案

並西山講友

宋元學案卷八十一

餘姚黃宗羲原本　後學慈谿馮雲濠校刊

男百家纂輯　鄞縣王梓材重校

鄞縣全祖望修定　道州何紹基重刊

西山眞氏學案

祖望謹案西山之望直繼晦翁然晚節何其委蛇也東發於朱學最尊信而不滿於西山理度兩朝政要言之詳矣宋史亦有微辭述西山眞氏學案梓材案是卷本稱西山學案謝山序錄定本益以眞氏所以別于西山蔡氏也

詹氏門人劉朱再傳

文忠眞西山先生德秀

眞德秀字景元後更希元建之浦城人慶元五年進士繼中博學宏辭科累官起居舍人兼太常少卿出爲江東轉運副使歷知泉州隆興潭州理宗卽位召爲中書舍人擢禮部侍郎史彌遠憚之落職紹定五年起知泉州福州召爲戶部尚書時去國已十年矣改翰林學士尋得疾拜參知政事而卒端平二年也年五十八謚文忠學者稱西山先生立朝不滿十年奏疏亡慮數十萬言直聲震朝廷四方文

士誦其文想見其風采及遊宦所至惠政深洽由是中外交頌都城人時驚傳傾動奔擁出關曰真直院至矣果至則又填塞聚觀不置時相益以此忌之輒擯不用而名愈彰自韓侂胄立僞學之名以錮善類凡近時大儒之書皆顯禁絕之先生晚出獨立慨然以斯文自任講習而服行之黨禁既開而正學遂明於天下後世多其力也宋史詹體仁傳言郡人真德秀早從其遊嘗問居官涖民之法體仁曰盡心平心而已盡心則無媿平心則無偏先生能守而行之所著有西山甲乙稿對越甲乙集經筵講義等書雲濠案先生著述尚有四書集編二十六卷又文章正宗二十卷續集二十卷俱內府藏本

百家謹案從來西山鶴山並稱如鳥之雙翼車之雙輪不獨舉也鶴山之誌西山亦以司馬文正范忠文之生同志死同傳相比後世亦無敢優劣之者然百家嘗聞先遺獻之言曰兩家學術雖同出於考亭而鶴山識力橫絕真所謂卓犖觀羣書者西山則依門傍戶不敢自出一頭地蓋墨守之而已

西山答問

問收其放心養其德性

德性謂得之於天者仁義禮智信是也收放心養德性雖曰二事其

實一事蓋德性在人本皆全備緣放縱其心不知操存自致賊害其性若能收其放心卽是養其德性非有二事也

問端莊靜一乃存養工夫

端莊主容貌而言靜一主心而言蓋表裏交正之義合而言之則敬而已矣

問學問思辨乃窮理工夫

程子曰涵養須用敬進學在致知蓋窮理以此心爲主必須以敬自持使心有主宰無私意邪念之紛擾然後有以爲窮理之基本心既有所主宰矣又須事事物物各窮其理然後能致盡心之功欲窮理而不知持敬以養心則思慮紛紜精神昏亂於義理必無所得知以養心矣而不知窮理則此心雖清明虛靜又只是箇空蕩蕩底物事而無許多義理以爲之主其於應事接物必不能皆當釋氏禪學正是如此故必以敬涵養而又博學審問謹思明辨以致其知則於清明虛靜之中而衆理悉備其靜則湛然寂然而有未發之中其動則泛應曲當而爲中節之和天下義理學者工夫無以加於此者自伊川發出而文公又從而闡明之中庸尊德性道問學章與大學此章皆同此意也

問零零碎碎湊合將來不知不覺自然省悟

正如曾子平日學問皆是逐一用功如三省如問禮逐些〻逐小做將去積累之久一日通悟夫子遂以吾道一以貫告之至此方知從前所爲百行萬善只是一理方其積累之時件件著力到此如炊之已熟釀之已就更不須著分毫之力

問大學只說格物不說窮理

器者有形之物也道者無形之理也明道先生曰道卽器器卽道兩者未嘗相離蓋凡天下之物有形有象者皆器也其理便在其中大而天地亦形而下者乾坤乃形而上者日月星辰風雨霜露亦形而下者其理卽形而上者以身言之身之形體皆形而下者曰性曰心之理乃形而上者至於一物一器莫不皆然且如燈燭者器也其所以能照物形而上之理也且如牀卓器也而其用理也天下未嘗有無理之器無器之理卽器以求之而理在其中如卽天地則有健順之理卽形體則有性情之理精粗本末初不相離若舍器而求理未有不蹈於空虛之見非吾儒之實學也所以大學教人以格物致知蓋卽物而理在焉庶幾學者有著實用力之地不致馳心於虛無之境也

問致知一段是夢覺關誠意一段是善惡關

言格物致知必窮得盡知得至則如夢之覺若窮理未盡見善未明則如夢之未覺故曰夢覺關好善必實然好之如飢之必食渴之必飲惡惡必實然惡之如水之不可入火之不可蹈如此方能盡人之道以充人之形若名爲好善而好之不出於實名爲惡惡而惡之不出於實則是爲欺而已欺心一萌無往而非惡矣亦何以異於禽獸哉故曰善惡關大學雖有八條緊要全在兩節若知已至意已誠則大本已立其他以序而進有用力之地矣若知不至意不誠旣無其本無往而可矣故朱子以二關喻之言如行軍然必須過此二重關險方可進兵故也

問主忠信章

論語止言主忠信不言誠至子思孟子然後言誠蓋誠指全體而言忠信指用功處而言忠是盡於中者信是形於外者有忠方有信不信則非所以爲忠二者表裏體用之謂如形之與影也心無不盡之謂忠言與行無不實之謂信盡得忠與信卽是誠故孔子雖不言誠但欲人於忠信上著力忠信無不盡則誠在其中矣孔子教人大抵只就行處說行到盡處自知誠之本源子思孟子則倂本源發出以

示人其義一也

問非鬼而祭章

鬼神之理雖非始學者所易窮然亦須識其名義若以神示鬼三字言之則天之神曰神地之神曰示人之神曰鬼若以鬼神二字言之則神者氣之伸鬼者氣之屈氣之方伸者屬陽故爲神氣之屈者屬陰故爲鬼神者伸也鬼者歸也且以人之身論之生則曰人死則曰鬼此生死之大分也然自其生而言之則自幼而壯此氣之伸也自壯而老自老而死此又伸而屈也自其死而言之則魂游魄降寂然無形此氣之屈也及子孫享祀以誠感之則又能來格此又屈而伸也姑舉人鬼一端如此至若造化之鬼神則山澤水火雷風是也日與雷皆火也月與雨皆水也此數者合而言之又只是陰陽二氣而已陰陽二氣流行於天地之間萬物賴之以生賴之以成此卽所謂鬼神也今人只塑像畫像爲鬼神及以幽暗不可見者爲鬼神殊不知山峙川流日照雨潤雷動風散乃分明有跡之鬼神伊川曰鬼神者造化之迹又曰鬼神天地之功用橫渠曰鬼神二氣之良能凡此皆指陰陽而言天地之氣卽人身之氣人身之氣卽天地之氣易繫辭曰精氣爲物游魂爲變人之生也精與氣合而已精者血之類是

滋養一身者故屬陰氣是能知覺運動者故屬陽二者合而爲人精卽魄也目之所以明耳之所以聰者卽精之爲也此之謂魄氣充乎體凡人心之能思慮有知識身之能舉動與夫勇決敢爲者卽氣之所爲也此之謂魂人之少壯也血氣強血氣強故魂魄盛此所謂伸及其老也血氣旣耗魂魄亦衰此所謂屈也旣死則魂升於天以從陽魄降於地以從陰所謂各從其類也魂魄合則生離則死故先王制祭祀之禮使爲人子孫者盡誠致敬以焫蕭之屬求之於陽灌鬯之屬求之於陰求之旣至則魂魄雖離而可以復合故禮記曰合鬼與神教之至也神指魂而言鬼指魄而言此所謂屈而伸也

問仁字

凡天下至微之物皆有箇心發生皆從此出緣是稟受之初皆得天地發生之心以爲心故其心無不能發生者一物有一心自心中發出生意又成無限物且如蓮實之中有所謂幺荷者便儼然如一根之荷他物亦莫不如是故上蔡先生論仁以桃仁杏仁比之謂其中有生意才種便生故也惟人受中以生全具天地之理故其爲心又最靈於物故其所蘊生意纔發出便近而親親推而仁民又推而愛物無所不可以至於覆冒四海惠利百世亦自此而推之耳此仁心

之大所以與天地同量也然一爲利欲所汨則私意橫生遂流而爲殘忍爲刻薄則生意消亡頑如鐵石便與禽獸相去不遠豈不可畏也哉今爲學之要須要常存此心平居省察覺得胸中盎然有慈祥惻怛之意無忮忍刻害之私此卽所謂本心卽所謂仁也便當存之養之使之不失則萬善皆從此而生

問敬字

伊川先生言主一之謂敬又恐人未曉一字之義又曰無適之謂一適往也主於此事則不移於他事是之謂無適也主者存主之義伊川又云主一之謂敬一者之謂誠主則有意在學者用功須當主於一主者念念守此而不離之意也及其涵養旣熟此心湛然自然無二無雜則不待主而自一矣不待主而自一卽所謂誠也敬是人事之本學者用功之要至於誠則達乎天道矣此又誠敬之分也所謂主一者靜時要一動時亦要一平居暇日未有作爲此心亦要主於一應事接物有所作爲此心亦要主於一此是靜時敬動時敬靜時能敬則無思慮紛紜之患動時能敬則無舉措煩擾之患如此則本心常存而不失爲學之要莫先於此當更以胡致堂一段參觀

問顏樂

集註所引程子三說其一曰不以貧窶改其樂二曰蓋其自有樂三曰所樂何事皆不說出顏子之樂是如何樂其末卻令學者於博文約禮上用功博文約禮亦有何樂程朱二先生似若有所隱而不以告人者其實無所隱而告人之深也又程氏遺書有人謂顏子所樂者道程先生以爲非由今觀之言豈不有理先生非之何也蓋道只是當然之理而已非有一物可以玩弄而娛悅也若云所樂者道則吾身與道各爲一物未到渾融無閒之地豈足以語聖賢之樂哉顏子工夫乃是從博文約禮上用力博文者言於天下之理無不窮究而用功之廣也約禮者言以禮檢束其身而用功之要也博文者格物致知之事也約禮者克己復禮之事也內外精粗二者並進則此身此心皆與理爲一從容游泳於天理之中雖簞瓢陋巷不知其爲貧萬鍾九鼎不知其爲富此乃顏子之樂也程朱二先生恐人只想像顏子之樂而不知實用其功雖日談顏子之樂何益於我故程子全然不露只使人自思而得之朱文公又恐人無下手處特說出博文約禮四字令學者從此用力真積既久自然有得至於欲罷不能之地則顏子之樂可以庶幾矣二先生之拳拳於學者可謂甚至不可不深玩其旨也

問語上語下

此章南軒先生之說至爲精密所當玩味所謂聖人之道精粗雖無二致者蓋道德性命者理之精也事親事長灑掃應對之屬事之粗也然道德性命只在事親事長之中苟能盡其事親事長之道則道德性命不外乎此矣但中人以下之資質若驟然告之以道德性命彼將何所從入想像億度反所以害道不若且從分明易知處告之如事親事長灑掃應對之屬皆人所易知也如此則可以循序而用力不期而至於高遠之地此聖門教人之要法也

問不由戶章

舊說謂人之不能不由道如出之不能不由戶朱文公非之以爲世人之行不由道者多矣若如舊說則凡人所行不問是非善惡皆可以爲道矣且如事親事長人人所同也然必事親孝事長弟然後謂之道不然則非道矣此章蓋歎世人但知出由戶而不知行必由道欲人知行不可以不由道也

又中庸道不可須臾離章龜山先生謂寒而衣飢而食出而作入而息耳目之視聽手足之舉履無非道也此百姓所以日用而不知伊尹耕有莘之野而樂堯舜之道所謂堯舜之道卽樂於有莘之野是

已朱文公辨之曰衣食作息視聽舉履皆物也其所以如此之義理準則乃道也若便指物爲道不惟昧於形而上下之別而墜於釋氏作用是性之失且使學者誤爲道無不在雖猖狂妄行亦無適而不爲道矣其害可勝言哉蓋龜山先生以物卽是道而文公以爲物之則方是道正與出不由戶章意同

又告子曰生之謂性蓋言人之能知覺運動者卽性也孟子不然之朱文公發其義曰能知覺運動者只是氣知覺運動之理方是性告子誤認氣爲性又引龜山舉釋氏語云神通并妙用運水與搬柴以比徐行後長不知徐行後長方謂之弟疾行先長則爲不弟若謂運水搬柴便是妙用則徐行疾行皆是弟矣此亦與前章意同大抵皆謂人於日用事物閒處處當理然後爲道不可以日用事物便爲道朱文公此說最有益於學者當參而味之

問太極中庸之義

下問太極中庸二條自顧淺陋何足以辱姑卽平日所讀朱文公先生之書及嘗見所窺者略陳一二所謂無極而太極者豈太極之上別有所謂無極哉特不過謂無形無象而至理存焉耳蓋極者至極之理也窮天下之物可尊可貴孰有加於此者故曰太極也世之人

以北辰爲天極屋脊爲屋極此皆有形而可見者周子恐人亦以太極爲一物故以無極二字加於其上猶言本無一物只有此理也自陰陽而下則麗乎形氣矣陰陽未動之先只是此理豈有物之可名邪卽吾一心而觀之方喜怒哀樂之未發也渾然一性而已無形無象之中萬理畢具豈非所謂無極而太極乎以是而言則思過半矣喜怒哀樂之未發卽寂然不動之時思慮一萌則已動矣故程子以思爲已發此至論也來諭謂思是已發則致知格物亦是已發此則未然蓋格物致知自屬窮理工夫大凡講論義理最忌交雜今方論喜怒哀樂之發未發而以格物致知雜之則愈渾雜而不明矣來諭又恐懸空無致力處此亦未然蓋未發之時則當戒謹恐懼其將發之時則當謹其獨逐時逐節皆有用功之地惟其未發也戒懼而不敢忘將發也謹獨而不敢肆則其發自然中節矣聖賢之學所以無弊者正緣句句著實未嘗說懸空道理且如中庸始言天命之性終言無聲無臭宜若高妙矣然曰戒謹曰恐懼曰篤恭則皆示人以用力之方蓋必戒懼謹獨而後能全天性之善必篤恭而後能造無聲無臭之境未嘗使人馳於窈冥而不踐其實也太極圖說亦然首言無極太極次言陰陽五行亦可謂高且遠矣要其歸宿只在中正仁

義而主靜之一語其於中庸戒懼謹獨之云若合符節總而言之惟敬之一字可以該也蓋戒懼謹獨者敬也主靜亦敬也學者儻能居敬以立其本而又窮理以致其知則學問之道無餘蘊矣大率此理自文公盡發其祕已洞然無疑所慮學者欲自立一等新奇之論而於文公之言反致疑焉不知此老先生是用幾年之功沈潛反覆參貫融液然後發出以示人今讀其書未能究竟底蘊已先疑其說之未盡所以愈惑亂而無所明也故區區常勸朋友閉目將文公四書朝夕涵泳既深達其旨矣然後以次及於太極西銘解近思錄諸書如此作數年工夫則夫義理之精微不患其無所見矣又必合所知所行爲一致講貫乎此則必踐履乎此而不墮於空談無實之病庶乎其可矣此平生拙論如此故因垂問及之更望詳加鐫曉以補其昏愚之所不逮幸甚

大學衍義自序

臣始讀大學之書見其自格物致知誠意正心修身齊家至於治國平天下其本末有序其先後有倫蓋嘗撫卷三歎曰爲人君者不可以不知大學爲人臣者不可以不知大學爲人君而不知大學無以清出治之源爲人臣而不知大學無以盡正君之法既又考觀在昔

帝王之治未有不本之身而達之天下者然後知此書所陳實百聖傳心之要典而非孔氏之私言也三代而下此學失傳其書雖存槪以傳記目之而已求治者既莫之或考言治者亦不以望其君獨唐韓愈李翺嘗舉其說見於原道復性之篇而立朝論議曾弗之及蓋自秦漢以後尊信此書者惟愈及翺而亦未知其爲聖學之淵源治道之根柢也況其他乎臣嘗妄謂大學一書君天下者之律令格例也本之則必治違之則必亂近世大儒朱熹嘗爲章句或問以析其義寧皇之初入侍經帷又嘗以此書進講願治之君儻取其書玩而繹之則凡帝王爲治之序爲學之本洞然於胸次矣臣不佞竊思所以羽翼是書者故剟取經文二百有五字載於是編而先之以堯典皐謨伊訓與思齊之詩家人之卦者見前聖之規橅不異乎此也繼之以子思孟子荀況董仲舒楊雄周敦頤之說者見後賢之議論不能外乎此也（以上論帝王爲治之序）堯舜禹湯文武之學純乎此者也商高宗周成王之學庶幾乎此者也漢唐賢君之所謂學已不能無悖乎此矣而漢孝元以下數君之學或以技藝或以文辭則甚繆乎此者也（以上論帝王爲學之本）上下數千載閒治亂存亡皆由是出臣故斷然以爲君天下之律令格例也雖然人君之學必知其要

然後有以爲用力之地蓋明道術辨人材審治體察民情者人君格物致知之要也明道術之目有四曰天性人心之善曰天理人倫之正曰吾道異端之分曰王道霸術之異辨人材之目亦有四曰聖賢觀人之法曰帝王知人之事曰姦雄竊國之術曰憸邪罔上之情審治體之目有二曰德刑先後之分曰義利重輕之別察民情之目亦有二曰生靈向背之由曰田里休戚之實崇敬畏戒逸欲者誠意正心之要也崇敬畏之目有六曰修己之敬曰事天之敬曰臨民之敬曰治事之敬曰操存省察之功曰規儆箴誡之助戒逸欲之目有五曰沈湎之戒曰荒淫之戒曰盤遊之戒曰奢侈之戒而先之以總論者所以兼戒四者之失也謹言行正威儀者修身之要也一事無其目重妃匹嚴內治定國本教戚屬者齊家之要也重妃匹之目有四曰謹選立之道曰賴規儆之益曰明嫡媵之辨曰懲廢奪之失嚴內治之目有四曰宮闈內外之分曰宮闈預政之戒曰內臣忠謹之福曰內臣預政之禍定國本之目有四曰建立之計宜早曰論教之法宜豫曰嫡庶之分宜辨曰廢奪之失宜鑒教戚屬之目有二曰外家謙謹之福曰外家驕溢之禍四者之道得則治國平天下在其中矣每條之中首以聖賢之明訓參以前古之事蹟得失之鑑炳焉可觀

昔時入侍邇英蓋嘗有志乎是比年以來屏居無事迺得繙閱經傳彙而輯之畎畝微忠朝思暮繹所得惟此祕之巾衍以俟時而獻焉其書之指皆本大學前列二者之綱後分四者之目所以推衍大學之義也故題之曰大學衍義云

附錄

張荃翁貴耳集曰西山入朝都下歌曰若要百物賤須是真直院及至換得來攙做一鑊麵 補

又曰南省士子爲文曰誤南省之多士真西山之餓夫 補

梓材謹案此二條謝山學案劄記有之蓋即黃文潔所云州兵皆鬨知貢舉以喧罵出院者也

王深寧困學紀聞曰真文忠公曰恃焉而弗修賊天者也安焉而弗求樂天者也此聖狂所以異 補

又曰善推其所爲此心之充拓也求其放心此心之收斂也致堂曰心無理不該亡而不能推則視之不見聽之不聞痒痾疾痛之不知存而善推則潛天地撫四海致千歲之日至知百世之損益此言充拓之功也西山曰心一而已由義理而發無以害之可使與天地參由形氣而發無以檢之至於違禽獸不遠此言收斂之功也不闓則

無關不涵養則不能推廣補

梓材謹案此二條從深寧學案謝山所節錄移入深寧蓋私淑西山者也故錄其精語如是

黃文潔兩朝政要曰理宗時天下所素望其爲相者眞德秀文行聲迹獨重嘉定寶紹閒僉謂用則即日可太平端平親政趣召至朝正當世道安危升降之機略無一語及之乃阿時相鄭清之飾其輕舉敗事謂爲和扁代庸醫受責又以清之開邊建議御閱卒以府庫不足犒賞事不可行致前至諸軍質貸備衣裝無以償故閧延及州兵皆閧自是軍政不復立知貢舉事復以喧罵出院除參政未及拜以疾終補

謝山題眞西山集曰乾淳諸老之後百口交推以爲正學大宗者莫如西山近臨川李侍郎穆堂譏其沈溺於二氏之學梵語青辭連軸接幅垂老津津不倦此豈有聞於聖人之道者愚嘗詳考其本末而歎西山之過負重名尚不止於此兩宋諸儒門庭徑路半出入於佛老然其立身行己則固有不媿於古人者龜山上蔡而後橫浦玉山皆是也西山則自得罪史彌遠以出晚節頗多慚德其學術之醇疵姑弗論可矣文潔篤行醇儒固

非輕詆人者況其生平依歸左西江而右建安而論是時之有宰相器者獨推袁蒙齋而深惜西山之無實則是非之公心也其事又耳目所親接則非傳聞失實也宋史西山本傳卽出文潔之手其後元人重修雖諱其隳軍知舉之短而於呵護鄭清之一節亦多微辭然則端平之出得非前此偶著風節本無定力老將知而耄及之邪吾於是而致歎於保歲寒之難也西山以博學宏辭起家故辭命爲最著然其兩制文字凡遇嘉定以後宰執多有伊傅周召之譽殆亦可以已而不已者與或又言倪文節公糾彌遠昆命元龜之制彌遠私人所據以自辯者亦得之西山雖西山未必以此求用於當時然亦要可以已者耳慈湖初見西山因以其命訊日者戒其須忘富貴利達之心梓材案西山集題慈湖行述云嘉定初元先生以祕書郎召某備數館職始獲從之遊似西山嘗爲慈湖門人然其辭爲墓銘云銘于體爲最重述其道當最詳非門人高弟不可則又自外于及門矣由今觀之西山未能終身踐此言也然則其不能攘斥佛老固其宜耳

文靖魏鶴山先生了翁別爲鶴山學案

文定李宏齋先生燔

直閣張主一先生洽

通判李果齋先生方子並爲滄洲諸儒學案

西山家學劉朱三傳

監稅真先生志道

真志道字仁夫西山之子也嘗請益於袁蒙齋甫蒙齋請以小字字先生曰實之而因爲之說以贈之參袁蒙齋集

雲濠謹案先生嘗監南劍州在城稅務見劉後村所狀西山行實與鶴山所作神道碑

西山門人

簽樞王潛齋先生埜

王埜字子文金華人嘉定十二年進士仕爲潭屬真西山一見奇之延致幕下遂執弟子禮西山授以辭學先生曰所爲學於先生者義理之奧也西山益奇之累官樞密院編修官兼檢討淳祐初爲兩浙轉運判官又以訪察使出視江防寶祐二年拜端明殿學士簽書樞密院事與宰相不合罷提舉洞霄宮卒贈特進

雲濠謹案先生爲朱呂弟子介之子謝山劄記所云眞西山門人王潛齋官端明蓋卽先生西山爲作潛齋記

莊敏馬先生光祖

馬光祖字華父東陽人寶慶二年進士主新喻簿見眞西山講學悅之遂執弟子禮從焉積陞右曹郎官歷知處州建康臨安咸淳三年拜參知政事五年進知樞密院事以光祿大夫致仕卒謚莊敏

龍圖金先生文剛

金文剛字子潛休寧人用遺恩補將仕郎調潭州司戸時眞西山帥潭得先生喜其端厚由是受知遂爲眞氏門人歷知奉新縣通判興國軍監左藏及封樁庫出知臨江軍常德府遷太府丞浙江提舉將作監進直龍圖閣卒先生莊重修潔燕居如肅賓莅官尤嚴明求民利病爲兢兢老而制行尤篤寶祐閒眞魏得罪去國門人或更名他師先生獨音問不絕舉步出言一以西山爲準

文介孔先生元龍

孔元龍字季凱衢州人先聖五十世孫也尚志篤學從西山遊主餘干簿後爲柯山精舍山長以宣教郎致仕年至九十手不釋卷贈太子少師所著有柯山講義論語集說魯樵斐稿奏議叢璧等書

雲濠謹案闕里志稱先生卒之日門弟子三百哭之私謚曰文
介

縣尉呂先生良才

呂良才字賢甫從西山遊舉淳祐進士任潭州善化尉改京秩辭歸

呂先生敬伯

呂敬伯從學於西山西山稱其有求道之志因示以入道之要佩服仁誠敬三字終身不忘

梓材謹案先生名中初字仲甫敬伯西山所爲改字也

知軍江先生塤

江塤字叔文崇安人嘉定元年進士尉古田縣歷武岡軍司法參軍提點刑獄檢法官知永平通判靖州知南平軍而卒先生從西山遊最久貌肅而氣和孜孜然惟講學是崇

劉先生炎

劉炎字子宣括蒼人西山序其邇言曰子讀劉子邇言屢廢而歎有問者曰劉子之言常言也子何歎之數乎子曰子以予爲玩其文辭也邪若惟文辭之玩而已則劉子固常言也夫孰知其有功於學者邪

梓材謹案學案劉氏名炎者二其一字潛夫邵武人晦翁門人見滄洲諸儒學案

承旨陳公齊先生均

陳均字子公一字公齊平陽人（雲濠案一作永嘉人）資政殿學士昉兄子受學於西山官江東提刑改廣東猺寇犯邊漕臣方攝帥邀功因平民數十先生曰治兵帥職治刑吾職審覈而縱之被中傷去起爲江西提刑兼知贛州以慈祥介潔著咸淳初除檢正賈似道在西湖欲以堂印自隨先生爭之曰堂印無出城之理復坐免尋以樞密都承旨祕閣修撰致仕（修）

周敬齋先生天駿

周天駿字子美永豐人也從西山遊稱其質性渾厚若在璞之玉其學以持敬爲主西山字之曰敬齋

忠愍徐先生元杰

徐元杰字仁伯上饒人陳文蔚講書鉛山爲朱子門人先生往師之後師事西山紹定五年進士及第官至工部侍郎淳祐四年史嵩之丁父憂詔起復先生適輪對言大臣讀聖賢書畏天命畏人言士論所以凜凜者實以陛下爲四海綱常之主大臣尤當身任道揆扶翼

綱常者也自聞起復之命凡有父母之心者莫不失聲與言及此非可使聞於鄰國者也疏出朝野傳誦帝亦察其孤忠起復之命遂寢明年以暴疾卒或以爲嵩之毒之太學生相繼訟冤臺諫交疏論奏詔付臨安府逮醫者及常所給使鞫治獄迄無成謚忠愍

文定劉後村先生克莊 別見艾軒學案

朝請王臞軒先生邁

王邁字實之仙遊人號臞軒從西山遊嘉定丁丑進士甲科端平中爲祕書省正字史嵩之將復相極言嵩之姦憸刻薄不可用輪對論君不可欺天臣不可欺君厚權臣而薄同氣此欺天之大者理宗爲動容出通判漳州禋祀雷雨應詔上言麴糵致疾妖冶伐性道路憂疑綱淪法斁此天與寧考之所以怒也陛下方冊免三公乃遙相崔與之恐與之不至政柄必他有所屬於是言官李大同蔣峴希意論之補外徙知邵武軍亢旱應詔驛奏七事以撤龍翔宮立濟王後爲先終朝請郎贈司農少卿 補

教授程先生掌 別見鶴山學案

熊竹谷先生慶胄

熊慶胄字竹谷建陽人少受業於蔡節齋後遊西山之門兼師劉垕

所著有三禮通議補

通判徐進齋先生幾

徐幾字子與號進齋崇安人通經尤精於易自朱真後理學之傳先生稱得其妙景定閒臣僚交薦與何北山基同以布衣召詔補迪功郎添差建寧府教授兼建安書院山長有經義行世補

梓材謹案謝山修補稿又爲先生一傳云建安人節齋蔡氏弟子也崇政殿說書通判建寧府著有易輯是先生兼受真蔡之學者又案謝山作同谷三先生書院記引或說云深寧之學得之王氏埜徐氏鳳王徐得之西山真氏攷清容居士集陳教授墓志云方宋文治時立博學宏辭科至呂成公真文忠公闡正學彌貴重真傳諸徐鳳徐鳳傳諸尙書王公應麟是或說所本然祕書少監徐鳳以嘉定十七年卒深寧以前一年生無師傳之理豈謂先生邪

通直湯存齋先生千

郡守湯晦靜先生巾

侍郎湯息庵先生中並爲存齋晦靜息庵學案

忠愍同調

忠公劉先生漢弼

劉漢弼字正甫上虞人成嘉定九年進士累官侍御史首論濮斗南葉賁爲時相史嵩之腹心且言嵩之久擅國柄願聽其終喪亟選賢臣早定相位至論馬光祖奪情總賦淮南乃嵩之預爲引例之地乞勒令追服以補名教已感疾遂卒謚曰忠先生之歿也太學生蔡德潤等上書訟寃程公許著先生墓誌與徐元杰並稱其旨微矣史稱先生學明義利律身嚴正故不容於小人傾軋之世至以微疾暴亡是則可哀也已弟子知名者曰陳策參史傳

王徐門人劉朱四傳

尙書王厚齋先生應麟別爲深寧學案

劉氏家學

司農劉先生漢傳別見九峯學案

劉氏門人

帥幕陳南墅先生策

陳策字次賈上虞人也受業於劉忠公漢弼累官帥幕欲以經世自任而不遂晚年自號南墅陳本堂銘其墓補

西山續傳

教授王梅浦先生天與 附子振

王天與字立大別號梅浦吉安人初習舉子業諸生從遊者甚衆後乃研精覃思著尚書纂傳四十六卷先引漢唐二孔氏之說次收諸家傳註而一以晦庵朱子西山真氏爲歸雖其說之散在文集語錄者靡不會萃於中反復考證十五年而後成其心似薄蔡氏而不攻其非閒亦采摭其說成宗大德三年憲使臧夢解上書於朝詔授臨江路儒學教授武宗至大中其子振板行之 從黃氏補本錄入

尚書纂傳自序

晦庵先生於易於詩皆有訓傳獨於書晚年屬之蔡氏九峯二典禹謨親所訂定其貢舉私議則曰諸經皆以註疏爲本書則兼取劉王蘇程楊晁葉吳薛呂其與門人答問則如林如史如曾如李如陳各取其長西山先生讀書記纂二十餘篇大學衍義講數十餘條愚竊歎曰古今傳書者之是非至晦庵而遂定晦庵折衷傳書者之是非至西山而愈明學者不於二先生據將焉據積日累月而編始就乙亥冬求是正於集齋彭先生增廣校定凡若干條

梓材謹案梅浦傳及尚書纂傳序並從黃氏補本增之

西元二〇二一年六月一日重製一版

宋元學案 冊五（清黃宗羲撰 全祖望補訂）

平裝六冊基本定價伍仟伍佰元正
（郵運匯費另加）

發行人：張敏君
發行處：中華書局
臺北市內湖區舊宗路二段一八一巷八號五樓（5FL., No. 8, Lane 181, JIOU-TZUNG Rd., Sec 2, NEI HU, TAIPEI, 11494, TAIWAN）
客服電話：886-8797-8396
公司傳真：886-8797-8909
匯款帳戶：華南商業銀行西湖分行
179100026931
印刷：維中科技有限公司
海瑞印刷品有限公司

No. N2044-5

國家圖書館出版品預行編目(CIP)資料

宋元學案/(清)黃宗羲撰 ; 全祖望補訂. -- 重製一
版. -- 臺北市 : 中華書局, 2021.06
冊 ;　公分
ISBN 978-986-5512-60-6(全套 : 平裝)

1.宋元哲學 2.學術思想

125　　110009152